教育部人文社会科学重点研究基地项目成果
（项目名称：百年清史研究学术史，项目批准号：11JJD770002）

国家出版基金项目
NATIONAL PUBLICATION FOUNDATION

黄兴涛　夏明方　杨念群　主编

百年清史研究史

经济史卷

朱浒　著

中国人民大学出版社
·北京·

总　序

清史研究早在清王朝存在之时就已经开始。即便从清朝灭亡算起，以整个朝代为时间范围的清史研究也已有一百多年。2012 年上半年，为纪念辛亥革命推翻清朝统治、结束帝制一百周年，中国人民大学清史研究所精心筹划主办了“清帝逊位与民国肇建”国际学术研讨会，自觉从“清史”与“民国史”的转换视角着眼，聚焦和探究那一特定时期的复杂历史内容。这次国际学术会议取得了圆满成功，达到了预期效果。会议期间，学者们纷纷表示，清史研究已然进入一个新的时间节点，应该对百年以来的既有研究进行系统的梳理和深度的总结，在此基础上再开始新的航程、扬帆远行。对此，专职人员较多的清史研究所自当责无旁贷。

思考并确立这一学术史课题，还得到了国家清史纂修工程的推动。2002 年，经国家批准，戴逸先生领衔主持的国家清史纂修工程正式启动，至 2012 年已开展十年。展望未来，也需要对以往的清史研究进行一番整体的回顾。于是，2012 年年底，在戴逸、李文海先生的指导下，清史研究所特别在京郊召开了一次全所会议，专门研讨这一问题，确定将“百年清史研究史”作为教育部人文社会科学重点研究基地下一阶段的重大项目来展开集体攻关，并按领域筹划分工，分别安排各领域的学术骨干来承担编撰任务。

大家商定，“百年清史研究史”的撰述，旨在较为系统地勾勒、梳理百年以来清史研究的基本线索，揭示其突出的问题意识和主要关切，总结其研究成绩，尽量有别于以往那些通行的研究“综述”，避免单纯罗列和一般性概述清史研究成果，力图归纳和提炼出政治、经济、社会、思想文化等清史研究领域中的若干重要进展、关注焦点和特色问题，围绕这些进展、焦点和问题对以往研究的特点及得失展开分析，并尝试寻找出某些具有共识的研究范式来进行反思，从而为今后清史研究的开展提供有益的借鉴。经过多年的努力，如今总算有了结果。

全书共分十卷，包括导论卷、政治史卷、经济史卷、思想文化史卷、社会史卷、中外关系史卷、边疆民族卷、历史地理卷、文献档案卷、海外研究卷。各卷因内容有别，故在掌握和运用体例方面会有所不同。特别值得一提的是海外研究卷的设置，我们特别邀请了国外清史研究名家森正夫、岸本美绪、狭间直树、岩井茂树、罗威廉、巴斯蒂、钟鸣旦、萨莫伊洛夫、杉山清彦、金成修、巴德妮、何娜来专门撰写，体现出真正的国际性交流与研究视野。在这里，我们要郑重地对他们，以及各卷的编撰者，表示由衷的感谢。此外，本书的出版还得到了国家出版基金的资助，这也是应该表示感谢的。

清史研究向为显学，学术成果异常丰富，对其百年历程进行全面系统的总结存在相当难度。我们秉承对前辈学者的崇敬之心和对学术的虔敬态度，努力进行此种学术史的探索，实在深感忐忑。限于视野、学力和时间的不足，分析、总结难免存在疏漏、缺失和不当之处，敬请同道学人不吝指正。

中国人民大学清史研究所

2020 年 4 月

目　　录

导言　清代经济史研究的范式与范式转换

本书的研究主旨，是探讨百余年来清代经济史研究的学术脉络的演变。范围以中国学界的研究状况为主，但在必须加以对照之处，会适当论及海外学界的研究状况（因本系列丛书中另有关于海外清史研究的专门总结，故本书无须多加展开）。本书是提纲挈领式的学术史分析和综论，而非力求面面俱到的成果综述，故而不能成为一部具有成果索引性质的工具书。当然，限于个人的眼界和能力，这种分析和综论只能评述本人认为具有代表性的成果，其间难免出现见仁见智或挂一漏万之处，敬祈方家指正。而在开展评述之前，就本书核心内容的界定、学界已有的总结以及本书的基本思路等问题，先行给出一个扼要的说明，以裨读者有章可循，亦为应有之义。

一

经济史作为与政治史、思想史并驾齐驱的学科大类，向来在史学领域中占有十分重要的地位。但是近年以来，经济史研究总体上稍显寥落，不时可以听到青黄不接、罕有创见的感叹。造成这种情况的主要原因之一，是经济史研究的入门难度较高。对于广大后学来说，不得不面对的一大入门难题是，鉴于经济史领域所积累起来的、体量庞大的研究成果，要想在系统把握既有研究的基础上做出具有原创性质的研究，是一件极富挑战性的学术工作。本人因在研究中经常需要顾及与经济史密切相关的内容，所以不能不力求深入了解经济史研究的基本状况。因此，这本书的写作过程，在很大意义上也是本人对自身学习、领会经济史这一重要领域的回顾。其中提出的有些问题及表述方式，在经济史研究的内行看来未免浅显，但是对于视经济史研究为畏途的人来说，或许有助于克服某些心理障碍。

在总结百余年来清代经济史研究的学术脉络之前，需要先对“经济史”和“清代经济史”这两个看起来平凡的关键词做出一番解释。其理由在于，正是以往对这两个关键词的基本内涵认识不足，才造成了低水平重复劳动的不断出现。有鉴于此，本书必须对自身研究主题的概念和逻辑进行澄清。

什么是经济史？吴承明曾给出了一个学界较为认可的简明说法：“经济史是研究过去的、我们还不认识或认识不清楚的经济实践（如果已认识清楚就不要去研究了）。”① 但数年以后，他又提出了一个有所扩大的表述：“经济史是研究历史上各时期的经济是怎样运行的，以及它运行的机制和绩效。依此定义，我们研究的视野就不能限于经济本身，因为自然环境、国家、社会和文化都制约着经济的运行，而经济运行的绩效也在自然环境、国家、社会和文化上表现出来。”② 显而易见，这两种定义之间还是有很大差别的。简单地说，第一个定义是指狭义上的“经济史”，第二个定义则是指广义上的“社会经济史”。这样一来，正如李伯重所指出的那样，学界其实“对于经济史、社会史和社会经济史，至今也还没有一个大家都接受的定义”。而由于没有得到确切界定，所以在国内学界，“经济史”这一概念往往不仅包括严格意义上的经济史，而且也包括社会史，因而常常被统称为“社会经济史”③。

鉴于当下越来越细密的学术分工，仅凭个人努力已很难全面把握广义上的“社会经济史”。并且，如果本书从一个太过笼统的对象出发进行论述，则很难避免以己之昏昏而欲使人昭昭的结果。相对而言，把论述对象锁定为严格意义上的经济史研究，虽然也不是一项轻松的任务，

---

① 吴承明. 经济学理论与经济史研究. 经济研究，1995 (4)：3-9.

② 吴承明. 经济史：历史观与方法论. 上海：上海财经大学出版社，2006：179.

③ 李伯重. 回顾与展望：中国社会经济史学百年沧桑. 文史哲，2008 (1)：5-22.

但是鉴于学界在这个问题上毕竟早已形成了一些较为确定的共识，所以大大增加了可操作性。而其中最为重要的一个共识，就是有关经济史记录和经济史研究的区分。按照学界公认的看法，中国虽然早有大量关于经济史内容的评述和记录，但其本质是注重记载典章制度和经济实践的“食货之学”；随着西方近代社会科学的传入，中国才在清末民初开始出现经济史研究的萌芽；又特别历经 20 世纪二三十年代社会史论战的洗礼，方使现代学科意义上的中国经济史研究得以确立①。本书也正是根据这样的标准，将立足于现代学术体系之上的、出现在中国的中国经济史研究作为学术回顾的主要对象。

不过，对于作为本书回顾对象的经济史研究，还需要再加上一个说明。这是因为，现代经济史研究极大地牵涉了学科本位的问题。根据现代学科体系的属性，经济史研究存在着两种不同的取向，即经济学取向和历史学取向。经济史虽因此有着交叉学科的名义，但实际上由于经济学和历史学这两个学科的知识背景差别巨大，导致这两种研究取向在很多情况下其实难以兼容。有人就归纳出，所谓经济学取向的经济史研究，主导思路是根据经济学理论来分析和解说历史上的经济内容，其核心在于“解释”；至于历史学取向的经济史研究，主要目标则是通过考证历史上经济的运行及其效果的实况，来探究经济变化的历史规律，其核心在于“考据”②。

尽管上述归纳完全是从经济学背景出发的，对历史学取向的经济史研究的理解很有偏执之嫌，但是，其对经济史研究取向存在两种巨大分野的认识却是完全正确的。这就提醒我们，在进行经济史研究的学术回顾时，一定不能忽视这种分野的存在。对于本书这样从历史学出发的立场而言，如果试图对两种取向的经济史研究进行全面把握，注定是一个很难完成的任务。这是因为，正如上面所归纳的那样，经济学取向的经济史研究其实更多属于理论经济学。换言之，要把握这一取向的研究，

---

①　这种认识已成为学界共识，其代表性论述有：李根蟠．二十世纪的中国古代经济史研究．历史研究，1999（3）：126－150；李伯重．回顾与展望：中国社会经济史学百年沧桑．文史哲，2008（1）：5－22。陈峰在《民国史学的转折——中国社会史论战研究（1927—1937）》（济南：山东大学出版社，2010）一书的第五章中，更对此问题进行了详尽论述。

②　李增刚．以邻为伴，互栖共生：经济学与历史的融合——评《剑桥美国经济史》．［2018－06－11］．http：//opinion.caixin.com/2018－06－11/101268113.html.

实质上等于必须跟历史时期以来的各种经济学理论进行对话，这显然大大越出了笔者所能处理的学术范围。就笔者的学科出身和能力而言，能够通过对百余年来清代经济史研究的论述，为改变前面那种对历史学取向的经济史研究所持的偏执之见做出一点微薄的贡献，已属力所难能了。

在指明本书所要面对的“经济史”研究的内涵之后，下一步则是要厘清“清代经济史”的内涵了。从字面来看，所谓“清代经济史”，当然是指以清代为断限的经济史研究。但是，从以往研究实践的诸多表达来看，学界对这种断限远未达成广泛共识。本来，按照断代史的惯例，与中国历史上其他朝代一样，清代经济史研究的时间断限也应该大体以清朝的兴亡时间为依归。可是由于清朝在后期发生了剧烈的社会转型，并不构成一个传统意义上的、完整的王朝周期，从而导致清朝本身的历史也出现了被割裂的状况。那就是，1840 年之前的清代历史被视为中国古代史的最后一段，1840 年之后的晚清史则被归入中国近代史的范围。这种分裂的格局对清代经济史研究也形成了强力的制约，其表现是：“清代经济史”作为一个名词出现时，基本上是指清代前期的经济史，且其使用频次恐怕还不如“明清经济史”多；至于晚清时期的经济史，则往往依附在“近代经济史”的概念之下，很少得到过成为独立名词的境遇。一般情况下，清前期经济史的研究者很少顾及晚清经济史的内容，反之亦然。由于这两个研究领域之间很少发生直接的交集与互动，所以一个完整断代、涵盖整个清朝时段的“清代经济史”概念，其实始终没有真正构建起来。

大约从 20 世纪末开始，突破先前清史因“古代/近代”框架而被分为两截的呼声得到越来越多的响应。特别是随着国家于 21 世纪初启动《清史》纂修工程，以重新编纂一部完整的《清史》为目标，更使得各个门类的专史的整合成为一个迫切的任务。这样一来，清代经济史分裂为古代经济史和近代经济史两个部分的局面，需要尽快加以改变。而其中的一项基础性工作，就是要在一个整全的视野下，来认识和把握属于清代时段范围内的经济史研究。我们相信，在充分了解以往研究的问题意识和研究取向的基础上，完全可以提炼出一个较为完整的“清代经济史”概念，用来与其他断代经济史进行更为深入的对照与对话。

基于上述认识，与以往相比，本书所要审视的清代经济史研究成果，包括了一个十分宽阔的范围。除了时限完全涵盖在清朝统治范围内的成果外，那些虽然以“明清”和“近代”为名义，但只要是以清代内容为主体的研究，都应该被纳入本书的考察范围。与此同时，也必须在一个贯通的视野下发掘出清代经济史研究中较为系统的演变脉络。这当然是一项难度很高的工作，但是学术研究发展到今天，打破学科门类之间的藩篱已经成为越来越猛烈的潮流，再加上清代经济史分裂为古代和近代两大部分的状况，更多是出于主观意识的构建，并不能说是客观实践的结果。而从学术史回顾与分析出发，来揭示以往研究在认识论和方法论上的长短与得失，是一个必不可少的步骤。前面之所以说本书的回顾不能采取通常的综述方式，也正是出于这种在认知前提上进行反思的要求。只有在这样的反思基础上，本书的工作才谈得上是为厘清“清代经济史”这样一个完整概念所做出的先行尝试。

二

综上所述，从完整意义上的“清代经济史”概念出发，对百年来以清代为时限范围的中国经济史研究进行学术回顾，是本书的根本任务，也是本书区别于此前诸多关于清代经济史研究综述的重要一点。当然，本书在具体开展学术回顾工作时，既要充分吸收学界以往的经验，又要认识到以往的某些不足，力争为学术的有效增量做出贡献。为此，在阐明本书的论述框架之前，有必要首先对清代经济史研究的发展状况进行一番梳理，继而审视一下以往总结清代经济史研究的方式、方法及其得失。

清代经济史研究既是中国经济史研究的组成部分，亦与中国经济史研究的诞生同步。这是因为，在通常被学界视为中国经济史研究的最早一批成果中，就有明确以清代为主体时段的论著（不过，笔者将在后文提出，对最早一批中国经济史研究成果的认定还有再加讨论的必要）。就此而言，清代经济史研究可谓赶上了中国经济史学科创立的风气之先。然而，从20世纪初到中华人民共和国成立初期这段不算太短的时间里，就连清史研究在中国历史研究中都处于较为边缘的地位，清代经济史研究更是只得到了较为有限的开拓。直到改革开放以后，随着清史研究的逐步壮大，清代经济史研究才出现了蓬勃发展的势头。

自20世纪末以来，清史研究在资料上的巨大优势得到了越来越充分的展现。时至今日，在清史研究中哪怕仅仅局限于某一个研究领域，意欲单凭一己之力穷尽所有资料，都是一项难度很大的任务。在清代经济史研究领域亦复如此，其资料之丰富、内容之杂糅远远超出之前的各个历史时期。相应地，清代经济史研究成果在最近30多年来的数量也远远超过其他各个历史时期。不夸张地说，即便是以清代经济史为主攻方向的研究者也很难完全掌握整个研究领域的状况。因此，要在这样的基础上对清代经济史研究进行较为全面的总结，必然会面临着不同寻常的巨大挑战。

一个极其显著的巨大挑战，便是如何应对清代经济史研究成果体量过于庞大的问题。据简单统计，在1949年之前，清代经济史研究的论文大致在200篇，著作约为20部。在中华人民共和国成立以后，清代经济史的发展大致可分为三个阶段。第一个阶段是从1949年到1965年，发表论文总数约为300篇，著作约为20部；在正常研究中断将近10年后，清代经济史从1978年起开始恢复元气，到1989年止，大体可以视之为第二个阶段，在此期间，相关论文大致平均每年至少为100篇，总计约1 200篇，著作约为50部；1990年以来进入第三个阶段，也是发展速度越来越快的阶段，年均发表论文增加到约150篇，迄今总量约为4 500篇，著作约为200部。统算下来，百年来清代经济史研究的数量，论文至少为6 200篇，著作至少为290部。就这一估算结果而言，要说清代经济史研究的总量可以相当于中国历史上其他各断代经济史研究的总和，恐怕并不为过。况且，这一统计还没有将大量博士、硕士研究生学位论文包括在内。

根据上述估算结果，要对清代经济史研究成果进行一个提要式的梳理是一项十分艰巨的工作。仅就字数而论，一项成果的基本信息，包括作者姓名、成果名称、出版机构和时间等，平均约为40字，即使一篇论文用100字、一部著作用200字来概括其主旨，这部提要的总字数也将达到90多万字，这还不包括编纂者对之所做的评述。可是，这部提要式的总结，是否就能成为了解清代经济史研究的有效指南呢？其效果很可能并不尽如人意。这是因为，功力深厚的专家未见得相信其作为工具书的准确性，而那些初入经济史研究门径者和更大量的局外人，面对这样一部罗列式的提要，则很难摸索出头绪。这大概也从一个侧面有助于我们理解，何以如今经济史研究会被很多人视为畏途了。

也许有人会提出，要大体了解清代经济史研究的基本面貌，不必采取这种大规模编写提要的方式，而是可以按照一些重要的主题进行划分，再选取代表性成果加以评述，这就可以大大减轻编者的工作量和读者的阅读量了。这个思路说起来容易，操作起来却十分不易。这是因为，在划分主题和选取成果之先，显然必须考虑以下这些问题：什么样的主题是重要的，什么样的主题是次要的呢？在同一个主题之下，哪些成果是重要的，哪些成果是次要的呢？重要和次要的标准又如何确定呢？事实上，在以往关于清代经济史研究的回顾中，这些问题始终没有得到清晰的阐述，从而留下了不少值得反思的地方。以下通过分析一些颇具代表性的论述，便可充分理解以往各类学术回顾的得失。

迄今为止，就本人目力所及，唯一以整个清代为时段对清代经济史做出总体评述的成果，是戴逸于1990年发表的《十年来清代经济史研究的新收获》。该文虽然基本未提及具体的研究成果，但是仍较为全面地概括了1980年代国内学界清代经济史研究的发展情形。文中指出，“最近十年国内发表的清代经济史方面的论文和著作都远远超过了建国三十年的总和”，并且“研究领域也更加宽广”。按照该文的划分，清代前期经济史所涉及的内容包括土地制度、农业、手工业、租佃关系、赋税制度、漕运、仓储、关税、盐政、灾荒等，晚清经济史的内容则包括工业、矿冶、航运、铁路、金融、对外贸易等。此外，该文还以清代人口问题研究、洋务运动研究为例，点出了此一时期研究工作不断深入的状况①。由此可见，该文的突出长处在于将清代经济作为一个整体来考察的思路。然而，由于该文属于笔谈性质，篇幅有限，故而对于如何落

① 戴逸．十年来清代经济史研究的新收获．中国经济史研究，1990（1）：10－12．

实这一思路并未给出建议或举出具体例证。另外，其对清代经济史的把握，还是分为前期和后期，并未给出如何加以贯通的说明。

同样在1990年初，《中国经济史研究》编辑部“为了帮助读者了解中国经济史研究的动态与进展”，拟每年“刊登上一年度中国经济史研究述评”。于是，《1989年中国经济史研究综述》成为这类述评文章的起始，对清代经济史研究进行了较为全面的回顾。囿于当时的研究理念，这篇综述虽然按照历史分期将“清代”单独列出，但其实只包括清代前期，晚清经济史则被列入“近代经济史”门类之下。在“清代”门类下，相关研究被分为六大主题：土地关系和地租、农业和农村经济、手工业、商业、对外贸易和人口，在“其他”类中还提及了城市与市镇经济、交通运输、财政等研究成果较少的方面。在“近代经济史”门类下，备受关注的主题则是洋务运动、工业、农业、贸易和商人组织、财政和金融①。这种点评式的综述，在资讯不够发达的时代，确实具有不小的指南作用。但年度成果的大量增加以及研究领域的拓展与变化，一方面迫使这种综述的划分主题不断变换，另一方面又造成容量快速增大的问题。从2001年起，各个断代的经济史述评便单独成篇。而随着“中国知网”等大型学术信息网络平台的快速发展，这种索引或指南式的综述便更加难以为继了。2011年，《中国经济史研究》刊发了最后一批也就是关于2010年中国经济史研究的述评后，便停止了这项持续了20年的工作。

相对而言，上述那种点评式的年度综述，尚不具备比较充分的问题意识。临近20世纪末的时候，各个学科总结自身发展史的做法蔚然成风，对自身发展线索问题的关注空前增加。中国经济史领域概莫例外，从而出现了更具综合性也更具问题意识的学术回顾。1997年，《中国经济史研究》出版了一份增刊，其中在“中国经济史研究二十年（1977—1996）”的栏目下，专门刊发了对此前20年间中国古代经济史、近代经济史和现代经济史的综述文章。古代经济史综述将主要成果划分为七个主题：土地制度与阶级关系的研究，部门经济史研究，商品经济史、市场史、城市史研究，财政史、国家对经济参与的研究，人口史、家族史

---

① 叶茂，等. 1989年中国经济史研究综述. 中国经济史研究，1990（2）：134-157.

研究，区域经济与民族经济研究，综合性的跨代与断代经济史研究。有关清代经济史的成果，在这七大类中都有涉及①。近代经济史综述则将主要成果归入五个大类：关于中国资本主义和资产阶级，关于中国近代经济的发展趋势、中心线索及社会性质，关于中外经济关系与中国近代化，关于近代市场，关于传统经济与近代化②。

从这两篇综述所开列的大类主题中可以看出，这种学术回顾颇为注重宏观层面上重大问题的演变状况，也突显了现代化理论框架在中国经济史研究中所产生的广泛影响。表面看来，这两篇综述似乎较年度述评更具综合性，但实质上却很难说有很大改进。首先，与年度述评相比，这两篇综述的成果分类法同样存在着很大问题。这表现在，这些综述所做的成果分类，都是基于政治经济学思维框架的习惯，而没有顾及很多研究都横跨着不同的分类主题，甚至有些重要研究并不符合这些分类的设定。就清代经济史研究而言，以往对清前期和晚清时期经济史研究所概括的主题取向还出现了很大的差异，这难道不是一个值得讨论的问题吗？但长期以来很少有人予以认真关注。其次，与年度述评一样，这两篇综述在评价成果时，也是注重其表达的观点，而甚少关注其背后的范式思维。因此，当其意欲以问题为引领来阐述学科发展脉络时，其所触及的问题层面总是跳不出实证主义史学的思考范围。可以说，这就是《中国古代经济史研究综述》一文虽然强调指出了学界长期在租佃制、自然经济与商品经济、传统市场、小农经济的结构与性质等课题上始终争执不下的现象，但却难以厘清造成这种现象的根本原因。

在中国经济史研究领域内，较好地克服了上述两个弱点且问题意识更为明确的学术回顾，应属李根蟠和李伯重的研究。在《二十世纪的中国古代经济史研究》一文中，李根蟠首次较为系统地勾勒了百年来中国经济史研究在不同时期的发展变化，并探讨了这些变化背后的方法与认知结构。大体上，他将中国经济史研究划分为三个发展阶段：第一个阶段是 20 世纪上半期，也是“独立的现代意义的中国经济史学科正式形

① 叶茂. 中国古代经济史研究综述. 中国经济史研究，1997（1996—1997 联合增刊）：4－41.

② 明根. 中国近代经济史研究综述. 中国经济史研究，1997（1996—1997 联合增刊）：42－63.

成”的时期，其间最重要的动力是社会史论战“激发了人们研究中国社会经济史的兴趣和愿望”；第二个阶段是从中华人民共和国成立至改革开放之前，该时期确立了马克思主义的指导地位，对历史上属于经济基础的内容进行了较为系统的发掘；改革开放以来则为第三个发展阶段，也是中国经济史研究空前繁荣的时期，尤其“是在理论方法方面突破了单一的模式，呈现出了多元化发展的趋向”①。李伯重把百年来中国经济史研究的发展分为大致相同的三个阶段，并认为中国经济史学在发展过程中形成了包括三个部分的传统，也就是“1949 年以前居于主流地位的实证史学传统”、“1949 年以后确立的马克思主义史学传统”和“1978 年以后形成的多元化史学传统”。并且强调，虽然这三个传统的研究对象各有侧重，但是并不能把它们视为三种相互对立的学统，“三者结合，才形成了当今中国经济史学的传统”②。

总体说来，前述两位学者对于前两个时期的界定，基本成为学界的共识，也为本书总结清代经济史研究提供了很好的借鉴。但是，其关于第三个阶段的概括多少有些含混。所谓“多元化发展”或“多元化史学传统”，究竟存在着哪些并存的“元”呢？这些“元”之间又呈现出怎样的态势呢？而在这些问题未曾得到充分解释的情况下，一旦对这种多元的态势进行叙述，往往又不自觉地回到旧式的主题分类的道路上去了。在这方面，2015 年出版的《当代中国近代经济史研究》一书是一个鲜明的例子。该书前三章对三个发展阶段的论述，与李根蟠、李伯重的看法基本相同，但接下来具体介绍“旧问题”和“新领域”的各重要主题时，所概括的主题其实与 1997 年的综述并无本质差别。难道相隔二十年，中国经济史研究并没有出现值得注意的新的发展取向吗？有鉴于此，本书虽然集中围绕着清代经济史研究进行回顾，但因清代经济史研究是中国经济史研究中体量最大的部分，所以在某种意义上也有助于对这一问题的探讨。

---

① 李根蟠．二十世纪的中国古代经济史研究．历史研究，1999（3）：126－150.

② 李伯重．回顾与展望：中国社会经济史学百年沧桑．文史哲，2008（1）：5－22.

三

由前面的论述可以看出，从认识论和方法论层面的问题意识出发，是从汗牛充栋的研究成果中理出头绪的有效路径。只有在这种问题意识的统领下，我们才能拥有较为可靠的标准去指认怎样的成果重要，怎样的成果不太重要。这正是前述李根蟠、李伯重等人对中国经济史研究所做总结的突出优点，本书在总结清代经济史研究的时候当然应该充分借鉴。与此同时，学界以往对中国经济史研究发展状况的若干总体特点的归纳，也非常符合清代经济史研究的一般状况，这也为本书的写作提供了很好的参考。不过，由于清代经济史比其他断代包含的内容更为复杂也更为丰富，所以清代经济史研究作为一个独立的单元，也必然存在着需要细加梳理的面相。总之，本书对百余年来清代经济史研究所做的回顾，既充分吸收前人总结中国经济史研究的一般合理性，也力图充分体现清代经济史研究的演变脉络及特色。

基于上述认识，本书的基本构架是以事件为经、以问题为纬，以期将发展阶段与范式演变的步调相结合，从而较为清楚、完整地展现百余年来清代经济史研究的总体态势。根据这样的思路，本书的主体内容由四个部分构成。第一部分主要评述清代经济史研究的发端及早期发展的状况，时间段大致覆盖清末和民国时期。其余三个部分，虽然都是探讨中华人民共和国成立以后各时期的发展状况，然而因其间在研究思路和解释框架上出现了剧烈变动，其影响和意义都十分深远，所以需要分开论述。简单说来，中华人民共和国成立以后国内的中国经济史研究，先后受到两种范式的强力笼罩：其一是以生产关系为主线的、以马克思主义史学传统为指导的革命史范式，其二是以生产力为指归的现代化范式。清代经济史研究毫不例外地也被这两种范式所引导，这也构成了本书的第二、三部分。本书第四部分所要探讨的内容，是20世纪末以来在清代经济史研究领域影响力日渐显著的一个新动向，也就是以内发视角为指引的“中国中心观”范式的发展。此外，本书在“余论”部分中，对于力图突破这三种范式的努力，也就是以“从实践出发的经济社会史”为取向的清代经济史研究，略加概括。

为了使读者能对本书的基本思路和逻辑线索有初步了解，以下对各个部分的主旨及立论基础再做一个简单说明。

第一部分的论述重点是揭示清代经济史研究的发端及其早期发展，主体包括三方面内容：一是清代经济史研究的发端问题再考察，二是社会史论战时期的清代经济史研究，三是全面抗战后清代经济史研究的进展。在中国经济史学科的诞生时期，以清代经济史事为主体的一些著述，如梁启超于 1904 年推出的《中国国债史》、吴廷燮于 1914 年刊行的《清财政考略》等，都被广泛视为现代中国经济史研究萌生的标志。这固然有助于提高清代经济史研究在学科发展史上的地位，但是这些著述是否属于现代学术意义上的研究，其实还需要重新加以讨论。众所周知，20 世纪二三十年代发生的社会史大论战，使唯物史观得到了广泛传播，从而大大启发了中国社会对社会经济问题的关注，社会经济史研究亦随之蔚然兴起。清代经济史研究在这一时期也取得了较好的发展，出现了以陶希圣、汤象龙、罗玉东等人为代表的一批经济史研究名家，其研究重点则侧重于清代财政问题的梳理和研究，在清代赔款、厘金、盐业和关税等方面的研究成果较为显著。全面抗战爆发后至解放战争期间，在极端艰苦的条件下，清代经济史研究依然取得了一些意义深远的进展，其突出代表便是傅衣凌以民间文书为基础所开辟的清代社会经济史研究。

第二部分的论述重点是以生产关系为主线的清代经济史研究，其核心是以生产关系为定性基准，主体内容则体现在封建经济论、资本主义萌芽论和半殖民地半封建经济论三个方面。这种思路的雏形在延安时期就已出现。在中华人民共和国成立后，随着马克思主义在史学体系中主导地位的确立，这种思路得到了更为系统的研究和阐述，特别是在新中国成立后的 17 年以及 20 世纪 80 年代初的影响最为强劲。按照社会形态论的划分，清代属于封建社会晚期，依据对当时土地所有制形式和人身依附关系的判断，无论是鸦片战争之前还是之后，清代经济主体都奠基于小农经济基础之上，也就始终带有浓厚的封建经济意味。资本主义萌芽论则是根据毛泽东在《中国革命和中国共产党》一文中的说法，认为明清时期的中国已发展出了带有资本主义性质的经济萌芽。资本主义萌芽论看似与封建经济论相对立，实则同样以生产所有制形式为判断基准，因而仍处于同一个认知范式之中。对于以鸦片战争为始的晚清时期，半殖民地半封建经济被认为是中国的主导经济形式。半殖民地经济的形成是由于帝国主义对中国的经济侵略，半封建经济的基础则是地主对农民的封建剥削依然严重。在这种范式的支配下，晚清经济史研究的基本进路是，中国本土的封建主义阻碍了资本主义萌芽的成长，西方帝国主义则打断了中国资本主义的正常发展之路。总而言之，这三个方向的论述都从马克思主义社会发展史观出发，主要从生产关系着眼来阐述社会形态演变的经济基础，从而在本质上具有共通性。

第三部分的论述重点是现代化范式主导下的清代经济史研究，其核心可以被称为“生产力转向”。用现代化理论来研究清代经济史，首先出现在海外中国史研究之中，如美国学者费维恺（Albert Feuerwerker）在 20 世纪 50 年代就运用工业化视角探讨了洋务企业和盛宣怀作为企业家的作用[①]。而吉尔伯特·罗兹曼（Gilbert Rozman）主编的《中国的现代化》一书，更是按照现代化理论的各项指标重新审视了清代经济发展水平[②]。台湾地区因其特殊背景，较早接触到了现代化取向，故而在六七十年代即有相应成果出现。其中尤为瞩目的成果，是台湾学界开展的大型协作项目——现代化区域研究，其对中国各个区域自晚清以来的现代化程度进行了指标式分析。大陆学界虽然从 20 世纪 80 年代才开始重视现代化范式，但此后的应用力度和成果数量都迅速增加。

在现代化范式的观照下，大陆学界对于清代经济史进行了重新认识和再评价，其代表性取向便是市场经济论、产业经济论和经济现代化论。以吴承明为代表的一批学者，认为中国自 16 世纪便开始了一个“市场转向”过程，也就是商品经济或商品化发展趋势，这种趋势与现代化经济趋向是颇为一致的。根据这种认识，以市场化为导向的商品经济研究一时蔚然成风，甚至先前不少“资本主义萌芽”都由此变身为“现代化萌芽”。同样基于对生产力问题的关注，更能明确反映生产力发

---

① 费维恺. 中国早期工业化：盛宣怀（1844—1916）和官督商办企业. 虞和平，译. 吴乾兑，校. 北京：中国社会科学出版社，1990. 原书初版于 1958 年。

② 吉尔伯特·罗兹曼. 中国的现代化. 国家社会科学基金“比较现代化”课题组，译. 南京：江苏人民出版社，2005. 原书初版于 1982 年。

展水平的产业经济史迅速兴起，以产业基础为指标的清代经济史研究也得到了很大发展。至于经济现代化论的主要表现，则是从现代化角度重新评价晚清时期的经济变动，其中尤其以洋务运动被转换为近代工业化问题的研究最为典型。可以说，在革命史范式下往往被否定和轻视的洋务派人物和洋务建设事业，在现代化范式下得到了前所未有的重视。

总体说来，现代化范式主导下的清代经济史研究，基本上是以生产力问题为轴心的。甚至在不少时候，不同学者虽然针对同一研究对象的评价大相径庭，但其背后依然共享着现代化理论的思维模式。例如，费维恺和夏东元对盛宣怀的不同定性就是一个显著例子。前者认为盛宣怀由于受到中国传统的束缚而没有成为一个成功的现代企业家，后者则认为盛宣怀是一个突破传统体系的、发展了中国资本主义的人物。两者的评判结果虽然几乎相反，但是评判标尺可谓一致。另外，现代化范式并非仅在经济史研究领域得到了有效运用，大陆学界还将现代化的解释框架发展为观察中国近代社会变迁的一个重要视角。在这方面，许纪霖和陈达凯主编的《中国现代化史》、虞和平主编的《中国现代化历程》都是令人瞩目的努力①。时至今日，现代化范式在清代经济史领域中依然有着强大影响力，“传统经济”与“现代经济”也早已成为一种习惯用法。

第四部分的论述重点是“中国中心观”取向与清代经济史研究，其核心是要改变欧洲中心论的思维向度，力图从内部视角出发来揭示与欧美模式并行不悖的中国式发展道路。与现代化范式一样，这种内部视角的运用也来自海外学界的影响。关于“中国中心观”在西方学界最初的兴起状况及基本取向，美国学者柯文（Paul Cohen）早已进行了总结②。但就经济史领域而言，柯文的论述并不充分。实际上，在海外学界的清代经济史研究中，同样出现了诸多属于“中国中心观”取向且影响较大的著述。较早的例子可以追溯到美国学者珀金斯（Dwight H. Perkins）对明清以降六个世纪中国农业经济的重新评价，以及英国学

---

① 许纪霖，陈达凯．中国现代化史：第一卷 1800～1949．上海：上海三联书店，1995．虞和平．中国现代化历程．南京：江苏人民出版社，2001．

② 柯文．在中国发现历史——中国中心观在美国的兴起．林同奇，译．北京：中华书局，1989．原书初版于1984年。

者伊懋可（Mark Elvin）使用“高水平均衡陷阱”的提法对中国历史上经济发展脉络的认识①。后来，阐发“过密化”理论的黄宗智，与王国斌（R. Bin Wong）、李中清（James Lee）、彭慕兰（Kenneth Pomeranz）等“加州学派”学者，针对清代经济发展做出了的迥异看法，进一步扩大了从“中国中心观”取向认知清代经济史的影响。

国内学界对“中国中心观”取向的呼应，主要集中于对有关明清社会经济变迁的认识。这种倾向大约始于20世纪八九十年代，并在21世纪得到长足发展。尤其是其代表人物李伯重提出了一系列对清代江南经济的重新认识，质疑了以西方模式为普遍规则的研究路径，力图突破先前经济史学界普遍存在的西方中心论的局限和“资本主义萌芽”的理论瓶颈。另一重要代表高王凌则对所谓中国传统经济“长期停滞”、发展“不合理”乃至“走投无路”等一系列论断持否定态度，主张经济史研究应在“大历史”的背景下进行，贯通古今，重视中国“传统”与“现代”的内在延续性，肯定传统经济的成就和对现代经济发展的贡献。他还尝试通过重建中国传统经济的发展序列，来建立一个更为合理的解释框架。目前，虽然对如何重新评价清代经济还存在着诸多争论，但是从本土化的内部视角出发进行评价业已得到较多认同。也正是在这种意义上，本书认为“中国中心观”取向已成为清代经济史研究中具有范式意味的框架。

在余论部分中，本书还试图在总结既有范式的得失的基础上，对清代经济史研究中颇具启发意义的新进路进行总结。其理由在于，前述三种研究范式虽然兴起有先后，但并不意味着后起者一定就优于先起者；从具体实践来看，这三种研究范式都有一定的合理性，也各自存在内在缺陷。那么，又该如何理解中国经济史研究中出现了“范式冲突”或“范式危机”呢？按照黄宗智的看法，那些难以解决的悖论正是研究范式自身出现危机的表征。但从另一方面来说，这些所谓悖论的出现，也很可能是由研究范式自身预设的制约所致。有鉴于此，有些研究者为打破这种制约，力图从历史实践出发，以期更为确切地把握清代经济史的

---

① 珀金斯. 中国农业的发展：1368—1968年. 宋海文，等译. 伍丹戈，校. 上海：上海译文出版社，1984. 原书初版于1969年。Mark Elvin. The Pattern of the Chinese Past. Stanford, California: Stanford University Press, 1973.

发展面相及其脉络，进而提炼出可能更符合历史进程的逻辑概念。

在这方面，汪敬虞提出将“中国资本主义的发展与不发展”作为把握中国近代经济史的中心线索，便是一个较为显著的例子。这一思路的独特价值在于，它既反对“停滞论”也反对“发展论”：一方面对于资本和帝国主义在华经济的作用给出了较为全面的评价，对压迫论和非压迫论之争做出了明确判断；另一方面又从实践角度阐释了半殖民地半封建经济在中国的表现形式。又如，夏明方提出“过密化市场”的概念，从农工结合的角度，对清代以来中国乡村经济的历史变迁给出了另一种认识，认为在考察小农家庭与现代经济的相互关系时，应该将之放到具体的历史情境之中，进行历史化的区分。再如，何平认为，向近代财政体制转化的中国和欧洲，具有完全不同的禀赋，所以要理解其后出现中西财政大分流的趋势，就需要引入“不完全财政”的概念来理解清代财政体制。最后，关于晚清时期中国近代工业化的发生，学界一直存在着“内因论”和“外因论”的争执。本人认为，应该在深入把握“中国近代工业化的落实契机”的基础上，既要从内部观察中国接受新生产力及地区发展不平衡的一面，又要从新陈代谢的角度看到其间内外因发生交互作用的一面。

总之，虽然这些认知思路都还限于局部探讨，但可以看出它们都有力图超越既有范式的主观努力。这些探讨都要求在确切审视清代经济的具体实情的基础上，对看起来习以为常却很可能先入为主的研究观念进行检讨，同时又将经济内容置于社会情境之中进行把握，从而凝练出符合历史发展进程的实践逻辑，所以本书姑且将之称为“走向从实践出发的经济社会史”。在本人看来，大力发扬这一取向，对于思考清代经济史如何既能继承、发扬以往范式的合理性，又能超越这些范式的局限，形成更具解释力和创新性的研究框架，肯定具有极大的基础作用。

第一章　清代经济史研究的发端及其早期发展

学界公认20世纪前半期是现代中国经济史学科的诞生时期，同时也是清代经济史研究的萌发时期。在通常的印象中，清代并非这一时期经济史研究的热点时段。但事实上，此时的清代经济史研究已然占有了不容小觑的地位。这是因为，首先，以往在涉及中国经济史研究起源问题的论述中，学界所瞩目的不少重要事例都属于清代的范围。其次，该时期清代经济史研究著述的总量，亦足以构成一个独立的研究单元，并且形成了切近现实、较具特色的研究重点。因此，将这一时期的清代经济史研究作为一个完整的单元来论述，是完全有必要的。更重要的是，尽管本章提及的不少事例、史事和人物早已为学界所熟知，但是从清代经济史研究的角度出发所做的观察，并不完全等同于先前的评述。此外，通过对清代经济史研究早期发展面貌的勾勒，甚至还可以发现，以往长期流传的关于中国经济史研究起始问题的某些说法，也并非不刊之论。

第一节　清代经济史研究的发端问题再考察

按照得到学界较多认可的看法，中国经济史学科的诞生时段是从1904年至1949年。以1949年为下限比较容易理解，至于以1904年为起点的理由，根据中国经济史学界权威学者的说法，是基于梁启超于此年推出了《中国国债史》一书。赵德馨早在1990年便提出，梁启超此书“标志着近代意义的中国经济史学科的萌发”①。虞和平在回顾中国近代经济史的发轫时也认为，“中国近代经济史著作最早出现于1904年，该年广智书局出版了梁启超的《中国国债史》”②。李伯重也表示同意赵德馨的观点，将梁启超此书的问世“作为中国经济史学出现的标志”③。以往学者未曾明言的是，梁启超此书不仅出版时间尚为光绪三十年（1904），书中叙述时间亦自光绪初年为始。就其时段而言，梁氏此书显然属于清代经济史研究的范围。如此说来，清代经济史研究的发端也就是现代中国经济史学科的诞生标志，这对于凸显清代经济史研究在学科发展史上的地位当然大有帮助。但问题在于，清代经济史研究是否能够踏踏实实地享受这个荣誉呢?

综合起来，学界之所以将梁氏《中国国债史》视为现代中国经济史研究萌生的标志，主要基于两个方面的理由：

其一是认为该书是梁启超将其对经济问题的关注与其“新史学”思想相结合的产物。如李根蟠指出，正是作为史学革命旗手的梁启超，率先“将中国古代的经济思想与西方经济理论相比较，写了《史记货殖列传今义》《管子新解》等论文”，并“第一次把统计学的方法引入历史研究之中，写了《中国史上之人口统计》”等文章，而“这些都可以视为中国经济史学的滥觞”④。虞和平则发现，梁启超对于中国经济问题的关注，大概始于目睹甲午战争之后外人考察中国社会经济状况的刺激，这在其于1897年为日本人绪方南溟所著《中国工艺商业考》一书所作序言中可以概见；在其于1904年撰写的《外资输入问题》中，便已显示出了“要用历史与现实相结合的方法研究外资输入问题”⑤。杨祖义更加明确地提出，经济史作为专门史开始出现，正是得益于“新史学”的直接促进，因为梁启超“接受了西方现代学科分化取得的成果，用现

① 赵德馨. 发扬面向现实、反思历史的优良传统. 中国经济史研究，1990（1）：14-19.

② 虞和平. 经济史//曾业英. 五十年来的中国近代史研究. 上海：上海书店出版社，2000：81-116.

③ 李伯重. 回顾与展望：中国社会经济史学百年沧桑. 文史哲，2008（1）：5-22.

④ 李根蟠. 二十世纪的中国古代经济史研究. 历史研究，1999（3）：126-150.

⑤ 同②.

代科学分类方法，把历史学划分为普通史与专门史”①。根据前述认识，1904 年的《中国国债史》完全可以视为梁启超对 1902 年提出“新史学”号召的践行。

其二则是认为《中国国债史》充分展现了经济史研究所应具备的视野。应该说，梁启超此书的确包含了较有深度的经济内容。其中共制作了 7 份表格，分别是［光绪四年（1878）至光绪二十八年（1902）］历年外债总额表、戊戌前旧债逐年摊还本利表、新旧国债分年偿还表、光绪廿八年偿纳新旧债款日期表及数额表、义和团事件各省分担偿金表、光绪三十年补还镑亏各地方分担额表及各国公债表。根据这些统计结果，书中又进一步解释了清廷向各省摊派外债的情况及各省之应对情形，较为明确地展现了当时清廷财政的窘况。有研究者据此认为，尽管该书在统计资料的完整性与精确性方面存在着局限性，但这是“梁启超尝试用西方财政学知识”对近代中国外债问题进行的研究，所以“具有开创意义”是确定无疑的②。这就是说，《中国国债史》在经济史研究的自觉性方面具有先行意义。

乍看之下，上述两个理由颇具说服力。然而细究之下可以发现，这些阐述在很大程度上是根据后来的学科发展史思路回溯的结果，从而难免存在着基于某些“后见之明”而做出的解释。这里不应忽视的是，写作《中国国债史》时的梁启超并不仅仅是一位学问家，同时还是一位关注时政的政治家。因此，我们有必要回到该书文本及其书写情境，认真审视一下作者的写作主旨及其内在脉络。转换成更加直白的问题，那就是，梁启超是不是要撰写一部历史学著作呢？他写作该书的主要动机果然是出于学术研究的自觉意识吗？

首先，从梁启超对自身立意的表述来看，他撰写该书与其说是要践行“史学革命”的号召，不如说是在进行政治革命的宣传。一方面，他开宗明义地宣称自己之所以要论述“近二十余年来国债之历史”，其根本动机是为了唤起国民的国家危机意识：“‘门前债主雁行立，屋里醉人鱼贯眠’。今日之中国当之矣。醉者岂惟政府，抑全国民皆实梦梦焉？

---

① 杨祖义. 20 世纪上半期中国经济史学发展的回顾与启示//中南财经政法大学经济学院. 中南经济论坛 2004 年卷（总第 1 卷）. 北京：中国财政经济出版社，2004：228－239.

② 郑起东，等. 当代中国近代经济史研究. 北京：中国社会科学出版社，2015：3.

情实且不知而欲其有道焉以拯救之，安可得也!”① 另一方面，他又以国债为途径而提出了政体正当性的问题。在他看来，“盖公债与立宪政体有切密之关系。愈文明之国，其所负担之公债愈多，民之信其政府使然也。以中国之政体，民视政府如仇雠，如盗贼，其不能得公债于国内也，无待言矣”②。就中国的情况而言，“夫公债之本息，政府以何道取之于我乎？亦曰租税而已。我国民当由何道乃得有财政监督权乎？亦曰出代议士而已。故吾实缫演欧人之常言以正告我国民曰：‘不出代议士，不纳租税。’”③。在这里，梁启超呼吁抛弃清朝政体的意味是非常明显的。

其次，梁启超围绕着国债问题的具体论说，也都是为了揭批当时清廷政府职能的失灵，而很少表现出专业性的经济分析。对于外债的作用，他指出这仅仅有助于清政府的苟延残喘，因为“有外债以调剂之，则可以摊年筹偿，易整数为畸零，易直接为间接，所谓狙公饲狙、朝四暮三之术，故民遂与之相忘，而怨扰不至太甚”④。对于清政府发行带有内债性质的昭信股票之举，在梁启超看来，“此实中国内债之嚆矢，而恐亦中国内债之末路也”，其理由是，“以若此之政府，本不足信，虽欲昭之，其乌可得”⑤。在述及清廷举借外债而引发利权问题时，梁启超又批评道：“而当局者饮鸩如饴，滥用国民公产之保证，慷他人之慨，以快一日之挥霍，吾欲我国民一询其居心何等也。”⑥ 梁启超最后的结论是：“夫以今日中国情形，就使所借者为内债，而固已岌岌不可终日矣，况其又属于外债。”⑦ 按照梁启超的判断，清政府在国债问题上的所有举措无疑都属于倒行逆施。

从以上两点可以看出，梁启超撰写《中国国债史》的主要动机，其实是质疑清政府政体的正当性及其继续统治的合法性。就此而言，该书首先是一部关注时政之作，而不是一部历史学性质的专门史。尽管梁启

---

① 梁启超．中国国债史//饮冰室合集．上海：中华书局，1936：自叙．

② 同①1.

③ 同①39.

④ 同①1.

⑤ 同①6.

⑥ 同①9.

⑦ 同①37.

超在该书中使用了带有统计学意味的方法来处理数据，但是与现代意义上的学术研究之间，显然还存在着很大距离。因此，将该书视为中国经济史学科诞生的标志，恐怕为时过早。

至于清末出现的、涉及清代经济史实的其他著述，更加不具备成为清代经济史研究开山之作的可能性。这些著述大体包括：1906年出版的沈同芳之《中国渔业历史》、魏声和之《中国实业界进化史》，1907年山西同乡会编辑的《山西矿务档案》，陈家锟于1908、1909年先后推出的《中国商业史》和《中国工业史》，1910年南通翰墨林编译印书局编写的《通州兴办实业之历史》，1911年通海垦牧公司编写的《通海垦牧公司开办十年之历史》。这些著述虽然在客观上对清代经济史事进行了一定的编辑和叙述，但是正如有学者所指出的那样，它们“基本停留于对经济现象的一般性描述，还谈不上研究的规范与方法”①。

就笔者目力所及，在清代经济史研究范围之内，较为明显地表现出经济史专史意味的著述，距《中国国债史》的出版要晚十年，这就是吴廷燮所著于1914年刊行的《清财政考略》。

吴廷燮，原籍江苏江宁县（今属南京市），1895年顺天乡试中举，1902年署理太原府知府，1907年充任宪政编查馆编辑，1910年出任度支部参议；清朝覆亡后，于1914年任政事堂主计局长，后主计局改为统计局，连任至1928年为止。吴廷燮在清朝任官时，即“喜研讨近代历史，日取邸钞分类编之，复旁稽政书图志，入而贯通”，后乃以“学者与史家头衔知名于世”②。民国初建，设清史馆纂修《清史》，吴廷燮曾任总纂，《清财政考略》很可能是他在《清史》编纂之余充分利用资料优势的一个副产品。

就篇幅而言，《清财政考略》是一部与《中国国债史》差不多的小册子。但与《中国国债史》仅注重光绪时期二十余年史事的时段不同，《清财政考略》所牵涉的时间包括了整个清代。《清财政考略》的主体部分，对清代从顺治到宣统的十朝财政状况分别进行了论述，此外作为参

① 郑起东，等. 当代中国近代经济史研究. 北京：中国社会科学出版社，2015：4.

② 有关吴廷燮主要事迹，可参见：刘绍唐. 民国人物小传：第7册. 上海：上海三联书店，2015：139-141。

照，还附录了唐朝、宋朝、明朝等时代的财税状况[①]。那么，这部体量有限而涉及时间段又较长的著述，是如何体现出财政史专史意味的呢？

第一，《清财政考略》是一部明确把自身主题定位在具体经济问题之上，同时又有强烈历史纵深感的著述。该书在开篇阐释其撰述宗旨时称："中国财政之可考者，托始于《虞夏书》，如益稷之懋迁有无、艰食鲜食、禹贡之赋贡皆是。《周官》详备，《大学》简要。此外，《管子》之书，《史记》货殖之传，班书以后之食货志，通典之食货诸门，通考田赋、征榷诸考，皆言财政之渊海也。"[②] 这里将中国古代食货之学称为"财政之渊海"的说法，在一定程度上包含了将之视为研究前史的意味。在这个意义上，吴廷燮接下来说"今究目前之用，重在近代"，便较为明显地带有将自身论述区别于古代食货之学的意味了。为了展现清代财政的特点，该书还力图用中国历史上其他时代的财政状况进行对比。吴廷燮认为"历代岁入之数，汉、晋租赋皆出于田地户口，历史无所入细数，可以垦地及户口之数定之"，故而主要对比了材料较为确凿的唐、宋、明三朝的情况[③]。

他还尤其关注了白银的货币功能在其他时代和清代的不同演化。他指出，"历代征收多沿以货易货之旧，非如今日之专收生银"，"唐宋时，君上之赏赉、商民之交易、友朋之赙赠，大率以银钱与绫绢并列者居多，则绫绢亦通有无之品，与用钱等。又历代开国之初，多征本色，其后易轻赍。……但今折色专属之银，唐宋则钱与緐帛同为轻赍。盖用腹地之赋以供边用，道里辽远，挽输劳费，其必易轻赍者，亦其势也。后儒乃有谓田赋必征本色者，迂矣"[④]。

第二，《清财政考略》是首次较为全面地概括了一个断代时期的财政演变状况的著述。该书按照清代从顺治到宣统共十朝的时段划分，对每一时段的财政状况都进行了扼要的勾勒，并给出了关于基本走势的概括，可谓第一次呈现了清代财政的整体面貌。特别是其对某些重点时期财政状况的综合判断，以及对一些重点问题的说明，与后来研究性论述

① 吴廷燮. 清财政考略. 1914年铅印本//北京图书馆出版社影印室. 清末民国财政史料辑刊：第20册. 北京：北京图书馆出版社，2007.

② 同①333.

③ 同①396.

④ 同①399－401.

的着眼点相比毫不逊色。

例如，在解释康熙朝财政如何从起初的窘境发展到后期有所改观的问题时，该书高度评价了该时期财政政策的作用："用之上者惟恐其多，藏于民者惟恐不足。各省滋生人丁之不加赋，奉天榷盐之设禁，各省兵差加派之申儆，皆以宽恤民力。凡明代供宫禁之金花银等，皆还之部。此所以兵役屡兴而库藏不匮。"书中还特地总结了康熙朝整理财政的主要举措，认为其中最重要的几个方面是：一在于清理欺隐，二在于裁汰官缺兵丁，三在于崇尚节俭。此外，书中也指出了康熙晚期出现的财政积弊。其首要者为"亏空之弊卒未禁绝，故末年有一省亏空皆至五六十万者"的问题，认为这是"雍正初年严办亏空官员所由来也"。另一个严重弊端则为耗羡。因"康熙中，官员俸禄停止数年，京外取资则在耗羡，相沿已久，原不侍俸。耗羡少者，正赋一两，有摊数分及一钱，多者有至数倍。凡地方之办公，上司之规礼，京官之馈送，咸取给焉"①。从这些评论中可以看出，该书已经初步展现出了史论结合的思路，其对于康熙朝财政问题的这些总结，也正是后来研究者不能绕过的地方。

第三，《清财政考略》对于史事的陈述与评论，与《中国国债史》相比，显得更为客观、全面，更能给人以较为平允的印象。凑巧的是，《中国国债史》所牵涉的时段主要就是光绪年间，《清财政考略》亦对光绪一朝的财政状况做出了整体性的概括与评论。如前所述，《中国国债史》出于政治宣传的动机，对光绪朝国家财政的评价是基本上处于崩溃的边缘。那么，面对大体相同的时段和主题，《清财政考略》又是如何评述的呢？

对于光绪朝的财政状况，《清财政考略》将之分为初年、中年、末年三个时期来加以评述。第一个时期大致是从光绪元年（1875）至光绪十年（1884）。该书指出，面对光绪初"恢复新疆，筹办海防，议练东三省兵，经费日增"的情况，"领度支者"乃设法施行筹饷、开源节流等办法，颇具成效。在此期间，尽管西征军饷、晋豫陕赈款、海防经费、河工用款、法越军务用款、归还伊犁赔款等要务耗资巨大，但是总计该时期出入之数，"共收银八千二百三十四万两有奇，支银七千八百

---

① 吴廷燮. 清财政考略. 1914年铅印本//北京图书馆出版社影印室. 清末民国财政史料辑刊：第20册. 北京：北京图书馆出版社，2007：338－340.

一十七万两有奇，而钱数粮数之收支不与焉”①。也就是说，光绪初年的财政是略有盈余的。第二个时期大致是从光绪十一年（1885）到光绪二十五年（1899）。在此期间，主要因甲午战争增加的军费以及战争失败的赔款偿付，造成了财政形势的恶化。综计此时“用款巨者”甚多，如河工（“约二三千万”）、赈需（“合各省计之亦数千万”）、军务（“中日之役约五六千万、甘肃剿回数千万”）、赔款（“中日之役二万万”）等项。最终合计该时期入款“共八千八百余万”，出款“共一万一百余万”，其间差额即财政赤字不过为“一千三百余万”②。第三个时期大致为光绪庚子（1900）以后，此时最大的财政负担是八国联军战争造成的巨额赔款，其次为推行新政而新增的支出。根据吴廷燮的统计，这一时期“岁入之增于前者”，主要为粮捐、盐捐、官捐、加厘加税、杂捐、节省、实业等项，出款则“自赔款、练费外，各官署新增费亦为大端”，而“以三十四年各省所报岁出入册计之，均在两万万以上”③。其间财政赤字应该并不甚巨，因为在宣统元年（1909），“各省入款为二万六千三百二十一万两有奇，出为二万六千九百八十七万有奇”④。与吴廷燮提供的统计数字相比照，梁启超对光绪朝财政处于危机之中的判断显然过于夸大了。

虽然《清财政考略》有着比《中国国债史》更为确凿的数据，对数字来源也有较为明确的交代，但是该书只能说具备了经济史专史的雏形，距离自觉性的经济史研究还有相当的距离。显而易见，吴廷燮此书在这里所表现出来的，其实是将以传统的食货之学为基础的史著意识，与当时传入中国的一些财政学知识相结合的产物。从这个意义上来说，对该书更为准确的定位，应是从传统的食货之学向经济史研究的过渡。

相比之下，1917年出现的两种成果，即王振先的《中国厘金问题》和君实的《记山西票号》，才包含了更具研究规范的、关于清代经济史的探讨。

就目前所见，商务印书馆于1917年出版的王振先所著《中国厘金

① 吴廷燮. 清财政考略. 1914年铅印本//北京图书馆出版社影印室. 清末民国财政史料辑刊：第20册. 北京：北京图书馆出版社，2007：371－373.

② 同①373－376.

③ 同①377－379.

④ 同①383.

问题》，是国内学者研究厘金问题的第一部著作。陈锋指出，王振先曾留学早稻田大学，此书之写作或许有受到日本学者影响之因素①。该书的出发点其实是对现实商税问题的关切，认为“课税最恶之厘金，乃以緜緜延延，至今弗替”，所以“要必原始要终，察其事情变迁”②。由于厘金制度肇始于晚清，故而该书在“厘金之沿革”一节中，对该时期的发展情形进行了富有开拓意义的概括和总结。

王振先认为可以将晚清时期厘金制度的演变分为三个时期：一为创办时期，二为推广时期，三为发达时期。按王氏的看法，清太常寺卿雷以鍼在太平天国攻克南京后，因“军用不给”，奏请于泰州、宝应“榷税往来商品，名为厘捐”，当为“吾国厘金之滥觞”。其后因曾国藩、胡林翼起而仿行，厘金之法遂得以推广。是为创办时期之主要内容。在第二阶段即推广时期，鉴于“第一期办有成效，各省争自仿行，不数年间，厘金遂推及于各地”。在此期间，滥征现象日益严重：“自商贾谋脱税，趋歧路，承办厘金之局员复认额包征，藉以牟利。时捐输之例既开，纳贿得官者相望于道，其势不能不多取盈。防奸商趋避之弊，不免多设分局，在在盘诘留难，商民益受其累。此第二期所有事也。”到了第三阶段即发达时期，清廷虽自咸丰末年即已认识到“厘金原为兵饷设立，近者贫民受累益深，藉端抑勒，侵吞舞弊，莫可究诘”，谕令“裁减厘局之数”，但因“岁用不足，渐复增加”，以致“厘难遽撤”。不仅如此，至光绪年间，“其数益繁，病民亦愈甚”，如“江苏一省，有四百余所之分卡”，而“由河南省卫辉府经卫河输送货物于天津，历河南、山东、直隶三省，沿途纳税须十余次”。王振先据此断言：“所谓厘金发达时期，即其殃民最甚时期。”③

虽然王振先的出发点并不是撰写一部经济史著作，但是其对晚清时期厘金发展状况的论述，明显具备了史论的特征。其关于晚清厘金三个发展时期的划分及界定，以及其他章节中对有关晚清厘金机制的梳理，都明确表现出了现代学术的规范形态，从而在经济史研究的面貌上无疑较《清财政考略》更进一步。也正是因为王振先的这种具有研究性视野

---

① 陈锋. 中国财政经济史论. 武汉：武汉大学出版社，2013：535.

② 王振先. 中国厘金问题. 上海：商务印书馆，1917：3.

③ 同②4－6.

的论述，使得《中国厘金问题》被视为中国厘金史方面的开创性研究①。该书不仅受到后来诸多经济史研究者的高度重视并得到频繁引用，而且其率先做出的许多论断也长期成为学界沿用的看法。

1917年君实在《东方杂志》上发表的《记山西票号》一文，其性质本来亦不属于清代经济史范畴，因为该文的出发点是探讨当时中国金融业的实情，但其中关于山西票号的发展沿革、基本规制等方面的表述，则明显带有史论属性。如文内谈及票号发展史时称："山西票号之创业，大约在明之中叶。至前清乾隆、嘉庆之际，渐就发达。同治、光绪之朝，为全盛之时。自是山西票号，不但补助中国政府，且谋全国到处商民之便云。"另外，文中还论述了山西票号在清末以来衰颓的原因，强调了辛亥革命对其产生的不利影响，以及国内外金融机构的竞争等②。这些史论性看法，在后来的票号研究中都得到了更进一步的阐述。

当然，《中国厘金问题》和《记山西票号》所展现的清代经济史研究的面貌，还只能说在很大程度上属于无心插柳之举。至于真正完全具备了现代学术视野和规范的清代经济史研究，目前所见应为1924年出现的两篇文章。这两篇文章不仅都是以问题为中心、以资料为依据、以逻辑为框架的论述性文章，而且都是明确从历史学角度所做的考察，此外还都是发表在两所现代大学——北京大学和清华大学——所创办的学术期刊上。但在以往的中国经济史研究回顾中很少出现这两篇文章的身影，这无疑是不应有的遗漏。

按发表时间论，这两篇文章的第一篇是卫挺生在《清华学报》上发表的《清季中国流行之货币及其沿革》一文③。卫挺生，湖北枣阳人，1911年以清华留美预备学校学生身份获得公费留美资格，后在哈佛大学获硕士学位，1920年归国后任中国银行总管理处秘书，并曾执教于燕京大学，具有良好的西方学术训练背景。卫挺生在该文开篇即开宗明义地点出自己的主要论点是："中国清季流行之货币，其紊乱缛杂，殆

① 陈锋. 中国财政经济史论. 武汉：武汉大学出版社，2013：514. 杨梅. 晚清中央与地方财政关系研究——以厘金为中心. 北京：知识产权出版社，2012：8.

② 君实. 记山西票号. 东方杂志，1917，14（6）：72－82.

③ 卫挺生. 清季中国流行之货币及其沿革. 清华学报，1924，1（2）：153－220.

不可究诘。”这主要表现在：

> 以时代论，则两汉、三国、晋、南北朝、隋、唐、五代、两宋、元、明，及清代历朝之货，并见于民间之授受。以地方论，则内而京师、十八省、满、蒙、回、藏、朝鲜、安南，外而日本、西班牙、墨、美、法、德、英国及其印度、太平两洋近华之各属地，皆有铸货，并行于中国市面。以原质论，则有金、银、铜、铁、铅、锡、镍之货，复益以公私之各项纸币。以形式论，则有有定形者，有无定形者，有实无其货而别假他货以代表其虚位者。以计算论，则有计枚数者，有计重量者，有虽计枚数而其数之若干成为虚数者，有虽计重量而其量之若干成为虚量者。加以计数计量之法，与枚之大小、权衡之轻重，与各质纯分成色之高下，又复市异其制而业异其习焉。

接下来，该文分为七个部分具体论述了清代货币的繁杂情形。在前两个部分中，作者梳理了中国从上古至清代的货币演变流传情况，并指出，秦汉以来历朝所铸的多种铜钱，虽然“其大小轻重不一，其质之纯杂亦不同，然皆为清季民间交易所用之货币正品”。第三部分考察了铸币材质的演变，指出历来“均以铜为正宗。然他种金类所铸者，二千余年中亦数数见”。第四部分的考察内容是“铜钱之重量及其成分”，认为“历代所铸之铜钱，其重量与内容金类之成分，至为参差”。第五部分探究了清代铜钱的供给与使用范围，指出自太平天国战争发生以后，官局“多停铸钱”，“民间日多私铸，私铸与官钱，杂用于民间矣”。第六部分内容为“钱之计算法”，指出清代“用钱之计数”，有“长钱”、“中钱”和“小钱”之别，十分混杂。第七部分为全文重点，占全文将近一半的篇幅，集中分析了清代称“元”类货币的流通情况。作者指出，此类货币“可分黄金、银、铜、镍四种，其始皆为外国币。后经本国逐渐仿铸，遂与外来者并行市中”。其中对于西洋银币传入中国并广泛流通，以及清代光绪朝以降开始仿造银元的过程，都有较为清楚的论述。

无论是该文的立论还是其论证形式，都显著表明其已完全具备了现代经济史研究的基本特征。全文给出的注释共有 184 个，其论证所依据的资料，除源自大量传世文献和清代典籍外，还包括不少时人著述和国外著述。尤其是当时著名外交史学者马士（H. B. Morse）新出不久的著作，也被纳入作者的研究视野。因此，作为对清代币制问题的首次系统梳理，该文无论是就其内容、质量还是前沿性而言，较之今日都毫不逊色，可谓是标志清代经济史研究成型的代表作之一。

另一篇标志清代经济史研究成型的代表作，是同样有着深厚留学背景的著名学者陈瀚笙年轻时代的成果，这就是他于 1924 年底在《北京大学社会科学季刊》上发表的《最初中英茶市组织》一文①。该文所探究的问题，是鸦片战争爆发前 150 年的时间里清朝与英国之间的茶叶贸易情况。其出发点是，根据对 18 世纪和 19 世纪前半期的中英贸易的统计，“广州运到伦敦的货价，茶占全数百分之九十五。可见我国和英人最初时通商，茶就是大宗出口货”，因此，“要知鸦片战争前中英的外交，似宜注意那时茶市的组织”。

在具体论述过程中，该文分别在“饮茶风气如何传到英国”“乾嘉道时茶市中心点”“广州公行制度”“东印度代理公司”“海关监督”“公行以外的中国茶商”“海运”“陆运”“专利和国际问题”的标题下，大体覆盖了中英茶叶贸易中的商业结构、经营机制和政府管理等重要问题。文章最后指出：

> 最初中英茶市一百五十年内，两方面政府都奖励通商，颁给专利。公行和公司都用全副精神来解决交通问题；公行管陆运，公司管海运。两方面都供给政府无数的财源，受政府许多的取缔。但因经济上供求的势力不能均平，专利终不能勉强维持。这一段是近世欧亚通商史中第一章的材料，和我国鸦片战争前的政治外交，有莫大的关系。

与《清季中国流行之货币及其沿革》相比，《最初中英茶市组织》的国际视野更为显著。不仅其开篇之学术史回顾是针对西方学界的论述而发，而且其主体资料也基本来自国外文献。因此，可以毫不夸张地说，这是一篇站在当时国际学界最前沿的学术论文。其中关于广州公行制度及英国东印度公司的论述，也长期为后来同类研究所承袭。此外，这篇论文还明显表现出从经济基础出发来理解社会变迁的思路，表明作

---

① 陈翰笙. 最初中英茶市组织. 北京大学社会科学季刊，1924，3 (1)：9-23. 该文署名为“陈翰笙”，而陈老后来的正式姓名常作“陈瀚笙”。

者此时已经受到了唯物史观的深刻影响。

在1924年出现的清代经济史研究中，曾鲲化所著《中国铁路史》也是非常值得关注的著述。曾鲲化，湖南新化人，1903年考取官费留学日本资格，先进入日本成城军校学习，后读日人所著《支那铁路分割案》，遂弃军事而转学铁路管理专业。其间加入同盟会，与陈天华、蔡锷等人来往密切。1906年回国后，他独自对中国铁路进行全面考察，写就《中国铁路现势通论》一书。民国肇建，曾鲲化在交通部任职，曾任交通次长，1925年去世。曾鲲化既长期从事铁路专业工作，又有强烈的社会现实关怀和良好的知识背景，在开展铁路史研究方面具有常人所不及的优势。其自叙中称，自己利用"专身路界"的机遇，"乘暇遍观部局档册，博采遐迩轶闻，以前著失之简隘，且境过事迁，特奋九十夜之力，赓续增订"，写成了这部《中国铁路史》①。不知道是否与此次奋力著书有关，曾鲲化在成书次年即不幸去世，年仅43岁。

在20世纪二三十年代出现的诸多冠名"中国"的通论性史著中，清代往往只占很少的篇幅，经济史研究领域亦复如是。《中国铁路史》的情况则截然不同，其虽然也以"中国"为名，但因铁路在晚清时期才传入中国，故而该书的时间起点只能是晚清。并且，由于曾鲲化从光绪末年便从事铁路管理工作，对相关情况非常熟悉，所以该书关于晚清时期中国铁路事业的记述非常翔实，在某种意义上也可以说是对晚清铁路史的首次集中论述，故而也可视之为一部清代经济专史的早期代表作。

在《中国铁路史》一书中，曾鲲化关于晚清铁路事业的论述，主要集中在两个方面，一是中国接受铁路的发展历程，二是路政管理及演变情况。

在第一编的第二、三、四章，曾鲲化用"铁路之东渐"、"反对派之纷起"和"清廷之定议筑路"的标题，较为仔细地记述了中英吴淞铁路交涉、李鸿章建设唐胥铁路、清廷内部关于铁路建设问题的几次大辩论，以及建造芦汉铁路的定议等铁路发展史上的重要事件，展现了晚清时期中国社会接受铁路的曲折历程。在这部分内容中，曾鲲化一方面批判了反对铁路的顽固认识，另一方面赞扬了倡议铁路建设的先驱者，如

① 曾鲲化. 中国铁路史. 新化：曾宅刊行，1924：自叙.

丁日昌、郭嵩焘、刘铭传等人。他特别高度评价了李鸿章，称其为“我国路界惟一之元勋”，宣称：“夫铁路者，惟李则首倡之……倘当时无李其人者，则至今无一里半里之路，或亦在意中”，“自李鸿章大倡利国利民、可大可久之伟论，于是军机处、总理衙门各王大臣如陡闻青天霹雳，耳目一惊，而老大之顽固胸襟亦同时涤除殆尽”[①]。对于另一位大力推进铁路建设的人物张之洞，书中也赞称：“当反对派弥漫全国之时，张独抒卓论，扫荡群盲，使不敢再试，朝廷因此定计，耳目为之一新，其功实有足多者。”[②]

在第二编“路政”中，曾鲲化对晚清时期铁路管理机制的演变情况首次进行了较为完整的概括。他在“铁路管辖机关之递嬗”一节中指出，晚清时期的铁路管辖系统中，正式机关经历了从总理海军衙门到统辖矿务铁路总局，再到商部通艺司，最后到邮传部路政司的转变；旁支机关则先后成立了铁路总公司和邮传部铁路总局。“铁路政策之变迁”一节则概述了晚清铁路建设的各种形式，对于该时期出现过的华洋合办、外国承办、官商合办、官督商办、官办、商办和国有等形式一一做出揭示。曾鲲化认为，铁路建设“办法愈多，事权愈混，而成效遂愈无可言”，最终令清末路政“满目疮痍，无法收拾”[③]。此外，该书还在“铁路防疫与卫生”一节中，揭示了宣统二年（1910）东北鼠疫的爆发对铁路运输的影响，以及铁路系统参与防疫的情况，这也是对了解此次鼠疫事件的有益补充。

与英国人肯德（Kent P. H.）于1907年所著《中国铁路发展史》[④]一书相比，曾鲲化此书规模更为宏大，内容也更为丰富，是从中国立场出发对国内铁路事业的首次历史总结。因此，该书既是了解中国铁路早期发展情况的重要文献，又是具有现代研究意义的学术著述，是中国近代铁路史研究中无法绕过的成果。其对晚清铁路建设事业的许多论述，特别是在铁路政策的演变、铁路建设的方式等问题上的看法，也长期为后来的研究者所援用。正是在这个意义上，《中国铁路史》与前述在

① 曾鲲化. 中国铁路史. 新化：曾宅刊行，1924：42，47.

② 同①52.

③ 同①92.

④ 肯德. 中国铁路发展史. 李抱宏，译. 北京：生活·读书·新知三联书店，1958.

《清华学报》《北京大学社会科学季刊》上发表的两篇文章一起，足以成为清代经济史研究成型的重要路标。

总体说来，以往那种将清代经济史研究的发端追溯到梁启超《中国国债史》的做法，肯定是不可取的。客观而论，《中国国债史》与清末那些关于经济史实的记载一样，都只是涉及了清代的经济内容，又随着清朝覆亡而具备了一定的历史性质。相比之下，1914 年面世的吴廷燮之《清财政考略》，虽然带有传统“食货之学”的面相，却显示出了作者主观上已有一定的经济史专史的意识，可谓是过渡时期的产物。至于符合现代学术规范的清代经济史研究，则是 1924 年出现的三种清代经济史著述。这三位作者都具有深厚的留学背景，接受过西方学术的熏陶，故而能够熟练运用新式学术思路。他们做出的这些成果，既能从中国本土问题出发，又能与当时国际范围内的前沿研究接轨，所以至今仍具有不容低估的学术价值。就此而言，将 1914 年到 1924 年视为清代乃至中国经济史研究的萌生阶段，而不必定某种著述为源头，相对来说更为合理。

第二节　社会史论战时期的清代经济史研究

不过，清代经济史研究在 1924 年表现出来的良好势头，在接下来的几年中并未得到延续。不仅与前述三种著述水平相当的研究成果难得一见，即便在总体数量上亦属寥寥。当然，放在此时中国经济史学科成长的大背景下，这种情况也是可以理解的。毕竟，这个时期中国经济史研究的整体学术积累还非常薄弱，研究者的总数也十分有限，更无法指望形成某一个断代经济史研究阵营了。至于清代经济史研究真正得到长足发展，是在 20 世纪 20 年代末至 30 年代中期这段时间，也就是众所周知的中国社会史大论战时期。

中国社会史大论战对于中国经济史学科成长的有力促进，早已成为学界的不刊之论。正如李根蟠所总结的那样，这场论战出现的原因是，1927 年大革命失败以后，“如何正确认识当时中国社会的性质，成为与中国革命前途攸关的重大问题，由此引发了中国社会史的大论战”；而“这场论战激发了人们研究中国社会经济史的兴趣和愿望”，从而“推进了中国经济史学科的形成和发展，直接导致30年代初中期中国经济史研究热潮的出现”①。有关这一时期中国经济史研究的整体发展状况，以往已经做出了较为全面的总结。

从这些总结中可以看出，当时经济史的研究重心是在中古及之前，关于明清以降的成果相对少一些。不过，这并不意味着该时期的清代经济史研究无足轻重。由于这一时期的很多现实社会问题都带有浓厚的清朝遗迹，所以清代经济史研究也表现出了很强的现实关怀意味。这一方面表现在，距离时人更近的晚清时期成为更多被探讨的时段；另一方面，对于厘金、盐务、货币、外债、外贸等经济实务问题的探讨相对更受重视也更为精深。此外，这一时期的一些经济史研究名家，如汤象龙、罗玉东、刘隽等人，也以研究清代经济史为主业。因此，这一时期的清代经济史研究，完全可以构成一个值得独立评述的板块。

（一）经济实务问题研究

总体来看，社会史论战时期的清代经济史研究的首要组成部分，可以概括为以财政金融问题为核心的经济实务研究。这类研究中的不少成果，都表现出了能够自觉将传统考据功夫与现代学术意识良好地结合，从而成为各自所属领域内至今无法忽视的先行研究。另外，社会史论战时期对于清代财政金融问题的关注范围也十分广阔，许多在后来学界被认为具有重要性的内容，此时都已被加以注意。更由于此时经济史研究机构和学术期刊的设立，以及清代档案文献开始得到开发利用的有利条件，从而催生了第一批堪称清代经济史研究的经典著述，如罗玉东的厘金研究、刘隽的盐务研究等。

颇为巧合的是，无论是曾被视为中国经济史学科诞生标志的梁启超的《中国国债史》，还是最早带有经济史专史意味的吴廷燮的《清财政考略》，都是以清代财政金融问题为主题的著述。在社会史论战时期，清代财政金融史研究同样成为清代经济史研究中表现最突出的领域。毫不夸张地说，正是该领域在不同阶段的发展状况，最为显著、清晰地展

① 李根蟠．二十世纪的中国古代经济史研究．历史研究，1999（3）：126－150．

示了中国经济史研究早期发展过程中所取得的进步。在这方面，首先可以列举的一个鲜明事例，就是罗玉东关于光绪朝财政方策的研究与先前吴廷燮的同类研究所形成的对照。

如前所述，吴廷燮于 1914 年所著《清财政考略》，曾对光绪朝财政情况分三期进行了整体性概括。1936 年，这部分内容又以《论清光绪时之财政》的题目，刊登在国立北平故宫博物院文献馆编辑会编辑的《文献论丛》上，从而使这篇久远的著述以单篇论文的形式回归学术视野。然而，1933 年罗玉东在《中国近代经济史研究集刊》上发表的《光绪朝补救财政之方策》一文，才是 30 年代对光绪朝财政问题的重新研究[①]。就此而言，通过对照这两篇相隔将近 20 年的研究成果，不仅有助于理解吴廷燮何以被视为清代经济史研究的先驱者，而且可以具体观察清代经济史研究在 20 年间实现了怎样的进步。

应该说，吴廷燮当初关于光绪朝财政变动状况的三期划分，及其对每期基本趋势的概括，都有相当程度的合理性。这是因为，罗玉东将光绪朝财政的演变划分为三期的思路，基本上沿袭了吴廷燮的框架。不过，借助于后发者的优势，罗玉东所表现出来的细密性和规范性则远远超越了吴廷燮。对于光绪朝财政的第一期，与吴廷燮的划分不同，罗玉东认为应从光绪元年（1875）至光绪二十年（1894）。有关此期财政的基本态势，罗玉东的总结是："虽有许多困难，然尚能长期保持出入的平衡，亦可谓幸事。"这与吴廷燮略有盈余的判断相比，大体更为切实。罗玉东划分的第二期，是从光绪二十一年（1895）至光绪二十六年（1900），并明确指出此时财政的特征是"出入平衡的长期破坏"。相较于吴廷燮的简略陈述，罗玉东则十分细致地分析了这种破坏的严重程度及其复杂原因。对于第三期的划分，吴、罗两人完全一致，即从光绪二十七年（1901）至光绪三十四年（1908）的时段。至于其困窘情形，罗玉东更为明确地指出，"清季财政的败坏"的主要原因，除"制度不良而外"，"要以历次对外战争失败之影响为最巨"，尤其是"庚子以后，财政不敷的情形，比较前更甚"。

毋庸置疑，罗玉东的论文完全属于现代学术研究体系的产物。与吴

① 罗玉东. 光绪朝补救财政之方策. 中国近代经济史研究集刊，1933，1（2）：189－270.

廷燮仅有3 000余字的论述相比，罗玉东在这篇长达80页的论文中，总字数达4.5万余字，共有208个脚注。其论证所依据的资料，除《东华续录》、《光绪政要》和《户部则例》等清代官书外，还利用了《石渠余纪》《光绪会计录》这样的私家著述，以及大量清代官方档案。其所进行学术对话的对象，既包括吴廷燮的《清财政考略》这样的先驱性著述，也包括《中国财政论》《支那财政论》等关于中国财政实务类的著述。在每一期财政方策的论述中，罗玉东都是点面结合，通过深入检查该时期诸多重要理财案例的实情，对该时期的总体态势做出总结。在这样的考察基础上，罗玉东最后关于光绪朝“三十四年间之理财方策，似极尽变化之能事，然考之实际，则终不出一法，即剜肉补疮而已”的观点，显然较当年吴廷燮的看法更为坚实有力。

清代财政金融领域中第一个显示出很大进步的专题，是厘金问题研究，而其集大成者仍是罗玉东。前文业已指出，1917年王振先关于厘金问题的著述并非一部经济史著作，只是其关于晚清厘金的概括具备了一定的史论特征。由于厘金制度在民国年间依然存在，故而追溯该制度历史沿革的文章亦不时可见，如受百的《厘金制度述略》、程锡庚的《厘金制度的今昔》等，但其思路和内容皆未越出王振先①。直到1936年，罗玉东推出其潜心研究多年而撰写的著作《中国厘金史》，才从根本上超越了先前关于清代厘金问题的著述，为该领域树立了一座迄今仍令人叹为观止的丰碑。

还在1932年，罗玉东就在《中国近代经济史研究集刊》上发表了篇幅达40多页的长文《厘金制度之起源及其理论》②。该文后来构成了《中国厘金史》一书第一章的主体，因此，罗玉东对厘金问题的研究肯定在1932年前就开始了，而该书的撰就至少也经历了四年多时间。正如有学者所指出的那样，此书更为准确的题目其实应为《清代厘金史》，因为其中所述皆为清代的内容，并不涉及民国时期仍在运行的厘金体制。但从另一方面来说，罗玉东此书清楚体现了从经济史学出发的立

---

① 受百．厘金制度述略．银行周报，1926，10（28）：9－13；程锡庚．厘金制度的今昔．时事月报，1930，3（3）：177－182.

② 罗玉东．厘金制度之起源及其理论．中国近代经济史研究集刊，1932，1（1）：4－37. 其9份附表未包括在页码之内。

场，也是一项自觉把自身限制在历史学范围内的研究。这就与此前王振先等人的那种从现实经济状况出发的厘金史追溯从根本上拉开了距离。

在基本结构上，《中国厘金史》一书共包括十二章正文和两大类附表。十二章正文大体可以归纳为四部分内容：第一、二章主要探讨的是清代厘金制度的起源及其沿革，第三、四章集中论述了全国范围内厘金税制的基本状况，第五、六章全面统计了全国范围内厘金收支的数量问题，第七至十二章则分别讨论了江苏等 22 个省份厘金制度的沿革及收支情况。在第一类附表中，罗玉东提供了 128 张统计表，详细列举了各省有关厘金的数据。这是完全依靠个人爬梳的数据统计，在当时的条件下，其工作量之大可想而知。第二类附表则是各省厘票及厘报式样，总共 23 份，这些都是清代进行厘务管理所制作的原始文献，多有今日已罕见者，其价值自然不言而喻。

罗玉东关于厘金的研究，大大超越了那种以追溯制度源流为主的框架，而是将厘金问题置于清代税制及财政体制的长期演变脉络中加以认识，从而充分彰显了经济史学的优势。例如，对于厘金的起源，罗玉东就不再像以往学者那样仅仅围绕着太平天国战争所带来的偶然性因素，而是进一步考察了其必然性，认为“咸丰以前清代财政上之不能立即利用赋税骤增收入，以谋补救财政困难的缺陷，实可视为厘金制度产生之远因”①。此外，对于厘金之于清代财政的补救作用，罗玉东一方面悉心检讨了以前的各种估计数字，另一方面则进行了极其艰苦的计量工作，统计出自同治八年（1869）至光绪末年，全国厘金总收入从1 500余万两增长到 2 000 余万两，成为清代财政收入的一大来源②。总之，罗玉东此书立足于数千件档案材料以及大量清代官私文献，不仅全面厘清了清代厘金机制，而且首次进行了极具规模的数据量化处理，可以说是信息时代之前史学界处理大数据的一项代表性工作。也正是有鉴于此，对于该书长期作为清代经济史研究早期发展中的扛鼎之作，历来毫无疑问。

在清代财政金融史领域，中国学者取得较大成绩的第二个专题，当属盐务研究。从有关 20 世纪中国盐政史研究的各类综述中可以看出，

---

① 罗玉东. 中国厘金史. 上海：商务印书馆，1936：9.

② 同①188.

直到社会史论战时期，盐务研究才摆脱了先前那种或属于资料汇编、或属于泛论式著述的状态，出现了大量真正具有研究深度和广度的成果，以及一批专精盐务研究的学者①。在这些成果中，清代盐务研究占据了十分突出的地位。至于其中成就最大的学者，则无疑是与罗玉东同属于北平社会调查所的刘隽。

在刘隽留下的盐务研究成果中，清代盐务是数量最多的部分，共计7篇论文。在1932年《中国近代经济史研究集刊》第1卷第1期，也是该杂志的创刊号上，刘隽发表了对民国年间编纂的《盐法通志》和《清盐法志》两部盐务史志的评论，这可以看作其从事清代盐务研究的开篇②。在该文中，刘隽将这两部史志与明清时代的盐志进行了比较，认为该两志“均集盐政书籍大成之作”。而进一步比较该两志，则《清盐法志》又优于《盐法通志》，因前者材料来源更广，分类更为合理，统计表格更为完备。这项研究不仅显示了刘隽在盐务资料方面深厚的积累，更为后来者如何使用这类盐务史志提供了一个良好的指南。

刘隽的另一类重要贡献，是对一些重要盐区实务的深入研究。他首先研究的盐区是清代影响最大的盐区——两淮盐区。1933年，他连续发表了两篇关于两淮盐区的论文，即《道光朝两淮废引改票始末》和《咸丰以后两淮之票法》，系统探讨了两淮盐区从道光年间至光绪时期的盐务演变情况。该两文对于两淮盐务在道光年间进行票法改革的原因及成效，太平天国爆发以迄清末票法精神何以破坏殆尽等问题，进行了十分细致的检讨③。同在1933年，他又发表了对清代不用盐引之法的典型盐区即云南的研究。在《清代云南的盐务》这篇长文中，刘隽在处理大量原始数据的基础上，充分揭示了云南盐务在清代经历的复杂变化，令人信服地分析了当地盐务生弊的深层原因④。位于内陆的山西河东盐

---

① 吴海波．百年中国盐业史研究发展历程．南都学坛（人文社会科学学报），2011（5）：31－36．陈锋．中国财政经济史论．武汉：武汉大学出版社，2013：298－321．

② 刘隽．书籍评论：盐法通志及清盐法志．中国近代经济史研究集刊，1932，1（1）：80－89．

③ 刘隽．道光朝两淮废引改票始末．中国近代经济史研究集刊，1933，1（2）：123－188；咸丰以后两淮之票法．中国近代经济史研究集刊，1933，2（1）：142－165．

④ 刘隽．清代云南的盐务．中国近代经济史研究集刊，1933，2（1）：27－141．

区，是刘隽较为关注的另外一个盐区，共发表了3篇论文①。他认为，河东盐区虽然产盐有限，但就清代而言，该区“盐政的场产、运销、征榷等制度”有很多值得注意的地方。因此，他系统考察了从顺治初到嘉庆时期河东盐政的沿革，彰显和强调了乾隆末年课归地丁改革的意义。这不仅是对河东盐务的开创性研究，更是对清代盐政制度史研究的推进。不幸的是，据闻刘隽在抗战期间英年早逝，未及做出更多研究，甚至未能整理出一部清代盐务研究专著。

除刘隽之外，来自其他研究者的一些成果，同样为该时期清代盐务研究的发展做出了贡献。1934年，何维凝发表《太平天国时代中国盐政概观》一文，较为全面地探讨了太平天国战争对于中国各大盐区场产、运销及征榷机制的种种严重影响，也考察了清朝方面为此所推行的补救政策与方法。他认为，“太平天国时代中国盐政上之变动，极为剧烈，凡百设施，往往成功少而失败多，即略具成效者，或盛衰不常，或支离破碎，亦殊无通盘计划之可言”②。1935年，吴铎发表的《川盐官运之始末》一文，同样是一篇质量极高的盐政研究。该文在充分处理大量原始数据的基础上，详细论述了晚清时期四川省率先推行的官运商销制度，及其对川省盐法成效的有力改善，从而为国内其他盐区所仿效③。1936年，吴雨苍所发表的《清代两淮盐政》一文，虽然较刘隽、吴铎等人的研究略显浅显，但系首次对两淮盐区的基本体制进行的全面概括，也属于一项有一定价值的制度沿革研究④。此外值得一提的是，姚永朴于1934年在《安徽大学月刊》上连载发表的《清代盐法考略》，实则为从《清史稿》之《食货志》中摘出的“盐法”部分，并非一篇专题研究⑤，故存而不论。

---

① 刘隽．清顺治元年至乾隆五十七年河东的盐务．盐政杂志，1936（64）：100－116；乾嘉间河东盐课摊归地丁的理论．盐政杂志，1937（66）：182－199．另外，1936年10月25日、11月8日、11月22日的《天津益世报副刊·史学》则连载了其《乾隆间河东盐课归丁的筹备及其实施》一文。

② 何维凝．太平天国时代中国盐政概观．中央大学社会科学丛刊，1934，1（2）：109－151．

③ 吴铎．川盐官运之始末．中国近代经济史研究集刊，1935，3（2）：143－261．

④ 吴雨苍．清代两淮盐政．国专月刊，1936，3（5）：62－74．

⑤ 姚永朴．清代盐法考略（上、下）．安徽大学月刊，1934，1（6）：1－25；2（1）：1－25．

有关货币、金融机构和外债等方面的成果，是清代财政金融史研究领域中第三个较为突出的专题。这方面的第一类成果集中在货币上。首先是关于白银的研究，其中汤象龙 1930 年发表的《道光时期的银贵问题》一文最为知名。汤象龙有感于当时银价暴跌的现实状况，遂起意研究道光时期银贵铜贱引发的金融恐慌问题。该文揭示了道光年间银贵问题的起源和经过，分析了时人的各种认识和主张，指出深入探究白银问题对于理解鸦片战争的爆发具有无比的重要性①。吴大业、吴承禧和俞寰澄同于 1932 年发表的论文，虽然都属于更具经济学色彩的论文，但是也都较为深入地探讨了 19 世纪以来世界范围内银价的剧烈变动对于中国金融的深远影响，因此也是回顾清代金融史研究时应该加以注意的成果②。傅镜冰于 1933 年发表的《明清两代外银输入中国考》一文，是目前所见最早梳理世界白银自 17 世纪中叶以后流入中国情况的研究。据作者估算，"自明末迄清中叶，外国银输入中国者，约三亿五千万元"，由此才可以理解国内"以银表示物价，及缴纳租税，则自明末始"，以及中国"成为银本位国之原因"③。鞠清远于 1937 年发表的研究则详细考察了清代银锭的种类，指出清代除了"两"重的差别外，还有锭重、成色、锭式的差别，形成了十分复杂的银锭制度，而"清代虽然通用钱币，不过大量贸易课税都是用银的"，成为清代商业艰难运行的原因之一④。

其次是关于币制的研究。继卫挺生开清代货币研究之先河，币制问题在 30 年代多受注意。叶作舟探讨了外国货币在清代流行的情况，指出这一情况"与帝国主义势力之侵入，实有密切之关系"⑤。1931 年 1 月间，刘振卿在《北平晨报》上连续发表了《清代制钱》一文，较为系统地介绍了清代铸钱制度的沿革状况⑥。与前两篇文章相比，汤象龙对

---

① 汤象龙. 道光时期的银贵问题. 社会科学杂志，1930，1（3）：1-31.

② 吴大业. 百年来金银价变动之原因及其影响. 经济统计季刊，1932，1（1）：1-79；吴承禧. 百年来银价变动之回顾（1833—1932）. 社会科学杂志，1932，3（3）：323-363；俞寰澄. 六十年之银价. 申报月刊，1932，1（1）：35-42.

③ 傅镜冰. 明清两代外银输入中国考. 中行月刊，1933，7（6）：4-16.

④ 鞠清远. 清代银锭的种类. 天津益世报：食货周刊，1937-06-22（28）.

⑤ 叶作舟. 清代流行之外币述略. 商业杂志，1930，5（8）：1-11.

⑥ 刘振卿. 清代制钱. 北平晨报：艺圃，1931-01-06，01-07，01-08，01-09，01-10，01-11，01-12，01-13.

咸丰朝货币的研究，才真正表现出了无愧于先前卫挺生的研究。该文详尽分析了咸丰朝旧制的破坏和新制的缺陷，认为该朝货币“在清代货币史中是最复杂而又紊乱的时期”，以致“金融紊乱，为历朝所未有”[①]。崔毓珍则对清末币制改革活动进行了研究，指出这次改革是在外力压迫下被动发生的，其间虽有精琦提出改用金本位的计划，但最终仍以坚持银本位而告终[②]。此外，郭沫若考证出，马克思在《资本论》中论及中国货币问题时所提到的人物和事件，就是户部右侍郎王茂荫所提出的“官票宝钞”[③]。由此，坐实了王茂荫成为《资本论》中唯一提到的中国人。

第二类成果集中在票号、银行等金融机构上。作为中国本土最著名的金融机构，山西票号在社会史论战时期备受关注。1926 年，《钱业月报》上发表《山西票号之兴替史》一文，是此类成果的首篇。该文论述了山西票号在清代的发展，勾勒了其起源、发展、兴盛和衰败的全过程，并较为深入地分析了其组织特色、利益所在与其未能向现代金融机构转变的原因[④]。不过，该文以及此后连续出现的多篇同类论文，大体都遵循这一描述式框架，既缺乏深度，亦少有新意。至于具有较高学术价值的研究，则为侯兆麟和高叔康分别于 1936 年和 1937 发表的论文。在《近代中国社会结构与山西票号：山西票号的历史的正确认识》一文中，侯兆麟强调，“山西票号在近世中国经济史、社会史中所显示的作用与所扮演的角色，与江浙金融在中国最近社会史中所占据的地位，形成解释中国社会性质同样的有力的杠杆”；清代百余年票号的发展与没落，以及近数十年买办的发展与危机，“亦是反映出中国政权形态递变的一面的真实基础”。基于此种认识，该文对于山西票号发展史的研究，着眼于其对于“近代中国社会结构所占据的重要地位”，从而更为深入地揭示了票号起源的经济基础及其社会作用[⑤]。高叔康在其研究中，也将山西票号视为“清代经济史中一个重要的部门：从它的发生、发展，

① 汤象龙. 咸丰朝的货币. 中国近代经济史研究集刊，1933，2 (1)：1-26.

② 崔毓珍. 清末中国币制改革问题. 中央银行月报，1935，4 (8)：1653-1663.

③ 郭沫若. 资本论中的王茂荫. 光明，1936，2 (2)：899-902.

④ 佚名. 山西票号之兴替史. 钱业月报，1926，6 (2)：18-24.

⑤ 侯兆麟. 近代中国社会结构与山西票号：山西票号的历史的正确认识. 中山文化教育馆季刊，1936，3 (4)：1151-1162.

一直到没落，如实的表现当时社会一般经济及政治的动态”，从而有力地驳斥了关于票号起源的种种传说，得出了更有说服力的结论①。

遗憾的是，对于新式银行业在清代的发展情况，该时期出现的研究成果寥寥无几。唯有李紫翔于1936年发表的《中国银行业之史的发展》一文，对晚清时期新式银行业的发展状况及其性质进行了较为完整的探讨。他在分析了新式银行在中国产生的过程后，认为“我国银行之发生及发展的条件上，先天地带了封建的和买办的性质”，而“在帝国主义垄断下的商品流通［过］程上的放款和政治的投资上，是我国银行发展起来的两个主要原因和方面”②。无疑，这种看法是较早运用唯物史观来认识近代中国金融业的研究。此外，黄华于1937年3月在《中央日报》连续发表了《清末上海之金融潮》，首次揭示了1910年上海金融风潮的概况③。这次风潮是因橡胶股票投机而引发的一次大规模金融危机，导致大批银行、钱庄倒闭，备受后来近代金融史研究者关注。从学术史回顾的角度来看，该文可谓研究此次风潮的嚆矢。

第三类成果集中在清代外债的研究上。在这方面，因庚子赔款对中国造成了深创巨痛，故而首先出现以之为主题的文章也就不足为奇了。唐林于1925年发表的《庚子赔款》一文，对赔款之内容、赔款之支付办法、各国应得赔款之本息以及赔款之现状等问题，一一进行了介绍④。尔后，受百的《庚子赔款偿付之经过》及冰生的《庚子赔款的由来及其变迁》两文，基本内容与唐林的文章大体相当⑤。总的说来，这些文章关注现实的意味更强，对于晚清时期外债和赔款问题的探讨则显得相对单薄。

真正在清代外债史领域取得显著成就的学者，应为著名学者汤象龙。在1935年《中国近代经济史研究集刊》的第1期和第2期上，汤象龙连续发表了两篇关于清代外债问题的高质量论文，从而奠定了其在

---

① 高叔康. 山西票号的起源及其成立年代. 食货，1937，6（1）：24－35.

② 李紫翔. 中国银行业之史的发展. 中山文化教育馆季刊，1936，3（3）：785－798.

③ 黄华. 清末上海之金融潮. 中央日报：中央公园副刊，1937－03－02（4），03－04（4），03－05（4）.

④ 唐林. 庚子赔款. 银行月刊，1925，5（1）：34－49.

⑤ 受百. 庚子赔款偿付之经过（一）. 银行周报，1927，11（40）：7－9. 冰生. 庚子赔款的由来及其变迁. 新中华，1935，3（8）：75－80；3（9）：73－75.

这个领域的牢固地位。在第一篇论文《民国以前关税担保之外债》中，汤象龙依靠大量原始资料和数据，对清代外债之发生、发展过程进行了详细的爬梳，揭示了外债如何逐渐影响清代政治的情形。他认为，清代外债问题的一大核心是“受国际政治之影响甚大”，并且“中日战争以后，此种现象尤为显著。是以列强在华之侵略愈亟，中国外债所受政治之影响即愈大，而中国所借之外债时间愈近，其所带之政治背景愈深”①。在另一篇论文《民国以前的赔款是如何偿付的》中，鉴于“军费、外债和赔款为中国近代财政上国家三宗最大的支出”，汤象龙特意考察了清代五次重要的、数额巨大的军事赔款情况，即鸦片战争赔款、第二次鸦片战争赔款、伊犁偿款、甲午战争赔款和庚子赔款。该文以大量统计数字表明，甲午战争赔款和庚子赔款对中国造成了极其恶劣的影响，因为“前者在近代财政史上为划时代的事件，后者为促成清季财政总崩溃的主因”②。除撰写这类学术论文外，汤象龙还很注意这方面的历史普及工作，例如，他以《天津益世报》的“史学”副刊为阵地，先后发表了《中国第一次外债》《左宗棠与外债》等有助于人们理解清代外债史的文章③。

在清代财政金融史研究领域中取得较大成绩的第四个专题，是关于外贸及其体制问题的研究。关于外贸问题，目前所见最早的研究是侯厚培于1927年发表的《五口通商以前我国国际贸易之概况》。该文较为全面地论述了自汉代至鸦片战争前中国与海外贸易的管理机构、征税方法、出入货物等方面的演变，因清代距离最近，内容亦最为丰富。文中特别指出，清代前期并不是一个完全闭关的时代，因为康熙二十三年（1684）停止海禁之例，乃“吾国数千年来，以明文记载开放海禁者，以此为始”，故这一时期，“或谓为由限制的贸易转为自由的贸易亦可”④。同年，名“执无”的作者在《银行月刊》上发表的《三十年银价变迁与中国国际贸易》一文，探究了19世纪后期以来银价变动对于

① 汤象龙．民国以前关税担保之外债．中国近代经济史研究集刊，1935，3（1）：1-49.

② 汤象龙．民国以前的赔款是如何偿付的．中国近代经济史研究集刊，1935，3（2）：262-291.

③ 汤象龙．中国第一次外债．天津益世报副刊：史学：第四期，1935-06-11；左宗棠与外债．天津益世报副刊：史学：廿四号，1936-03-17.

④ 侯厚培．五口通商以前我国国际贸易之概况．清华学报，1927，4（1）：1217-1264.

中国国际贸易的深刻影响。该文虽非国内学者的成果，但对当时学界很有借鉴意义①。

中国学者在清代外贸研究上的长足进步，还是出现在30年代。何建民在1933年发表的论文中，探讨了17、18世纪即明清时期中国与西班牙、荷兰的贸易情况。指出在18世纪，唯有荷兰遵循了朝贡体制，且其使节对行跪拜礼“不敢异议，所以对华贸易，一时被荷兰独获巨利”②。黄菩生通过揭示鸦片战争前清代广东的贸易的状况，认为清代以闭关主义为主的经济政策，对百年以来的广东的对外贸易形成了极大障碍，以致广东的经济势力不能发展，也不能在经济史上引起中国之产业革命③。张德昌同样关注了鸦片战争前中西沿海通商问题，认为康熙收复台湾后开放海禁的同时，对于海上贸易还是加以抑制的，而“这种抑商政策的实行，一方面使已在海外失势的中国商人不能复起，另一方面播下中西冲突的种子”。此外，文中还分析了中国居于出超地位的原因，指出“银子进口是在当时出超情况下的一种自然结果”④。沈光沛着重估算了清代外贸中进出口贸易数字的变化状况，指出到19世纪初期，中国虽然尚能保持出超地位，但鸦片输入业已激增；而在1821—1830年，中国进口逐渐增加，而出口无甚进步，遂由出超转成入超⑤。张天护则专门探讨了清代中国与法国之间的贸易关系及性质，反驳了那种认为法国对华重宗教轻商务的看法，认为迄清末，“法国亦犹其他欧洲国家，于商务而外，更营营逐逐于中国经济利益之攫取”，其所获利益则集中于“铁道、矿产与工业”。至于其经营成效远逊英国，则另当别论⑥。

对于清代外贸体制的研究，较早的成果是陈雪涛于1930年发表的《中国关税史纲》。该文虽然将关税问题溯自唐代，实际在全文六个部分中，关于清代的内容占据四个，故而总体以清代内容为重点。作者认

---

① 执无．三十年银价变迁与中国国际贸易．银行月刊，1927，7（4）：1－13.

② 何建民．十七八世纪中国和西班牙及荷兰的贸易．中国经济，1933，1（7）：1－7.

③ 黄菩生．清代广东贸易及其在中国经济史上之意义：鸦片战争以前．岭南学报，1934，3（4）：157－196.

④ 张德昌．清代鸦片战争前之中西沿海通商．清华学报，1935，10（1）：97－145.

⑤ 沈光沛．中国前代之对外贸易与贸易平衡．新商业季刊，1936（2）：9－13.

⑥ 张天护．清代法国对华贸易问题之研究．外交月报，1936，8（6）：51－69.

为，清代海关权力经历了四个时期的变化，即关税固定时期、关税协定时期、关税管理权旁落时期和关税主权失坠时期①。该文所述虽然较为简略，但是较为完整地概括了清代海关体制的演变状况，尤其强调了清代咸丰朝以后逐步丧失海关主权的严重性。至于对清代海关体制的高质量研究，首推梁嘉彬关于广东十三行的研究。1932 年，本身就是十三行后人的梁嘉彬，在《清华周刊》上发表了《广东十三洋行考》，是其研究十三行之始。在该文中，梁嘉彬指出了以往国内外学界关于十三行各种说法的不足，披露了自己全面开展十三行研究的计划②。1937 年，他果然推出了十多万字的专著《广东十三行考》。梁嘉彬利用自己作为行商后人的优势，根据多方收集的珍贵资料，对于十三行的起源、沿革以及行名、人名和行商事迹，进行了详尽的考证，纠正了不少习惯上对于行商和行商体制的偏见，从而为后来的相关研究提供了一个较为切实的典范③。因此，该书出版后很快引起了国外学界的注意。黄菩生亦对清代十三行的许多细节进行了考证，并指出其在“我国近百年社会转变的过程中，也占一个很重要的阶段”，而“研究十三行的意义就是因为十三行曾是我国经济转变开始的一个重要中心”④。此外，汤象龙对晚清时期粤海关改革行动的研究，也是一篇高水准的论文。该文认为，光绪三十年（1904）的改革行动取消了包税制，推翻了二百余年来积累下来的制度性积弊，成效显著⑤。吴贯因则比较了元代与清代的通商制度，认为其间出现了一种退化态势，其要在于：元代税制重征洋货，清代重征国货；元代有商埠而无租界，清代有商埠亦设租界；元代不许外人在国内用外国货币，清代则准许外人在国内用外国货币⑥。

（二）经济基础问题研究

除经济实务方面的研究外，清代经济史研究领域的另外一大部分成果，相对来说与社会史论战有着更为密切的联系。这是因为，这部分成果主要是从社会经济的一般问题出发，最后大都归结到对清代社会性

① 陈雪涛．中国关税史纲．学艺，1930，10（7）：1-9；10（9）：1-9.

② 梁嘉彬．广东十三洋行考．清华周刊，1932，37（5）：493-499.

③ 梁嘉彬．广东十三行考．南京：国立编译馆，1937.

④ 黄菩生．十三行之研究．南大经济，1933，2（2）：1-12.

⑤ 汤象龙．光绪三十年粤海关的改革．中国近代经济史研究集刊，1935，3（1）：67-74.

⑥ 吴贯因．元代通商制度与清代通商制度之比较．正风半月刊，1935，1（10）：13-20.

质、社会经济结构和社会发展方式等方面的认识。因此，总体而言，这部分成果可谓是以经济属性问题为中心的经济基础研究。其中，有关土地制度及农业、经济发展方式及其变化、经济思想史等方面的成果，不仅在数量上构成了这部分成果的主体，也是相对水平较高的成果，同样反映了清代经济史研究领域的发展态势。

在事关如何看待清代社会经济基础的问题上，对于清代土地制度及农业性质的研究是较早受到关注的一个专题。在这个专题中，相关成果又可以按照时期分为两部分。第一部分是以清代前中期为主，或者可以说是中西关系发生质变之前的时期。1933 年，魏建猷在《史学年报》上刊发了《清雍正朝试行井田制的考察》一文，探讨了雍正时期在旗民群体中试行井田制的活动，对其试行原因和失败因素进行了分析。作者认为，这项政策“适应当时社会的需要，并不是儒家徒子徒孙们的盲目的复古运动”，其失败不是“与当时社会经济有若何矛盾，乃是因为旗民阶级性的差异”[①]。次年，张觉人在梳理中国历代土地制度演变时，对清代土地制度也进行了整体性概括。他指出，清初旗人圈占田地的本质，“并非用以分配给无田的人，而是新造地主”。而清代的一条鞭法与明朝的不同，主要在于“丁赋的总额一定不变，对田赋的附加率亦无变动，及田赋、丁赋的区别完全消灭”，也意味着人头税的取消[②]。贺扬灵考察了清代初期关外农垦的发展，指出清军入关之前，关外农业经济的发展已有“相当的历史基础”，入关以后，“为恢复久经凋残的关外社会经济”，又“积极开放关外土地，并以爵赏诱引汉人向关外发展”[③]。张致恭揭示了清代租佃制度的一般状况，认为清代佃农群体在这种制度下，虽然“地位似有相当的安定”，然而“很难取得土地的所有权”，从而“不能摆脱佃农的地位”，也就不得不处在“高度地租的剥削之下”[④]。

另有两篇论文聚焦于清代前期农业经济的演变，对经济基础问题也进行了富有开拓性的讨论。谭丕模在 1936 年发表的论文中，探讨了清

① 魏建猷．清雍正朝试行井田制的考察．史学年报，1933，1（5）：113－126.

② 张觉人．土地问题的理论与实践之研究（续六）．中国经济，1934，2（6）：1－11.

③ 贺扬灵．清初关外农垦的检讨．新中华杂志，1934，2（24）：52－55.

④ 张致恭．清代的佃农．北平华北日报：史学周刊：第 46 期，1935－08－01（7）.

初农民的均田运动与颜李学派的产生之间的关系。他认为，明清之交的中国社会“由于商业资本的扩大与深入，已充分地发挥了其侵蚀农村的作用，而形成农村衰退的局势”，以颜元、李塨为代表的一部分学者看到这些问题，“在哲学思想上便别开生面，紧紧地抓住现实，以求生活要素——耕地的获得”①。刘兴唐则以福建地区农业经济的商业性发展为中心，论述了清代前期的资本主义化问题。他指出，区分封建式的农业生产和资本主义式的农业生产，应该着眼于生产关系，也就是劳动力和劳动对象、劳动工具的结合形式。有鉴于此，农业生产品的商业化，“自然也反映出农业的资本化过程”②。

对于晚清时期土地问题的讨论，构成了清代土地专题研究的又一个重要组成部分。太平天国运动对中国社会造成的巨大冲击，使得人们首先对该时期的土地问题倍加关注。马快然明确指出，太平天国之前的土地制度“完全是剥削的形式”，到了太平天国这场“农民的大暴动”，“这种剥削根本铲除了，建立起来土地公有制”。这是因为，“太平天国的阶级基础是广大的农民，素来感受土地私有制的痛苦，所以很刻不容缓的实行解决土地问题，把从来的土地制度完全推翻，创立起来新的土地制度”。但因处置土地问题的方法“皆未臻善”，以致整个革命运动最终失败③。王英也对太平天国革命前的土地问题进行了考察，认为这是导致革命爆发的主要原因之一：“由于土地生产商品化、工商业茂盛、高利贷横行、专制主义下的重征苛敛及八旗圈占土地为结果，致陷农民群众于失业失地、无以谋生的窘境，而复促成土地兼并、大地主兴起和豪绅的横行”④。而对于清廷在太平天国战后举行的减赋行动，亦为学界多所留意。1933 年，庄强华在《地政月刊》上特地介绍了两部关于江浙减赋活动的重要文献，即《江苏减赋全案》和《浙西减漕记略》，亦大略概述了两省减赋行动的面貌⑤。不过，真正对这次减赋行动进行

---

① 谭丕模. 清初农民之均田运动与颜李学派之产生. 北平晨报：历史周刊：第 2 期，1936-10-10 (15)；第 4 期，10-24 (13).

② 刘兴唐. 清代福建农业之前资本主义的发展. 文化批判，1936，3 (4)：79-89.

③ 马快然. 太平天国时代的土地制度. 三民半月刊，1930，5 (1/2)：177-183.

④ 王英. 太平天国革命前夕土地问题的一瞥. 食货，1935，2 (3)：61-65.

⑤ 庄强华. 江苏减赋全案述要. 地政月刊，1933，1 (3)：377-396；浙西减漕记略述要. 地政月刊，1933，1 (6)：832-837.

全面研究的成果，是著名考古学家夏鼐在年轻时代的力作，即其在1935年发表于《清华学报》上的长文《太平天国前后长江各省之田赋问题》。在这篇长达66页的论文中，夏鼐运用了大量资料和数据，考察了太平天国战后长江流域各省减赋运动的原因、经过和结果。他通过对比战前战后的情况，指出这次减赋运动是“同治中兴”的经济基础之一①。同年，朱庆永的文章则专门研究了这次减赋行动在江苏省苏州府、松江府的实施情况。他认为这次减赋虽然减轻了当地不少负担，但是缺点也在所难免，如未能裁并科则，未能减银，且减赋只减轻了地主的负担，“对于佃户的利益却丝毫没有顾到”②。王毓铨则着眼于清末田赋征收对于农民生活和农业经营的影响，指出清代田赋正额虽然不重，但实际上是“正赋之额未增，而增赋之实则有”，由此导致“农民暴动是农民反抗封建剥削的唯一的、有力的、而且是必然的手段”③。魏泽瀛通过对光绪时期山东海丰县田产经营账簿的考察，探讨了当时华北地区租佃方式的部分情况，认为当时土地生产力还在一个很低的水平上④。

有关清代经济发展方式及变化问题的研究，构成了清代经济基础研究领域的又一个重要专题。大体上，这一专题的第一部分内容，主要是关于中国本土传统经济结构的研究。钱亦石运用马克思主义的思路，对帝国主义入侵前中国的经济形式进行了分析。他明确反对那种“亚细亚生产方式”的说法，指出“应该在农民与土地占有的关系中去解答社会制度之谜”，而“由小规模农业及家庭工业的联合所构成之经济形式，实具有封建剥削的内容；所以，在帝国主义侵入前的中国经济，仍不过是封建经济罢了”⑤。马奉琛探讨了满人入关前经济生活的基础及其性质，认为当时女真社会还处在“由射猎进化到农业社会的过渡时期”，

① 夏鼐. 太平天国前后长江各省之田赋问题. 清华学报，1935，10（2）：409－474.

② 朱庆永. 同治二年苏松二府减赋之原因及其经过. 政治经济学报，1935，3（2）：510－529.

③ 王毓铨. 清末田赋与农民. 食货，1936，3（5）：43－54.

④ 魏泽瀛. 五十年前华北农业情状的一个观察. 天津益世报：农村周刊：第99期，1936－02－01.

⑤ 钱亦石. 中国在帝国主义侵入前的经济形式. 学艺，1934，13（3）：4－14.

而八旗在入关前之所以没有出现生计问题，则是由于奴隶制度的存在①。在另一篇论文中，马奉琛又探讨了满人入关后与汉人发生的经济冲突问题。他指出，“在这种冲突里，不止是经济关系的摩擦，满人又利用军事成功的余威，予汉人的社会经济以莫大的打击”。至于这种冲突的基本性质，则是“因为满汉两个社会，没有进化到同一阶段”②。唐立通过深入剖析清代土地占有的形势，以及统治阶级依据土地关系对于农民的剥削，认为清政府“并不是单纯的代表满洲贵族的利益，而是望深一层的与中国地主和商业资本结婚”，因此清代经济结构是“满清贵族和中国商业资本互相提携的结果”③。王兴瑞关于清代海南岛汉族与黎族交易的研究，是非常罕见的有关清代民族经济问题的研究。该文较为全面地展示了汉黎交易的一般面相，指出所处经济水平的不同使得这种交易的主导权大都控制在汉人特别是客商手中，而商业和高利贷的逐利本性则是导致“黎乱的一个重要原因”④。最后值得一提的是，万斯年较早注意到了清代民间经济文献的重要价值。他以荣孟源捐献给北平图书馆的家族账簿为例，指出通常的史册及方志很少有关于物价的记载，所以“账簿在近代经济史料的搜集上，必然是重要来源之一”⑤。

该专题的另一部分内容，是关于中西发生密切接触后，特别是鸦片战争后中国经济发展方式及经济结构所发生的变化。在这方面，学界首先关注的是西方对中国的宏观冲击及影响。王造时在1932年发表的《中西接触以后的经济变化》一文，对于西方对近代中国造成的经济冲击进行了较为系统的论述。文中指出，自鸦片战争以后，“经过屡次战败，列强先后逼迫我们订了许多卖身条约，由南而北，把我们全国的门户，打个粉碎。他们的工业制造品，与过剩资本，遂如排山倒海的涌来，把我们全个经济组织逐渐破坏”。继而认为，近代中国之所以不能应对来自西方的竞争，是因为：“一是我们的生产制度，本身不如人家；

① 马奉琛．满族未入关前的经济生活．食货，1935，1（6）：30－46.

② 马奉琛．清初满汉社会经济冲突之一斑．食货，1936，4（6）：32－39；4（8）：27－34；4（9）：16－34.

③ 唐立．清代的经济结构之一解剖．中国经济，1937，5（8）：97－108.

④ 王兴瑞．清代海南岛的汉黎交易．社会科学论丛，1937，3（2）：221－237.

⑤ 万斯年．鸦片战争时代华北经济史资料的新发现．大公报：图书副刊：第91期，1935－08－08（11）.

一是他们有不平等条约，来做经济侵略的护符；三是战乱纷乘，没有休养生息的机会。”① 这种看法在当时带有一定的普遍性。梁瓯第于次年发表的《清末外资本侵入后的农村经济》一文中也认为，清代农村社会“仍保持着数千年来相对的自给的经济组织”，而“西洋资本主义的国家以大量的工业生产为基础”，“把廉价的商品跟在大炮的背后，破坏了中国的闭关政策，封建残余下的中国农村经济……便随地加速的奔上它崩溃的过程”②。杨及玄剖析了鸦片战争后中国社会经济转变的动向与特征问题，认为“我们在中国现代社会经济的讨论上，就应当以鸦片战役为唯一的出发点”，而“我国的社会经济就被资本主义像摧枯拉朽似的破坏了”，其结果是，“我国社会经济的现阶段……是在帝国主义铁蹄下发展畸形的一种资本主义”③。千家驹在《鸦片战争后的国民生计问题》一文中也指出，“在资本主义的经济势力没有侵入以前，中国是一个经济上自给自足的国家”，而在回溯鸦片战争以来“资本主义在华侵略的经过和背景”，就“不难明了中国经济破产的过程和趋势”，以及中国经济何以“向着殖民地化的道路上迈进”④。邓云特（邓拓）也持同样的看法，认为“自从鸦片运到了中国之后……封建社会的固有的生活秩序开始改变了”，而这完全是一种“非正常的外力的摧残”，从而“根本不能提供中国自主的新工业发展以任何基础”。至于晚清时期中国出现的所谓“新工业”，完全是“满清封建政权受鸦片战争失败教训和内战经验的刺激的结果”⑤。

对于经济发展方式在晚清以来所发生的变化，另一些成果所关注的问题相对来说较为具体。方显廷在回顾中国棉纺织工业发展史时指出，棉纺织工业在中国成为新式工业，应溯自鸦片战争后英国等欧陆国家对于“中国原有手纺纱之销场”的打击，而中国“自设机器纺织厂”则始

---

① 王造时. 中西接触以后的经济变化. 人文，1932，3（7）：1-16；3（9）：1-13.

② 梁瓯第. 清末外资本侵入后的农村经济. 现代史学，1933，1（3/4）：253-296.

③ 杨及玄. 鸦片战役以后中国社会经济转变的动向和特征. 东方杂志，1935，32（4）：5-20.

④ 千家驹. 鸦片战争后的国民生计问题. 中山文化教育馆季刊，1936，3（1）：187-207.

⑤ 邓云特. 中国近代资本主义发展的过程及其特性. 中山文化教育馆季刊，1937，4（1）：103-118.

于1890年左右，其创始者为李鸿章和张之洞①。千家驹在《东印度公司的解散与鸦片战争》一文中，深刻剖析了鸦片战争爆发的深层经济原因，认为东印度公司独占贸易的解散，“是基于英国生产力发展的必然结果”，然而由于“中国方面的闭关政策”，这种独占贸易的取消“依然不能解决生产力与生产关系的矛盾”，反而促使中英两国外交关系恶化，“于是便不得不以炮舰政策来打破中国的万里长城”②。任宗济认为，道光朝禁烟举措的背后有深刻的经济背景，即“道光十六年至十九年，为禁烟最紧张之时期，盖朝野上下均看出当时漏卮之大，中国经济已渐入危机矣”③。罗尔纲则探讨了太平天国运动的经济背景，认为其一是因人口增加、土地集中，其二则是受中西通商的影响，完成工业革命的英国对中国输出大量鸦片，直接使得中国银贵钱贱、家庭手工业动摇，间接使中国耕地缩小、购买力锐减，“遂使太平天国的革命亦发生不可了”④。

在有关清代经济体制的问题上，相关成果虽然不算太多，却也构成了一个不容忽视的专题。而这种说法得以成立的依据，首先就在于汤象龙对清朝捐监制度的开创性研究。他开宗明义地指出，捐监是清代财政上的一项重要制度，虽然“此种制度为清代政治现象不良之一大端”，但是“自经济上尤其自财政上看，要为当时国内一种关系国计民生甚大之制度”。因此，他以嘉庆、道光朝为中心，对清代捐监人数和捐纳银数进行了细致的统计，首次确切表明了捐监所得在道光时期的财政上所占据的重要地位⑤。文枢关于清代同业公会及其业规的介绍，虽然总体上较为简略，但却是较早注意到此类中国本土商业组织及其意义的研究，具有一定的价值⑥。1936年初，汤象龙在《中央日报》上刊发了一篇长文，对清初顺治时期的经济政策的性质进行了探讨。该文主要针对

---

① 方显廷. 中国棉纺织业之历史及其区域之分布. 经济统计季刊，1932，1（4）：718-740.

② 千家驹. 东印度公司的解散与鸦片战争. 清华周刊，1932，37（9/10）：61-81.

③ 任宗济. 道光朝禁烟之经济背景. 大公报：经济周刊：第127期，1935-08-21（11）.

④ 罗尔纲. 太平天国革命的经济背景. 大公报：史地周刊：第18期，1935-01-11（11）.

⑤ 汤象龙. 道光朝捐监之统计. 社会科学杂志，1931，2（4）：432-444.

⑥ 文枢. 清季之商业业规. 商业月报，1932，12（5）：1-3.

两个问题而发：其一是"一个文化较低的民族怎样来统制一个文化较高的民族的经济生活"，其二是"明末清初的经济凋敝到极点，当时用何种政策走到复兴之路"。按照作者的看法，"清初复兴经济的政策只是维持满人军事统治的政策下的一个副政策。以后经济的复兴主要的是靠汉民族有伟大自力更生的力量"。在某种意义上，这可以说是关于清朝"汉化论"在经济方面的一个较早表达①。在清代漕运制度方面，蔡狮的论文属于较早对这一主题展开系统研究的成果。该文较为全面地论述了清代漕运的组织系统及漕粮征兑运输办法后，认为"漕运之制……其组织之严密，运输方法之进步，要以清季为最"②。有趣的是，大约在同时期出现的另一篇关于清代漕运的文章，则重点揭示了清代漕政的积弊问题，道光中改为海运漕粮之法，方渐渐肃清浮收、陋规之弊政③。

在清代经济基础研究领域中，最后一个值得关注的专题是关于经济思想史的研究。郑行巽是在这个专题中较早崭露头角的学者，在二三十年代之交便起而探讨王夫之、顾炎武等著名思想家的经济思想。他运用现代经济学的一些概念和视野，首先对王夫之的经济认识进行了系统的挖掘，认为王夫之眼光所及，基本涵盖了后来社会经济的各个主要方面，在不少经济问题上的见解亦有与现代理念相吻合之处④。在关于顾炎武经济思想的研究中，郑行巽通过经济学本论、农业经济、货币论、财政论、赋税论等重要方面的观念辨识，认为顾炎武"于近代生计学上之学理多所发明。且以时代之先后言，其所产生之次序且有突过西洋思想之前者"⑤。位居明末清初三大思想家之列的黄宗羲，当然不会在这种探讨中缺席。孙兆乾以地权论和租税论为中心，揭示了黄宗羲在经济问题方面的一些深刻认识，认为其在这方面的思想"纯系就当时之实际状况，用分析观察法加以严密之检讨"，其与孙中山之平均地权论"有相得益彰之妙"⑥。鞠清远检视了三部清代乾隆、同治年间的商人著作，即《江湖尺牍分韵撮要全集》、《商贾便览》和《新增酬世群芳杂锦》，

① 汤象龙. 清初的经济政策. 中央日报：史学：第1期，1936-03-05 (2).
② 蔡狮. 清代漕运之组织及其运输方法. 交通杂志，1937，5 (7)：21-35.
③ 杰. 清季漕弊与海运. 北平晨报：艺圃，1937-04-28.
④ 郑行巽. 王船山之经济思想研究. 民铎，1929，10 (3)：1-19；10 (4)：1-20.
⑤ 郑行巽. 顾亭林之经济思想研究. 国闻周报，1930，7 (32)：1-8；7 (33)：1-6.
⑥ 孙兆乾. 黄黎洲之地权论与租税论. 建国月刊，1934，11 (6)：1-6.

揭示了清代商人阶层的许多通行格言和认识，有助于了解清代商人的日常生活观念①。

另一组关于清代经济思想史的文章，则集中考察了晚清时期一些人物的经济认识。王兰荫通过详细爬梳张之洞所实行的各项“图富图强之事实”，认为其在《劝学篇》中的许多说法，“固皆图富图强之论”，所以其在“山西巡抚、两广总督、湖广总督，及两江总督兼南洋大臣任内，更有图富图强之事实多项，擘画经营，卓著功效，则非徒托空言无补实际者所能比伦也”②。唐庆增探讨了曾国藩的经济思想，对曾氏在消耗、重农、盐政、币制、厘金等方面的观念与认识给予高度评价，认为：“曾氏之经济思想，颇能注重于国民经济，故于儒家为近，远传孟子，近袭顾（亭林）、黄（梨洲）。其尤堪令人注意者，则曾氏学说虽多为针砭当时病态而发，顾在今日，多足为国人之参考。”③ 张延举仔细分析了戊戌变法时期反对变法派别人物的经济思想，认为这些反对变法的人物的经济思想大体可分为两派，“一部分代表地主，一部分代表商人。代表地主阶级的经济中心思想，是重农；代表商人阶级的经济中心思想，是重工商”。他最后总结道，从这两种经济思想，“可以看出清代典型的社会，尚是一半封建的社会……与秦汉时代并没有多大的差异”，因此，中国社会性质的变化，“是清代末期帝国主义侵入后才开始的”④。马一行较早系统探讨了张謇的经济思想，认为其经济思想“完全是当时社会实际需要的反映”，也是“中国民族市民阶层意识之典型的反映”。这是因为，张謇关于“加铸货币、统一度量衡、裁厘、改革关税制度、实行保育主义”的要求，都“说明了中国市民阶层的希望”，对于“中国国民经济的前途都有密切的关系”。但由于张謇忽视了中国农村问题中最根本的土地问题，在政治上又不能坚定地反帝反封建，也深刻反映了“中国市民阶层不能前进的原因”⑤。

1935 年，汤象龙曾对中国经济史的发展现状进行了一番总结。他

---

① 鞠清远. 清开关前后的三部商人著作. 天津益世报：食货周刊：第 18 期，1937－04－06；第 19 期，1937－04－13；第 21 期，1937－04－21.

② 王兰荫. 张之洞之富强政策. 师大月刊，1934（三十二周年纪念专刊）：1－73.

③ 唐庆增. 曾国藩之经济思想. 经济学季刊，1935，5（4）：59－67.

④ 张延举. 戊戌政变时期顽固派之经济思想. 中国经济，1936，4（6）：141－147.

⑤ 马一行. 实业家张謇之经济思想. 新史地，1937（1）：18－31.

在指出当前成绩的同时，强调经济史研究“是一种艰难的事业”，“现象和问题的分析复需要经济、法律、统计等科的知识，非比一种普通的单纯的研究。尤其忌讳的是那种找到一方面的原因去解释全部现象或问题的方法”①。然而，从这一时期清代经济史研究的现实来看，有关经济基础问题的不少研究恰恰未能避免这一不足。这就使得这部分研究的总体价值要逊色于以经济实务为中心的那部分成果。

第三节 全面抗战后清代经济史研究的进展

以 1937 年全面抗战爆发为标志，刚刚成型的清代经济史研究转入了一个曲折发展时期。从此时直到 1949 年中华人民共和国成立的十多年间，在连绵不断的战争环境下，学术研究显然不可能得到正常的发展，那些英年早逝的学者更是令人惋惜。因此，相对于前一个阶段，这段时期清代经济史研究的整体成就要薄弱一些，不少成果都属于过去议题的延续，在问题的开拓性和深入程度上都相对有限。这也就不用奇怪为何以往总结中国经济史发展面貌时，这段时期大多被一笔带过，很少专门予以篇幅加以介绍。不过，这段时期并非乏善可陈。就整体数量而言，这一时期的研究还是较为可观的。更重要的是，其间出现了一些富有新意且影响深远的探索，其突出代表是傅衣凌以民间文书为基础所开辟的清代社会经济史研究，以及王亚南等人的半殖民地半封建经济理论。也正是这种在战乱困境下坚持开展的新探索，维持了清代经济史研究不绝如缕的独立发展脉络。

与社会史论战时期相同，这一时期的清代经济史研究大体上仍然可以分为两大部分，即经济实务问题研究和经济基础问题研究。在经济实务问题研究中，学界所关注的依然是对财政机制、货币金融、赋税、外贸等专题的实证性探究。而在经济基础问题研究中，土地制度、农民问题、产业经济以及社会经济性质等问题成为探讨的重心。总体来看，这

---

① 汤象龙. 对于研究中国经济史的一点认识. 食货，1935，1（5）：1-2.

一时期经济实务研究主要还是延续社会史论战时期的诸多议题，新开拓的范围较为有限；经济基础研究则比上一时期有所前进，并且对1949年以后的清代经济史研究产生了深刻影响。

（一）经济实务问题研究

在这一时期的经济实务研究中，关于清代财政机制问题的研究成果较上一时期大有增长，成为第一个十分突出的专题。关于清代前期的财政状况的研究，主要有两篇论文。其一是铭阁对清初顺治、康熙时期岁收岁支情形进行了较为全面的考察，认为其时大约每年盈余七百多万两，基本实现了“慎入慎出，抑且入可敷出，既无滥取，亦无浪费，充民力以固国力，元气既洪，隆运斯见”①。其二是谢再善对清代前期西藏地区财政状况的探讨，指出廓尔喀之役后，福康安奏请由驻藏大臣管理当地财政，方结束了此前当地财政管理混乱的局面，认为这是清代边政治理成功的一个显著表现②。相对而言，学界对晚清时期的财政问题给予了更多的关注。在日本侵略加深的时刻，千家驹探讨了甲午战争与晚清政府财政的关系，认为由于晚清政府“无抗战决心，外交错误，以致中国财政破产，列强侵略加深”。基于这种前车之鉴，“我们要认清敌人恶面目，学习历史的悲惨教训，这是历史家责任，中国人责任，历史告诉我们对敌人应抗战”③。彭泽益同样有感于时局，通过考察太平天国时期湖南省的财政状况，分析了湘军最终获胜的社会经济基础。他指出，湖南之所以能够“渡过战时财政的难关，就是由于骆秉章能彻底讲求廉明政治，体恤人民的艰困”，故而“九十多年前湖南的战时财政”，对于“今日在艰苦战斗中的我们，却是值得珍惜的一个现实教训”④。伍丹戈对于清末四川省地方财政制度的基本性质进行了深入剖析，认为该省虽然在清末“逐渐形成了独立的地方财政制度，但是这种制度是畸形的”，因为国家财政与地方财政“并没有严格的划分”，而“不过是地方督抚依靠他的膨胀的权力，截留税款的一部分，并自由添设新税作为

① 铭阁．清初之国家收支概数．改造，1940（8）：71－74.

② 谢再善．清初西藏之财政．康导月刊，1943，5（6）：73－81.

③ 千家驹．中国财政史上的一页重要教训——甲午战争与中国财政．中山文化教育馆季刊，1937，4（2）：429－439.

④ 彭泽益．太平天国战争期间湖南之财政：骆秉章与咸丰朝湖南之财政．财政学报，1943，1（2）：88－97.

地方的经费，所以它与现代的地方财政制度仍有本质上的差别”①。郑伯彬认为，清末发动财政制度改革行动，其一是因为“社会负税力的限制”，其二是因为“财政机构的破绽”。这一时期的改革运动虽然为现代财政体制在中国“奠定了初步的基础”，但是因为“政局的不安，军阀的割据”，以致清末的“些微成就，也没有能够保持”②。彭雨新也对晚清时期中央与地方的财政关系进行了探讨，指出自太平天国战争以后，“政治势力转移于封疆大臣，演成各省财政各自专擅之局”。宣统年间，度支部“欲从财政制度上之改革以收财权统一之效”，“实则此时外重内轻之局面既已形成，各省督抚对度支部各项财政改革计划，仅以虚文敷衍，即使清廷不即倾覆，亦无大效可期”③。吴云端对清廷在太平天国兴起后的财政举措进行了较为全面的论述，总结其主要办法是：一则实行膨胀通货政策，发行纸币，铸造大钱；二则创立税制，如设局抽厘；三则在通商口岸之上海向外商借债，以资挹注。但当小刀会占领上海后，“清吏无法行使职权，海关征税事务由外国领事掌管”，遂启中国海关丧权之端④。

另外一组文章则以国债问题为重心来揭示晚清财政的困局。陈其田辨析了关于清代外债之始的数种说法，认为同治四年（1865）左宗棠及郭嵩焘分别向外商签订借款，是为中国外债的开端。而中国在甲午战争之前的三十年内，共举债约三十次，债额总数约有八千万两，但总体上尚无形成积欠⑤。张芳谔借国民党政府与英美等国签订新约、废除不平等旧约之际，再度探究了庚子赔款问题。他认为，这次赔款是“中国财政上重大的桎梏”，造成了严重破坏中国的自主财政、增加政府债务等种种恶劣影响，长期难以消除⑥。方利生认为，清代最初的外债是鸦片战争的赔款，而甲午战争以前的对外借款“全属财政性质的借款，至于

---

① 伍丹戈. 清末四川地方财政制度的基本性质. 财政评论，1945，13（4）：43－56.

② 郑伯彬. 清末财政与财政制度的改革. 中央银行月报，1946，新1（10）：15－20.

③ 彭雨新. 清末中央与各省财政关系. 社会科学杂志，1947，9（1）：83－110.

④ 吴云端. 太平军兴后清廷对于经济上的新措施. 中央日报：食货周刊：第37期，1948－03－17（7）.

⑤ 陈其田. 甲午前中国外债考. 经济学报，1941（2）：13－33.

⑥ 张芳谔. 庚子赔款与中国财政. 财政学报，1943，2（1）：80－92.

具有现代意义的实业借款则是在甲午战争以后的事情”①。孟宪章对清代公债的历史进行了较为系统的梳理，指出清代公债的发展史“与东西各国异”，因“各国皆先起内债而后及于外债，清则以外债为始”。而甲午、庚子两次战争之后，清廷“惟有连续举行外债，以资挹注”，而中国财政“在债务积压与因缘而来的不平等条约的桎梏之下……几濒破产者屡矣”②。

这一时期对货币、金融问题的研究是第二个重点专题。此时的研究主题和内容总体上固然大多延续了上一时期的讨论，但在不少问题上有所深化。兹就较为重要的成果略作介绍如下。崇雪庐基于“清代钱法之变迁，为中国新旧币制兴替上之一大枢纽”的认识，对清代制钱的管理机制进行了考订，介绍了清代制钱铸造机构、铜料来源以及解库制度等等。此种制度沿革方面的考证，较此前有所推进③。吴晗接续郭沫若的发现，对王茂荫的货币思想进行了进一步的发掘。在梳理了王茂荫的基本情况后，吴晗指出，与郭沫若的猜测相反，王茂荫其实是铸造大钱的抗议者，并且其在咸丰时期币制问题上的“立论和见解都超出当时人一等”，因为其“所指出的大钱制的流弊和预定的结果，随即由事实替他证明”④。朱偰探讨了清代信用货币的发展状况，认为清代“对于纸币性质及其作用，尚无充分认识”，而清末发行纸币，“既不集中，官商行号，竞发纸票，而各地币制又未能统一，市面流通纸币，又复千差万别。于是遂以酿成民国初年纸币发行之无政府状态”⑤。张德昌讨论了鸦片战争前后清代货币的变动情况，指出嘉庆时期已明显出现了“银贵钱贱”的现象，表明“旧有的货币制度已不能应社会上的要求”。19世纪后期的中国对外贸易“已扩大了六倍，国内商业亦因新式交通工具之开始修筑，有增大的趋势”，而中国的“货币仍处于秤量制及手示铸钱的阶段，不能等速发展”，于是“在世界银价跌落大势中，中国独有银贵问题”⑥。纪果庵对咸丰时期发行大钱的创议、铸造及流通情况进行

---

① 方利生．中国初期的外债与中央财政．励行月刊，1946，2（2）：31－33.

② 孟宪章．清代公债史略．中央银行月报，1947，新2（7）：20－31.

③ 崇雪庐．清代制钱制度考略．民治月刊，1938（20）：27－47；（21）25－42.

④ 吴晗．王茂荫与咸丰时代的新币制．中国社会经济史集刊，1939，6（1）：113－146.

⑤ 朱偰．清代信用货币之研究．财政评论，1940，3（1）：137－148.

⑥ 张德昌．近代中国的货币．人文科学学报，1942，1（1）：73－92.

了进一步的考证，认为此举“不啻变像之通货膨胀”，造成了极大的金融混乱。直到民初“铜元流行，制钱尽废，始无所谓‘当十’之名”①。崔永树考察了清末纸币的发行情况，认为1897年中国通商银行成立时，仿照外国银行发行兑换券，“此为我国新式纸币之嚆矢”。而真正具有代理国家发行纸币之特权的机构，是由户部银行演变而来的大清银行。该行“虽有统一币制之初衷，而迄未能实行”，所以“终满清之世，纸币迄在紊乱状态中”②。谭彼岸较为全面地勾勒了从嘉庆时期到咸丰时期的货币改革运动的面貌，认为此时的货币潮“引起了一个改革潮”，而传统的社会经济结构“抵挡不住这个货币潮的冲击，银贵钱贱，正预告耕织图的幻灭”③。魏建猷探讨了清代外国货币在中国的流通情况，认为其能大量流入中国的内在原因在于“当时中国币制不健全，不能适应客观的经济需要”。而外国银圆在中国的流通，虽然促进了国内外贸易和中国的币制改革，但亦使中国币制越发复杂，以及使现银外流导致银价愈高④。

此一时期有关金融的研究，主要集中在新式银行上。李培恩探讨了自鸦片战争以来中国银行业的演变状况，指出从1842年到1896年，中国“仅有外人所设之新式银行”，迨清末，“外国银行势力极形庞大，金融及金融市场几全受其控制”，清廷乃“颇思设法有以抵抗外国银行势力之膨胀”，此后中国方有自设新式银行之举。虽然清末各行“资本合计亦殊为有限”，但“新式银行已于此树立根基”⑤。寿进文对于中国银行业的起源进行了更加深入的探究，认为中国本土金融机构即票号、钱庄、银号虽然发达，但票号“仅在沟通省际汇兑并为官府担任金融的操作，钱庄、银号则仅在调剂当地的商业金融”，至于“由进出口贸易而发生的国外汇兑业务，则华商金融业并无插足的余地”。到清末，在“社会经济发达所引起对于货币经营业的新需要下”，“新兴企业之需要

---

① 纪果庵. 咸丰大钱新考：太平军役时期之通货问题. 真知学报，1942，1（4）：46－55.

② 崔永树. 清末纸币之研究. 银行界，1942，1（5）：10－12；1（6）：16－18.

③ 谭彼岸. 清中叶之货币改革运动：十九世纪中国经济史之一章. 说文月刊，1944（4）：129－135.

④ 魏建猷. 清代外国银圆之流入及其影响. 东方杂志，1945，41（18）：11－19.

⑤ 李培恩. 近百年来中国之银行. 学林，1941（9）：1－14.

若彼，而旧式金融组织之不易改造如此，于是近代银行产生了”①。中国首家新式银行——中国通商银行，更得到了研究者的关注。远为对其成立情况进行了简单介绍，指出这是盛宣怀首先提议设立的，其董事为上海绅商界代表人物，其组织则完全仿照汇丰银行的章程②。秀堂则以披露盛宣怀两份奏折为引子，说明了中国通商银行设立的动机及筹办情形，称其为“国内商业银行的鼻祖”，且该行的“经历过程正是中国五十年来金融界的缩影”③。此外，还有关于清代金融问题的几篇文章值得注意。如太平山人关于道光朝银荒问题的论述，与汤象龙相比可谓各有千秋。该文明确指出，“银荒”问题的缘起，“无关于中国银矿之贫乏，而系于外国吸银政策”；而“中国社会经济既与银之关系不能分离，银漏卮之影响必至动摇整个社会生存秩序”，这正是“外则激起鸦片战争，内则促成太平天国动乱”的主要原因④。这一时期出现的关于山西票号的两篇文章，皆具有很高的价值。其一是侯外庐通过深刻剖析清代山西票号与鸦片贸易的关系，认为票号初期的性质“是资本主义国家对殖民地商品输出的一种特殊的附庸商业组织，是帝国主义初期侵略中国的特惠制度，所以……不是中国封建生产的经济基础上所发生的东西，而是初期殖民地制度使中国开始沦为半殖民地社会之必然发生的一种有力的信用制度”⑤。其二则是谷霁光对山西票号起源问题的研究，他辩驳了一些关于票号资本由来的不实传说，指出“如根据山西富庶之空泛概念，以推定山西票号之地域背景，自属难于中肯”，而“如注意清代山西之交通地位，复能注意于时代上之差异点，则山西票号之地域背景，可以思过半矣”。他进而认为，“传说之票号历史多在清乾嘉时代。大抵此种传说为票号兴盛之始，而亦由兼业以趋于专营之始，则其起源与所传时代，大致相近，乃为可能”⑥。

此一时期清代经济实务研究中的第三类专题是对赋税问题的研究。其中第一组论文的主题集中在田赋及相关问题上。葛寒峰首次专门探讨

① 寿进文. 中国银行业的起源. 中山文化季刊，1944，1（4）：487－491.

② 远为. 中国通商银行. 银行界，1942，1（3）：25.

③ 秀堂. 我国第一家银行——中国通商银行. 新世界，1947（4）：27－29.

④ 太平山人. 道光朝银荒问题. 中和月刊，1940，1（8）：61－75.

⑤ 侯外庐. 论晚清百年来金融贵族的成毁. 读书月报，1941，2（11）：536－542.

⑥ 谷霁光. 明清时代之山西与山西票号. 厦大学报，1943（2）：1－24.

了清代田赋中的耗羡问题，认为“清代耗羡之复现，固直接由于国用膨胀，间接由于地方经费无着；然其渐趋于归公者，实亦事势所必然”，进而指出，耗羡“不仅属于单纯的地方财政问题，实并牵涉政治制度、政治道德以及农村经济种种问题”①。万国鼎较为全面地描绘了明清时期的漕运体制，一一介绍了运道、运法、漕仓、漕额、漕耗、漕费、漕船、官司等方面的大体规定。他认为，漕运发展到明清时期，“观其条规之备，禁限之严，亦可谓厘然有序矣。然而奸猾因缘，无隙不入，此堵彼决，弊害每至不堪问闻”②。梁方仲检视了明清时期田赋中的“起运”和“存留”的划分问题，指出在中国历史上，地方从来没有独立的财政，而“中央地方财政的划分，只可勉强借用‘起运’‘存留’两个名词来表示”。至于起存问题则主要是由根据空间距离的远近制定田赋输纳的不同方式所致。就清代而言，有关“起运”“存留”的规定较前代更为详密③。苏良桂鉴于清代疆域广阔，田赋“名目繁赜，视前代情势，较为复杂”，故以“大清会典、户部则例、历代政要、会典、赋役全书”等为依据，对清代田制、田地额数、赋额等数一一胪列。他指出，清初“开垦及清丈之法，本极完善。迨至道光，国势已渐凌夷……国步日艰。故凡前朝所定十年清丈、五年清丈等例，迄未举行……光绪之末，内忧外患同时交迫，更无余力整理田地。清末之贫弱，岂偶然哉”④。刘国明探讨了清代田赋在地区与地区、粮户与粮户之间都长期存在着负担不平衡的问题及其原因。他特别注意到，时人常用的“岁报灾歉”之法，实质上是“遇有粮额无着，请求豁免不准时的一种补救办法，当时谓之‘例灾’。其实这种‘例灾’，就一地方来说，可算是非正式的豁免”⑤。这是一个相当独到的发现，既有助于深化对清代灾蠲制度的理解，也提醒我们多一个角度来看待清代地方官员的“捏灾”之举。吴云端概述了清代钱粮征解的基本办法和各类文书格式，指出清代

---

① 葛寒峰．清代田赋中之耗羡．农学，1939，1（5）：45-54.

② 万国鼎．明清漕运概要．政治学刊，1940，4（3）：42-66.

③ 梁方仲．田赋史上起运存留的划分与道路远近的关系．人文科学学报，1942，1（1）：31-44.

④ 苏良桂．清代田赋考．国学丛刊（北京1941），1942（8）：11-16；（9）：20-24；（10）：11-16.

⑤ 刘国明．清末田赋失平考．政治建设，1942［6（6）/7（1）］：23-28.

前期先后形成的“滚单、印簿、循环簿等，不知废于何时”，而“易知由单、串票、粮册、奏销册，至清末犹沿用之，惟内容不无更动矣”①。杨文江对明清时期的主税与附税制度进行了梳理，指出清代在主税方面继承了明代的一条鞭法，减除“明季加派私增之弊，而订赋役全书，以均天下之赋役”，本质上变化不大；而在附税方面的变化甚为剧烈，特别是自清末“通商而后，税目日变，海关厘金之名，皆古所未见”，甚至“光绪十一年鸦片条约缔结之后，政府始命各省督抚课税于内地所产之鸦片，名叫土药税；其收入之额，日见加增”②。单士魁对清代黄册制度进行了介绍，指出清代留存的黄册种类并不限于赋役事宜，其原因在于，明代赋役制度“大率取法于唐，而其文书则称黄册，清因沿之，并用于任何事项之造册，虽为一代措置之所尚，然已非编审黄册之初义，编缮文籍，既不限于赋役一项，于是卷帙纷繁，种类亦多，遂有现存黄册之状况”③。

赋税研究中以盐务及厘金问题为主题的研究，此一时期的成果较之社会史论战时期则颇有衰退之感。关于盐务研究，邹思齐讨论了道光年间陶澍对于两淮盐政的改革行动，指出在“官盐成本过高，私鹾充斥民间，积引难疏，国贫民困”的情况下，陶澍设法一面“奖励正引之畅行”，一面“阻止私盐之销售”，创行票盐之法，成效卓著，可谓“举淮盐委曲烦重之积弊，一扫而空之，去难就易，去重就轻，去繁就简，使两淮盐策之利，尽归于国家”④。戴裔煊继刘隽之后，再次注意到河东盐区盐课归丁的特殊制度，并重新考证了其起源问题。他认为，此种制度“虽至清代始有此称”，但“实出于五代”，因为“从五代至宋，计产计丁，随税输纳盐钱之制”，与清代归丁之制的性质基本相同⑤。齐宣则深入探讨了曾国藩在太平天国战后整理盐务的成绩，认为曾氏“熟知盐务为岁收之大宗，欲图整理战后财政，则盐务为首要；欲图整理盐

---

① 吴云端. 清代钱粮之征解. 中央日报：食货周刊：第66期，1948-01-21（7）.

② 杨文江. 明清的一条鞭法与杂税. 中央日报：食货周刊：第57期，1948-03-31（7）.

③ 单士魁. 清代黄册与赋役问题. 文献论丛（沈兼士先生纪念刊），国立北平故宫博物院印行，1948：1-18.

④ 邹思齐. 陶文毅公对于两淮盐务之改革. 中国公论，1940，4（1）：63-72.

⑤ 戴裔煊. 清代盐课归丁史源试探. 现代史学，1942，5（1）：102-106.

务，则澄清盐务，体恤盐商，减轻人民负担，为必要之措置”，其所整理者虽然仅限于两淮及长芦盐区，然其影响实“及于整个盐务”①。何维凝从战时盐政的现实视角出发，分析了鸦片战争对盐政问题的多方面影响。就场产而言，“两浙为被祸最烈之区，军费繁兴，帑项支绌，以致帑盐停收而盐斤有走私之弊”，两淮“被兵之区，既及腹心，恒商停收，盐灶无售，以致透漏济私，而官引有滞销之患”。在其他如运销、征榷等方面，亦多有深远之影响，可谓前车之鉴②。

关于厘金的研究，这一时期的总体水平虽然没有超越罗玉东的研究，但在一些局部问题上，还是有所推进的。例如，傅衣凌重新讨论了厘金的起源问题，认为罗玉东在此“忽略了其他社会经济诸条件的关联”，提出厘金制“非是绝对的征商，也不是单纯的通过税，乃为适应清末半殖民地的地主经济重建下的针对中小生产者的一种征税制度”。傅衣凌特别注意到，厘金制的原生形态，“就是仿自中国行会的抽厘与一文愿的互助鸠资方式”③。这的确是一个很重要的发现，也有力地说明了何以最终能够得到地方士绅的支持而推行。陶元珍则根据《归庐谭往录》、黄钧宰《金壶遯墨》和王韬《甕牖余谈》的记载，提出厘金的最初提议者为雷以諴的幕僚——浙江监生钱江。而后钱江因触怒雷以諴而死，实因雷氏“得鱼忘筌不能容江故也”④。吴云端梳理了清代关税、厘金及杂税制度的发展，指出清代关税最重要的变化是鸦片战争后成为“协定税则”，海关分进口税、出口税等五项，亦为“经常岁入之大宗”；厘金制的创兴则大体按照学界的通行说法加以介绍，并估算同治年间的厘金收入大体能占到“咸丰前国家岁入总数四分之一强”；杂税则叙述较为简单，毋庸赘述⑤。

清代经济实务研究中的第四大类，是以外贸、海关体制为专题的研究。有关外贸问题，刘选民的《中俄早期贸易考》是一篇高质量的论

---

① 齐宣. 曾国藩对盐务的贡献. 东亚经济月刊，1943，1（5）：25－30；（6）：66－74.

② 何维凝. 鸦片战争与中国盐政. 财政学报，1943，2（1）：53－75.

③ 傅衣凌. 清末厘金制起源新论. 社会科学，1946，2（1/2）：80－86.

④ 陶元珍. 雷以諴与厘金. 经世日报：经世副刊：第6期，1946－08－03.“雷以諴”在有些著述中作“鍼”，本书引用时仍用文之旧，不作统一。

⑤ 吴云端. 清代关税厘金杂税概述. 中央日报：食货周刊：第41期，1947－06－04（9）.

文。该文以两国通商之酝酿为发端，系统梳理了在北京、恰克图、黑龙江、广州和伊犁等地的贸易情形，并对中俄贸易制度及其演变情况进行了总结。文章认为，清廷“不谙十九世纪之时代精神，西力东渐之大势，妥为应付；其结果遂致南有鸦片之战，清算于南京条约；北有黑龙江之沦丧，终于瑷珲、天津条约之缔订”，此后，“中俄之关系又另启一新阶段矣”①。李崇淮探讨了19世纪之前中国与南洋贸易的发展状况，将明清时期定义为“渐衰期”，因其时“南洋对我国贸易，即日趋衰落……退居极不重要之地位”，而衰退的主要原因，又在于明清时期政府不以海外商业为重，以及受边患太重，欧洲各国对华商业竞争占绝对优势，“将南洋贸易无形淹没”，等等②。章友江根据国外学界的资料统计，进一步探究了19世纪英国和印度对华的鸦片贸易，指出英国和印度在这一时期之所以能够扭转对华贸易的入超局面，关键就在于对华输入鸦片，而英国政府起了推波助澜的作用。他认为，“鸦片贸易和奴隶贸易真是无独有偶。这两种贸易都是残害人民的。不过鸦片贸易残害人民是间接的而其为害却更普遍。……其实对于英印也得不偿失”③。观槿勾勒了英国与中国自清初发生接触以来的通商历程，愤怒谴责了英国对中国的种种压榨行径。此外，该文也披露了第二次鸦片战争中被英军挟持而去的两广总督叶名琛有“海上苏武”之称的由来④。朱祖明对清代西藏地区与尼泊尔之间通商情形的揭示，是学界很少顾及的问题。文中指出，清代前期，尼泊尔人在西藏商界中最占势力，当地之“经济实权素为尼人所操”。进而论述了尼人在藏经商之权利、藏尼间贸易与西藏财政之关系、藏尼商务纠纷之解决等问题，认为尼泊尔直至清末与中国“尚修职贡”，是清代对外关系中难得的范例⑤。彭泽益详细考察了《南京条约》签订后缔结商约和开放五口通商的情形，展现了以往为人所忽视的、漫长的战争善后过程。文中指出，“基于江宁条约以次诸约之规定，广州、福州、厦门、宁波、上海五处，准许英国商民自由通

① 刘选民．中俄早期贸易考．燕京学报，1939（25）：153－212．

② 李崇淮．十九世纪以前我国对南洋贸易史略．青年之声，1941，2（2/3）：41－44；3（1）：45－50．

③ 章友江．十九世纪英印对华的鸦片贸易．广东省银行季刊，1942，2（1/2）：283－298．

④ 观槿．中外通商受英压榨史．中日文化，1944，4（1）：3－13．

⑤ 朱祖明．清代西藏与尼泊尔通商概况．经济汇报，1945，11（4）：24－27．

商，租地居住，并享有治外法权，因而奠定‘条约商埠’之法律基础”。而五口开放之后，广州因历史关系，“尚能维持一时的繁荣。但是新开四口之中，至少有三处要使英国失望”，“只有上海在商务上所具的一切有利条件”使中国对外贸易中心“自咸丰元年（1851 年）以后渐由广州转向上海”①。可以说，这一研究为马克思 1858 年的判断提供了坚实的证明。

关于海关体制问题的研究，这一时期也出现了一些颇具价值的成果。吴晗在评论梁嘉彬《广东十三行考》一书时指出，以往国外的相关研究面临着史料搜集、实地采访和历史研究三个方面的困难，而梁著较好地解决了这三个方面的问题，对过去学者的成就、自身研究方法及见解都有很好的阐述。此外，吴晗还在十三行起源问题上对作者的看法进行了有益的补充②。汤象龙根据牛津大学所藏一件乾隆二十四年法国商人致两广总督的禀文，分析了 18 世纪粤海关日趋腐败的原因：首先在于清代关制是“一种分赃的制度”，“清廷以关缺为酬劳亲贵的礼物”，从而导致“从制度上看粤海关根本是一种腐败的组织”；其次在于“清廷既定广州为惟一通商口岸”，而“国际贸易的日益发达，中国限制一口通商，更增加了粤海关腐败的机会”③。区琮华有感于中国海关权力的丧失，利用大量中外文资料，详细考证了海关总税务司制的起源，揭示了晚清时期上海的临时代征制和关税管理委员会如何变成总税务司的过程。其间颇为讽刺的是，“总税务司的委派，完全出于清廷的自动的，因为中国海关传统上的腐败，由中国官吏办理，反不如在外国人手里办理为妥”④。傅衣凌考察了清代前期厦门地区洋行的发展状况。他认为，厦门洋行兴盛于雍乾而衰落于道光时期的主要原因：一在于与进出口商品有极大的关系，特别是清政府禁茶出口造成了致命伤；二在于商行的竞争与口岸的增开，给厦门洋行业以相当的打击；三在于清廷开放厦门原为特许西班牙人通商，而西班牙“并不像其他成熟的资本主义国家，

---

① 彭泽益. 中英五口通商沿革考（1842—1844）. 中国社会经济史集刊，1949，8（1）：81－139.

② 吴晗. 书籍评论：广东十三行考. 中国社会经济史集刊，1939，6（1）：195－199.

③ 汤象龙. 十八世纪中叶粤海关的腐败：乾隆二十四年法国商人要求改善通商关系的意见. 人文科学学报，1942，1（1）：129－135.

④ 区琮华. 中国海关总税务司之起源. 现代史学，1942，5（1）：59－69.

以推销其工业品为目的”，所以“先天的给予厦门洋行业的发展以一个限制条件”[①]。周国钧对中外通商问题的研究，重点是鸦片战争前的“夷务体制”。他认为，这种所谓“夷务体制”，不仅是“天朝体制的一个部分，同时又与公行制度有关”。这是因为，“公行是垄断对外通商的机构，因此同时又把夷务的一部分任务交给行商，实行以官制商，以商制夷政策”。由此产生的问题则是“人臣无外交”，英国方面正是基于对这一原则的体认，从而得出结论：“武力威胁和北方交涉，是冲破天朝体制对于英国发展阻力的关键。”[②]

（二）经济基础问题研究

如前所述，这一时期关于经济基础问题的研究，较前一时期有较为明显的推进。对此，由这方面的第一个专题，也就是以土地问题及农业经济形态为中心的研究，就可以得到证明。齐鸣从阶级理论出发，将太平天国运动和义和团运动视为“次殖民地前期中国的农民运动”。他认为，“代表农民利益的太平天国运动，主要目的是在粉碎封建的土地关系，所以就首先颁布革命的土地政策，反击封建地主，满足土地饥饿的贫农……奠定了此后土地政策的新形态”，义和团运动则“证明了中国农民已经随了帝国主义的压迫，将由不知不觉而到自知自觉的阶段了”，因此“也就是辛亥革命的前奏曲”[③]。彭泽益对太平天国造成的土地丧乱问题进行了考察，认为战区土地占有关系被破坏，并非由于太平天国对于土地私有制的铲除，而主要是由于“战争期间军事的摧毁”。此外，中国土地问题的性质在太平天国战争前后也是不同的：战前，“土地为少数人所垄断，农民被封建贵族地主所剥削”；战后，“社会关系获到［原文如此。——引者注］了新的调整，同时对于那些从战争里解放出来的人民也给予一种新生”[④]。施学仁对清代土地制度的基本性质进行了分析，认为从事“实际生产的农民，很少有耕种自己的土地的，耕种自己土地的因苛捐杂税的结果，必无力改良农事，致诱起土地生产力

① 傅衣凌. 清代前期厦门洋行考：近代厦门发达史之侧面的研究. 财政知识，1943，3（4）：30－36.

② 周国钧. 鸦片战争前中国对外通商与夷务体制. 工商经济月刊，1948，2（6）：8－11.

③ 齐鸣. 次殖民地前期中国的农民运动与土地政策. 中国公论，1940，4（1）：46－50.

④ 彭泽益. 太平天国战后土地之丧乱及其整理. 现代史学，1941，4（3）：25－27.

的薄弱”，而“土地生产力越是薄弱，就愈加促成清室财政上的支绌”①。另外一组论文则集中讨论了不同地区的屯垦及相关问题。萧一山依据大量资料，详尽梳理了东北地区在清代逐渐开放屯垦的政策演变及其与关内移民的关系。他指出，清初对满洲地方之封禁，实际是“局部的与相对的”；而到了晚清时期，“移民实边，开垦兴屯，已为清末疆吏挽回东三省之唯一主张。清廷因于光绪三十四年特设东三省蒙务局……土地虽未尽辟，人口增殖已达三千万。哲理木盟之鸿沟，满蒙汉人之畛域，今已荡泯无存”②。万斯年对清代屯垦问题的探讨，则瞩目于乾隆时代的新疆哈密地区。他认为，该地区的屯垦对于乾隆时期新疆用兵和战后治理有特殊意义，“消极上，可以解决财政上支持军费的困难。积极上，且可以促进生产——虽然，这种生产，是只适应军队的需要”③。周国钧撰文回顾了清代台湾的垦治活动。他认为，清代治理台湾遇到的一个巨大难关，是汉人在“垦殖过程中，不免侵占番地，危及番民仅有赖以生存的土地，由此而产生一连串的番民叛乱”。因此，清朝初时对于治理台湾持消极态度，而采取比较积极的政策“是在沈葆桢入台以后及刘铭传治台这两个时期”，这才逐渐出现了从“封禁”到“开禁”的转变④。后来的经济史名家李文治因对清代与漕运相关的屯田的研究而在学界崭露头角。他指出，清朝对于负责挽运漕粮的卫所旗丁，“除掉发给行粮月粮及各项津贴之外”，还要“按船按丁拨给土地”，此项土地便是专供津贴漕运的屯田。而“政府虽然想尽方法维系屯田和漕运的关系，但屯田演变为民田的趋势，在民人土地私有欲激荡之下，从清初到清末始终在那里进展”，最终“屯田渐和运务的关系疏远，以至于脱节，逐渐失掉原来的性质”⑤。

在农业经济形态的演变方面，这一时期出现了以傅衣凌等人的研究为代表的新探索。傅衣凌在这方面的第一个代表性成果，是通过明清时期福建佃农风潮来观察其背后的社会经济关系。他根据大量民间文书和方志等材料，认为在明清时期福建农村社会的经济构成中，“如租佃制

① 施学仁. 清代土地制度论评. 县政研究月刊，1943，5（1）：28-31.
② 萧一山. 清代东北之屯垦与移民. 东北集刊，1942（4）：1-36；1943（5）：1-31.
③ 万斯年. 清代前叶哈密的屯垦. 真理杂志，1944，1（3）：353-364.
④ 周国钧. 清代台湾的垦治. 社会科学，1945，1（2/3）：129-141.
⑤ 李文治. 清代屯田与漕运. 学原，1948，2（2）：52-55.

度等等，亦反映有极浓厚的前资本主义的社会关系的色彩”，从而有力地证明，福建佃农风潮的根本性质就是反对“封建的束缚”[①]。其第二个代表性成果，是试图通过对清代中叶川陕湖三省边区手工业形态的探讨，来解答明清时期工场手工业的经营形态“始终迟迟不进地停留于前资本主义的阶段中”的问题。他认为，这是因为中国的商业资本“必须与官僚政治结着不解之缘”，所以“对于工业方面，也采用封建政治的统制办法，以超经济的剥削，只使其维持最低度的生活而已”，其结果“不仅缩小了市场扩大的可能性，也使工人长期受着严重的压迫，阻碍其向着新的生产力的转化”[②]。其第三个代表性成果，是关于明末清初闽西、赣南接壤地区的社区经济与佃农抗租风潮之关系的研究。他指出，要理解这一地区变乱频仍的现象，“地方的社会经济关系的究明”乃为关键。进而提出，“这一个长期的地方叛乱，城乡的对立，所畀予地方经济的破坏，是超出想像以外的。我们纵不敢说中国的农民战争，是造成中国封建经济之停滞的一个有力的因素，但中国史的佃农运动，每未能完成其历史的任务”[③]。此外值得注意的成果还有王雷鸣关于清代关中农村经济发展状况的研究。他指出，关中地区农村经济的变动，与政府关系甚大。清初经济之复兴，主要与当时用兵西北的形势有关；而清末关中农村经济之所以急剧破坏，“实以政治之腐败为其主因”。特别是地方官对鸦片种植“视若具文”，对粮食之管理“亦至为疏忽”，遂有光绪初年大旱酿成关中农村之惨状[④]。邓禄遒研究了清代佃农的社会经济处境，认为在田价日涨、地租甚高、庄头勒索的条件之下，佃农的佃权无保障，社会地位十分低下。并且提出，明末大乱之后，“本为改革土地制度之最好时机”，而清廷“因循贻误。迨人口渐繁，兼并日烈，大多数人民乃沦为佃农，惨受土地无制度之恶果，卒召洪杨革命”[⑤]。

---

① 傅衣凌．明清时代福建佃农风潮考证//傅衣凌．福建佃农经济史丛考．福州：福建协和大学中国文化研究会，1944.

② 傅衣凌．清代中叶川陕湖三省边区手工业形态及其历史意义．厦门星光日报：历史双周刊，1946．转引自傅衣凌．明清社会经济史论文集．北京：中华书局，2008：160－177.

③ 傅衣凌．明末清初闽赣毗邻地区的社区经济与佃农抗租风潮．社会科学，1947，3（3/4）：33－58.

④ 王雷鸣．清代关中农村经济之变动及其对于建设西北之影响．西北论衡，1942，10（1）：62－70.

⑤ 邓禄遒．清代佃农概况．中央日报：食货周刊：第66期，1948－01－21（7）.

罗尔纲关于太平天国前人口压力问题的研究，在一定程度上接续了邓禄遒的问题。他提出，从社会经济状况来看，人口压力是造成太平天国革命的一个原因，而要理解这种人口压力，“应该追溯到革命以前一百多年以来乾嘉道三朝人口增加的情形”。文中还肯定了洪亮吉和汪士铎关于人口问题的认识，认为：“洪亮吉在太平天国革命50多年前，就看见当时人口问题无法解决，他著人口论指示革命必不可免；汪士铎在太平天国革命爆发以后，以锐利的观察与实地的访问，肯定的指出太平天国革命是由于人口过剩而起。”① 无疑，罗尔纲此文放在今天仍属高水平成果。

在经济基础问题方面的第二大类研究，是以产业经济及其结构性演变为专题的研究。相较于社会史论战时期，这也是一个颇具拓展意义的领域。其中，关于中国工业经济的发展变化是一个得到较多关注的主题。韩兴泉认为，在外国资本主义侵入前，清代中国“工业经营的形态，与欧洲所经过者多相类似”，“唯封建的残存势力尚甚雄厚，此等雏形资本家尚不能一帆风顺迅速发展”，而鸦片战争之后，外人“挟雄厚资本而来，中国固有工业遭受空前之大打击，大部工业不能与外洋工业竞争，皆被淘汰”②。谢恩晖对张之洞发展中国近代产业的活动进行了全面的论述，认为其“改进之心甚切，关于国家民生之经济建设皆极宏伟重要”，尤其是在交通、矿业、工业和金融等四方面，均做出了重要成绩。尽管“其中成败相参……且办理未能尽善”，然而这些建设事业“开通风气于先，功绩亦非小也”③。李紫翔则集中探讨了张之洞在发展棉铁工业方面的贡献，更是根据张之洞的经验提出了至今仍具有重要意义的问题：“在经济落后的国家，输入新的生产方法后，固有经济要发生如何配合的改革作用？政府社会应有如何的扶助保护，才可以使民族工业树立发展的基础？”因此，张之洞“许多失败的地方，正不是他一个人的责任，那时的政府权贵和社会人士的袖手和掣肘，实在还应分担更多的成分”④。全汉升则着眼于张之洞所建立的汉阳铁厂来深入分析

---

① 罗尔纲．太平天国革命前的人口压迫问题．中国社会经济史集刊，1949，8（1）：20-80.

② 韩兴泉．资本主义侵入前中国工业的特质．东亚经济月刊，1944，2（3）：38-42.

③ 谢恩晖．张香涛之经济建设．经济学报，1941（2）：105-148.

④ 李紫翔．棉铁工业先驱者——张之洞．中国工业，1943（16）：16-18.

中国近代工业化运动及其问题。他将铁厂的发展分为官办和官督商办两个时期，指出这两个时期的铁厂都处于连年亏折的状态。而造成这种状况的根本原因，是中国不能"抵抗外货在国内市场的廉价倾销。这样一来，国内市场给外国工业品占领的结果，由于竞争能力的薄弱，中国新兴工业的脆弱的嫩芽便很容易折断"。汉阳铁厂正是因为各类条约的束缚"而得不到关税的保护，暴露于工业先进国的同样货物的竞争之下"，其"所收的货价既然和生产成本脱节，自然要长期亏折，终于不能维持下去了"①。言范五回顾了中国近代工业化的发展历程，明确提出"中国之有工业化的象征，是同治初年的事实"。他又将晚清时期的近代工业化分为军用工业时期、官督商办时期、外人兴业时期和政府奖励及利权收回时期等四个时期来加以介绍，认为前两个时期的成绩较差，后两个时期才有所进步，但总体上工业化的程度还很低，仍处于以轻工业为主的发展阶段②。

在产业经济的专题上，另一组较为集中的研究是以棉纺织业的发展史为中心的。如前所述，在前一时期，仅有方显廷论及晚清时期棉纺织业的一篇论文。而在这一时期，严中平成为这一研究领域的主力，发表了三篇论文和一部专著。这些文章中的第一篇，是 1939 年发表的关于西方各国争夺在华棉货市场的研究，也是一篇重磅文章。他指出，"洋货之开辟中国市场，直接为国外纺织技术革命而同时为中国纺织技术停滞的结果"，其结果是到 1830 年，中国"棉货的对外贸易终于出现了入超的恶势"，而"中国棉货市场的开辟问题于是发生"。同时，"中国棉货市场的开辟过程"，也是"输入洋货和中国手工制品的市场争夺过程"，继而"随着中国手制品的败退，各国货品彼此之间在这块新市场上便竞争起来"。这就是中国近代棉纺织工业最初发展时的基本背景③。在第二篇论文中，严中平研讨了中国近代棉纺织业的最初发展，认为"洋货之入侵中国，在消极方面，固破坏旧式生产方式，在积极方面则又必推动新生产方式之建立"。具体而言，"洋纱布之入侵实为中国纺织

① 全汉升. 清末汉阳铁厂. 历史语言研究所集刊，1949，21 (1)：63 - 97.

② 言范五. 中国近代工业发展之史的考察. 东亚经济月刊，1943，1 (6)：58 - 65.

③ 严中平. 各国在华棉货市场之开辟及其争夺 (1833—1913). 中国社会经济史集刊，1939，6 (2)：325 - 383.

工厂之建立完成了若干前提条件”，而“中国之棉工业革命”亦由此而发动。尽管最初一批纺织厂的经营几乎全归于失败，但是“此种努力却是在客观条件业已允许时发动的”，“并不是少数人冒险妄为的奇迹，而确实以厚利证明工厂制度乃是优异的产业组织”①。在第三篇论文中，严中平分析了明清时期地方官员普遍倡导手工纺织业的现象。他认为，明清时期地方官力行课桑制度，其实是违反地域分工和社会分工的做法，“毋宁是一桩反进化的处措”，实际上“延缓中国纺织业的自由发展”，而“如果没有洋货的入侵，中国本身恐怕也会发生纺织业革命的罢?”②。由于在其于1943年由商务印书馆出版的专著《中国棉业之发展》中，关于清代棉纺织业的主要论述也主要是由这些论文所构成的，因此这里不再赘述。此外，魏建猷也论述了甲午战争前中国新式棉纺织业的发展状况。与严中平的研究相比，魏建猷的研究并没有增添多少新鲜内容，唯在分析中国何以在甲午战前未能抓住发展棉纺织业的时机时，魏氏除点出官僚主义的弊害之外，还强调了中国本土“金融机构不健全”和“关税不能自主”的问题，而这些确实是值得重视的因素③。

关于经济基础问题的第三大类研究，是以商品经济及与市场流通问题相关的内容为专题的研究，这也是社会史论战时期很少涉足的主题。这方面的第一组文章，中心问题都牵涉粮食市场与流通。傅衣凌深入分析了明清时期福建频发抢米风潮的原因，认为“福建虽为缺米之区，然其促使凶荒的频发，酿成粮价的高涨者，却基于这封建的农村社会经济机构的存在的缘故”。也就是说，抢米风潮的背后，“非纯由于生产的关系，而封建的租佃制度与不合理的高利贷的产销机构的存在，实为构成米慌的主因”④。纪果庵论述了太平天国战后清廷在善后过程中调剂战区民食的方策。该文除了提及早为人知的李鸿章、左宗棠等人奏请江浙减赋之举外，还一一列举了清廷施行的其他各类救济活动，如蠲免逋负、散发赈款、兴修水利等。作者认为，总体来看，战后清廷处理民食之举措，“于积极增产之道……皆未能彻底讲求”，“惟于消极减赋，则

① 严中平. 中国棉工业革命的发动. 经济建设季刊，1942，1（2）：138－158.
② 严中平. 明清两代地方官倡导纺织业示例. 东方杂志，1946，42（8）：20－26.
③ 魏建猷. 甲午战前中国棉纺业的发展. 雄风，1946，1（6）：11－13.
④ 傅衣凌. 明清时代福建的抢米风潮. 福建文化季刊，1941，1（2）：7－13.

各省风起吁请，江浙困累，得以稍苏，民食不致发生更大问题，此亦未始非一因也”[①]。胡寄馨考察了清代台湾稻米生产及其输入内地的情形，指出“台湾是在清代才开发起来的，清代台湾之能成为稻米大量产地，还由于国人在此强有力的垦殖经营”。因海运之便，台湾米大量输入福建沿海一带的缺粮地区，“在这许多地方的民食上，是占极重要地位”，有助于维持当地社会的稳定。但自五口通商以后，“洋米涌入中国，台米内地销场曾大受打击”，从而日趋衰减[②]。在此文的末尾，胡寄馨就预告将继续探讨明清时代福建内地的粮食问题，故而该两文可谓姊妹篇。他认为，福建粮食之所以不能自给，并不能像以往那样过多地归结为自然条件的限制，“实在还有它的社会因素”。其一因土地集中、租佃制度的不合理，造成农业生产量的缩减；其二因运输困难，外粮不能充分地输入，而这种供应的缺乏，又“是有着许多机会，给地主和商人去投机取利的”[③]。与胡寄馨不同，徐天胎对清代台湾向福建内地输入米谷问题的探究，着意于输入方式及其变化。按照徐氏的看法，输闽之台米可分为两种，即私人经营的“粜运”和政府办理的“粮运”，前者主要为接济福建民食起见，后者则主要供应福建军糈。据徐氏估计，这两种输入方式的总和在最多的时节，“每年亦不过八九十万石”，并不会“影响及于岛内人口之需要量”[④]。吴麟根据从康熙到光绪时期有关清代米价的记载，对米价变动进行了一番爬梳，认为清代米价呈现不断上涨的趋势，尤其是从同光以后，米价上涨幅度更大[⑤]。虽然这篇文章提出的只是一个很简略的看法，但是因为这个问题的重要性是无论如何也不能低估的，所以该文可谓开风气之作。

在以商品经济及与市场流通相关的内容为专题的研究中，另一组文章的重心基本落在商业的发展上。谷霁光将秦汉以后中国经济发展分为三期，而以唐末至清初为第二期，即“商业改革时期”，对所谓“抑商”问题进行了重新审视。他以钱亦石的说法为例，指出那种“唐朝以降，抑商政策变本加厉”的看法，“殊有商讨之余地”。谷氏认为，在这一时

---

① 纪果庵．太平军役后清廷处理民食之方策．真知学报，1942，1（2）：33－43．

② 胡寄馨．清代台湾稻米之生产及其输入内地．社会科学，1947，3（3）：67－76．

③ 胡寄馨．明清时代福建粮食问题．社会科学，1948，4（2）：61－65．

④ 徐天胎．清代台米输闽研究．政风，1948，1（12）：1－6．

⑤ 吴麟．清代的米价．中央日报：食货周刊：第66期，1948－01－21（7）．

期，重商思想与政令渐次出现，政府对于国际贸易屡有积极看法，且基于通商之实际需要，商业发展“大有异于前世”①。刘序球对晚清以来中国商业资本的发展状况进行了反思，认为其“并没有机制工业或财政资本来做它的后援，加上一切不平等条约之束缚，它又不能不具有浓厚的买办性，于是它在资本主义的势力下壮大起来，但它完全没有像欧洲产业革命时代那样流入生产过程”②。庄德金则概括介绍了买办及买办制度在中国出现的情形，指出买办之产生，“乃由于欧西各国来华经商，欲图业务之推广，但因不谙吾国之货币、度量、商业习惯、信用状态诸制度，且对吾国言语文字风俗习惯又不熟稔，种种困难”。在他看来，“外人在华商业能有如此之发达”，“买办实为其最大原动力也”③。盛俊对于乾隆时期江苏省物价、工资所进行的统计，是清代经济史研究中应用量化思路的一次成功尝试。针对梁启超所说中国历史缺乏统计史料的观点，他根据自己搜集到的《钦定物料价值》一书，开展了对乾隆中期各项物价指数的估算，并将一些指数与近年的记录进行了比较。就工资而言，1930年江苏省上海等处男工工资折合银约为最低二钱，最高五钱五分，而乾隆年间江苏匠工所得则为五分。这为认识清代中国人的日常生活水平提供了一个可量化的实证④。徐方幹爬梳了清代台湾糖业的演变进程，指出在清代统一台湾之前，台湾糖业已在海外贸易的激励下有了较大发展，但清代“对于蔗糖之产制，故步自封，毫无科学技术进展之言”，糖产量提高有限。不过，自1833年以后，“台湾糖对外贸易，渐行发达”。其后则因战争及灾歉影响，国际贸易大受影响，产量亦持续减少，台糖遂遭严重打击。而马关条约更是断送了“糖库之台湾”⑤。

经济基础研究方面的最后一个大类，虽然核心成果不多，却完全无愧于被列为一个类别，这就是晚清经济思想史研究。至于这种认识的依据，主要来自赵丰田于1939年出版的专著《晚清五十年经济思想史》。该书原系作者在燕京大学研究院就读时所撰毕业论文，所涉时间断限为1861年至1911年，全书共包括五个部分，除“前篇”和“结论”外，

---

① 谷霁光. 唐末至清初间抑商问题之商榷. 文史杂志，1941，1（11）：1－12.

② 刘序球. 试论近百年来中国商业资本之发展. 工商知识，1948，4（6）：11－12.

③ 庄德金. 吾国之买办制度. 商学研究，1948新（5）（总第10期）：39－40.

④ 盛俊. 清乾隆朝江苏省物价工资统计. 学林：第2辑，1940：105－136.

⑤ 徐方幹. 清代台湾之糖业. 台湾糖业季刊，1948，1（2）：219－230.

其余三部分即“上篇”、“下篇”和“后篇”是主题内容，共分为十二章。该书围绕晚清时期一些重要士绅、官员和新式知识分子的言论，对其中涉及经济领域问题的思想线索进行了挖掘。赵丰田以光绪中叶为界限，将冯桂芬、薛福成、马建忠、黄遵宪、郑观应、汤寿潜、邵作舟等人作为光绪中叶以前经济思想的主要代表，而以陈炽、何启、胡礼垣、严复、张之洞、张謇、康有为、梁启超为后期经济思想的主要代表。赵氏认为，以这些人士为代表，晚清时期的经济思想“皆以讲求富强为中心”，“不论其事属国民经济，抑属国家经济，无不在探究考求之列，甚至旁及于政治、教育、社会、宗教诸端，要皆以求致富强为本”①。同时也指出，这些经济思想“亦不能与西洋经济思想相比拟”，因为当时“我国则以时代关系，所取给于西洋者，不过一鳞半爪，大部仍系中国所固有者也”②。在赵氏看来，晚清时期经济思想的主线大致可以归结为：“咸同两朝，偏重在求强；光宣两朝，偏重在致富。求强不必在致富，致富则在于求强，此四朝前后富强思想之微异也”③。

此书出版之后，也引起了学界关注。秦佩珩于该书出版次年，即为之刊发了长篇书评。他认为，该书“对清末经济材料的整理，实是开山之作”。书中固然存在引证材料不够圆满、选择材料不甚恰当、应用材料不够均衡、材料搜集不够充分等不足，但是总的说来，作者系“有过近代史学训练的人”，“善于运用科学方法”，故而“一经他估价过的材料，差不多都是可靠的”，其“取材极为扼要而简练”，并且“明明白白地把引用及参考书目附在书尾”，从而能够“把五十余年来的一堆经济史上的烂账，很快地加以清理”④。该书出版十年之后，彭泽益也为之撰写了一篇述评。彭泽益虽然称该书“不失为有参考价值的著作”，但对该书的论述框架和研究理念提出了更多的质疑。他指出，该书上下篇的划分“是很牵强的”，因为“国民经济”和“国家经济”在“整个经济现象中两者之间的界限殊难轻易分割”。并且，该书“论晚清经济思想来源”时，“对于经济学这门学问输入中国的经过，并未叙及”，亦为

① 赵丰田. 晚清五十年经济思想史. 北京：哈佛燕京学社印行，1939：315.

② 同①序.

③ 同①315-316.

④ 秦佩珩. 晚清五十年经济思想史述评. 经济学报，1940 (1)：1-9.

一大缺憾。此外，赵氏没有将“持论相反者”列入研讨，因其立论“既多偏激，影响复甚微小”。彭泽益认为，这些人的“阻挠力量是不可忽视。尽管他们对机器工艺的看法是怎样幼稚，反对维新的意见是怎样偏激，但是作为思想史的研究，事实无可否认的，仍然具有它的客观价值”，因此，“在这一意义上而置反对论者于不顾，似乎有点欠妥”①。此外，郑伯彬关于晚清时期士大夫对国家经济危机的看法的论述，在很大程度上也可以与赵丰田的著作形成参照。郑伯彬同样爬梳了冯桂芬、陈炽、汤寿潜、邵作舟、张之洞、何启、胡礼垣等许多晚清士人的看法，指出他们都意识到因政府的财政收支不能平衡而触发的经济危机，并在开源与借债、节约与裁冗等问题上发表了许多议论和见解。在郑伯彬看来，他们的这些见解“实不无确切之说。他们着重政治的窳败，尤可见经济危机与无能政府关系之密”②。这一点确实是赵丰田书中未能充分论及的。

最后值得一提的是，对于半殖民地半封建经济形态的认知，到1940年代已经初步形成了较为明确的框架，也将对中华人民共和国成立后的清代经济史研究产生巨大影响。1939年刊行的第1版《中国革命和中国共产党》对于近代中国的半殖民地半封建性质首次进行了系统说明。1941年，陈伯达又专门撰文从经济史角度解说了晚清中国社会的这一性质。他在回顾了中国旧经济的基础以及鸦片战争以来西方对中国的侵略过程后指出，晚清中国“一方面，是一步一步地变成资本主义列强特权占有的市场，另一方面则一步一步地从旧经济的破坏过程中生长起资本主义的因素，这样，使中国的社会一方面走向半殖民地化，另一方面则走向半封建化”；特别是“和资本主义变成帝国主义差不多同时，中国近代史，经过中日战争，才完全形成为半殖民地半封建的经济状态”③。另外两篇文章则讨论了清代官僚资本的发展问题，在一定程度上有助于理解半殖民地半封建经济形态的特点。郑伯彬考察了清代官僚资本是如何积累起来的及其社会影响问题。他指出，清代官僚资本的

---

① 彭泽益．书评：晚清五十年经济思想史．中国社会经济史集刊，1949，8（1）：168-176.

② 郑伯彬．晚清士大夫论经济危机．新中华（复刊），1948，6（13）：39-44.

③ 伯达．由封建的中国到半殖民地半封建的中国：近代中国经济杂说之一．解放，1941（128）：22-27．本文发表时署名为“伯达”，即陈伯达。

蓄积源泉“主要由贪污而来”，而“清代官僚的贪污及其财富蓄积过程”又对民营企业的发展具有阻滞作用。从此可见，中国官僚资本的本质，“不但它的蓄积是非法的、不道德的，而且更主要的是它在中国国民经济发展上所尽的任务，是反动的”[①]。许涤新也剖析了晚清时期中国官僚资本的发展及性质。他认为，在中国工业资本的原始积累中，“官僚资本是一个重要的来源；同时亦证明近百年来中国的官僚，已经开始把他们从括地皮的一部分资金，向现代工业中投资了。他们并不完全致力于买地收租！这是鸦片战争以前所没有的”。他以盛宣怀的资本活动为例，指出其半殖民地半封建属性，因为其开设中国通商银行“是为帝国主义的经济侵略服务的；而广置田地则以对农民作超经济的剥削为内容”，故而从“这位典型的官僚资本家身上，就可嗅出买办性和封建性来”[②]。下一章将会看到，在中华人民共和国成立以后的晚清资产阶级研究中，许涤新的这种论述思路成了压倒性的潮流。

---

① 郑伯彬．清代官僚资本之蓄积．新中华（复刊），1947，5（11）：23－28．

② 许涤新．中国官僚资本发展史：官僚资本论第四章．理论与现实，1947，3（4）：18－23．

第二章　以生产关系为主线的清代经济史研究

从新中国成立到1966年的17年间，中国的历史研究进入了体系化发展的时期。这一时期的清代经济史研究，表面看起来并没有形成一个统一的阵地，但相关成果其实并不难寻找。这是因为，这一时期的经济史研究，基本不外乎封建社会经济论、资本主义萌芽论和半殖民地半封建经济论三大主题，而清代经济史研究在这三个主题中都占有不小的分量。更重要的是，这三个主题的认识思路其实都来自同一个范式，那就是以生产关系为基准的社会形态发展观。早在延安时期，这种思路就在《中国革命和中国共产党》中得到了完整表达。毛泽东在该文中对于封建社会、资本主义萌芽和半殖民地半封建状态的定性，构建起了以中国革命合法性为指归的历史观。随着中国革命的胜利，这种历史观顺理成章地成了中国马克思主义史学体系的核心。可以说，新中国成立后17年间的清代经济史研究，基本就是从实证角度对这种认识范式的系统阐发。其间尽管被“文化大革命”所打断，但是直到改革开放之后，这种范式依然在一段时间内强有力地引导着清代经济史研究的开展。因此，本章的内在一致性在于，这里所评述的清代经济史研究成果，共同具有更加侧重生产关系的面相。

第一节　封建经济论

在通常的印象中，新中国成立后的17年间和改革开放初期，清史学科的建设才刚刚起步，其研究成绩似乎尚无法在史学领域中占据一个较为突出的地位。那么，清代经济史研究又为何值得单独加以总结呢？其实，正如后文关于资本主义萌芽和半殖民地半封建经济的研究状况的总结所表明的那样，这两个时期的清代经济史研究与学界关注的焦点区域关联甚密。更重要的是，要全面了解这两个时期清代经济史研究的整体面貌，首先不能忽略的就是从封建经济论视角出发的研究。按照《中国革命和中国共产党》中给出的论断，中国的封建制度“自周秦以来一直延续了三千年左右”，在这种制度下，“自给自足的自然经济占主要地位”，其主要矛盾也就是“农民阶级和地主阶级的矛盾”；即便在鸦片战争以后，“封建剥削制度的根基——地主阶级对农民的剥削”，依旧“在中国的社会经济生活中，占着显然的优势”①。这就是说，虽然清代被分为封建社会晚期和半殖民地半封建时期两个阶段，但封建关系无疑是贯穿整个清代的一条主线。

与此论断相对应，以封建生产关系为基准来测量清代经济现象的做法，迅速成为清代经济史研究初期发展中的一大潮流。在某种意义上，封建经济论的重要性还要超过资本主义萌芽视角和半殖民地半封建视角。这是因为，后两种视角都只能应用于清代的部分时期，从而在实质上割裂了清代，封建经济论则为理解清代的完整性和连续性提供了难得的帮助。也正是有鉴于此，本书才能够将封建经济论作为本章优先论述的内容。当然，由于清代前期毕竟远远长于晚清时期，对前期封建性质的挖掘也较晚清时期更为容易，其间成果分布的不平衡性也就不足为奇了。

（一）新中国成立后17年间的研究状况

在新中国成立后的17年间，清代经济史研究中的封建经济论，在清代前期范围内体现得更多一些，主要围绕着土地所有制、赋役机制、租佃关系、财政金融、封建经济的扩展等问题而展开；在晚清范围内的表现则较为狭窄，其讨论重点是太平天国的经济内容等问题。就这一时期的总体倾向而言，由于时代原因，对清代的封建经济面相做出负面评价的情况居多。以下就以上面所列各类主题为引线，对封建经济论在具

① 毛泽东．中国革命和中国共产党//毛泽东选集：第2卷．北京：人民出版社，1991：623，625，630．

体研究成果中的表现加以评述。

从土地所有制问题出发来证明封建生产关系在清代的延续，是当时第一个较为突出的主题。孙毓棠根据康熙四十年（1701）的一份史料，分析了其中土地所有权的分配情况，认为这表明清初“土地分配很不均确是普遍的事实”，并且“这情况所产生的社会生产关系决定了清代封建社会的性质”①。赖家度通过对比明清两朝的土地制度，认为清朝虽在土地问题上采取了“一系列的改良性政策”，但是属于“中国封建末期最腐朽最反动的势力和满清统治者的落后性相结合”，“进一步加强小农与家庭手工业的密切结合”②。梁任葆把太平天国爆发的主要原因归结为鸦片战争后“广西的土地迅速地高度集中”，而导致土地集中的因素又是“日益发展的资本主义商品经济又进一步和封建剥削制度结合起来”③。杨仪探讨了清代前期土地制度的演变过程，认为清初土地关系其实是“农奴制的加强”，康熙中叶以后，“封建秩序的恢复”客观上“造成了大批自由小农，促进了社会经济的恢复发展”④。与杨仪的评价不同，李文治在1963年发表的两篇文章中，对清代前期的土地所有制给出了不同的看法。他认为，清朝“为巩固封建统治所采取的赋役政策，对旧的土地占有关系的变革发生了不同程度的作用和影响，特权大土地所有制有所削弱，小土地所有制有所发展”⑤。当然，这种发展并不会改变封建土地所有制的本质。他另外通过分析土地私有制和国有制的关系指出，在明清时代“以封建土地所有制为根据，在生产中所形成的矛盾，是生产的个体性质和大封建主土地所有制之间的矛盾，是剥削者和被剥削者之间的矛盾”⑥。伍丹戈同样承认清代前期封建土地所有制是有所发展的，因为这时“在土地所有制上身份、特权和暴力的作用已经消失，货币已经成为取得土地的主要手段；土地不但是商品，而且

---

① 孙毓棠．清初土地分配不均的一个实例．历史教学，1951（1）：20－21．
② 赖家度．明清两朝土地占有关系及其赋税制度的演变．历史教学，1955（9）：35－39．
③ 梁任葆．金田起义前广西的土地问题．历史教学，1956（7）：46－49．
④ 杨仪．清朝前期的土地制度．史学月刊，1958（7）：21－26．
⑤ 李文治．论清代前期的土地占有关系．历史研究，1963（5）：76－108．
⑥ 李文治．明清时代的封建土地所有制．经济研究，1963（8）：67－77；（9）：55－61．

在逐渐的资本化；身份地主已经完全被非身份地主所代替”[①]。董蔡时则根据对《双鲤编》的分析，质疑了李文治对苏州地区永佃制的出现时间及其性质的看法，认为这种制度“不是太平天国革命变革封建生产关系的结果”，而“在永佃制下，地主和佃农也并不共有土地的产权”[②]。

关于清代旗地性质的一组探讨，同样反映了研究者在土地所有制问题上的认识与判断。左云鹏明确指出，“旗地是清代封建土地所有制的一种形式。它既继承和保留了满族入关前所处的奴隶制社会阶段的特点，又接受了汉族地区封建租佃制的影响，因而形成了一种特殊的、不同于一般的封建剥削形式”[③]。孔经纬考察了从清初至甲午战争前东北官田旗地经营情况的演变，认为“这是一些满族的官有和私有地转归汉族私有地的一大变化，但它只是由一种封建土地所有制到另一种封建土地所有制的过渡，并未改变封建的经济关系”[④]。杨学琛分析了清代旗地性质的变化，指出清代“旗地的形成及其发展变化的过程，是满洲贵族通过国家机器强力扩大和维护农奴制的过程，是满汉人民不断猛烈斗争摧垮过时的生产关系的过程，也是满族迅速发展由农奴制前进到封建租佃制的过程”[⑤]。杨德泉则提出了另一种看法，认为清初旗地上生产关系的性质，“既不是满族在关外时期奴隶制庄田的延续，也不是关内汉族地区封建租佃制度的‘再版’，而是两者‘结合’以后所形成的一种特殊的封建农奴制度”[⑥]。周远廉等以清代皇庄为中心来分析旗地的性质和影响，认为清代皇庄“在大范围内形成了一个互有联系基本上能够满足皇室需要的大型封建庄园联合体，基本上具备了自然经济的特征”，由此决定了其主要部分“是属于皇室私有的封建地主土地所有制”[⑦]。

---

① 伍丹戈．鸦片战争前夕土地制度、剥削关系和剥削形态的变化．复旦大学学报（哲学社会科学），1963（1）：31－45.

② 董蔡时．从《双鲤编》看苏州地区的永佃制．江海学刊，1963（1）：29－30.

③ 左云鹏．论清代旗地的形成、演变及其性质．历史研究，1961（5）：44－63.

④ 孔经纬．清初至甲午战前东北官田旗地的经营和民佃以及民地的发展．历史研究，1963（4）：67－90.

⑤ 杨学琛．清代旗地的性质及其变化．历史研究，1963（3）：175－194.

⑥ 杨德泉．试论清初旗地的形成及其性质．扬州师院学报，1964（19）．转引自杨德泉．杨德泉文集．西安：三秦出版社，1994：286－305.

⑦ 周远廉，杨学琛．关于清代皇庄的几个问题．历史研究，1965（3）：99－127.

关于清代赋役问题的研究，是体现封建经济论视角的第二个主题。梁方仲通过对明清时期政府催交田赋的通知书即易知由单的分析，指出这种由单是田赋制度的一部分，不仅可以“供给我们许多关于田赋史上的重要资料”，而且证明了“过去中国的社会，确是中央集权和官僚政治的封建社会”①。史苏苑比较了明清两代田赋制度的异同，指出“地丁制度乃是一条鞭法在清代的运用和发展。两者都是最高封建统治者，所提出的一种改良政策”，其不同则在于“一条鞭法是严重的政治局面逼出来的”，而“清朝的地丁制度则是在清朝的阶级矛盾还不大显著，清政府在相对稳定的情形下主动提出来的”②。唐棣对清代地丁制度的认识与史苏苑基本相同，并对其实行及其影响进行了探究，认为这一制度在初期“起了招徕流民复业恢复农田生产的作用”，但“到嘉庆年间以后，官僚地主对土地的兼并更加猖狂起来，地丁银两的加重，对于保有小块土地的农民，发生了摧毁的作用”③。对于清初剥夺汉族地主免除赋税的特权和严厉催缴欠赋的现象，伍丹戈认为这是“异族统治者打击汉族地主的一种办法”。朱建则提出，这其实是封建国家“牺牲地主阶级某些阶层的部分利益，以缓和阶级矛盾”，因此，任何赋役上的改革都“不是剥削制度上的根本变化”④。蒋兆成虽然把清代以摊丁入地为中心的赋役改革也视为“地主阶级的改良政策”，但又认为这种改革“不能也不可能抑制地主的土地兼并，相反，倒为土地兼并开辟道路”，同时严厉批判了那些对摊丁入地做出积极评价的观点，称其“是为地主阶级的改良政策与剥削制度辩护的”⑤。

明显体现封建经济论视角的第三个研究主题，是清代租佃关系问题。相对而言，这组成果可谓这一时期最为扎实也最具生命力的清代经济史研究。陈振汉的文章虽然是针对当时关于明清资本主义萌芽的讨论

---

① 梁方仲. 易知由单的研究. 岭南学报，1951，11（2）：103－200.

② 史苏苑. 从明代的“一条鞭法”到清代的“地丁”制度——关于明清两代田赋之史的研究. 新史学通讯，1954（9）：1－6.

③ 唐棣. 略论清代的地丁制度. 历史教学，1955（1）：30－33.

④ 朱建. 明清之际的赋役问题和阶级关系——与伍丹戈先生商榷. 文汇报，1961－11－26（3）.

⑤ 蒋兆成. 不能离开阶级斗争观点盲目地颂扬清代的“摊丁入地”制度. 厦门大学学报（社会科学），1964（4）：39－55.

而发表的，但是该文并未把焦点集中在资本主义萌芽上，而是从生产力的角度出发，对明末清初的劳动生产率、地租与土地集中问题进行了深入剖析。他指出，“中国的农业生产力，在明代初期有过一个时期的恢复和发展，但经过后来的苛重封建剥削的长期桎梏，到了明末，又已趋于停滞，而在整个清代初期，未尝有所恢复”。而在生产力停滞的情况下，“剩余价值量微小”导致地租额不能有多大的变动，充分证明封建地主只能更多“以不断兼并土地作为扩大对农民生产物剥削的主要手段”①。傅衣凌延续了其在民国时期开创的社会经济史思路，他通过分析明清时代福建永安地区的各项契约，对当地的租佃关系进行了探究。他指出，由于明清时期永安土地的集中与自然条件的限制，租佃关系十分发达，佃农负担很重，由此“可以认识长期的中国封建社会的迂曲迟缓的发展”。他另外根据清代永安农村的赔田约，指出赋予“农民有永佃旧田主的土地的权利，并有购买其耕作土地的优先权”的“永佃权”，其实“是有两重性的，它不是单纯地为着农民的利益，在一定的历史条件下，却成为封建主统治农民的一个工具，这是中国佃权成立的要因”。明清时期普遍存在的所谓“一田二主、一田三主问题”，“反映了中国封建社会内新旧势力的斗争，新的东西没有成长，而旧的东西又压在它的身上，因而造成这种类型的中间层人物，这正是中国封建经济的特点”②。陈登原则发现，明清时期“私租不能跟着田价，同比例地上升”，由此可知，“买田是地主阶级安身立命的基本信念。而收租，则尚不过是将本求利的第二目标”③。刘永成则围绕着探讨《红楼梦》所反映的时代的租佃关系，指出清初康雍乾时期随着农业生产的发展，地价增高，土地兼并“已经是全国的普遍现象”，导致“农村中租佃农民的人数迅速增加了”，从而表明这一时期“农业租佃制的普遍存在”④。郑昌淦指出，明末至清代前期，在“封建租佃生产关系和农业生产力”之

① 陈振汉．明末清初（1620—1720年）中国的农业劳动生产率、地租和土地集中．经济研究，1955（3）：124-139．

② 傅衣凌．明清时代永安农村的社会经济关系//傅衣凌．明清农村社会经济．北京：生活·读书·新知三联书店，1961：20-43；清代永安农村赔田约的研究//傅衣凌．明清农村社会经济．北京：生活·读书·新知三联书店，1961：44-59．

③ 陈登原．明清两代的私租和田价．人文杂志，1957（2）：52-58．

④ 刘永成．论《红楼梦》时代的租佃关系．新建设，1963（11）：66-80．

间，普遍存在着“不相适应的矛盾”，特别是“中国封建地租剥削的残酷，不仅榨取光了农业中直接生产者的佃农和雇农所创造的剩余劳动或剩余价值，有时甚至还榨取他们的必要劳动的一部分。随着商品经济的愈益发展，更多的商人和高利贷者也加入进来，乘机榨取佃农。佃农的经济状况便陷溺愈深而没有喘息的余地”①。

与租佃关系有着密切联系的是关于人身依附关系的问题。刘序功质疑了日本学者西山荣久对于清初徽州“细民”的定性，认为这些群体与奴隶并不类似，而是“一些在豪强兼并、封建剥削下，丧失了土地、沦为佃农和奴隶的农民”②。杨向奎以明清时期曲阜孔家为例，探讨了贵族地主与农民的关系。他指出，“从钦拨佃户到寄庄户只是不同程度的依附农民，而不存在什么单纯的经济剥削”，所以“孔府的租佃制，还是古老的封建典型，他们的佃户是世代的依附农民，他们要交纳实物地租，遭受经济外的强制”，“这也是贵族地主的一般经营形态”③。魏金玉也关注了明清时代徽州佃农的社会地位，指出该时期“主佃关系发展变化的主流是人身依附关系的松弛化，即由严格的隶属制度向单纯纳租关系的转化或过渡”，但是，“由于地主拥有土地所有权这一基本条件不变，不论佃农在实际上或法律上有多少其他生产资料，人身依附关系多么松弛，地租形态多么进步，佃农的人身，不论程度如何，总是不自由的，总要受地主的强制性奴役和剥削”④。

有关清代财政金融问题的一组研究构成了封建经济论的第四个主题。汤象龙对鸦片战争前夕清朝的财政制度及具体构成情况进行了详尽剖析，指出当时清朝的“财政制度是一种极其庞大而复杂的制度”，也“是一种完全封建的，对人民残酷剥削的，为统治阶级服务的制度，也就是一种取之于民用之于统治阶级的制度。但由于社会生产力很低，这种制度的基础十分脆弱”⑤。陈恭禄对比了明末和清初的财政情况，认为“清帝鉴于农民革命军打击明统治阶级的教训，采行有效的改良措

① 郑昌淦．明末至清代前期的封建租佃关系//北京市历史学会．北京市历史学会第一第二届年会论文选集（1961—1962）．北京：北京出版社，1964：157-203.

② 刘序功．略谈清初徽州所谓的“奴变”．史学工作通讯，1957（1）：20-25.

③ 杨向奎．明清两代曲阜孔家——贵族地主研究小结．光明日报，1962-09-05（2）.

④ 魏金玉．明清时代佃农的农奴地位．历史研究，1963（5）：109-134.

⑤ 汤象龙．鸦片战争前夕中国的财政制度．财经科学，1957（1）：49-83.

施，减少官吏的额外勒索，严惩拖欠钱粮的绅衿……对于广大农民，是有利的”，后来康熙帝“普免全国钱粮，下诏永不加赋，是接受历史教训而采行的改良政策”①。另外几篇文章则重点研讨了货币金融的变动情况。来新夏揭示了鸦片战争前后银贵钱贱的情况及影响，他认为，这一问题“实始于嘉道之际”，其后果“不仅造成了封建政权财政金融的困难，而且也造成了农民生活的日益贫困”②。杨端六考察了清朝二百多年间银钱比价的变动情况，指出“清朝采用银钱并用的货币制度”，“也只有在封建主义社会，像中国那样的封建帝国，才能容许其长期存在”③。叶世昌从货币理论出发，探讨了鸦片战争前后清朝内部出现的关于货币问题的各种学说及性质。他认为，在这一时期，最具有典型意义的是名目主义货币学说和金属主义货币学说，“它们完全是在中国封建时期货币流通的条件下产生的，具有与其他各国不同的特点。特别是王鎏的名目主义思想，其发展高度在各国封建时期的货币学说中是独一无二的”，因此“这两种学说实际上代表着中国封建时期货币思想发展的顶点”④。杨德泉对清代前期两淮盐商所代表的商业资本进行了考察，认为两淮盐业是“历代封建王朝成长起来的大盐商们活动的温床，清代的两淮盐商就是在这个温床之上发育壮大起来的”，“无论盐商对国家之捐输或者是国家对盐商的恩惠，皆建筑于对广大人民加重剥削的基础上”⑤。何龄修根据孔府档案中关于金融问题的资料，剖析了清代孔府的高利贷活动。他认为，孔府的情况表明，中国封建社会上层中的一个传统现象，就是“官僚（贵族）、地主、商人、高利贷者向来是四位一

---

① 陈恭禄．从明末三饷说起兼及明清之际财政情况．南京大学学报（人文科学版），1962（2）：33－43.

② 来新夏．鸦片战争前后银贵钱贱的情况和影响．历史教学，1956（9）：34.

③ 杨端六．关于清朝银钱比价变动的问题（上、下篇）．武汉大学人文科学学报，1956（1）：261－280；1957（1）：155－165．在其1962年出版的专著《清代货币金融史稿》（北京：生活·读书·新知三联书店）中，杨端六也明确地将鸦片战争之前的内容放在“封建制度下的货币流通”框架下进行论述。

④ 叶世昌．鸦片战争前后我国的货币学说．上海：上海人民出版社，1963：22.

⑤ 杨德泉．清代前期的两淮盐商．扬州师院学报，1963（16）．转引自杨德泉．杨德泉文集．西安：三秦出版社，1994：254－285.

体的”①。

有关封建经济在清代的扩展问题的研究是封建经济论的第五个主题，也是少有的对清代经济有一定积极评价的一组研究。王钟翰针对满族在努尔哈赤时代是否没有经过奴隶占有制而飞跃地转入封建制社会的问题，通过对当时的社会经济形态进行深入分析，认为此时满族业已发展到奴隶占有制，“而不是属于氏族社会末期的家长奴役制”。到了努尔哈赤进入辽河平原的时候，满族社会内部开始出现“早期封建制的生产关系”。而进入皇太极统治期间，“更明显地可以看出，正是满族社会从奴隶制生产关系过渡到封建制生产关系的一个急剧的而又十分复杂的重要阶段”②。李燕光也对清军入关前满族的社会经济演变进行了考察，认为满族从16世纪末开始了封建化过程，“满族社会经济中奴隶占有制进一步的崩溃，封建生产关系获得了迅速的增长”，并逐渐居于支配地位，“形成了封建社会的两个基本阶级——封建主阶级和农民阶级”。但总体来看，此时满族“尚处于封建社会的早期阶段”，也还有“一些奴隶制的残余影响”③。朱永嘉以明末社会经济大破坏为背景，探讨了清初实行的各项经济措施及其成效。他认为，“清初是在我国历史上具有巨大意义的历史时期……不能否定清朝开国时期对我国历史发展的重大功绩”，并且，“明朝政府无法克服的各种矛盾”，清朝初期则“逐步地克服和解决这些矛盾，它为中国封建社会出现一个如康雍乾三代那样新的历史时期创立了物质基础”④。

在晚清史领域，关于封建经济论视角的应用主要集中在对于太平天国经济内容的一些认识上。这方面的第一个主题便是围绕着《天朝田亩制度》性质问题的争论。1955年，周南率先指出《天朝田亩制度》的意义具有两面性：其一方面“表现了在封建压迫下的农民群众对于土地

① 何龄修. 请看“圣人家”的道德——清代曲阜“衍圣公府”的高利贷剥削. 光明日报，1964-09-23 (4).

② 王钟翰. 满族在努尔哈赤时代的社会经济形态//王钟翰学术论著自选集. 北京：中央民族大学出版社，1999：26-63. 王钟翰. 皇太极时代满族向封建制的过渡//王钟翰学术论著自选集. 北京：中央民族大学出版社，1999：64-120. 据其自序中介绍，这两篇文章都写于20世纪50年代。

③ 李燕光. 1644年以前满族的社会经济形态. 光明日报，1961-11-22 (4).

④ 朱永嘉. 清初的各项经济措施和明末社会经济问题. 学术月刊，1962 (3)：14-22.

的革命要求”，另一方面则在“分配土地问题上主张绝对平均主义的思想”，是一种“农业社会主义的空想”，因而“实质上也还带有反动性”①。此后数年间，在《天朝田亩制度》性质评判的问题上，学界出现了两种对立的立场。一派进一步发展了这一纲领中存在落后性的观点，如金冲及等人认为，这一制度固然要否定“封建的土地所有制”，而其要建立的公有制又要“建筑在个体劳动、分散经营的小农经济的基础上的”，其反动的方面“就是它在主观上梦想超越这个反封建主义的界限，不愿限制在平分封建的土地财产的范围以内，而且要平分所有农民的全部财产。这样它就会破坏非封建的一般的私有财产制度”②。另一派则更加强调其进步意义，如东霁明认为按照《天朝田亩制度》的理想“而施行的一些措施摧毁了封建剥削关系”，因此其中的“农业社会主义思想，在太平天国革命这一历史条件下曾起过特殊的进步作用”③。事实上，从这两派的陈述中可以看出，双方都是以封建生产关系为评价标准的，无非是一派认为《天朝田亩制度》打击了封建生产关系，而另一派则认为其无法从根本上超越封建生产关系。

与上面论争相类似的情况，也出现在关于太平天国的土地政策、制度及其实施问题的看法上。再具体一点来说，就是在有没有实行“耕者有其田”的问题上有不同判断。在这一问题上，章开沅是较早明确表态持肯定意见的学者。他认为，太平天国曾“坚决实行了消灭封建土地所

---

① 周南．谈谈对“天朝田亩制度”中农业社会主义思想的理解．历史教学，1955（9）：39－41.

② 金冲及和胡绳武的《关于天朝田亩制度的实质问题》［学术月刊，1957（9）：50－54］属于这一立场的代表性论文，此外还有：赵矢元和史专一的《略论太平天国理想的农民公社》［学术月刊，1959（11）］，祁龙威的《关于“天朝田亩制度”的性质和实施问题》［光明日报，1959－11－12（5）］，来新夏的《“天朝田亩制度”是农民革命的纲领》［光明日报，1959－12－10（3）］，杜德凤的《关于“天朝田亩制度”的几个问题》［历史研究，1960（1/2）：61－69］，等等。

③ 东霁明的《我对“天朝田亩制度”中农业社会主义思想的理解》［历史教学，1955（12）：44－45］属于这一立场的代表性论文，此外还有：吴良祚的《关于“天朝田亩制度”中农业社会主义思想的理解问题》［历史教学，1955（12）：41－43］，黄廷柱的《论“天朝田亩制度”》［中学历史教学，1958（1）：5－8］，徐夕明的《我不认为“天朝田亩制度”的性质是反动的》［历史研究，1959（9）：61－63］，朱培民的《“天朝田亩制度”在当时历史条件下不带有反动性》［光明日报，1960－03－03（6）］，史一兵的《太平天国“天朝田亩制度”的性质及其作用》［江海学刊，1961（1）：26－29］。

有制的'耕者有其田'政策"，而"晚期土地革命政策的没有彻底实行，严重地削弱了对封建统治势力的打击，妨碍了广大农民群众斗争的积极性，这是太平天国迅速衰亡的重要原因之一"①。不过，龙盛运根据搜集到的江苏、浙江等18个县的资料，认为"太平天国既未有过耕者有其田的政策，也没有实行过这个政策的事实"，因此，"太平天国在土地问题上所走的道路，正是我国历代农民革命曾经走过的老路，它深刻地反映了农民革命的局限性"②。在这两种对立观点之外，还有一种折中的看法。如吴雁南指出，虽然太平天国"并没有实行'耕者有其田'的政策"，但是也"决不可把太平天国政权与封建政权等量齐观"，只是因为"当时的历史条件决定了它不可能推翻封建土地占有制，而提出任何明确的土地纲领"③。

在评价太平天国战争对于土地关系的影响问题上，封建经济论的视角同样得到了深刻的贯彻。李文治认为，到了太平天国革命以后，长江中下游各省特别是江浙地区"封建土地关系显然已发生了变化"，其表现是"小自耕农的兴起"和"永佃制的盛行"④。邵循正针对李文治的看法提出了不同意见，认为太平天国革命对于封建土地所有制的触动有限，因为革命失败后，"封建土地所有制和地主阶级的统治是很快地被恢复起来了"⑤。茅家琦也否认了李文治的两个论据，并特别指出，永佃制的实质"仍是地主阶级恢复和维护封建制度、更恶毒地剥削农民的一种巧妙方式"⑥。王天奖则在一定程度上与李文治的立场相同，认为就江、浙、皖三省的情况来看，"太平天国革命后土地关系都有了不同程度的变化，产生了一批新的小土地占有者，封建土地占有制在一定时期内不同程度的削弱"⑦。在意识不到自身认知前提受到限制的情况下，这种争论不仅在改革开放后继续存在，而且也注定不会有什么结果。

---

① 章开沅．关于太平天国土地政策的若干问题．华中师范学院学报，1957（3）：74－100.

② 龙盛运．太平天国后期土地制度的实施问题．历史研究，1958（2）：35－54.

③ 吴雁南．试论太平天国的土地制度．历史研究，1958（2）：17－34.

④ 李文治．太平天国革命对变革封建生产关系的作用．光明日报，1961－01－16（3）.

⑤ 邵循正．太平天国革命后江南的土地关系和阶级关系．光明日报，1961－02－02（3）.

⑥ 茅家琦．太平天国革命后江南农村土地关系试探．新建设，1961（12）：49－55.

⑦ 王天奖．太平天国革命后苏浙皖三省的土地关系．新建设，1963（8）：46－54.

（二）改革开放初期的研究状况

随着“文化大革命”的结束，国内的学术研究逐步得到恢复，并从1980年开始呈现出蓬勃发展的势头。与新中国成立后17年的情况相比，改革开放初期的清代经济史研究在数量上实现了极大的超越，所涉及的内容也较从前更加广泛。但直到20世纪80年代中期，国内史学界所能依赖的思想资源依然有限，绝大多数学者只能通过重拾先前的认知框架来处理或旧或新的实证内容。在这种情况下，封建经济论继续成为清代经济史研究中的一个主流范式也就毫不奇怪了。

改革开放初期继续贯彻封建经济论视角的第一个研究主题，依然是土地制度和土地关系。在土地制度方面，打响头炮的学者当属傅衣凌。他在1978年发表了两篇关于封建土地所有制的专论，开启了学界在这方面的重新探讨。在这两篇论文中，傅衣凌思考的出发点是明清社会何以出现长期停滞的问题。他明确指出，“封建土地所有制是阻碍明清社会前进的主要绊脚石”，因为这种土地所有制的“所有形式既是多种多样，而土地所有者的身份也极为复杂”，“它对于中国封建经济的长期迟滞是一个严重的因素，这也是十六、七世纪以后中国落后于西方和百年来中国挨打的一个历史根源”①。方行对清代前期地主制经济的发展状况进行了探讨，认为此时的封建生产关系在“土地归谁占有、产品分配形式和人们的相互关系”等方面，“都发生了重大调整，从而使它获得了一个充分发展的典型形式”②。他进而指出，“随着地主制经济的充分发展，小农经济也得到充分发展”，从而“对封建社会的发展发挥了巨大作用，对封建主义向资本主义的过渡却成了巨大阻力”③。

土地制度方面的另一组成果则是围绕着旗地性质的讨论，展现了封建土地所有制的具体表现。孔经纬探讨了清代东北地区土地占有形式的演变，认为其中官地、旗地向民地的转化，虽然“也属于土地所有权的转移，但这只是由一种封建土地所有制形式过渡到另一种封建土地所有制形式”，也就“意味着东北地区的封建土地所有制形式和关内广大地

---

① 傅衣凌．论明清社会与封建土地所有制形式．厦门大学学报（哲学社会科学版），1978（2/3）：1－22；论明清社会的发展与迟滞．社会科学战线，1978（4）：152－159.

② 方行．论清代前期地主制经济的发展．中国史研究，1983（2）：88－100.

③ 方行．清代前期小农经济的再生产．历史研究，1984（5）：129－141.

区渐趋于一致”①。金成基分析了清入关前八期土地制度的变化，认为“1621年努尔哈赤对满族个体小生产者实行计口授田这一政策”，对“后金社会由奴隶制向封建制过渡”产生了深远影响②。王钟翰则指出，清军入关之后，“在高度发展的汉族封建经济影响之下，旗地不得不从其以农奴制为主导形式的领主经济迅速地向地主经济转化”，虽然满族统治者也“不断努力设法维护农奴庄园的继续存在，但越往后发展，地主所有制成分就越日益增长”③。李华也认为，清初因圈地运动而形成的官庄旗地，“在汉族地区高度发展的封建经济影响下，从康熙中期开始，旗地的生产关系，由早期的农奴制，逐渐向封建租佃制开始转化”④。与前述认识一致，徐恒晋考察了清初盛京官庄的性质变化情况后认为，该地到顺治年间也“已完全是封建农奴制田庄”⑤。

在土地关系的演变方面，学界在这一时期的研究较先前丰富了许多。在这个方向上，章有义率先以徽州文书为中心，探究了清代土地关系在微观层次上的变化和特点。他在1975年便基于对黟县地主账册的分析，论述了当地地权形态和土地买卖制度、地主兼并土地的行径、主佃关系、征租方式和地租高度等方面的情况，认为“这些情况的某些方面，可以说是对当时中国封建社会危机的一个颇有代表性的反映”⑥。他还以徽州的实例证明田底、田面分离的现象，“同所有权的排他性，同土地买卖的自由度，或多或少是有矛盾的。因此，它只能是封建土地所有权或前资本主义地权的一种形态”⑦。杨国桢根据对清代闽北土地买卖文书的考察，指出“在这种私人土地所有权普遍存在的基础上出现

---

① 孔经纬. 清朝统治时期东北官地旗地的经营和向民地转化. 吉林大学学报（社会科学版），1978（5/6）：68－73.

② 金成基. 清入关前八旗土地制度试探. 清史论丛：第1辑，1979：146－157.

③ 王钟翰. 清代旗地性质初探. 文史，1979（6）. 转引自王钟翰. 清史新考. 沈阳：辽宁大学出版社，1990：71－86.

④ 李华. 清初的圈地运动及旗地生产关系的转化. 文史，1980（8）：80－108.

⑤ 徐恒晋. 清初田庄性质初探. 民族研究，1981（4）：37－45.

⑥ 章有义. 太平天国革命前夕徽州地区土地关系的一个实录. 文物，1975（6）：34－46.

⑦ 章有义. 清代鸦片战争前徽州地区土地制度//中国社会科学院经济研究所. 中国社会科学院经济研究所集刊：第4辑. 北京：中国社会科学出版社，1983：57－111. 章有义关于明清徽州土地关系的一系列个案研究，后来都收入章有义的《明清徽州土地关系研究》（北京：中国社会科学出版社，1984）中。

的土地买卖”，“不但没有为新的生产方式的诞生提供有利的条件，反而为腐朽的封建生产方式提供了更生和回旋的土壤”①。江太新探讨了清初垦荒政策对地权分配的影响，认为清初土地兼并剧烈的看法是有问题的。他指出，基于清政府在垦荒地的归属问题上的种种努力，“相对于明代中、后期而言，地权发展总的趋势应是趋向分散的”，从而有利于“促成农民小土地所有制的发展”②。周远廉根据乾隆朝刑科题本资料，指出清代的土地买卖虽然比明代“交易更加频繁，形式更为多样，手续更加繁琐”，但“仍然是封建的土地买卖，与近代资本主义的自由的土地买卖有着重大的差别”③。

关于租佃关系的研究，在这一时期构成贯彻封建经济论的第二大主题。庞朴于1974年对孔府地租剥削问题的研究，拉开了重新研究该领域的序幕。该文较早地注意到了佃户为取得承佃权时所发生的押租问题，指出这其实是一种额外地租④。其后，冯尔康继续探讨了清代押租制的出现原因及其对租佃关系的影响，指出押租制“是一种经济关系，它的发生和流行，表明农民与地主关系中经济关系的发展，即地主所借以控制农民实现封建分配关系——地租的是经济力量，而不是主要靠超经济的强制”⑤。江太新强调，押租制度的出现“是在农民反抗斗争的冲击下，租佃关系中封建依附关系松弛化的产物”，但也是“保证地租实现的一种手段，也是加重对农民剥削的手段。这是封建社会后期的租佃特征”⑥。宋秀元依据乾隆朝刑科题本中关于押租纠纷的案件，认为押租关系“虽然是一种契约性的货币关系”，但是“并没有改变地主对佃农的封建剥削关系，而且，押租制本身就是一种封建剥削”⑦。

地租形态及其社会影响问题，是租佃关系研究中另一个重要方向。冯尔康认为，鸦片战争前，清代货币地租“呈现出某种发展趋势”，但

---

① 杨国桢．试论清代闽北民间的土地买卖——清代闽北土地买卖文书剖析．中国史研究，1981（1）：29－42．

② 江太新．清初垦荒政策及地权分配情况的考察．历史研究，1982（5）：167－182．

③ 周远廉．清代前期的土地买卖．社会科学辑刊，1984（6）：89－99．

④ 庞朴．孔府地租剥削内幕．文史哲，1974（1）：59－65．

⑤ 冯尔康．清代的押租制与租佃关系的局部变化．南开学报（哲学社会科学版），1980（1）：61－67．

⑥ 江太新．清代前期押租制的发展．历史研究，1980（3）：133－149．

⑦ 宋秀元．从《乾隆刑科题本》看清代押租制．故宫博物院院刊，1983（4）：49－53．

是“货币租尚非常幼弱，还处在它的发生阶段，处于实物租向货币租转化的初期”。而货币租这种“缓慢进展的状况”，正“是中国封建社会发展迟滞的缩影”①。宋秀元基于清代题本资料的分析也表明，到乾隆时期，“分成租制虽仍遍及全国各个地区，但它在整个地租形态中所占的比重是在逐渐减少”，当然，“实物定额租制虽较实物分成租是个进步，但佃农仍然遭受较重的剥削”②。谢肇华同样根据《乾隆刑科题本》探讨了清代实物定额租制度的发展变化。他认为，到乾隆时期，实物定额租已在国内广泛实行，其数量则“受生产力水平、土地丰度、土地价格、产量高低、人口密度以及阶级斗争形势等多种因素制约”③。傅衣凌分析了福建农村出现的清代耕畜租佃契约等文书，指出“耕畜买卖与耕畜租佃自来和土地所有制一样，成为封建地主剥削农民的一种形式”，同时“又是农业生产力发展的一个标志”。他还以当地牛会组织为例，认为这类“排他性的垄断组织”和封建地权结合在一起，“加强了中国的半封建社会的坚韧性与复杂性”④。刘永成通过深入探讨清代前期佃农的抗租斗争，认为在这背后，“集中地反映了地主阶级的高额地租剥削，是对佃农要求发展个体经济的严重障碍。它深刻地反映了我国封建社会晚期的基本矛盾，反映了封建自然经济对商品经济的桎梏，反映了封建生产关系对生产力的束缚”⑤。

关于永佃权问题的探讨，在这个时期也终于构成了租佃关系中一个独立的方向。不过，学界对其意义的评价并不一致。一派认为其实质仍是封建租佃关系的发展，如韩恒煜明确指出，“永佃权的存在，并不能动摇地主的土地所有权，相反，它在地主土地所有权有绝对保证的前提下，成了地主榨取佃农剩余劳动乃至必要劳动的工具”，而佃农“争取永佃权的斗争频繁发生，也从另一个角度反映出清代所盛行的永佃权的

---

① 冯尔康. 清代的货币地租与农民的身份地位初探. 南开史学，1980（1）：63－90.

② 宋秀元. 清代前期地租形态的发展变化. 社会科学辑刊，1980（6）：105－109.

③ 谢肇华. 清代实物定额租制的发展变化. 文史哲，1984（3）：22－29.

④ 傅衣凌. 福建农村的耕畜租佃契约及其买卖文书. 中国社会经济史研究，1983（4）：1－4.

⑤ 刘永成. 清代前期佃农抗租斗争的新发展. 清史论丛：第1辑，1979：54－78.

封建性质”①。段本洛考察了清代苏南地区永佃制的发展情况，指出“永佃制至少在太平天国革命以前，在苏南地区已经成为普遍的租佃制度”，但是这种永佃权“只不过是佃农取得所承种的土地的使用权”，“以农民丧失了对土地的所有权为前提”，所以“永佃制只不过是封建土地制度的一种对农民的剥削形式”②。刘和惠则根据对徽州文书的探析，提出田面权和田底权是“性质不同的两种占有”，因此认为“把田面权视为永佃权或永佃制是不符合客观事实的，也是不科学的”③。另一派则较为乐观地看待永佃制的意义，如林祥瑞认为，“永佃权制度的出现，正是后期封建经济发展变化的产物”。在这种制度下，“佃权的权力从小到大，日趋膨胀，不仅能与租权相抗衡，且有取而代之之势”，从而使“佃权不单是使用权”，而且“还是一种土地所有权”④。吴量恺也对永佃权持较为积极的评价，认为它“严重冲击了封建土地所有制”，因为这就“把地主完整的土地所有权分割为田底权和田面权，这就使排斥他人，服从地主支配的领域大为缩小了”⑤。

在租佃关系问题上，还有一个关联较为密切的方向，是对于人身依附关系的研究。傅衣凌于1975年发表的关于明末南方“奴变”“佃变”的研究，可谓这方面的先声。他指出，与明末北方农民军一样，南方出现的“规模巨大的佃农和奴仆的解放运动”，同样有力冲击了封建制⑥。至于在佃仆制研究上最为突出的成果，则是以徽州文书为中心的研究。在这方面，较早发表成果的是章有义，他根据对休宁一带庄仆条规的分析，认为明清时期当地存在一种具有严格人身隶属关系的庄仆制度，而这种庄仆可谓“明清时代的封建依附农民的最底层”。同时又认为这种庄仆与租佃关系的关联不甚清楚⑦。叶显恩基于徽州民间文书对明清时期佃仆制进行了更为深入的探讨。他明确地指出，“明清时期的佃仆制

① 韩恒煜．试论清代前期佃农永佃权的由来及其性质．清史论丛：第1辑，1979：37-53.

② 段本洛．论苏南永佃制．江海学刊，1983（1）：97-101.

③ 刘和惠．清代徽州田面权考察——兼论田面权的性质．安徽史学，1984（5）：20-32.

④ 林祥瑞．试论永佃权的性质．福建师大学报（哲学社会科学版），1981（1）：117-124.

⑤ 吴量恺．清代的农民永佃权及其影响．江汉论坛，1984（6）：59-64.

⑥ 傅衣凌．明末南方的“奴变”、“佃变”．历史研究，1975（5）：61-67.

⑦ 章有义．从吴葆和堂庄仆条规看清代徽州庄仆制度．文物，1977（11）：47-56.

是一种具有严格隶属关系的租佃制度”。至于这种佃仆制何以在徽州地区长期存在，他认为，“残余的奴隶制的影响，是这一落后的封建生产关系得以延续的重要原因”。而“徽州的佃仆制竟然作为农奴制的残余形态保留至解放前，表现出历史发展的不平衡性”，当然，“这对我们理解中国封建社会的某些特点特别是长期缓慢发展的特点是有补益的”①。韩恒煜也认为清代徽州地区的佃仆制与租佃制有关，并称之“是当时农业租佃关系中最为落后的一种租佃制”，不过，“它在清代前期的封建生产方式中，已不占主导地位”②。

清代商业资本的流动和商人群体在社会结构中的地位，是体现封建经济论视角的第三大研究主题。其中相对成果最多的是商业资本的流动问题。1978 年出现了两篇以《红楼梦》为话题来探讨清代前期高利贷和典当业的论文，虽然是基于批判立场，但是毕竟显示了学界开始注意商业资本问题的苗头③。李华对清代北京工商业行会的探讨，是改革开放初期出现的严肃研究。他认为，这些行会组织“始终是一个封建性较强”的组织，其与“同乡组织结合得愈紧，它的封建性也愈强”。即便在鸦片战争之后，“行会组织仍然严重地阻碍着封建性的商品经济向资本主义商品经济转化”④。叶显恩论述了明清时期徽商资本的形成与发展特性，认为徽商兴起的一个重要原因是“根植于佃仆制的基础之上”，而“以封建政治势力为后盾，是徽州商人资本得到迅速发展的根本原因”⑤。方行对清代前期地主、商人和高利贷者三位一体的发展状况进行了深入剖析，指出这种三位一体的封建经济是沿着商人和高利贷者加强占有土地、地主加强经营商业和高利贷这两个相辅相成的方向发展的，而“这种封建经济结构，具有自动调剂土地权和货币权的矛盾的特

---

① 叶显恩. 明清徽州佃仆制试探. 中山大学学报（哲学社会科学版），1979（2）：57－84. 叶显恩关于徽州佃仆制还发表了一系列成果，后来都收入氏著《明清徽州农村社会与佃仆制》（安徽人民出版社，1983 年）。其基本观点在该书中得到了更为详细的阐发。

② 韩恒煜. 略论清代前期的佃仆制. 清史论丛：第 2 辑，1980：89－110.

③ 鲁冀.《红楼梦》中反映的高利贷和典当剥削. 北京师范大学学报（社会科学版），1978（6）：42－48. 中国人民大学清史所.《红楼梦》历史背景资料（之三）——清代前期的高利贷和典当业. 北京师范大学学报（社会科学版），1978（6）：63－81.

④ 李华. 明清以来北京的工商业行会. 历史研究，1978（4）：63－79.

⑤ 叶显恩. 试论徽州商人资本的形成与发展. 中国史研究，1980（3）：104－118.

殊作用”，从而导致了地主经济的稳定和延续①。李瑚根据《聊斋志异》中的内容，讨论了清初山东商人和商业资本的运营情况，认为这些资本“多数是从地租转化的”，而“商人于经营获利之后，又回到土地上去”，说明“这些现象为当时的封建社会性质所决定”②。来新夏认为，清代前期的商业资本比较活跃的情况，一方面“在商业资本转化为农业资本与高利贷资本方面，依然起着维持封建经济的作用”，但另一方面也“产生了破坏自然经济的积极作用”③。

对于清代商人群体的演变，学界在这一时期也较先前给予了更多注意。韦庆远等论述了清代皇商的一个典型即山西介休范家的兴衰，指出“皇商制度是封建社会经济和专制政治制度的必然产物”，他们“被紧紧地束缚在为封建王朝服务的范围内，完全失去转移资本于其他行业的自由，要在更大程度上依附封建专制政治并接受其严密束缚。因而，造成了这种特殊经济成分的极端脆弱性”④。王思治等考察了两淮盐商的兴起，称他们作为“清王朝的一个主要财政支柱……得以垄断厚利”，到乾隆年间，终于发展成为“封建垄断性的商业资本集团”⑤。萧国亮则通过分析两淮盐商的奢侈型消费活动，认为这证明“两淮盐商资本是具有封建性质的垄断商业资本，它们不是瓦解封建经济的力量”⑥。刘文智通过对扬州徽商群体的介绍，表明这一群体“所积累的商业资本，大量地用于消费，用于生产投资的则几乎看不到”，所以“他们纯属于封建社会中的寄生者”⑦。叶显恩也承认，徽商虽然对于发展商品经济起过积极作用，但是“总的说来，他们是服务于封建制度的”⑧。

---

① 方行. 试论清代前期地主、商人和高利贷者的三位一体. 经济研究，1980（8）：66－71.

② 李瑚. 关于清初商人和商业资本的几个问题——读《聊斋志异》札记. 中华文史论丛，1983（1）：247－269. 黄启臣同年发表的论文，从更大范围支持了李瑚的这一看法［黄启臣. 试论明清时期商业资本流向土地的问题. 中山大学学报（哲学社会科学版），1983（1）：66－84］。

③ 来新夏. 清代前期的商业——读清人笔记札记之一. 社会科学战线，1983（4）：104－113.

④ 韦庆远，吴奇衍. 清代著名皇商范氏的兴衰. 历史研究，1981（3）：127－144.

⑤ 王思治，金成基. 清代前期两淮盐商的盛衰. 中国史研究，1981（2）：66－84.

⑥ 萧国亮. 清代两淮盐商的奢侈性消费及其经济影响. 历史研究，1982（4）：135－144.

⑦ 刘文智. 清代前期的扬州徽商. 江淮论坛，1982（5）：42－48.

⑧ 叶显恩. 徽商的衰落及其历史作用. 江淮论坛，1982（3）：57－63.

对清代财政与赋役制度的研究，是应用封建经济论视角所进行的第四大研究主题。彭雨新对清代前期近一百年间的垦政进行了概括，指出这是“国家财政收入与农民的农业生产的结合”，因此“不能加以全部否定，因为还有微弱的适应性的一面”①。陈东林积极评价了雍正帝进行的财政改革，认为这一改革“在一定时期，较前代具有积极意义”，它“并非某个英明君主的救世之举，而是生产力对生产关系的调整”②。宓汝成分析了太平天国的财政收入问题，指出其初期和中期“不自觉地执行了正确的阶级路线……打击封建剥削阶级，因而赢得以农民为主的劳动人民的坚决支持”，但在后期“表现出了日益损害以农民为主的人民的利益，而对封建剥削阶级却有从打击而转向依靠的迹象”，这可谓“他们作为封建社会的农民代表无法摆脱历史的、阶级的局限的必然结果”③。有关清代货币问题的研究，这一时期极为寥落，仅有彭泽益对清代铸钱业进行了一定探讨。他指出，清初铸钱“不仅是维持币制的手段，同时又是增加财政收入的手段”，后来则“主要是迫于维持钱法的必要”。至于官局铸钱工业，则因其“封建官府的所有制形式”决定了“铸钱局厂的经营方式和生产关系的封建性的特点”④。

在赋役问题上，李华率先对清初顺康雍时期的赋役制度改革做出了较为积极的评价，尤其指出“摊丁入亩”的实行“在中国封建社会赋税制度史上是一项重要的改革”，这说明“到了封建社会末期，劳动人民徭役的减轻，与封建国家之间人身隶属关系有了一定的松弛”⑤。郭松义也同意“摊丁入地”的积极作用，认为“这种在全国范围内赋役制度的相对统一，不仅有利于封建国家财政法令的贯彻，而且对于促进各地社会经济的发展也是起作用的”。但是清政府“把许多本来与田地无关的课税，也并入田赋”，则说明“从赋税征收上，仍然没有突破土地作

① 彭雨新. 清初的垦荒与财政（一、二）. 武汉大学学报（哲学社会科学版），1978（6）：34-47；1979（1）：69-80.

② 陈东林. 试论雍正“提耗羡、设养廉”的财政改革. 史学集刊，1984（4）：34-41.

③ 宓汝成. 太平天国的财政收入及其得失. 近代史研究，1983（2）：204-223.

④ 彭泽益. 清代宝泉宝源局与铸钱工业//中国社会科学院经济研究所. 中国社会科学院经济研究所集刊：第5辑. 北京：中国社会科学出版社，1983：179-204.

⑤ 李华. 清代前期赋役制度的改革——从“盛世滋生人丁永不加赋”到“摊丁入亩”. 清史论丛：第1辑，1979：100-109.

为基本的对象"[①]。史志宏根据获鹿县审册的内容，论述了"摊丁入地"改革在直隶地区的实施情况，指出这一改革"从丁、地并征的二元税制到单一的土地税制，是适合了封建后期土地关系变化的现实的，在客观上对减轻无地少地农民的负担有积极意义"[②]。关嘉录等根据《黑图档》资料，揭示了康熙时期盛京皇庄具有"纳粮、交银、服役等繁杂的赋役集于一时，实物租、货币租和超经济剥削同存一处"的特征，表明该处"既打着早期封建农奴制的烙印，又染上了晚期封建社会的色彩，与满族社会的发展是同步的"[③]。吴建雍则对以往很少被注意的清代榷关体制进行了研究，指出在这种商税制度下，清王朝"把很大一部分商业利润变成了封建政府的国帑"，"使得清代的商业资本无法独立积累，更不能向制造业资本转化"[④]。

关于清代经济政策和经济开发的研究，是在封建经济论主导下的第五大研究主题。在经济政策方面，郭蕴静率先对清初恢复社会经济的措施给出了正面评价，指出清初统治者抓住了"与民休息"和发展农业生产这两个关键，采取了行之有效的措施，使"濒临绝境的社会经济复苏过来，并有了发展"[⑤]。郭松义考察了清初顺治、康熙时期的垦荒政策及成效，认为到康熙后期，"清代的田土数额，已经达到甚至超过了明代万历初年的水平"。不过他又认为，这种垦荒政策"一方面是广大贫苦农民不断地被强制到封建剥削的轨道"，另一方面也造成"地主阶级疯狂地兼并、掠夺土地，扩大其所剥削的财富"的后果[⑥]。萧国亮认为，康熙帝采取了"一系列顺应历史潮流的经济政策"，"发展生产，繁荣经济，巩固了政权，为建立一个幅员辽阔、多民族的封建国家奠定了物质基础"[⑦]。杨余练探讨了清初康熙、雍正时期实行禁矿政策的原因，认为"片面强调农业，鄙薄并抑制工商业的发展，这是我国长期封建社

---

① 郭松义. 论"摊丁入地". 清史论丛：第3辑，1982：1-60.

② 史志宏. 从获鹿县审册看清代前期土地集中和摊丁入地改革. 河北大学学报（哲学社会科学版），1984（1）：138-147.

③ 关嘉录，魏鉴勋. 从《黑图档》看康熙朝盛京皇庄的赋役制度. 中国史研究，1984（2）：93-101.

④ 吴建雍. 清前期榷关及其管理制度. 中国史研究，1984（1）：85-97.

⑤ 郭蕴静. 清初"与民休息"和发展农业生产的措施. 文稿与资料，1980（5）：27-33.

⑥ 郭松义. 清初封建国家垦荒政策分析. 清史论丛：第2辑，1980：111-138.

⑦ 萧国亮. 论康熙的经济政策. 社会科学，1981（6）：53-57.

会中的传统国策，正是康熙帝决意禁矿的主要论据，也是雍正帝坚持禁矿并用以对付主张开放矿禁派的主要理论武器”①。韦庆远等更加全面地考察了清代前期矿业政策的曲折演变情形，认为“矿业是封建社会各个时期社会经济整体的组成部分，矿业生产的发展、停滞抑或衰败，必然和总的经济政治情况分不开”，而“清代前期从康熙中叶到乾隆初期历时六十余年有关矿业政策的争论，说明当时的社会经济在得到恢复和迅速发展过程中，矿业所处的地位日益重要”②。

在边疆地区经济开发问题上，学界对清代封建经济的发展大多给出了较为正面的评价。在开发台湾方面，朱诚如率先指出，康熙年间台湾能够得到迅速开发的一个主要原因，就是“封建制的生产方式在台湾刚刚走过几十年的历程，还没有成为生产力发展的严重桎梏，因此封建经济还有发展的余地”③。颜章炮也把台湾垦田的成绩归于“封建生产关系”，认为其“对台湾的生产力水平来说”是先进的，并且“当时的租佃关系刺激了佃丁垦僻的积极性”④。杨国桢认为，康熙统一台湾之后，到雍正年间，“台湾作为一个新兴的农业区域已经基本形成”，这“可以说是中国经济史上一个局部地区出现的飞跃现象”，而造成这一现象的主要原因，则是“明清封建生产关系中具有某种活力的部分”⑤。鞠殿义考察了清代吉林等地农业开发的情况，指出该地区在清初的农业生产仅限于吉林乌拉、伯都讷的旗地官庄，“就经济形态而言，乃是一种农奴制生产关系”，“严重阻碍生产力发展”，由于流民的反封禁斗争，“新的租佃关系出现了”，“过去农奴主和农奴的生产关系就被新的地主和农民的生产关系代替了”⑥。张羽新论述了清朝统一新疆后实施的经济措施，认为这些措施“使广大劳动人民由农奴逐渐转变为人身较为自由的农（牧）民，使新疆跨进到与内地一样的封建制度，这对新疆地区来

① 杨余练．康雍时期矿业政策的演变．社会科学辑刊，1983（2）：128－132．

② 韦庆远，鲁素．清代前期矿业政策的演变．中国社会经济史研究，1983（3）：1－17，（4）：5－28．

③ 朱诚如．康熙年间台湾的进一步开发．辽宁师院学报（哲学社会科学版），1979（4）：8－13．

④ 颜章炮．论康熙朝对台湾的农业政策和措施．台湾研究集刊，1983（2）：24－35．

⑤ 杨国桢．清初台湾农业区域的形成．台湾研究集刊，1983（2）：1－14．

⑥ 鞠殿义．清代流民在反封禁斗争中对吉林乌拉、伯都讷和长春等地的农业开发．社会科学战线，1980（2）：197－202．

说，是一种历史的进步”①。

封建经济论视角在晚清史领域中的应用，仍然集中在对太平天国的经济举措的争论上。这种争论的第一个焦点，是太平天国实行“照旧交粮纳税”或“着佃交粮”政策的性质究竟如何。孙应祥率先提出，太平天国的这个政策“和清朝的赋税征收办法是有本质上的区别的”，它虽然“存在一定的局限性，但决不能抹杀其反封建的革命性”②。其后，段本洛、梁义群、赵德馨和郭毅生等人也在各自发表的论文中，表示了与这种判断基本一致的立场③。而在另一个阵营中，蒋顺兴首先表示了不同意见。针对孙应祥的观点，他认为，这种政策的出现，是因为太平天国“无法摆脱封建社会给予的思想影响，难以认清封建制度的本质”，“最后又不得不沿袭旧的封建制度”④。王天奖也认为，太平天国的“着佃交粮”制并没有取消地租剥削，反而加重了农民的负担，造成了政治上的失大于得，甚至“逐步演变为新的封建政权”⑤。此外，这一时期关于《天朝田亩制度》的性质问题也继续存在着不同意见。如郭毅生认为，虽然“这个农民平均主义的方案饱蘸着浓厚的空想和时代条件带给它的落后色彩，但无可否认，反对封建地主所有制是《天朝田亩制度》的主流和本质”⑥。董楚平却明确提出，这一制度没有“彻底否定封建土地所有制”，“而是以一种封建制度代替另一种封建制度”⑦。研究太平天国的权威学者罗尔纲则采取了一种折中的看法，他在强调《天朝田

① 张羽新. 清朝统一新疆后恢复和发展经济的主要措施. 新疆社会科学，1983（1）：134-146.

② 孙应祥. 略谈太平天国的“照旧交粮纳税”. 南京大学学报（哲学社会科学版），1978（1）：90-92.

③ 段本洛. 关于李秀成在苏州推行的租税政策的性质问题. 历史教学，1979（7）：50-55. 梁义群. 关于太平天国辖区的土地关系问题. 历史教学，1980（2）：44-48. 赵德馨. 论太平天国的“着佃交粮”制. 中国社会科学，1981（2）：107-118. 郭毅生. 太平天国“着佃交粮”制考略. 近代史研究，1982（3）：125-142.

④ 蒋顺兴. 也谈太平天国的“照旧交粮纳税”. 扬州师院学报（社会科学版），1979（2）：53-58.

⑤ 王天奖. 析太平天国的“着佃交粮”制//太平天国学刊：第1辑. 北京：中华书局，1983：140-159.

⑥ 郭毅生.《天朝田亩制度》的经济背景及其性质——关于农民平均主义的评价问题. 历史研究，1981（3）：91-104.

⑦ 董楚平.《天朝田亩制度》性质问题再评价. 文史哲，1982（3）：20-27.

亩制度》旨在废除封建土地所有制的同时，也同意“照旧交粮纳税”政策实质上是对封建土地所有制的承认。但他又指出，这一政策是在《天朝田亩制度》颁布后才实行的应急措施，主要是为了“急救天京缺粮”，并未改变对农民的立场，也并不是退化为封建政权的标志①。

关于太平天国革命对于中国尤其是长江下游地区农村经济的影响，也频频出现封建经济论的身影。对此，1979 年便出现了一场争论。刘耀认为，太平天国革命“猛烈冲击了封建经济，动摇了封建剥削的根基”，特别是永佃制在长江中下游地区的发展和扩大，“标志着地主同佃户之间的租佃关系再维持原有的形式是不可能的了。这是地主阶级被迫向农民阶级所采取的让步措施”②。林增平则针锋相对地提出，“自耕农的增多和永佃制的扩大”，并“不是分离封建经济的因素，而恰好成为已经破裂了的封建经济的粘合剂”③。此后数年间，这两种立场都得到了一些支持和发挥。有些学者同意封建生产关系发生变化的看法，如蔡少卿认为，正是由于太平天国“沉重打击了封建势力，冲击了封建土地制度”，才“迫使江浙一带的地主、官僚、商人大批逃往上海等城市，转化为新式企业的投资者”④。李文治同意革命后永佃权扩大的看法，认为“地权基本趋向分散，农民所有制有所发展”，这“意味着封建租佃农民向自由农民的转化”，表明“土地关系的封建宗法因素趋向松懈”⑤。另外一些学者则表示，太平天国革命并未从根本上触动封建关系。如王天奖通过对浙江、江苏两省农业恢复情况的探讨，指出地主阶级在战后“又全面地恢复起地主阶级土地占有制和封建的剥削制度，使

① 罗尔纲. 再论《天朝田亩制度》. 历史研究，1984（1）：103-116.

② 刘耀. 从长江中下游地区农村经济变化看太平天国革命的历史作用. 历史研究，1979（6）：32-48.

③ 林增平. 太平天国革命推动中国资本主义发展的问题有待进一步探索. 历史研究，1979（10）：31-36.

④ 蔡少卿. 从《柳兆薰日记》看太平天国的土地政策和历史作用. 南京大学学报（哲学社会科学版），1980（3）：63-69.

⑤ 李文治. 论清代后期江浙皖三省原太平天国占领区土地关系的变化. 历史研究，1981（6）：81-96.

农业生产力依然在封建的生产关系的束缚下得不到发展”①。章有义等通过对战后各地地租情况的深入分析，指出“地租剥削率即地租剥削深度普遍增长”，而沉重的地租剥削“必然是农业生产持续低落，迟迟不能恢复”，也就导致“中国近代新式工业在其发生时期面对着的正是这样的封建土地剥削制度及其所制约的贫乏的农业生产力和市场条件”②。由上可见，与新中国成立后 17 年间的情况相同，这种争论的正反两方其实仍是以封建生产关系为思考基准的。因此，在 20 世纪 80 年代中期以后，类似的争论也就基本销声匿迹了。

第二节　资本主义萌芽论

关于“资本主义萌芽”的表述，《中国革命和中国共产党》一文中的说法虽然不是最早的，但无疑是最经典的：“中国封建社会内的商品经济的发展，已经孕育着资本主义的萌芽，如果没有外国资本主义的影响，中国也将缓慢地发展到资本主义社会”③。有关资本主义萌芽论对中国史学界产生的巨大影响，学界早已进行了非常系统的总结，此处无须赘述④。由于资本主义萌芽研究与经济史的内容有着极为广泛的牵连，自然在客观上对经济史研究具有促进作用。资本主义萌芽研究也为清代经济史研究带来了一个发展机会。基于清代经济史资料的丰富性，大批学者都致力于从清代挖掘证明中国资本主义萌芽的实证。令人遗憾

---

① 王天奖. 太平天国革命后浙江农业的恢复问题. 浙江学刊，1983（4）：68－72；太平天国革命后江苏农业生产的恢复问题. 南京大学学报（哲学社会科学版），1984（3）：107－114.

② 章有义，刘克祥. 太平天国失败后地租剥削问题初探//中国社会科学院经济研究所. 中国社会科学院经济研究所集刊：第 4 辑. 北京：中国社会科学出版社，1983：112－217.

③ 毛泽东. 中国革命和中国共产党//毛泽东选集：第 2 卷. 北京：人民出版社，1991：626.

④ 关于资本主义萌芽研究的总体状况，21 世纪以来出版的两部专著都进行了全面的总结：其一为赵晓华的《中国资本主义萌芽的学术研究与论争》（南昌：百花洲文艺出版社，2004），其二为何晓明的《世界眼光与本土特色——中国资本主义萌芽研究》（开封：河南大学出版社，2010）。

的是，由于新中国成立初期的资本主义萌芽研究与当时的政治局面有着十分密切的关联，这也导致学术研究过程中出现了不正常的批判现象。但总的看来，资本主义萌芽研究系谱中的清代经济史研究，可以说是20世纪80年代以前清史研究在学界最受重视的一个领域，其时的学术积累对于后来清代经济史研究的发展也具有十分重要的作用。

（一）新中国成立后17年间的研究状况

相对于封建经济论和半殖民地半封建经济论来说，资本主义萌芽论在清代经济史研究领域中出现得虽然要晚一些，却是后来居上，在相当一段时间里都处于研究热点的位置。按照公认看法，邓拓于1955年1月9日在《人民日报》上发表的《论〈红楼梦〉的社会背景和历史意义》一文，是资本主义萌芽研究在新中国成立后形成热潮的起点。而在这篇文章中，邓拓用来证明资本主义萌芽的经济基础的实证内容，就来自清代经济史。他明确指出，18世纪上半期，中国“处在封建社会开始分解、从封建经济体系内部生长起来的资本主义经济因素正在萌芽的时期”。继而依靠农产品商品化的程度、城市和工商业的发达等方面的史实，对这种“新的生产力和生产关系的萌芽”进行了证明①。

邓拓的这篇文章发表后，立刻在社会上引发了极大的反响。在清代经济史研究范围方面便涌现了一大批成果。其中，首先成为焦点的问题是学界对清代资本主义萌芽的发展水平持有两种不同看法。第一种看法认为这种发展水平达到了较高的程度。如翦伯赞通过论述18世纪上半期社会经济的主要变化内容，指出这时“中国的封建社会已经发展到烂熟的程度，并且在它的内部孕育着从明朝中叶以来就已经萌芽的资本主义的因素”，这种因素“在一定的程度上和一定的范围内对当时的封建经济起了一定的分解作用”②。另一位明确表达这种立场的学者是尚钺，他在1955年连续发表了两篇长文，对这种发展水平的评估做出了最为详尽的阐述。他认为，“明末三五十年间，中国封建社会已在开始起着本质的变化”，已出现“资本主义生产因素的萌芽”，尽管“中国最腐朽

---

① 邓拓. 论《红楼梦》的社会背景和历史意义. 人民日报，1955-01-09（3）.

② 翦伯赞. 论十八世纪上半期中国社会经济的性质——兼论红楼梦中所反映的社会经济情况. 北京大学学报，1955（2）：79-124. 按：在这一时期的文章标题中，有些对《红楼梦》一书加了书名号，有些则未加，本书则一仍发表时原貌。后面对此不再说明。

的封建势力帮助满洲对中国的征服及统治，至少也使中国社会发展延缓了一百二十余年”，但是“明末社会已经尖锐地提出的生产关系不适合生产力的矛盾，在乾隆时代又重新且更尖锐地提到中国社会面前了”①。还有一位属于这一阵营的学者张维华，基于对手工业和商业资本的考察，认为从晚明到清前期这段历史，“由于资本主义因素的出现和发展，虽则是很迟缓的，却是逐渐的瓦解着早已发展到成熟阶段的封建主义，使之必然的由衰落而走向死亡”②。

与上述立场相对的另一种看法，则认为清代资本主义萌芽的发展还处在非常微弱的状态。吴大琨在第一篇文章中指出，清代虽然有一些属于私人所有的“手工制造业”，“至多只能在某些特殊的地区得到一些发展，在这意义上可以作为‘萌芽’存在，但却决未曾成为‘大树’。所以若说在乾隆朝中国就已经有了可以动摇整个封建社会经济基础的‘资本主义萌芽’是不合乎历史事实的”。他继而在同年发表的另一篇文章中针对尚钺的看法提出商榷，认为尚钺把“一切为封建制度服务的工商业的发展都看成了是‘资本主义因素’的增长”，从而“是把中国当时的‘资本主义生产的萌芽’作了过高的估计的”③。傅筑夫等也认为，明清时期“小农业和小手工业相结合的经济结构仍极巩固，成为商品经济普遍发展的严重障碍”，因此，“明清之际，中国封建社会内的资本主义因素虽已萌芽和发展，而发展到资本主义社会所必需的历史条件尚未具备”④。另外，孔经纬虽然承认“随着康熙前后社会经济的兴旺发展，资本主义萌芽便在一些地区又开始复兴起来”，但又强调“资本主义工场手工业之在全社会普遍成长并构成一个特定的历史阶段，只有与资本的‘原始积累’相伴随才有可能”，而“中国就是在鸦片战争以后也没

① 尚钺. 中国资本主义生产因素的萌芽及其增长. 历史研究，1955（3）：85－134；清代前期中国社会之停滞、变化和发展. 教学与研究，1955（6）：28－42；（7）：29－37. 这两篇长文，也是尚钺所著《中国资本主义关系发生及演变的初步研究》（北京：生活·读书·新知三联书店，1956）的主要内容。

② 张维华. 红楼梦写作的历史背景. 文史哲，1955（1）：11－12.

③ 吴大琨. 略论“红楼梦”的时代背景. 文史哲，1955（1）：13－15；关于“中国历史纲要”明清史部分几个经济问题的意见. 文史哲，1955（3）：32－35.

④ 南开大学政治经济学教研室. 中国封建社会内资本主义因素的萌芽. 新建设，1955（10/11）：32－51. 该文作者实际为傅筑夫和李竞能。

有经历过什么特有的‘原始积累’时期”①。

在上述论争之外，还有一些学者致力于尝试从具体经济现象中论证清代资本主义萌芽的发展情形。钱宏对鸦片战争前江南丝织业和棉纺织业、景德镇制瓷业、佛山镇铁器业和陕西汉中一带的冶铁业、木材业和造纸业进行了考察，分析了其中资本主义萌芽的发展面貌，最后提出“中国的封建主义是从各方面阻挠资本主义萌芽的成长的”，所以“中国资本主义萌芽的发展就显得特别曲折，直到鸦片战争以前，它始终没有发展成为足以破坏封建制度、建立资本主义制度的独立力量”②。郭毅生则根据对太平天国战前商品货币经济发展情况的爬梳，认为“清初被破坏了的生产力，到十八世纪中叶以后，不仅有了恢复而且进一步往前发展，资本主义的萌芽……已经出现了”③。杨超从马克思、列宁著作中的相关论述出发，致力于从明清时期江南纺织业中辨识资本主义性质的手工工场，认为可以确认其间出现了从生产者变成商人或资本家、商人直接支配生产的道路④。

在1955年热潮的激荡下，学界在接下来的两年中对清代资本主义萌芽发展问题进行了更为广泛的探讨。大体上，第一组文章是继续围绕发展水平的认识问题展开的讨论。李之勤首先针对吴大琨的看法提出商榷，从清代手工制造业内“资本主义手工工场的规模、场内分工、商品销售和原料供应市场以及它们在各个行业、各个地区中分布的大体情况”出发，认为当时工场手工业的发展程度并非如吴大琨所估计的那样“差不多只能在某些特殊的地区得到一些发展”，而是“在全国各地中相当普遍的存在的”⑤。陈湛若也对吴大琨进行了反驳，认为“乾嘉时代在我国东南各省的大城市里，已经出现了‘资本主义因素’”，而“这些

① 孔经纬．中国封建社会中资本主义萌芽问题之研究．新史学通讯，1955（12）：3－7．

② 钱宏．鸦片战争以前中国若干手工业部门中的资本主义萌芽//中国科学院历史研究所第三所集刊：第2集．北京：科学出版社，1955：75－98．

③ 郭毅生．太平天国前夕商品货币经济的发展．历史教学，1955（7）：47－52．

④ 杨超．明清纺织业中资本主义手工工场的两种发生过程．光明日报，1955－12－08（3）．

⑤ 李之勤．关于中国清初资本主义生产萌芽的发展水平问题——和吴大琨同志商榷．教学与研究，1956（2）：31－39．

变化都足以说明中国封建社会已面临‘山雨欲来风满楼’的崩溃前夕”①。针对李之勤和陈湛若的批评，吴大琨在回应中指出，如果“离开了当时中国的具体经济条件而研究中国封建社会末期的商品生产发展问题，是很容易把封建的商品生产与资本主义的商品生产混为一谈，因此夸大了资本主义萌芽的力量的”②。吴海若也不赞同过高评价资本主义萌芽的看法，认为在鸦片战争前，“这样一点微弱的资本主义成分，当然还不能改变整个社会经济结构的封建性质”③。黎澍也明确表示，“在中国封建社会内的商品经济中孕育着的还只是资本主义的萌芽，它的发展是缓慢的”，“如果说，这个发展甚至在明朝和清朝就是很快的，并且在上层建筑的许多部分如此灵敏地反映出来，如果像有几个历史家所说的一样，那就未免言之过甚，连近代史的许多问题都要因此而成为难于说明的了”④。

第二组文章的主要探讨方向在于商业资本的发展与资本主义萌芽的关系上。这方面的典型研究来自傅衣凌。他在1956年出版的《明清时代商人及商业资本》一书中，通过对各地商业活动资料的详细梳理，认为“明清时代商人与商业资本的发展……无论如何是建立在商品交换的基础之上，总是孕育着封建制度的对立物的一种力量。尽管中国商人和封建官府有着密切的联系，然而对于当时处于正在解体过程中的中国封建社会，无疑地起了瓦解的作用”⑤。李景林等探讨了鸦片战争前苏州、松江一带棉纺织业中商业资本的发展情况，认为当时商业资本的活动以及它和小生产者的关系，“在事实上就已经达到了包买主的阶段”，但在“鸦片战争前，却还没有发现小生产者显著分化的事实……在棉纺织业生产本身还没有发现商业资本向产业资本转移的事实”⑥。李之勤同样

① 陈湛若. 略论“红楼梦”社会背景——评吴大琨先生的几个论点. 文史哲，1956（4）：32－44.

② 吴大琨. 关于“略论红楼梦的社会背景”及其它——答陈湛若先生. 文史哲，1956（4）：45－47；关于中国清初资本主义生产萌芽发展水平问题——答李之勤同志，兼评尚钺同志的几个论点. 教学与研究，1956（5）：36－39.

③ 吴海若. 中国资本主义生产的萌芽. 经济研究，1956（4）：93－128.

④ 黎澍. 关于中国资本主义萌芽问题的考察. 历史研究，1956（4）：1－25.

⑤ 傅衣凌. 明清时代商人及商业资本. 北京：人民出版社，1956：41.

⑥ 李景林，刘耀. 对鸦片战争前苏、松地区棉纺织业中商业资本和资本主义萌芽问题的探讨. 史学集刊，1956（2）：35－47.

基于对明清时期商业资本活动的考察，却认为“商业资本不仅在促进商品生产的发展、促使小商品生产者的分化、货币财富的集中、自由劳动者的出现和国内市场的形成等方面，给资本主义萌芽的出现创造了有利的条件”①。

第三组文章则把寻找资本主义萌芽的视野扩大到更广阔的范围。因评述《红楼梦》的社会背景而引发资本主义萌芽问题讨论的邓拓，不满足于学界通常把目光集中在江南地区的做法，所以把目光转向了北京郊区的煤矿业，以论证“中国北方地区资本主义因素萌芽发生的具体过程和它的特征”。根据对清代京郊煤矿业的考察，他认为“清初到乾隆发展的年间的资本主义萌芽，比明朝万历到明末有进一步的发展”，但是，“这些资本主义因素的成长还不足以根本打破封建主义的关系，还不足以引起社会经济制度的根本变革。这就是说，从清朝嘉庆初年到鸦片战争的期间，中国资本主义因素仍然没有顺利地成长起来，没有达到成熟的程度”②。王明伦在鸦片战争前的云南铜矿业中发现，其中“一方面有相当数量的资本家，他们占有生产资料，另一方面有众多的一无所有的劳动者，他们的劳动力作为商品出现在市场上，资本家能够购买它并在生产过程中剥削它。那末，我们可以肯定地说：云南铜矿业中存在着资本主义萌芽”③。李蔚则在论述乾嘉之际白莲教起义原因时发现，乾嘉年间南巴老林地区出现的手工工场，“在商业性农业发展的前提下，不但出现了资本主义萌芽，而且这种萌芽得到了比较顺利的长足的发展”④。李华进一步认为，清代资本主义萌芽的发展较明代“地区更广，行业更多”，“在全国很多省份、很多地方、很多行业之内，都出现了规模宏大、分工细致、工匠众多，从事于雇佣劳动商品生产带有资本主义性质的手工工场”，从而引起了阶级关系的变化即新兴市民阶级的

---

① 李之勤．论明末清初商业资本对资本主义萌芽的发生和发展的积极作用．西北大学学报（人文科学），1957（1）：33－62.

② 邓拓．从万历到乾隆——关于中国资本主义萌芽时期的一个论证．历史研究，1956（10）：1－31.

③ 王明伦．鸦片战争前云南铜矿业中的资本主义萌芽．历史研究，1956（3）：39－46.

④ 李蔚．清乾嘉年间南巴老林地区的经济研究．兰州大学学报（人文科学），1957（1）：109－151.

形成①。

然而，进入1958年，探讨资本主义萌芽问题的气氛开始出现变化，其标志就是针对尚钺、傅衣凌而展开的学术批判活动。1957年，尚钺为中国人民大学中国历史教研室编的论文集《明清社会经济形态的研究》写了一篇序言。他在说明该书的主要目的是“对于中国资本主义生产因素萌芽及其增长时期的中国社会性质进行初步探讨”后，进而指出，“关于明清两代社会性质的讨论，是中国历史上的一个大问题。这个问题的解决……将影响到中国近代史究竟以什么时期作为起点的问题。因为，不拘从社会经济的发展上，或从上层建筑的意识形态发展线索上……以一八四〇年外国资本主义侵入的时间划一个分界线，都是不很妥当的，而且有着斩断历史发展线索的毛病”②。刘大年立即在1958年第1期《历史研究》上发表文章，对尚钺的这种认识进行了猛烈批判。他指出，尚钺“是要极力夸张明末清初中国社会生产中的资本主义关系或资本主义萌芽，把中国资本主义的历史大大提前，改变明清之际的社会性质”，并因此“要否定鸦片战争是近代中国历史的开始”。进而认为，尚钺的“这种主张不仅几乎涉及中国近代历史上的所有的重要问题，而且还是反映出来了近来某些研究者的一种思想倾向。……不要等闲视之”③。这种上纲上线的批判，很快引发了对尚钺的大规模围攻之势。至于其中学术成分的讨论，则是少之又少了④。

在关于资本主义萌芽的认识问题上，将傅衣凌作为批判对象是从1959年开始的。胡嘉认为傅衣凌出版的两部论文集——《明清时代商人及商业资本》和《明代江南市民经济试探》——“对于社会经济发生变化的原因，对于商业资本和高利贷资本在封建社会里所起的作用，以及对于雇佣劳动和原始积累的理解……都有似是而非的、不正确的观点”。最后则指出，“傅先生对待史料并不能以历史唯物主义的态度，根

① 李华．试论清代前期的市民斗争．文史哲，1957（10）：54－62．

② 尚钺．《明清社会经济形态的研究》序言//中国人民大学中国历史教研室．明清社会经济形态的研究．上海：上海人民出版社，1957：1－5．

③ 刘大年．关于尚钺同志为“明清社会经济形态的研究”一书所写的序言．历史研究，1958（1）：1－16．

④ 关于对尚钺的大批判情况，何晓明有较为详细的论述（世界眼光与本土特色——中国资本主义萌芽研究．开封：河南大学出版社，2010：102－112）。

据丰富的史料作切实的、具体的分析，得出科学的结论”①。1960 年，学界连续发表了数篇批判傅衣凌的文章。其中也出现过大批判的苗头，如顾海指出，傅衣凌“一再地把明清时代的简单再生产夸大为资本主义商品生产，把封建社会中的一些行会手工业当作了资本主义手工工场”，其背后“实质上仍旧原封不动地暴露出傅衣凌先生的资产阶级立场和方法”②。不过，厦门大学内部展开的批判还比较克制，基本上限制在了学术观点讨论的范围之内③。

当然，上述批判活动并不意味着对资本主义萌芽研究的根本否定。况且，无论是尚钺还是傅衣凌，都还可以继续发表自己的看法。因此，从 1958 年到 1965 年，关于清代资本主义萌芽的研究依然为数可观。在这一时期的研究中，有些学者开始意识到需要从资本主义萌芽的方法论问题出发，对清代资本主义萌芽的发展形态进行审视。如谢赓提出，“资本主义萌芽”概念的正确含义是，“当封建社会开始解体的时候，一些产业内部资本主义生产关系开始确立，封建主义因素即采取残余的形式逐渐归于消失的一种突变”，因此，产业资本的出现“是资本主义萌芽的必要的和足够的标志”。他据此认为，尚钺、钱宏等人的研究夸大了资本主义萌芽的发展水平④。从翰香也试图解答鸦片战争前的资本主义生产关系“究竟处于何种状态”的问题，最终认为“中国封建社会内存在的资本主义关系的实际情况，比某些论者所泛泛了解的要低得多，少得多”⑤。

另外一些学者则把方法论上的注意力放在对雇佣劳动关系的探讨上。如欧阳凡修以明清时期雇工的法律地位为中心，来讨论如何判断“雇”和“佣”的性质问题。他在一篇文章中指出，明清法典中所说的

---

① 胡嘉．评傅衣凌著明清时代社会经济史研究论文集两种．历史研究，1959（3）：73－80．

② 顾海．评傅衣凌先生在“明清时代商人和商业资本”一书中对商品生产和雇佣劳动研究上的若干错误观点．中国经济问题，1960（4）：47－52．

③ 韩国磐．对傅衣凌先生明中叶以来资本主义萌芽研究中国国内市场问题的商榷．厦门大学学报（社会科学），1960（2）：96－103．厦门大学历史系．关于明清社会经济问题的讨论．光明日报，1960－05－26（3）．

④ 谢赓．论资本主义萌芽的概念与标志．新建设，1962（9）：1－13．

⑤ 从翰香．中国封建社会内资本主义萌芽诸问题．历史研究，1963（6）：19－64．

“雇工人”，“和资本主义的雇佣关系没有什么相同之处”①。在另一篇讨论明清时期农业雇工法律身份的演变过程的文章中，他又提出，“判断雇佣劳动的性质是一个十分复杂的问题”，而“雇主雇工之间订立契约并不一定表明这种关系就是资本主义关系”②。刘永成在对欧阳凡修的一些看法加以修正的同时，也承认“在清代农业生产中，商品性农业的增长和部分地使用‘自由’的雇佣劳动还不应该看作是资本主义关系萌芽的标志”③。此外，胡嘉在考察明清资本主义萌芽形态时也谨慎地指出，“雇佣劳动是研究资本主义萌芽的关键问题。明中叶以后的雇佣劳动，虽然必需的历史前提尚没有完全成熟，但是雇佣劳动在量和质的方面已经起了变化”④。

与上述学者的谨慎态度相比，更多学者还是热心地投入了从各方面寻找资本主义萌芽的研究工作。尤其是作为清代前期经济最发达城市的苏州，为这种寻找工作提供了最为有利的处所。例如，李华就直截了当地声称，苏州是“明清以来工商业最发展和资本主义萌芽的城市”⑤。其中，纺织业及其相关部门又成为最受重视的领域。彭雨新先是通过对苏松地区丝绵手工业生产的探查，认为在苏州地区的丝织业生产中，“必须肯定这里的资本主义萌芽早已发生并有了一定程度的滋长”；随后又发现，清代前期苏州的踹布业也是“一种既具有微弱的资本主义因素又带有浓厚的封建主义色彩的手工业”⑥。杜黎也对苏松地区的棉布染踹业进行了分析，指出其中的生产关系“是资本主义性质的，它正处于资本主义生产方式发展的初期阶段，具有资本主义工场手工业的各项基本特征。它是萌芽于封建社会内部却与封建经济相对立的一种新生的生

---

① 欧阳凡修. 明清两代“雇工人”的法律地位问题. 新建设，1961（4）：31－39.

② 欧阳凡修. 明清两代农业雇工法律上人身隶属关系的解放. 经济研究，1961（6）：49－73.

③ 刘永成. 论清代雇佣劳动——兼与欧阳凡修同志商榷. 历史研究，1962（4）：104－128.

④ 胡嘉. 论明清时期资本主义萌芽形态. 安徽大学学报，1962（1）：35－56.

⑤ 李华. 从徐扬“盛世滋生图”看清代前期苏州工商业的发展. 文物，1960（1）：13－17.

⑥ 彭雨新. 从清代前期苏松地区丝棉手工业的生产来看资本主义萌芽. 武汉大学人文科学学报，1959（8）：25－40；从清代前期苏州的踹布业看资本主义萌芽. 理论战线，1959（12）：44－50.

产关系”①。随后，他又考察了当地棉纺织业生产中商品经济的发展状况，认为“不仅棉纺织业生产已被卷入商品流通范围之内，连农业生产也变成商品生产”，并且，“由于商品经济的发展，社会分工的日益扩大和发展，专业的工商业市镇的大批形成和涌现，农业人口的不断减少和工商业人口的不断增加，都在极大程度上瓦解着自然经济，把资本主义经济结构的要素游离出来，为资本主义生产关系的产生，创造了必要的历史前提”②。

另外值得一提的是，还有些学者从文献考据的角度出发，探讨了明清时期苏州手工业的资本主义萌芽问题。这方面的代表性学者是刘永成。他通过对乾隆年间苏州城内外 36 家纸坊共立的一块章程碑文的分析，认为当时的造纸手工业部门在生产关系上“已经是一种雇佣关系，而不仅仅是中世纪行会的个体生产的师徒关系”③。其后，他又考订了顺治初年所立“织造经制记”碑的碑文，指出其中的内容表明“当时官手工业在经营方式上的一个重要变化”。也就是说，“当时被雇募的工匠既不能公开拒绝封建官府的雇募，又已经不完全处于人身隶属的地位，这难道不是一种新的雇佣关系的萌芽吗?”④ 接下来，他又根据对清代苏州蜡烛业、金箔业、造纸业等行会组织的碑文的解读，认为这些碑文“有力地说明了行会的存在并不排斥资本主义因素的产生”⑤。在上述研究的基础上，刘永成在一篇总论苏州手工业行会的论文中总结道，“在清代苏州的手工业生产中，资本主义萌芽的工场手工业是完全能够在行会的时期与行会相并发展的。而资本主义因素的存在和发展，则是促使行会崩溃的重要条件”⑥。

另外一些研究者则把发掘范围扩大到江南地区更多的行业中。如黄冕堂探讨了清代前期苏南与浙北地区的农业经济发展状况，认为其中出

---

① 杜黎. 关于鸦片战争前苏松地区棉布染踹业的生产关系. 学术月刊，1962 (12)：1-8.

② 杜黎. 鸦片战争前苏松地区棉纺织业生产中商品经济的发展. 学术月刊，1963 (3)：13-20.

③ 刘永成. 乾隆苏州长吴三县“议定纸坊条议章程碑”. 历史研究，1958 (2)：85-90.

④ 刘永成. 对苏州“织造经制记”碑文的看法. 历史研究，1958 (4)：87-93.

⑤ 刘永成. 解释几个有关行会的碑文. 历史研究，1958 (9)：63-70.

⑥ 刘永成. 试论清代苏州手工业行会. 历史研究，1959 (11)：21-46.

现的变化，特别是“个体农民的解体和阶级分化是农业经济乃至整个封建经济发展、变化与资本主义萌芽的根本关键与出发点”①。杜黎通过考察上海航运业的发展，称“鸦片战争前聚集在上海的商船主，更恰切地说，应该是资本主义萌芽中产业资本的代表”②。傅衣凌对明清时期江南市镇进行了总体分析，认为“这些市镇之中已具有资本主义生产的初步萌芽”，但“尚未能突破宗法的、封建的羁绊而独立前进”③。

更有一些研究者把目光放在全国范围内来寻找资本主义萌芽。如陈野的考察对象是徽州地区的商业资本，认为其运营情况“有力地提供了明清时代商业资本对瓦解自然经济，和推动商品生产向资本主义性的经济过渡中所起的巨大作用的论据”④。陈学文的发掘地点是佛山镇，指出其中冶铁业“生产规模的扩大，技术分工的细密，和雇佣劳动关系的出现，这就表明已进入了资本主义性的作坊和工场手工业时期”⑤。景甦和罗仑探究了清代山东各地农业雇佣关系的发展程度问题，认为“和租佃地主经济体比较起来”，“清代经营地主经济体已经是开始向资本主义制过渡的经济体了”⑥。张煜荣则认为，从清代前期云南矿冶业的产品销售、生产关系和生产组织来看，其中“孕育着若干资本主义的因素”⑦。伍丹戈在《鸦片战争前中国社会经济的变化》一书中，概括了全国范围内资本主义萌芽的发掘情况，认为“清代在手工业生产上更重要的一个发展，是以雇佣劳动进行生产的手工作坊不但在行业上比以前更多，而且雇佣关系也更加普遍”。并由此断定，“资本主义的生产方式，毕竟已在若干行业中初步成长起来了”⑧。

---

① 黄冕堂. 论清代前期的苏州、松江、嘉兴、湖州、江宁五府的农业经济发展与资本主义萌芽. 山东大学学报（历史版），1963（1）：40－67.

② 杜黎. 鸦片战争前上海航运业的发展. 学术月刊，1964（4）：48－54.

③ 傅衣凌. 明清时代江南市镇经济的分析. 历史教学，1964（5）：9－13.

④ 陈野. 论徽州商业资本的形成及其特色——试以徽州一地为例来论证明清时代商业资本的作用问题. 安徽史学通讯，1958（5）：32－42.

⑤ 陈学文. 明清时代佛山经济的初步研究. 理论与实践，1959（8）：40－44.

⑥ 景甦，罗仑. 清代山东经营地主底社会性质. 济南：山东人民出版社，1959：168－169.

⑦ 张煜荣. 关于清代前期云南矿冶业的资本主义萌芽问题——兼与黎澍、尚钺两同志商榷. 学术研究，1963（3）：37－44.

⑧ 伍丹戈. 鸦片战争前中国社会经济的变化. 上海：上海人民出版社，1959：45，48.

当然，这一时期也存在基本不认可资本主义萌芽的看法。陈守实就重新解读了通常被作为资本主义萌芽证据的、雍正时期出现在苏州的“永禁机匠叫歇碑记”，指出这种叫歇虽然是“机工对机户的一种群众性的反抗行动”，但“与资本主义的生产关系隔离得很远”①。彭泽益同样对清代前期苏州丝织业中的生产关系进行了剖析，却提出了否认资本主义萌芽的看法，认为“即使在中国封建社会内较发达的丝织生产部门，和江南丝织手工业中心之一的苏州地区”，丝织业组织的行会“依然执行着为适应封建制度的经济功能，对行会成员的生产劳动一直进行着干预和限制，在这里面就很难产生资本主义的生产关系”②。欧阳云钦勘察了另一个被屡屡用来证实资本主义萌芽的行业即四川井盐业的生产情况，认为翦伯赞、李之勤和伍丹戈等人“明显地夸大了四川井盐业的生产规模”，所以其“论断也是站不住的”③。朱宗宙则对明末清初太湖地区农业雇佣劳动的性质提出了彻底的怀疑，根据他的分析结果，当地短工“不具有自由雇佣劳动者的身份”，同时，“部分使用雇工的地主和富裕农民也不具有农业资本家的身份，那末，短工与雇主之间的关系也就不可能是资本主义的生产关系，而仍然是一种带有封建性质的雇佣关系”④。但总的说来，在当时的氛围下，这种声音是非常微弱的。

(二）改革开放初期的研究状况

当“资本主义萌芽”这一概念再次开始出现在学术性文章之中时，已到了“文化大革命”后期。与新中国成立初期开展资本主义萌芽研究有着强烈的政治背景不同，后来的事实证明，资本主义萌芽研究在这个时候的出现，应该说是回归正常学术研究的一个征兆。巧合的是，正如1955年资本主义萌芽的热潮是由《红楼梦》所引发的一样，这时资本主义萌芽的回归还是从《红楼梦》开始的。1974年，《南开大学学报》(哲学社会科学版）第4期上刊载了一篇题为《末世图景——红楼梦中封建制度的生产关系》的文章。文中特别提到，“《红楼梦》中关于资本

① 陈守实. 谈“永禁机匠叫歇碑记”. 复旦学报（社会科学版），1959（7）：5-8.

② 彭泽益. 鸦片战争前清代苏州丝织业生产关系的形成与性质. 经济研究，1963（10）：63-73.

③ 欧阳云钦. 清代前期四川井盐业的生产规模问题. 光明日报，1964-04-27（4）.

④ 朱宗宙. 明末清初太湖地区的农业雇佣劳动——读书笔记. 南京大学学报（人文科学版），1965（2）：190-201.

主义萌芽问题，农业方面有所涉及，工业方面涉及的极少”①。于是，在 1978 年之前，连续出现了几篇以清代农业资本主义萌芽为主题的论文。如黎民在 1975 年介绍了乾隆朝刑科题本中关于农村雇佣关系的记载，并称其“具体地表现了……资本主义萌芽在农业方面的产生和发展”②。傅衣凌也在 1977 年的《历史研究》上发表文章，基于对江西省新城县一份烟草种植业史料的探讨，认为从 18 世纪前后烟草业来看，“不仅它的工业生产形态起了变化，也使烟草种植业的生产结构发生变化，出现有较为典型的农业资本主义生产关系的萌芽”③。而同年 11 月 10 日的《光明日报》还对傅衣凌的这篇文章专门进行了介绍④。这不仅预示了资本主义萌芽研究的复苏，也是农业资本主义萌芽得到学界重视的先声。

大体上，从 1978 年到 1985 年是资本主义萌芽研究的第二个高潮期。与新中国成立后 17 年的情况相比，这一时期的研究已不再带有明显的政治色彩。而清代资本主义萌芽研究在整个资本主义萌芽研究领域中，也占据了更为突出的地位。在这方面，刘永成在 1979 年讨论中国资本主义的历史前提时明确指出，从“社会分工和商品经济的发展状况，当做媒介的商业和商人资本的存在和发展，以及地租形态的发展变化”等三方面来看，“无论是将中国资本主义萌芽提早到何时，或者根本否定明清资本主义萌芽的存在，这些主张都是与历史实际不符的”⑤。吴承明也重新提出了准确把握资本主义萌芽的基本概念问题，认为“真正的资本主义萌芽，应具有延续性和导向性”，据此观察，只有明代后期出现的资本主义萌芽“延续到清代鸦片战争前，并有发展，看出明显的阶段性”⑥。彭泽益更加直截了当地认为，“清代前期手工业的发展，在提高社会生产力的基础上，还进一步发展了商品生产，促进了手工业

---

① 金严. 末世图景——红楼梦中封建制度的生产关系. 南开大学学报（哲学社会科学版），1974（4）. 转引自吉林大学图书馆. 评《红楼梦》报刊文章资料选编（续）. 吉林大学图书馆，1975：73－90.

② 黎民. 乾隆刑科题本中有关农业资本主义萌芽的材料. 文物，1975（9）：69－75.

③ 傅衣凌. 清代农业资本主义萌芽问题的一个探索——江西新城《大荒公禁栽烟约》一篇史料的分析. 历史研究，1977（5）：110－115.

④ 佚名. 对清代农业资本主义萌芽问题的探索. 光明日报，1977－11－10（3）.

⑤ 刘永成. 论中国资本主义萌芽的历史前提. 中国史研究，1979（2）：32－46.

⑥ 吴承明. 关于中国资本主义萌芽的几个问题. 文史哲，1981（5）：3－12.

生产关系的变革，为从封建社会里萌生出资本主义关系提供了前提条件"①。伍丹戈一方面承认"中国的资本主义生产因素……发展却很缓慢"，另一方面又强调"从长期趋势看，在鸦片战争以前，资本主义萌芽是应该有一定程度的进展的"②。

改革开放初期关于清代资本主义萌芽研究的第一大类主题，集中在其何以发展缓慢的问题上。于素云较早对这一问题表达了看法，认为"直到鸦片战争前夕，我国的资本主义萌芽仍未迅速发展起来"，其主要原因在于封建经济结构的坚固性、城市成为封建统治的堡垒和缺乏国外市场等三个方面③。方行通过深入剖析中国封建社会的经济结构，认为其"形成了中国封建经济从生产、流通到分配一系列独特的内部结构"，而"明清时期社会生产力发展的这种水平，又无力促使它分解，资本主义萌芽当然就难于发展"④。李洵提出，"十七世纪的四十年代是中国资本主义萌芽发展史的转折点，因为在此时之后，资本主义幼芽被它自己本身带来的不充分性和后来的打击、挫折、禁锢、歪曲等原因的影响，它的生长发育被延缓了"⑤。郑天挺则强调自然经济的限制，指出"鸦片战争前的清代，依然是自然经济的社会，商品经济虽有所发展，但在广大农村，家庭手工业与农业紧密结合，不依赖交换，排斥交换，处于自给自足的状态。个别地区和行业出现的资本主义萌芽，冲不破自然经济的束缚和阻挠，很难得到发展，自然经济成为社会停滞不前的一大障碍"⑥。黄逸平根据对农村生产关系、资本主义萌芽水平和商品化程度的分析，认为鸦片战争前夕，"中国封建社会经济虽有若干变化，但基本结构未发生根本性的变动。封建的土地所有制仍是社会的经济基础。商品经济的发展并未导致自然经济的解体，这也就限制了市场的进一步

① 彭泽益. 清代前期手工业的发展. 中国史研究，1981 (1)：43-95.

② 伍丹戈. 中国资本主义萌芽研究的若干问题//南京大学历史系明清史研究室. 中国资本主义萌芽问题论文集. 南京：江苏人民出版社，1983：18-30.

③ 于素云. 论中国资本主义萌芽发展的阻滞. 辽宁大学学报（哲学社会科学版），1980 (3)：45-48.

④ 方行. 中国封建社会的经济结构与资本主义萌芽. 历史研究，1981 (4)：126-138.

⑤ 李洵. 明清时期资本主义萌芽发展的阶段性及其特征. 东北师大学报（哲学社会科学版），1981 (6)：55-61.

⑥ 郑天挺. 鸦片战争前清代社会的自然经济与资本主义萌芽. 中国社会经济史研究，1982 (1)：4-6.

扩大。资本主义萌芽甚为微弱”①。吴承明把考察造成清代资本主义萌芽迟缓的重点放在国内市场问题上，认为清代前期国内市场虽然显著扩大，但是“这还是一种以粮食为基础，以布（以及盐）为主要对象的小生产者之间交换的市场结构……这就造成了市场的狭隘性和长距离贸易的局限性。这种市场的狭隘性和局限性，又是资本主义生产关系发展迟缓的原因之一”②。在另一篇文章中，吴承明又以清代棉纺织业的发展为中心比较了中外情况，并从生产结构和生产效率对资本主义萌芽的制约作用出发，解析了我国手工棉纺织业“长期停留在农民家庭手工业阶段”的主要原因③。徐新吾等则比较了中日两国棉纺织业在各自“开关”以前的发展情况，认为从纺织专业化分工程度和商人资本支配生产的情况来看，当时日本的资本主义萌芽已比中国发展的水平高④。这里值得一提的是，旅美学者王业键于 1983 年在《中国社会经济史研究》上发表的文章中，对于中国未能像英国一样在 19 世纪实现经济起飞的问题，他将国内学者从整个社会经济制度着眼而提出的明清资本主义萌芽论，与何炳棣从资本累积观点提出的“资本耗散说”、英国学者伊懋可从技术方面着眼而提出的“高水平均衡陷阱说”进行比较，指出了三种观点各自的长处与短处⑤。可以说，这也是国内学界的资本主义萌芽研究回归正常学术轨道的一个显著标志。

另外一组关注资本主义萌芽迟缓原因的论文，虽然主题不完全属于经济史领域，但是在内容上与经济关联甚多，故而也应加以论及。洪焕椿提出，明清时期中国封建主义经济结构之所以难以分解，是由于“国家权力通过各种法权形式，推行一整套方针政策，对经济基础产生了巨大的、在一定时期内甚至带有决定性的作用，从而使自给自足的封建经

① 黄逸平. 鸦片战争前夕中国社会经济所处的历史阶段. 学术月刊，1982（2）：12－20.

② 吴承明. 论清代前期我国国内市场. 历史研究，1983（1）：96－106.

③ 吴承明. 我国手工棉纺织业为什么长期停留在家庭手工业阶段?. 文史哲，1983（1）：26－33.

④ 徐新吾. 中国和日本棉纺织业资本主义萌芽的比较研究. 历史研究，1981（6）：69－80. 徐新吾，韦特孚. 中日两国缫丝手工业资本主义萌芽比较研究. 历史研究，1983（6）：135－147. 徐新吾关于中国棉纺织业发展水平的看法，在其专著《鸦片战争前中国棉纺织手工业的商品生产与资本主义萌芽问题》（南京：江苏人民出版社，1981）中有更系统的阐述。

⑤ 王业键. 明清经济发展并论资本主义萌芽问题. 中国社会经济史研究，1983（3）：30－39.

济，很难发展成为资本主义生产方式”①。晁中辰则强调了人口因素的制约作用，认为清代前期的人口激增造成“劳动者相对过剩，以至于严重地阻碍了技术的进步，从而阻碍了资本主义萌芽的成长”②。曹三明从法制史角度出发，指出“明清封建统治者为了巩固其统治地位，不顾经济向资本主义方向发展的要求，顽固地制定和推行种种封建法制，强制经济发展固守封建制度的轨道，使早已产生的资本主义萌芽受到严重摧残而难以生长”③。傅衣凌通过对明清时期两种不同的农民斗争类型的分析，提出由于“中国这种早熟而未成熟的封建社会处在又发展又停滞的状态中”，从而“影响到中国资本主义萌芽，使它在发展的道路上经常出现夭折和中断的现象，而处于长期缓慢发展的状态”④。许丽娟从比较明清时期中国与英、法等国专制政权的性质和作用的差异出发，认为明清政权“不是资本主义萌芽和发展时期的产物，所以它不可能为萌芽期的资本主义服务，而必须为封建主义服务”，而英法的君主专制政权“带有两重性，既可以为封建经济基础服务，也可以为资本主义萌芽服务，并在求得两种经济基础的平衡中发展自己”⑤。

相较于五六十年代，改革开放初期的资本主义萌芽研究出现的一大变化，便是注重从更加具体、更加多元的方面来论证资本主义萌芽的存在和发展情况。在这方面，第一个显著表现就是对农业资本主义萌芽的大力发掘，这也是前一个时期用力很少的领域。并且，清代农业由于内容具有极大丰富性，也就顺理成章地在这一研究领域中独占鳌头。杨生民基于对张履祥《补农书》中关于雇工进行生产的经济关系的分析，认为从中可以看出“雇工的剩余劳动的一部分已经采取了剩余价值的形式”，因此该书反映了明末清初“浙江嘉、湖地区农业方面已经出现了

---

① 洪焕椿. 明清封建专制政权对资本主义萌芽的阻碍. 历史研究，1981 (5)：97－109.

② 晁中辰. 清前期人口激增对资本主义萌芽的阻碍. 山东师大学报（哲学社会科学版），1982 (1)：24－30.

③ 曹三明. 明清封建法制对资本主义萌芽的摧残. 中国社会科学，1982 (2)：189－205.

④ 傅衣凌. 从农民斗争到资本主义萌芽看中国封建社会的弹性. 学术研究，1983 (2)：104－107.

⑤ 许丽娟. 明清时期中国与英法专制政权的差异及其对资本主义萌芽的不同作用. 学术研究，1984 (2)：64－72.

资本主义生产关系的萌芽”[①]。吴量恺主要依据乾隆朝刑科题本的资料，认为当时农业生产中出现了新型的劳动者即“可能的自由劳动者”，正是由于这类劳动者“能够和原始的富农经济、经营地主经济相结合”，所以“在农业经济中，才能出现资本主义性质的经济关系的萌芽”[②]。李文治深入分析了中国地主经济制和农业资本主义萌芽的相互关系，认为到明清时代，封建关系中的宗法关系、租佃及主雇间的封建依附关系，均趋于松解，因此，“明代中叶，首先在富裕农民的经营中打开了封建雇佣向自由雇佣过渡的缺口。清代前期，伴随庶民地主的发展，又在这类经营中出现了自由雇佣关系。由富裕农民到庶民类型经营地主的发展，表明了中国农业资本主义萌芽的发展过程和发展道路”[③]。刘永成也根据乾隆朝刑科题本显示的内容，提出到乾隆年间，南方和北方地区“都或先或后地出现了经营地主经济和佃富农经济”，而这类经济标志着“在农业生产领域里出现的一种新的经营方式，即带有资本主义萌芽性质的经营方式”[④]。柯建中通过对明清时期农业经济关系的变化的考察，确认当时“自给自足的自然经济的解体，为资本主义生产关系的萌芽提供了重要的历史前提”[⑤]。景甦也继续坚持自己 1950 年代的看法，强调“清前期在农业中发展为资本主义生产方式的历史前提已经有所发展。在新的形势下出现的经营地主，其生产关系带有资本主义性质是可能的，也是毫不奇怪的”[⑥]。在这一时期，也存在着从根本上怀疑清代农业中出现资本主义萌芽的意见。如尹进就明确提出，“在农村自然经济的汪洋大海中，在农村各种封建势力笼罩之下，即使偶尔有一点

① 杨生民. 从《补农书》看明末清初浙江嘉、湖地区的农业资本主义萌芽问题. 北京师院学报，1979（2）：57－67.

② 吴量恺. 清代乾隆时期农业经济关系的演变和发展. 清史论丛：第 1 辑，1979：5－36.

③ 李文治. 论中国地主经济制与农业资本主义萌芽. 中国社会科学，1981（1）：143－160. 李文治的这篇文章以及前述其他许多论文，后来都收入氏著《明清时代封建土地关系的松解》（北京：中国社会科学出版社，1993）中。

④ 刘永成. 乾隆刑科题本与清代前期农村社会经济研究. 历史档案，1981（2）：87－92.

⑤ 柯建中. 明清农业经济关系的变化与资本主义的萌芽. 社会科学研究，1981（6）：33－42.

⑥ 景甦. 论清前期农业中的资本主义萌芽问题. 山东大学学报（哲学社会科学版），1983（1）：102－110.

商业性农业和雇佣劳动出现，那在性质上也并不标志着资本主义生产方式‘使农业从属于自己’的条件已经形成。所以，即使从那时手工业和农业的相互联系上来看，明清时代农业中资本主义萌芽也还是没有产生”①。

除上面较为概括的论述之外，许多研究者还努力从更加具体的经验内容中发掘清代农业资本主义萌芽的存在。冯尔康探讨了清代中叶皖南地区富裕棚民的经营方式，认为其中“小量雇工与部分地为出卖而生产相结合，是农业中资本主义生产关系的始发点”，所以“从这个意义上讲，富裕棚民是资本主义租地人的先驱”②。刘永成针对学界关于清代前期雇佣劳动的性质的不同看法，从雇工人身依附关系的逐渐松弛化、区域性的农村劳动力市场的形成和农业劳动力具有商品的属性等方面出发，论证了“在一些地区的农业生产中，特别是在江南和东南沿海地区，已经出现了一种新型的雇佣关系。这种关系的出现……孕育着农业资本主义的萌芽”③。樊树志考察了明清时期租佃契约关系在土地所有权分割方面的演化，认为“原先统一的土地所有权分割为田底权和田面权所引起的农业经济的一系列变化，有助于突破传统的小农经济结构，有助于农业经济逐步商品化，并为具有资本主义萌芽色彩的土地经营提供前提条件”④。吴量恺则根据对清代前期农业雇工工价的考察，发现“在全国各地的区域性劳动力市场上，工价由千差万别的状况，逐渐趋向于比较接近”，进而推论这只能是在“商业性农业和手工业中的资本主义萌芽都有了一定程度的发展，农民的不断分化，雇佣劳动的广泛使用，区域性劳动力市场有了新发展的条件下才有可能出现”⑤。不过，

---

① 尹进. 关于中国农业中资本主义萌芽问题. 历史研究，1980 (2)：107－122；中国封建社会后期农业中已有资本主义萌芽吗？武汉大学学报（社会科学版），1981 (5)：76－91.

② 冯尔康. 试论清中叶皖南富裕棚民的经营方式. 南开大学学报（哲学社会科学版），1978 (2). 转引自冯尔康. 顾真斋文丛. 北京：中华书局，2003：173－183.

③ 刘永成. 论清代前期农业雇佣劳动的性质//中国人民大学清史研究所. 清史研究集：第1辑. 北京：中国人民大学出版社，1980：91－112. 刘永成从1950年代以来关于清代农业资本主义萌芽的诸多看法，在1982年出版的《清代前期农业资本主义萌芽初探》（福州：福建人民出版社）一书中有系统总结。

④ 樊树志. 明清租佃契约关系的发展——关于土地所有权分割的考察. 复旦学报（社会科学版），1983 (1)：61－67.

⑤ 吴量恺. 清前期农业雇工的工价. 中国社会经济史研究，1983 (2)：17－30.

魏金玉通过对明清时代农业中等级性雇佣劳动向非等级性雇佣劳动的转化情况的分析谨慎地指出，“等级的雇佣关系是同宗法家长式经营相联系的，过渡性的雇佣关系是可以同资本主义经营相联系的”，所以还不能一概而论①。

围绕各地传统手工业来探讨资本主义萌芽的发展水平，是五六十年代的通行做法，这一时期学界重新对之进行了审查，从而构成了第二大类研究主题。在这方面，首先是对于江南纺织业的勘察。如段本洛便提出，清代苏州地区丝织业中的商业资本中，只有一小部分“转化为带有资本主义萌芽性质的包买主”，而“普遍存在的牙行经纪，则扼制着手工丝织业中资本主义的萌芽”②。萧国亮通过对明清时期上海地区农村家庭棉纺织业生产的考察，也谨慎地指出，这“一方面推动了上海地区商品经济的发展”，“另一方面又增强了自然经济结构的稳定性与坚韧性”，从而“深刻地影响棉纺织业中资本主义萌芽的产生过程”③。其次是对江西景德镇陶瓷业的讨论。潘群指出，在清代前期景德镇瓷业中，官营瓷业和官窑产品仍占主导地位，故而整个瓷业“就不能摆脱劳役经济的束缚和支配，其封建劳役经济性质就不能起根本变化”④。王钰欣不同意潘群的论断，认为“民营瓷业基本上仍属于独立的商品经济”，且其中“资本主义性质的商品生产也已出现”⑤。梁淼泰则通过对一处民窑窑号收支情况的分析，谨慎地提出，“清代景德镇民窑园器业虽然其组织仍是行会手工业的形式”，但与“行会手工业的铺户作坊”已有明显不同⑥。再次是对广东冶铁业的探讨。李龙潜认为，鸦片战争以前，广东以佛山镇为代表的冶铸业中，“从工场的规模，雇佣工人的数量和雇佣关系等情况看，可以肯定已经出现了资本主义性质的作坊或手

---

① 魏金玉．明清时代农业中等级性雇佣劳动向非等级性雇佣劳动的过渡//李文治，魏金玉，经君健．明清时代的农业资本主义萌芽问题．北京：中国社会科学出版社，1983：262－429.

② 段本洛．论清代苏州丝织业中商业资本的性质．中学历史，1980（4）：1－4.

③ 萧国亮．明清时期上海地区的农村家庭棉纺织生产．财经研究，1984（3）：57－62.

④ 潘群．关于清代前期景德镇瓷业资本主义萌芽的考察．中国史研究，1979（2）：47－66.

⑤ 王钰欣．清代前期景德镇瓷业中官窑地位的考察．中国史研究，1980（3）：129－143.

⑥ 梁淼泰．清代景德镇一处炉寸窑号的收支盈利．中国社会经济史研究，1984（4）：1－16.

工工场了"[①]。王宏钧等则进一步指出，佛山镇铁器制造业中的资本主义萌芽"在明朝万历末年，至迟不晚于天启初年"就已出现[②]。罗红星则谨慎地指出，明中叶至清前期佛山冶铁业的民营方式有三种，而只有商人投建的大作坊中，"正发生着某些社会性质的变化，呈现出资本主义的萌芽因素"[③]。复次是对四川井盐业的研究。冉光荣等根据对清代富荣盐场经营契约的分析，认为该地盐业已"处于商业资本与工业资本相互渗透，由运销而生产，并由生产而又扩大运销范围的阶段，这已是井盐业资本主义萌芽的一种表现了"[④]。简锐的看法更进一步，认为四川井盐业在清乾隆以后"出现了拥有巨大资本、雇用大量工人、生产中分工协作得到高度发展的井灶企业"，从而标志着"以工场手工业为特点的资本主义萌芽的出现"[⑤]。最后是对清代矿业的再考察。方行重新审视了清代前期京西煤窑的发展，认为"尽管它还背着沉重的封建包袱"，但是"判定为资本主义萌芽，应当是没有疑义的"[⑥]。韦庆远等认为，乾隆初年开放矿禁以后，商办矿业迅速发展，其中"明显地存在着一些已经超越出封建自然经济范畴的内容，即资本主义生产关系的萌芽"[⑦]。彭雨新重新研究了清代前期云南铜矿业的生产状况，指出"如果所有产品……全部被官府占有，这样的生产当然纯属封建性质；但如仍有一部分剩余产品出售于市场，则这里并没有完全截断资本主义生产

---

① 李龙潜. 清代前期广东采矿、冶铸业中的资本主义萌芽. 学术研究，1979（5）：116－127.

② 王宏钧，刘如仲. 广东佛山资本主义萌芽的几点探讨. 中国历史博物馆馆刊，1980（2）：58－79.

③ 罗红星. 明至清前期佛山冶铁业初探. 中国社会经济史研究，1983（4）：44－54.

④ 冉光荣，张学君. 四川井盐业资本主义萌芽的探讨——关于清代富荣盐场经营契约的初步分析//《四川大学学报》编辑部，四川大学历史系. 四川地方史研究专集. 成都：四川人民出版社，1980：30－42.

⑤ 简锐. 清代四川盐业出现资本主义萌芽条件//山西省社会科学研究所. 中国社会经济史论丛：第2辑. 太原：山西人民出版社，1982：470－497.

⑥ 方行. 清代北京地区采煤业中的资本主义萌芽//中国社会科学院经济研究所. 中国社会科学院经济研究所集刊：第2辑. 北京：中国社会科学出版社，1981：186－212.

⑦ 韦庆远，鲁素. 清代前期的商办矿业和资本主义萌芽. 清史论丛：第4辑，1983：65－91.

的性质，仍可称为封建束缚下的资本主义萌芽”①。

这一时期第三大类具体探讨资本主义萌芽的研究主题，也是早已为人所注意的主题，那就是商业资本和商品经济对资本主义萌芽的促进。这方面的第一组文章从较为宏观的视角出发论述了这一问题。方行通过考察清代前期商人支配生产的三种形式及其作用，认为“商人通过支配生产，既促进了商品生产的发展，又开拓了市场，积累了资本，这就为资本主义萌芽的发生发展创造了一定的前提条件”②。柯建中爬梳了明清农业的商品化倾向，断定“小农自然经济向商品经济的转化是明清时期农村经济关系的重要变革”，而这一转化又“直接为商品经济向资本主义经济的转化提供物质基础，所以，在第一个转化过程开始以后，第二个转化过程就具备了产生的现实性”③。萧国亮则通过剖析清代前期商业利润很少能够转化为产业资本的现象，对商业资本促进资本主义萌芽发展的通行认识提出了质疑④。

另一组文章则从具体事例出发，论证了商业资本和商品经济与资本主义萌芽的关系。段本洛于 1975 年便以明末清初的苏松地区为例，以极大的勇气重新提出了商品经济的发展孕育着资本主义萌芽因素的问题⑤。彭泽益通过对清代茶业商品生产发展的考察，认为“从十八世纪以来，在云南、湖南和浙江等省一些茶叶产区中，可以看到茶商资本活动的种种方式，并且从中开始孕育着制茶业中资本主义生产萌芽的过程”⑥。李龙潜根据对广东墟市经济体系的考察，认为其中出现的劳动力的市场“是商品经济发展到了一定水平的产物。它为资本主义生产关

---

① 彭雨新. 清代前期云南铜矿业及其生产性质的探讨. 武汉大学学报（社会科学版），1984（5）：78－86.

② 方行. 清代前期商人支配生产的形式及其历史作用. 经济研究，1982（9）：62－69.

③ 柯建中. 略论明清时期小农自然经济向商品经济的转化. 四川大学学报（哲学社会科学版），1983（4）：69－77.

④ 萧国亮. 试论清代前期商业利润不能普遍地转化为产业资本的原因. 中国史研究，1984（4）：71－80.

⑤ 段本洛. 商品经济的发展孕育资本主义萌芽——明末清初苏松地区商品经济发展的一斑. 光明日报，1975－11－13（3）.

⑥ 彭泽益. 清代前期茶业资本主义萌芽的特点. 中国社会经济史研究，1982（3）：14－19.

系的萌芽创造了条件”[①]。萧国亮梳理了鸦片战争前长江三角洲地区商品经济的发展状况，认为这种发展的“突出表现是资本主义萌芽的产生与发展”，这也“必然使长江三角洲地区内部及其与全国各地的经济联系得到加强与发展”[②]。与前面那种正面看法不同，叶显恩分析了徽商不愿将商业利润投入生产领域的原因，认为这反映了明清时期商业资本出路的狭窄，从而有可能既“为社会上出现资本主义萌芽制造障碍”，也阻碍了“它自己走通向新的生产方式的道路”[③]。

这一时期最后一类研究主题，可以归纳为进一步放大了发掘清代资本主义萌芽的区域。大体上，这类研究自身并未在概念梳理、思考路径上有所创见，而基本上是追随已有框架开展的认知，一定程度上可谓对开创性研究的注解。如杨开宇等认为，贵州地区到清代道光年间，在丝绸业、酿酒业和矿冶业中也出现了一些资本主义萌芽的稀疏线索[④]。林祥瑞等则指出，清代福建农业中所谓的“租地农”，就是农业资本主义萌芽的一种形式[⑤]。其后黄志中进一步认为，“福建的资本主义生产关系就是在明末清初，在一些商品经济发达的地区，逐步发生和发展起来的”[⑥]。李炳东探讨了清代前期广西各地矿冶业的发展情况，认为比较确凿的材料可以证明，道光年间的贵县平天山矿区冶炼业“已经出现了资本主义工场手工业”[⑦]。黄福才等则提出，清代初年的台湾地区，“虽然自然经济仍占主导地位，但商品经济迅速发展着，至康熙末年特别是雍正年间，资本主义的最初形式已逐渐萌现”[⑧]。魏千志根据对开封景

---

① 李龙潜．明清时期广东墟市的类型及其特点．学术研究，1982（6）：85－91.

② 萧国亮．鸦片战争前长江三角洲地区商品经济的发展与经济联系的加强．社会科学，1984（1）：36－40.

③ 叶显恩．徽商利润的封建化与资本主义萌芽．中山大学学报（哲学社会科学版），1983（1）：49－65.

④ 杨开宇，廖唯一．关于贵州地区资本主义萌芽问题的探讨．贵阳师院学报，1979（2）：50－58.

⑤ 林祥瑞，黄志中．试论清代福建农业资本主义的萌芽．福建师大学报（哲学社会科学版），1980（4）：87－93.

⑥ 黄志中．福建地区商品经济的发展和资本主义萌芽．福建师大学报（哲学社会科学版），1981（2）：45－55.

⑦ 李炳东．清代前期广西的矿冶业．广西大学学报，1980（1）：61－71.

⑧ 黄福才，吴锦生．清初台湾商品经济与资本主义萌芽．台湾研究集刊，1983（2）：15－23.

文州汴绫庄的调查，认为这家商号在清代前期获得了巨大发展，其内部关系中出现了明显的雇佣劳动性质，“已经显露出了工场手工业的某些特征”①。

在中国资本主义萌芽研究史上，1985年是一个具有里程碑意义的年份。这主要是因为，本年正式出版了许涤新、吴承明主编的《中国资本主义发展史》的第一卷《中国资本主义的萌芽》。这部极其厚重的著作对此前中国资本主义萌芽研究的进展进行了全面系统的总结。特别是许涤新撰写的全书总序和吴承明执笔的“导论”，对于资本主义萌芽的概念、研究方法、研究意义等许多重要问题都进行了深刻的梳理和总结。就其思考的深度和广度来看，较五六十年代大大提高了一个层次，所以的确称得上是中国资本主义萌芽研究的集大成之作。其中，该书关于鸦片战争前清代资本主义萌芽的研究，又占全书内容的将近三分之二。可以说，此前清代资本主义萌芽研究的精华内容，如商品经济的发展、雇佣劳动的变化、商人支配生产和工场手工业等问题，在该书中都得到了充分的反映。毫不夸张地说，此书之前中国资本主义萌芽研究中有价值的内容，基本不会为该书所忽略；此书之后中国资本主义萌芽研究中所探讨的问题和思考框架，也很少越出该书所概括的范围。

不过，后来的情况证明，该书的出版在事实上又成为中国资本主义萌芽研究走向下行线的起点。其主要原因在于，到了20世纪80年代中期，除大幅度的思想解放之外，海外学界对中国的知识输入也已成为潮流，国内学界的认识论和方法论水平开始迅速提升。对于资本主义萌芽研究来说，其问题预设中的内在缺陷也很快成为共识。首先，正如许涤新和吴承明都着重指出的那样，对生产力问题的研究不足是以往资本主义萌芽研究中一个极大的欠缺，这显然不能完整把握生产关系和生产力的辩证关系②。其次，学界意识到存在反思开展该项研究的认识论前提的必要。正如李伯重指出的那样，“即使到了今天，到底什么是资本主义，也还是一个需要我们去深入研究的大课题”，而由于还没有弄清“什么是资本主义”的问题，所以“什么是资本主义萌芽”的问题当然

① 魏千志. 清代开封景文州汴绫庄的发展. 中华文史论丛，1983（3）：303-321.

② 许涤新，吴承明. 中国资本主义发展史：第一卷. 北京：人民出版社，1985：总序13.

也不可能有完满的答案①。在此书出版之后，中国资本主义萌芽研究逐渐离开了史学研究的中心区域，就连吴承明本人都开始疏离“资本主义萌芽”这一概念了。因此，1985 年之后的清代资本主义萌芽研究，也就无须再加评述了。

第三节 半殖民地半封建经济论

在 20 世纪 80 年代中期之前，如同资本主义萌芽论研究占据鸦片战争前清代经济史研究的主流一样，鸦片战争后晚清经济史研究的主导地位则无疑是被半殖民地半封建论牢牢占据。关于“半殖民地半封建论”的经典表述，来自《中国革命和中国共产党》的说法：“自从一八四〇年的鸦片战争以后，中国一步一步地变成了一个半殖民地半封建的社会。……帝国主义列强侵略中国，在一方面促使中国封建社会解体，促使中国发生了资本主义因素，把一个封建社会变成了一个半封建的社会；但是在另一方面，它们又残酷地统治了中国，把一个独立的中国变成了一个半殖民地和殖民地的中国。”② 基于这样的论断，鸦片战争之后的中国社会是一个半殖民地半封建的社会，那么，半殖民地半封建性也就被认为是中国近代经济史的主导形式和中心线索。众所周知，中国近代史包括晚清和民国时期，所以有很多以半殖民地半封建论为指导的经济史研究都涉及了两个时期。对此，本书的评述范围是那些以晚清时期为主的成果，至于涉及晚清时期较少的成果，除特殊情况外，一般略过，以求简便。

(一) 新中国成立后 17 年间的研究状况

本书第一章第三节里曾述及，半殖民地半封建经济论的总体认知框架在全面抗战期间就已经成型。不过，限于条件，当时所能阐发的内容还非常有限。而到了新中国成立以后，这一认知框架仅在晚清经济史领

① 李伯重.“资本主义萌芽情结”. 读书，1996 (8)：63-70.

② 毛泽东. 中国革命和中国共产党//毛泽东选集：第 2 卷. 北京：人民出版社，1991：626-630.

域便迅速得到了极大的扩充。概括起来，在新中国成立后 17 年的史学研究中，围绕这一框架主要形成了三个论域，即帝国主义对中国的经济侵略及其影响、洋务工业建设的性质与作用、民族资本主义的发生及其特质。不过，客观地说，由于这个时期的整个中国近代史研究都还处于刚刚起步的阶段，学科体系和方法还有许多薄弱之处，因此，与同时期的清代前期经济史研究相比，作为近代经济史研究组成部分的晚清经济史研究，无疑存在着许多先天不足。这也导致了在半殖民地半封建经济论视角下的晚清经济史研究中，能够经得起时间检验的成果相对来说要少一些。

在上述三个论域中，关于帝国主义对中国的经济侵略及其影响的研究，是成果数量相对较多、内容也较为丰富的一个论域。不过，就总体认知逻辑而言，该论域又在三个论域中相对显得单调一些。这是因为，由于其研究前提是从批判帝国主义出发的，在其展开经验内容的表述时，便无法脱离整体上的负面基调。在这方面，龚书铎等人于 1959 年刊发的一篇文章提供了一个教科书式的表述：

> 帝国主义对中国的经济侵略，则是随着资本主义经济的发展而逐步加深。在 1894 年中日甲午战争以前，世界资本主义还处在自由竞争的时期，对中国经济侵略的特点主要是以倾销商品为主，把中国变成它们的工业品市场。虽然，在这期间也在中国举办了若干工厂企业，设立了银行，开辟了航运，但是所有这些，基本上还是为倾销商品服务的。1895 年中日甲午战争以后，世界主要资本主义国家发展到帝国主义阶段，对中国的经济侵略就从以商品输出为主变为以资本输出为主。……更进一步的控制了中国的经济命脉，使中国人民迅速贫困化。①

这种基调在当时达成了广泛的共识，这里仅举一例。有研究者在 1961 年就晚清时期西方对四川的经济侵略的研究中，关于总体状况的表述如下："1894 年以前资本主义列强对四川的经济掠夺主要是输入商品，榨取原料"，"19 世纪末，世界上一些主要资本主义国家先后开始向帝国

---

① 龚书铎，等. 帝国主义对中国的经济侵略（甲午战争前后至"五四"运动期间）. 北京师范大学学报（社会科学版），1959（5）：29－47.

主义过渡，由于攫取更高利润的要求，他们由商品输出进而资本输出”①。两相对照，基调完全一致。而之后论述的重点，则是进一步观察这一基调是如何在不同的具体专题中得到贯彻的。

由于众所周知的原因，鸦片贸易和华工苦力贸易在谴责帝国主义对华经济侵略的论题中具有特别引人瞩目的地位。在前述民国时期的清代经济史研究中，便已出现不少相关论述。新中国成立以后，从商品输出和资本积累角度来批判西方列强不义行径的力度更强。如丁名楠强调，英国之所以对华推行鸦片贸易，是因为英国的新兴工业资本家“要求扩大对华侵略势力，使土地广大人口众多的远东大国成为欧洲的商品市场”，而“英国的工业品在中国市场没有取得必需品的地位和不能得到广泛销售的机会，因此英国政府和英国资本家就大力发展毒害中国人民的鸦片贸易”②。周南通过考察鸦片战争前的中英贸易情况，指出鸦片战争爆发的根本原因是英国资本家“企图为自己的商品开辟一个广大的毫无阻碍的侵入中国的门路”③。左东首次系统论述了英国从18世纪中期到20世纪初期鸦片贸易政策的演变情况，指出这一政策“帮助了英国较早地在世界上建立起工业垄断地位，使英国能够成为世界上最老、最大的殖民帝国”④。绍溪在揭露19世纪美国的鸦片贸易时，也强调其实质是：“在美国国内新式工业尚未成长，没有过剩商品足以输出的时候，他们便用鸦片来吮吸中国人民的血汗，替本国工业累积资金”⑤。在关于苦力贸易的研究中，蔡鸿生揭示了19世纪后期英国、荷兰等西方殖民主义者在东南亚进行“猪仔”华工贸易的情况，指出其本质是“把中国作为劳动力供应地”，并“用奴隶制的剥削方式实现资本主义的目的”⑥。陈泽宪考察了盛行于19世纪的契约华工制，认为这种制度出现的原因是世界资本主义对于劳动力的需求激增。陈文源则揭示了契约

---

① 胡昭曦. 从甲午战争到辛亥革命时期帝国主义对四川的经济侵略. 历史教学，1961(11/12)：13-20.

② 丁名楠. 略谈英国商人为什么要把鸦片输入中国. 历史教学，1955(1)：36.

③ 周南. 鸦片战争前的中英贸易关系. 历史教学，1955(2)：28-31.

④ 左东. 从英国鸦片贸易政策看老殖民主义的本质. 新建设，1965(11/12)：108-118.

⑤ 绍溪. 十九世纪美国对华鸦片侵略. 北京：生活·读书·新知三联书店，1952：10.

⑥ 蔡鸿生. 十九世纪后期东南亚的“猪仔”华工. 中山大学学报（社会科学），1959(4)：117-134.

工制度下古巴华工的生产和生活情况①。

赔款、外债和外国对华投资问题，是体现西方对华资本输出的重要内容，自然备受学界重视，从而构成帝国主义对中国的经济侵略问题的第二大类论题。在这个论题上贡献最大的学者，应是孙毓棠。在50年代，他连续发表了多篇文章，对西方列强对华借款和投资问题的实质与具体内容进行了多方面的研究，做出了许多影响很大的论断。例如，对于清朝因战争赔款产生的借款问题，他明确指出，“自中日甲午战争中国战败后，帝国主义列国金融资本对中国的经济侵略开始了一个新的方式：政治借款。政治借款的目的万种千端……其基本的目的则都在把‘剩余’资本输出到半殖民地的中国，以奴役剥削中国劳动人民，获得在他们本国所榨取不到的超额利润”②。对于外国对华投资的历史发展及其本质，他以美国为例指出，“中日甲午战前，美国还是个后起的资本主义国家，他对华投资的重心还在进出口贸易方面……对中国进行掠夺性的贸易以剥削中国人民。中日甲午战后，美国已发展成为帝国主义国家，他便在掠夺性的贸易之外，又从政治借款、铁路投资、开设工厂、创办银行等各方面积极进行侵略中国，企图把他的剩余资本输出到中国，以达到他残酷剥削中国人民的目的”③。在这些认识的基础上，他又进一步分析了外国资本与芦汉、津镇、粤汉、川汉等铁路借款的关系，以及清末币制实业借款和三都澳“海军借款”等问题，揭示了这些借款内在的资本输出性质④。另一位在帝国主义对华资本输出问题上也有很大贡献的学者是吴承明，他牵头编写的《帝国主义在旧中国的投资》一书，是第一部在大量数据的基础上系统披露帝国主义在20世纪上半期对华资本输出及经济掠夺情况的专著。其中关于晚清部分的内容虽然不多，但参考价值不容忽视⑤。此外，徐义生对于清政府从甲午战

---

① 陈泽宪. 十九世纪盛行的契约华工制. 历史研究，1963 (1)：161-179. 陈文源. 十九世纪下半期的古巴华工. 江海学刊，1963 (2)：14-19.

② 孙毓棠. 中日甲午战争赔款的借款. 历史教学，1951 (3)：23-29.

③ 孙毓棠. 美帝对华投资的历史发展及其侵略性 (1784—1914). 历史教学，1951 (5)：4-7.

④ 有关这些问题的论述，后来皆收入孙毓棠本人所编论文集《抗戈集》(北京：中华书局，1981) 中。

⑤ 吴承明. 帝国主义在旧中国的投资. 北京：人民出版社，1955.

争到辛亥革命时期的外债情形，进行了迄今堪称内容最为详尽的统计。据其统计，在此期间清政府外债总额约达库平银 12 亿 3 000 多万两，超过甲午战前所借总额的 27 倍，从而有力地证明了西方列强的“过剩资本以货币形态或商品形态大规模向落后国家输出，觅取超额利润”的惊人情况①。

对中国各类产业的争夺与控制，是西方对华经济侵略的又一项重要内容，构成了该领域的第三大类论题。孙毓棠率先较为全面地考察了甲午战前外国资本在中国经营近代工业的状况，指出这一时期的外国资本主要集中在船舶修造业、加工工业、若干轻工业以及租界内经营的公用事业，而这些企业的性质，“一方面表现着外国资本主义对中国尚以商品输出与掠取原料为主要经济侵略形态的时代特征，另一方面表现着这时期中国的半殖民地性质及此种性质的逐步加深”②。汪敬虞也系统探讨了甲午战前西方各国对中国工矿企业的侵略活动，证实了这一时期投资的重要特点“主要是为了扩大贸易掠夺，而不是为了输出过剩的资本”③。另外一些较为重要的成果，则分别探讨了一些具体产业部门的情况。在金融业方面，孙毓棠较早考证了甲午战前西方各国在中国设立的银行名号，并指出这些银行是“多年来对中国进行侵略活动的大本营”④。汪敬虞更为详细地考察了 19 世纪外国在华银行势力的扩张过程，认为从 70 年代起，“外国在华银行各项业务上面的侵略活动，无论在广度和深度上，都发生了前所未有的变化。……这些变化本身，形成了外国在华银行控制中国金融市场的有利条件”⑤。在铁路业方面，胡滨指出，“铁路投资是帝国主义列强对中国输出‘过剩’资本的一种重要方式”，因此“成为列强扩大对华经济侵略和政治侵略的主要工具，同时也成为列强相互间激烈争夺的主要目标之一”，1898—1899 年列强

① 徐义生. 从甲午战争到辛亥革命时期清政府的外债（上、下）. 经济研究，1957（4）：111－141；（6）：137－147.

② 孙毓棠. 中日甲午战争前外国资本在中国经营的近代工业. 历史研究，1954（5）：1－41.

③ 汪敬虞. 十九世纪外资对中国工矿企业的侵略活动. 经济研究，1965（12）：51－66.

④ 孙毓棠. 中日甲午战争前资本主义各国在中国设立的银行. 光明日报，1954－02－06（5）.

⑤ 汪敬虞. 十九世纪外国在华银行势力的扩张及其对中国通商口岸金融市场的控制. 历史研究，1963（5）：51－74.

瓜分中国铁路利权的活动便证明了这一点①。孙毓棠关于日俄战后日本、美国和沙俄在中国东北铁路投资的竞争的研究，同样有力地证明了清末列强对铁路利权的关注②。在矿业方面，于中、杨炳延对清末英国侵夺安徽、河南等地矿产活动的揭露，体现了当时一种流行的研究思路③。

西方势力入侵对中国社会经济造成的影响，是学界关注的第四大类论题。而这一论题的研究又可以分为两个部分，其一是对中国原有经济结构的影响，其二是帝国主义与中国封建主义对中国经济的联动作用。

关于第一个部分，宋海文指出，鸦片战争以来，江南农村的自给自足状态在外国资本主义的侵蚀下产生了根本性瓦解，但是“并不伴随着新生产方式的出现，而只成为原料供应者和消费品的购买者，只是世界市场的尾闾”④。张仲礼分析了 1834—1867 年中国对外贸易的变化，指出“外国侵略战争和国内革命战争都直接地影响了我国对外贸易的巨大变化”，而“我国半殖民地半封建社会的形成已深入了一步”⑤。黄苇基于对上海开埠初期 20 年间对外贸易情况的研究，认为“鸦片战争后，外国资本主义对中国进行的贸易是资本主义工业国对经济落后农业国的贸易，是不平等的殖民地贸易”⑥。彭雨新指出，鸦片战后外国资本的入侵，致使“纺纱业摆在外国的机器工业上，织布业则摆在中国农村古老的织机上，这只能是半殖民地半封建性质生产关系下的产物”⑦。樊

---

① 胡滨. 十九世纪末帝国主义瓜分中国铁路利权的阴谋活动（一八九八——八九九）. 历史研究，1956（5）：89－104.

② 孙毓棠. 日俄战争后日、美、沙俄在中国东北铁路投资的竞争（1905—1910）//孙毓棠. 抗戈集. 北京：中华书局，1981：190－202. 此外，林星的《甲午战后到辛亥革命期间帝国主义在东三省的铁路争夺》［历史教学问题，1959（1）：17－21］一文表明，英国同样积极参加了对东北铁路利权的争夺。

③ 于中. 英帝在安徽铜官山矿的侵略活动. 史学月刊，1960（1）：18－20. 杨炳延. 1897—1904年英国福公司侵占河南矿山的阴谋活动. 史学月刊，1964（8）：13－17.

④ 宋海文. 鸦片战争以来外国资本主义侵蚀下的江南农村. 复旦学报（人文科学版），1955（2）：153－180.

⑤ 张仲礼. 1834—1867 年我国对外贸易的变化与背景. 学术月刊，1960（9）：34－65.

⑥ 黄苇. 上海开埠初期对外贸易研究（1843—1863）. 上海：上海人民出版社，1961：112－113.

⑦ 彭雨新. 从丝棉手工业的变化看外国资本主义入侵对我国原有资本主义萌芽的影响. 光明日报，1961－08－02（4）.

百川认为，外国资本主义的侵入破坏了中国的手工业，“使其大部分遭到破产和消灭”，“从而也就失去了成长为资本主义工场手工业，和由此过渡到机器大工业的可能”①。段本洛探讨了甲午战前中国农产品商品化的特点，强调指出，“在外国资本主义侵入后，中国的农村经济日渐陷入外国资本主义的附庸经济，中国的农产商品化不可能按照正常的道路发展，技术农作物的种植也日渐服从于外国资本主义的需要”②。

关于第二部分，陈诗启给出过一个概括性说法：“由于帝国主义和封建主义的压迫和阻碍，中国的资本主义从产生时候起，虽然经历了一个多世纪的悠长时间，总不能得到充分发展”③。顾琳则解释说，之所以说中国半殖民地半封建经济形态在甲午战后完全形成，是“因为帝国主义列强已经操纵了中国的财政经济命脉，并与中国封建势力结合起来保持住了封建剥削制度的优势地位”④。王可风指出，晚清时期，中国的一部分官僚地主争着办矿的结果，“仍是帝国主义大量的投资，来夺矿山，也就是帝国主义通过买办官僚以深入内地，买办官僚以帝国主义作靠山来压榨人民”⑤。陆景琪研判了厘金制度的性质，认定其“正是清封建统治者束缚商业发展的一种税收制度”，同时又是“助长外国资本主义——帝国主义在华经济侵略的发展，阻碍中国商品经济发展的一种独特的商业税”⑥。彭泽益通过对鸦片战争军费和赔款的深入研究，认为战后出现的银贵钱贱问题，“不仅促使处在战后转化期的中国封建经济的破裂加剧，并且还成为清朝封建主义和外国资本主义用来加强对中国人民进行财富掠夺的一个重要工具”⑦。

---

① 樊百川. 中国手工业在外国资本主义侵入后的遭遇和命运. 历史研究，1962（3）：88-115.

② 段本洛. 十九世纪六七十年代至甲午战前中国农产商品化的特点. 江苏师院学报，1962（5）：41-54.

③ 陈诗启. 帝国主义和封建主义怎样阻碍了中国资本主义的发展. 历史教学，1955（5）：15-21.

④ 顾林. 试谈甲午战后中国半殖民地半封建经济形态的完全形成. 历史教学，1956（4）：14-22.

⑤ 王可风. 辛亥革命前封建主义和帝国主义统治下的我国矿山. 学术月刊，1957（10）：80-85；（11）：82-84；（12）：66-74.

⑥ 陆景琪. 试论清代厘金制度. 文史哲，1957（2）：47-55.

⑦ 彭泽益. 鸦片战后十年间银贵钱贱波动下的中国经济与阶级关系. 历史研究，1961（6）：40-68；论鸦片战争赔款. 经济研究，1962（12）：54-63.

帝国主义对中国的经济侵略及其影响这一论域内的最后一类论题，是中国人民反经济侵略的斗争行动。乔志强、何玉畴等介绍了清末山西省绅商领导下收回英国福公司矿权的活动，指出这次活动"推动了当时全国各地业已掀起的收回利权运动的发展和投资设厂的热潮"①。黄铁琮、赵金钰等论述了清末江浙人民反对苏杭甬铁路借款的行动。黄铁琮认为这次斗争是"收回利权"运动中较大的一次斗争，"由于这次斗争声势甚大，英帝国主义被迫让步，斗争终于取得了某些胜利"。赵金钰则认为，由于"立宪派和清政府妥协，承认了存款章程"，"遂使这个斗争失去了爱国运动的性质"②。何玉畴另外论述了清末安徽绅商领导收回铜官山矿权的斗争活动，指出这次斗争"有力地打击了英帝国主义的掠夺阴谋，迫使它不得已而作了让步"③。杨炳延揭示了1909年河南反对英国福公司就地售煤的斗争，指出这是"河南人民反对帝国主义者侵占矿山的长期斗争的一部分"④。还有很多类似的研究，因其主要内容更侧重政治和社会问题，此不赘述。

半殖民地半封建经济论主导下的第二个论域，是围绕着洋务工业建设的性质与作用来展开的。这方面的第一类主题，是洋务运动中经济活动的性质。王仁忱1958年在勾勒了洋务运动30年间主要的工业建设活动后指出，洋务运动是"中国封建统治阶级中一部分人在外国资本主义入侵和国内革命运动震撼下推行一种半殖民地化的政治经济运动"⑤。姜铎则提出不同意见，认为洋务派的经济活动的实质，是"一部分封建统治阶级，在向近代资产阶级转化过程中，自觉和不自觉地利用了政权力量，企图迅速建立和发展新的剥削方式，即近代资本主义生产方式的

① 乔志强. 清末山西人民的收回矿权活动. 山西师院学报，1957（3）：103-110. 何玉畴. 清朝末年山西人民收回福公司矿权的斗争. 历史教学与研究，1959（6）：1-6.

② 黄铁琮. 1907—1908年间江浙人民反对苏杭甬铁路借款的斗争. 史学集刊，1957（1）：53-62. 赵金钰. 苏杭甬铁路借款和江浙人民的拒款运动. 历史研究，1959（9）：51-60.

③ 何玉畴. 1905—1909年安徽绅商资产阶级在收回铜官山矿权斗争中的两面性. 历史教学与研究，1960（5/6）：12-18.

④ 杨炳延. 1909年河南人民反对英国福公司就地售煤的斗争. 史学月刊，1965（3）：10-13.

⑤ 王仁忱. 十九世纪六十年代到九十年代清政府的洋务运动. 历史教学，1958（1）：24-31.

直接结果"[1]。当然，正如黄逸峰和姜铎在另一篇文章中所说的那样，这些经济活动不过是"一种带有微弱资本主义倾向的经济活动，根本没有独立发展资本主义从事社会变革的本意"[2]。章开沅明确反对姜铎的看法，认为"正是洋务派用近代工业所维护的一个半殖民地半封建社会制度，始终是中国民族资本主义发展所面临的最严重的障碍"[3]。

这一论域下的第二类研究主题，是关于洋务军事工业建设的研究。胡如雷于1954年明确指出，洋务派军需工业是"半殖民地半封建社会的产物，所以这些工业的本身也必然具有封建性和买办性"，而且由于"是完全官营的，所以没有丝毫资本主义的性质"[4]。赵德馨等也强调，这些工业"是外国军事工业的附庸"，并"不是我国资本主义逐渐发展的产物……它与整个社会经济是脱节的"[5]。对于这种当时占据主流的看法，另外一些学者则隐晦地表明了不同意见。夏东元就委婉地说，这些工业"是具有资本性质的"，但是其"剩余价值不能资本化，这就规定这种企业存在着浓厚的封建性和买办性，而资本主义性不能发展，它形成为封建性、买办性和资本主义性混合着的企业"[6]。黄逸峰则一面承认军需工业"基本上不是资本主义性质，也不是官僚资本主义性质"，另一方面又认为其"在客观上毕竟在旧中国的封建土壤上产生了一部分比封建主义进步得多的生产力，这对于我国的资本主义的发生、发展不能不发生一定的影响"[7]。经江也小心谨慎地提出，这些军需工业"具有官僚资本主义性质"，并不是"认为它具有一般资本主义性质"[8]。

关于洋务民用工业建设的研究，构成了这一论域的第三类主题。相对于军用工业来说，民用工业得到的正面评价稍多一些。夏东元就强

---

① 姜铎. 略论洋务派经济活动的若干特点. 学术月刊，1962 (8)：23－27.

② 黄逸峰，姜铎. 中国洋务运动与日本明治维新在经济发展上的比较. 历史研究，1963 (1)：27－47.

③ 章开沅. 洋务派的经济活动有进步作用吗？. 光明日报，1963－12－04 (4).

④ 胡如雷. 甲午以前的军需工业. 光明日报，1954－04－29 (3).

⑤ 赵德馨，周季鸾. 十九世纪下半期中国近代军事工业的性质和特点. 经济问题，1958 (4)：34－38.

⑥ 夏东元. 论清政府所办近代军用工业的性质——兼斥右派分子孙毓棠. 华东师大学报(人文科学)，1958 (1)：50－66.

⑦ 黄逸峰. 清政府所办近代军事工业的性质问题. 学术月刊，1961 (9)：7－11.

⑧ 经江. 论清代官办近代军事工业的性质. 学术月刊，1961 (10)：26－32.

调，洋务民用工业“在经营过程中，资本主义的目的，一般都有所发展”，所以“这些企业在一定时期……曾起过一定的积极作用”①。邵循正承认，在洋务派创办的新式民用企业中“出现了最早的民族资本主义成分”，但是，“洋务派的政治反动立场和经济自私打算已经决定他们只能走上官僚资本主义的道路”②。黄逸平对洋务民用企业的看法更为负面，明确指出“早期私人资本主义的发展与官督商办并不存在着必然的联系，官督商办并不是早期私人资本企业发展的前史”③。另外一些学者则从企业的具体经营活动出发，对民用工业的性质进行了考察。汪熙根据对轮船招商局的研究，认为这类企业“是以追求利润为主要目的的资本主义性质的企业”，但是，“作为一个‘官督商办’企业并没有真正发挥聚集和保护民族资本的作用”④。张国辉也考察了轮船招商局的发展过程，认为“虽然带有资本主义性质”，“却是完全控制在官僚、买办手中的”，从而“在实质上反映半殖民地半封建社会的生产关系对生产力发展的严重阻碍”⑤。陈月清认为，张之洞创办的民用企业“是属于资本主义范畴的新式企业，但它同封建的国家政权直接结合在一起，亦同外国侵略者结合在一起，所以它具有早期官僚资本的性质”⑥。张国辉着重探讨了洋务派创办的煤矿企业中的官商关系，认为“在资本主义近代煤矿发生的过程，商人、地主、买办、官僚各从不同的地位向资产阶级转化”，而“为了经营近代企业，这个阶级与外国资本主义的关系是：既有依赖的一面，又有矛盾的一面”⑦。

关于洋务运动与民族资本主义的关系，是这一论域中最后一个重要

---

① 夏东元. 论清政府经营的近代民用性工业的性质及其必然前途. 华东师大学报（人文科学），1958（3）：51－66.

② 邵循正. 关于洋务派民用企业的性质和道路——论官督商办. 新建设，1964（1）：60－70.

③ 黄逸平. 论洋务派所办官督商办企业性质及其对私人资本的阻碍作用. 新建设，1964（5/6）：125－134.

④ 汪熙. 从轮船招商局看洋务派经济活动的历史作用. 历史研究，1963（2）：57－82.

⑤ 张国辉. 关于轮船招商局产生与初期发展的几个问题. 经济研究，1965（10）：60－69；（11）：43－57.

⑥ 陈月清. 张之洞所办企业的性质和特点. 山东大学学报（社会科学版），1964（2）：27－41.

⑦ 张国辉. 中国近代煤矿企业中的官商关系与资本主义的发生问题. 历史研究，1964（3）：117－144.

主题。姜铎在1961年明确提出，洋务运动虽然“对中国早期民族资本主义经济的发生和发展，曾经起着限制和阻碍的作用”，但“在客观上从各方面替早期民族资本打开了道路”，所以“对中国早期民族资本的发生和发展，是确实存在着刺激和促进作用的一面”①。牟安世承认洋务运动对中国早期民族资本“在客观上也起到一定程度的刺激作用”，但又强调“不能把这种刺激作用提高成促进作用”②。孔经纬显然持更为积极的看法，认为洋务企业“在客观上起了某些促进中国一般资本主义近代工业生长的作用”，也是“抵制外国资本和在实际上违背传统的封建经济统治的产物”③。邵循正提出，“洋务派企业的发展途径，是从封建性的官僚把持逐渐发展为买办资产阶级性的官僚集团垄断”，因此，洋务运动“在窒碍民族资本主义发展的同时，在客观上起了一定的发展作用”的提法，“没有什么不对”④。

半殖民地半封建经济论主导下的第三个论域，是关于民族资本主义的发生及其特质的探讨。这方面的第一大类主题，是围绕着近代中国的原始积累问题展开的。根据马克思主义经典理论，资本主义生产方式发生的一个前提是原始资本积累。那么，中国有没有发生原始资本积累过程？又是什么时候发生的？这些问题也就成为讨论中国民族资本主义时绕不过去的话题。傅筑夫等在1957年明确指出，“中国封建经济结构的稳固性，妨碍了资本主义经济关系的发展，故直到十九世纪中叶的鸦片战争时期，原始积累过程基本上还没有发生”，这个过程“主要发生在鸦片战争以后”，其中“起着积极的推动作用的是外国资本主义，特别是暴力的剥夺过程主要是由外部侵入的”⑤。关梦觉则于次年提出，中国的原始资本积累过程“是从我国的资本主义萌芽时期开始的”，但是在鸦片战争以后，“中国的原始资本积累过程却走上了一个新的历史阶段，即半殖民地、半封建化的新阶段”⑥。伍纯武之后又提出了第三种

① 姜铎．试论洋务运动对早期民族资本的促进作用．文汇报，1961-12-28（3）．

② 牟安世．关于洋务运动对中国早期民族资本的作用问题．文汇报，1962-05-17（3）．

③ 孔经纬．洋务运动与中国资本主义．文汇报，1962-07-08（3）．

④ 邵循正．洋务运动和资本主义发展的关系问题．新建设，1963（3）：1-11．

⑤ 傅筑夫，谷书堂．中国原始资本积累问题．天津：天津人民出版社，1957：30，56，60．

⑥ 关梦觉．中国原始资本积累问题初步探索．上海：上海人民出版社，1958：2，4．

看法，一方面认为“中国资本主义萌芽时期没有可能进行资本原始积累”，另一方面认为“鸦片战争后中国资本主义工业兴起的条件，只能是资本的转化和资本的积累，而不是资本的原始积累”①。在此期间，学界围绕这一问题进行了激烈讨论。总体来看，认为鸦片战后中国出现了半殖民地半封建性质的原始资本积累的意见占据了上风。如丛翰香认为“外国资本侵入中国的过程，中国的半殖民地化过程，也就是中国民族资本原始积累的过程”，马伯煌也称“在外国资本主义侵略和中国封建主义压榨中，发生了资本的原始积累过程”，可谓具有代表性的看法②。

鸦片战争以后的中国民族工业与资本主义的关系，是这一论域中的第二大类主题。其中，关于近代中国手工业中的资本主义成分问题的研究成果相对较多。孔经纬指出，“在中国农民和家庭手工业的旧式自足性的结合基础不断加剧地受到破坏的过程中，随之而来的则是资本主义手工业日益在城乡扩展起来。19世纪末和20世纪初，资本主义手工业即已有了新的发展”③。刘耀通过对晚清时期南昌、杭州锡箔业的考察，发现这种特殊的手工业部门，在“与进出口贸易没有直接关系”的条件下，也“出现了完整的商业体系和工业体系”，“全行业都达到了资本主义手工工场阶段”④。陈诗启探讨了甲午战前中国农村手工棉纺织业的变化，指出“资本主义国家对中国的经济侵略，破坏了中国颇大地区的农村手工棉纺织业”，但也造成了“农村手工棉纺织业自给生产的日益衰退和商品性质的日益增长，从而促进了农村手工棉纺织业资本主义因素的成长”⑤。顺便指出，陈逸仪探讨鸦片战后中国近代农业雇佣劳动的性质时，也表达了“农业上雇佣劳动的普遍使用，表示我国近代农业

---

① 伍纯武. 中国资本的原始积累问题. 学术月刊，1961（3）：28－34.

② 丛翰香. 关于中国民族资本的原始积累问题. 历史研究，1962（2）：26－45. 马伯煌. 关于中国资本原始积累的几个问题. 历史研究，1963（1）：13－26. 当时持类似观点的其他论文很多，在此从略。

③ 孔经纬. 近代中国手工业的资本主义成分. 东北人民大学人文科学学报，1956（4）：81－92.

④ 刘耀. 十九世纪七八十年代南昌、杭州两个城市锡箔业中的资本主义关系. 史学集刊，1957（1）：35－51.

⑤ 陈诗启. 甲午战前中国农村手工棉纺织业的变化和资本主义生产的成长. 历史研究，1959（2）：17－38.

中新的因素的成长”的看法，认为这是“农业资本主义的因素，而不是封建的剥削关系”①。

另外一组文章则主要研究了中国近代工业与资本主义的关系问题。孙毓棠概述了 19 世纪后期出现在中国的近代工业的发展情况，指出其主要包括外国资本经营的近代工业、洋务派经营的军事工业和民用工业以及民族资本经营的近代工业。他认为，洋务派经营的军事工业“不是资本主义的企业”，民用工业则“在当时构成新兴的中国资本主义近代工业的一个重要部分。它们和民族资本经营的近代工业一样，代表着当时社会生产力的新的发展”②。李运元认为，“中国民族资本主义近代工业出现于 19 世纪七八十年代，它是通过两条道路诞生的”：其一是“官督商办道路”，其二是“商办道路”③。李时岳的认识与前述通行看法不同，认为中国民族工业应指“民族资产阶级经营的工矿企业而言”，因此近代中国民族工业在晚清时期的发展有过两次繁荣期，即 1895—1898 年和 1905—1908 年，而不包括洋务运动时期④，这可算是独树一帜的观点。

在民族资本主义的发生及其特质这一论域中，最后一类研究主题是以买办商人和买办资本为中心的。在这一时期，比较流行的看法是强调买办的反动本质及其对中国社会的危害。黎光认为，鸦片战前，以广州十三行商人为代表的行商是“中国近代买办资本的胚胎”；随着战后五口通商的出现，“‘真正意义’的‘半殖民地的买办’开始出现了”⑤。张国辉探讨了 19 世纪后期中国钱庄的买办化现象，认为“当中国社会强被推入半殖民地半封建的轨道时，中国的钱庄在买办的媒介下为外国

---

① 陈逸仪. 中国近代农业雇佣劳动的社会性质问题——与朱建同志商榷. 学术月刊，1962 (2)：47－49.

② 孙毓棠. 十九世纪后半叶中国近代工业的发生——“中国近代工业史资料第一辑(1840—1895 年)”序言. 经济研究，1957 (1)：105－141.

③ 李运元. 中国民族资本主义近代工业的产生. 财经科学，1957 (3)：93－113. 夏东元的看法与之基本相同，唯表述略有不同 [论中国民族资本主义的发生. 华东师大学报 (人文科学)，1958 (4)：18－33]。

④ 李时岳. 1895—1898 年中国民族工业的发展. 史学月刊，1957 (12)：14－17；论 1905—1908 年中国民族工业的发展. 人文杂志，1959 (1)：67－78.

⑤ 黎光. 1840—1864 年中国的买办商人. 史学月刊，1957 (1)：11－14.

洋行深入内地推销洋货，搜罗土产，起了极其重大的作用”①。伍丹戈对买办资本进行了严厉批判，认为其“是半殖民地半封建社会中产生的一种特殊的资本形式”，“买办或买办资产阶级就是外国资本在旧中国进行经济侵略和掠夺的代理人”，并且“以帝国主义的侵略和封建主义的剥削作为它自己的存在和发财致富的条件”②。聂宝璋根据对旗昌轮船公司的发展过程的考察指出，“由个别行商的支持到大批买办华商资本的利用，乃是反映早期在华洋行势力的扩张及洋行买办的兴起的一个值得注意的转折点”③。汪敬虞通过仔细梳理 19 世纪外国在华企业的发展情况，进一步指出，“近代中国社会中的买办资产阶级，在很大程度上是通过附股于外国侵华企业的道路成长起来的”④。

（二）改革开放初期的研究状况

进入改革开放初期，在尚未拥有更多思想资源的情况下，半殖民地半封建经济论依然是晚清经济史研究的主导框架。当然，其间还是出现了一些意味深长的变化。首先，围绕这一框架而形成的主要论域有了新的发展。在前述三个论域之外，有关半殖民地半封建经济形态下的国家行为和社会变迁，开始得到学界的认真考察。其次，这一时期的研究导向在一些具体领域也发生了很大变化。除了整体上的批判调门有所减弱外，还特别表现在此时对洋务运动的评价也较前一个时期为高。可以说，洋务运动研究在 1980 年代中期以后一度成为热点。

在帝国主义经济侵略及其影响这一论域中，这一时期引人瞩目的第一个主题是关于在华外资企业经营活动的研究。其中第一组文章所关注的是清末进入中国的国际托拉斯英美烟公司。汪熙在 1976 年发表的文章中指出，该公司“在中国扩张与垄断的过程，实际上就是一个国际垄断资本行使和扩大不平等条约的特权迫使中国加速殖民地化的过程”⑤。在另一篇文章中，他又用翔实的数据证明，英美烟公司“在殖民地、半

① 张国辉. 十九世纪后半期中国钱庄的买办化. 历史研究，1963 (6)：85－98.

② 伍丹戈. 论旧中国买办资本的寄生性. 光明日报，1964－07－01 (4)；论旧中国买办资本的落后性和反动性. 光明日报，1964－08－12 (4).

③ 聂宝璋. 从美商旗昌轮船公司的创办与发展看买办的作用. 历史研究，1964 (2)：91－110.

④ 汪敬虞. 十九世纪外国侵华企业中的华商附股活动. 历史研究，1965 (4)：39－74.

⑤ 汪熙. 从英美烟公司看帝国主义的经济侵略. 历史研究，1976 (4)：77－95.

殖民地所榨取的垄断利润，其利益之丰厚远远超过了它在自己本国可能达到的水平"①。张仲礼则在谴责该公司进行经济掠夺的同时，也提到这类外资企业"客观上也起了传播最新技术及科学管理方法的作用"②。这是以前未曾有过的现象。第二组文章所关注的外资企业是英国沙逊集团。张仲礼等揭示出，五口通商后鸦片走私公然盛行，"沙逊集团就是靠高额的鸦片利润发迹起来的"，正是这种巨额利润，"为它在印度经营的纺织业，在上海经营的房地产业以及后来在上海进行的工业等方面的投资奠定了坚实的基础"③。此外，聂宝璋详细探讨了 19 世纪中期在华洋行的扩张活动，指出"外来势力以武力征服清封建统治者，从而首先在政治上把中国变成为半殖民地国家"，这就使"以暴力方式对中国进行掠夺乃是这一历史时期在华洋行势力扩张的基本特点"④。

有关金融、海关和对外贸易的研究，构成了帝国主义经济侵略领域的第二类主题。在金融方面，金世铸在 1977 年发表文章，批判沙俄于 1895 年成立的华俄道胜银行本质上不仅"是一个妄图垄断中国财政金融、控制中国国民经济命脉的殖民地银行"，而且"还是一个侵略中国的情报间谍机构"⑤。汪敬虞对在华外资银行的研究更为深入，他在 1983 年发表的两篇长文中，以英国丽如、汇丰两家银行的势力演变为中心，揭示了 19 世纪外国银行侵略中国的特点与过程，明确指出，外国银行在中国的出现是因为"原来附属于商业机构的金融活动，已经越来越不能满足新兴的工业资产阶级扩大殖民地掠夺的要求"，而从 80 年代后期起，特别是进入 90 年代以后，"随着资本输出的地位的日趋重要，政治力量在殖民地银行的经济侵略中，也愈来愈发挥巨

---

① 汪熙. 一个国际托拉斯在中国的历史纪录——英美烟公司在华垄断活动剖析. 复旦学报（社会科学版），1983（5）：55－61.

② 张仲礼. 旧中国外资企业发展的特点——关于英美烟公司资本的积累和超额利润. 社会科学，1980（6）：52－56.

③ 张仲礼，陈曾年. 新沙逊洋行的创立和发展概况——沙逊集团研究之一. 上海经济科学，1984（1）：39－42；鸦片起家的沙逊集团——沙逊集团研究之二. 上海经济科学，1984（2）：38－42.

④ 聂宝璋. 十九世纪中叶在华洋行势力的扩张与暴力掠夺. 近代史研究，1981（2）：94－126；十九世纪六十年代外国在华洋行势力的扩张. 历史研究，1984（6）：80－102.

⑤ 金世铸. 揭开华俄道胜银行的内幕. 历史研究，1977（6）：100－112.

大的作用"①。郑家度介绍了法国金融资本以1875年成立的东方汇理银行为中心，在中法战争后竭力对我国进行金融侵略的事实②。汪熙分析了晚清重工业汉冶萍公司大量举借外债的原因，指出这些外债虽然"对它的生产发展是起了促进作用的"，但是又"具有明显的殖民地性"，最终使外债"成为侵略者肆虐的工具"③。

在晚清海关研究上，贡献最显著的学者是陈诗启。他在20世纪80年代初连续发表了多篇文章，系统揭示了晚清时期中国海关的创设及其发展过程。他明确指出，"中国近代的海关是半殖民地性质的海关。它是帝国主义侵略中国的产物，是帝国主义安置在中国统治结构内部一个极其重要的侵略据点"；到了"自由资本主义向帝国主义过渡时期"，这种半殖民地海关"又为资本帝国主义侵略势力打进中国，开辟了更加广阔的道路，加速了中国社会的半殖民地化"④。在1982年发表的两篇论文中，他又论述了海关总税务司争夺全国鸦片税厘并征与粤海常关权力的斗争，以及海关总税务司趁辛亥革命的爆发侵夺中国海关税款的保管权和动用权的情况，从而进一步具体展现了这种半殖民地海关对中国的危害⑤。另一位在海关方面有深入研究的学者是姚贤镐，其关注的方向是晚清时期中国关税自主权的丧失。他指出，经过两次鸦片战争，"协定关税不仅低于值百抽五，而且外国侵略者还利用子口税、免税、存票和沿岸贸易税等条约特权，使值百抽五的原则也无法切实执行，从而加

---

① 汪敬虞. 从丽如银行的历史看十九世纪外国银行侵略中国的特点和进程//中国社会科学院经济研究所. 中国社会科学院经济研究所集刊：第4辑. 北京：中国社会科学出版社，1983：218-277；汇丰银行的成立及其在中国的初期活动//中国社会科学院经济研究所. 中国社会科学院经济研究所集刊：第5辑，北京：中国社会科学出版社，1983：267-297.

② 郑家度. 中法战争后法国金融资本对我国的侵略. 学术论坛，1983（3）：75-77.

③ 汪熙. 从汉冶萍公司看旧中国引进外资的经验教训. 复旦学报（社会科学版），1979（6）：16-30.

④ 陈诗启. 中国近代海关史总述之一——中国半殖民地海关的创设及其巩固过程（1840—1875）. 厦门大学学报（哲学社会科学版），1980（1）：20-41；中国近代海关史总述之二——中国半殖民地海关的扩展时期（1875—1901）. 厦门大学学报（哲学社会科学版），1980（2）：135-154；论中国近代海关行政的几个特点. 历史研究，1980（5）：65-78.

⑤ 陈诗启. 海关总税务司对鸦片税厘并征与粤海常关权力的争夺和葡萄牙的永据澳门. 中国社会经济史研究，1982（1）：36-51；海关总税务司和海关税款保管权的丧失. 厦门大学学报（哲学社会科学版），1982（4）：1-10.

速了中国经济半殖民地化的过程”①。

对外贸易方面的成果在这一时期数量有限。李伯祥等对鸦片战争前特别是19世纪30年代鸦片进口和白银外流的情况进行了细致考证，对学界长期根据马士的著作所形成的说法提出了订正意见，认为对鸦片进口和白银外流数量都有所高估②。方宪堂考察了鸦片战后至甲午战前中日两国的贸易情况，指出日本采取一系列经济改革政策，“从而比较顺利地摆脱半殖民地危机，推进了日本资本主义的发展，造成对外贸易特别是对近邻中国贸易的优势。而中国则一直处于后进国的地位，最后逐步成为日本的工业原料供应国和它的工业产品的推销市场”③。徐鼎新论述了中英两国于1902年举行“商约”谈判的情况，指出这次谈判是《辛丑条约》的补充和继续，认为这一系列“商约”的签订“让外商沾了许多便宜”，特别是双方达成的“裁厘加税”协议“不过是迎合外国资本家要求，而牺牲华商利益和本国主权的又一次丧权辱国行为”④。秦瑛勾勒了19世纪90年代至一战前外洋纱布的对华贸易情况，指出在“世界资本主义进入了帝国主义阶段”后，“它们对落后国商品市场的竞争也空前地加剧起来”⑤。

最后值得一提的是，有关帝国主义经济侵略及其影响的研究，汪敬虞于1983年出版的《十九世纪西方资本主义对中国的经济侵略》一书，可谓这方面极具代表性的作品。该书汇集了作者从20世纪60年代以来撰写的17篇论文，其中有一部分曾作为单篇论文发表，另有不少内容从未发表过。该书以具体翔实的论述，展示了“自中英鸦片战争到中日甲午战争五十余年间西方资本主义的入侵和中国经济的反应”，强调指出“非法的、破坏中国主权和采用暴力的掠夺，这是鸦片战争以后一个相当长的时期以内外国资本主义入侵中国的一个特点”⑥。

---

① 姚贤镐. 两次鸦片战争后西方侵略势力对中国关税主权的破坏. 中国社会科学，1981(5)：121-144.

② 李伯祥，蔡永贵，鲍正廷. 关于十九世纪三十年代鸦片进口和白银外流的数量. 历史研究，1980(5)：79-87.

③ 方宪堂. 试论1840—1894年中日贸易及其特征. 学术月刊，1982(12)：11-17.

④ 徐鼎新. 1902年在上海举行的中英“商约”谈判. 社会科学，1983(11)：54-57.

⑤ 秦瑛. 第一次世界大战前外洋纱布对华的倾销与角逐. 经济学术资料，1983(11)：30-35.

⑥ 汪敬虞. 十九世纪西方资本主义对中国的经济侵略. 北京：人民出版社，1983：1，3.

对于洋务经济建设的性质及作用，这一时期的研究热情大为提高，评价立场也出现了重大变化。当然，限于认识论和方法论水平，此时进行评价的基准仍然只能在生产关系的范畴之内。这一论域内的第一类研究主题，就是围绕着洋务建设的性质问题展开的。正如有研究者所说，1979年黄逸峰和姜铎合作发表的《重评洋务运动》一文，拉开了改革开放以后重新研究洋务运动的序幕①。这篇论文认为洋务运动“在中国近代史上是一个反动的运动”，虽然“它已带有明显的资本主义性质”，但是“这个资本主义，不是中国民族资本主义，而是和民族资本主义相对立的官僚资本主义，是和外国资本帝国主义及中国封建主义紧密结合着的畸形资本主义，是旧中国半殖民地半封建社会的特殊产物”②。段本洛在同年发表的论文中，根据对洋务派创办的近代工矿交通企业的考察，也认为“洋务派在创办近代企业的同时又给企业造成了限制和束缚，在培植资本主义生产力的同时又阻碍、扼杀了资本主义生产力的发展”③。张国辉于同年出版的《洋务运动与中国近代企业》一书也称，洋务运动“乃是清王朝封建政府投降国际资本帝国主义并和他们相结合的产物”，洋务派则“利用和控制了”兴办资本主义近代企业的潮流，“力图把它纳入为巩固封建统治的轨道”④。

这种否定大于肯定的看法，立即遭遇了相当普遍的反对意见。如徐泰来针对黄逸峰等人的文章指出，洋务运动“是一个具有进步性的运动”，“它揭开了封建中国采用西方资本主义生产方式的序幕。它与封建顽固势力的斗争，实际上是促进中国社会生产力发展还是阻碍这种发展的斗争”⑤。夏东元更提出，“随着洋务运动的发展，资本主义生产方式发生发展了，一方面在经济上对旧的封建生产方式起着瓦解破坏作用，同时，对旧的地主阶级也起着分解的作用”⑥。胡滨等对于洋务运动的评估是以李鸿章为中心展开的。他们认为，“李鸿章积极地从西方引进

① 郭世佑，邱巍．突破重围——中国早期现代化研究．开封：河南大学出版社，2010：91.

② 黄逸峰，姜铎．重评洋务运动．历史研究，1979（2）：58－70.

③ 段本洛．论洋务派创办的近代工矿交通企业．江苏师院学报，1979（1/2）：45－52.

④ 张国辉．洋务运动与中国近代企业．北京：中国社会科学出版社，1979：前言.

⑤ 徐泰来．也评洋务活动．历史研究，1980（4）：19－36.

⑥ 夏东元．洋务运动发展论．社会科学战线，1980（3）：141－151.

先进的军事装备、机器生产和科学技术，不自觉地朝向‘采用资产阶级的生产方式’的道路上前进，这是适应世界潮流、符合中国需要的”①。以“《中国近代史稿》编写组”为名的作者集体，通过对洋务军事工业建设的分析，也表达了一些肯定意见，认为“洋务派的活动，终究给资本主义近代工业在中国出现，造成了一些客观条件和可能”②。之后的丁日初等人则更进一步明确否认洋务企业具有“官僚资本主义”性质，认为这是晚清时期的“国家资本主义”，它“没有垄断性，也没有买办性”，而应该是“民族资本中的国家资本主义企业”③。当时围绕着这场争论，正反两方面都出现了许多论文，但是基本上没有超出上述讨论范围，此处不赘。

这一论域的第二类研究主题，着重从企业管理的角度出发来探讨洋务建设的成效。而这方面研究的重心，集中在对“官督商办”方式的考察上。汪熙在 1979 年发表的文章中，大体坚持了前一个时期的看法，认为官督商办企业虽然“在中国的土地上搞出了一点新的生产力”，但又“在企业外部搞垄断控制，压制自由资本主义的发展”，于是，“这一点点移植过来的生产力终于成为无源之水，无本之木，形成了官僚资本主义的生产关系”，因此，“洋务派移植过来的这点点生产力，是功不抵过的”④。这一时期与此看法大致相同的研究者还有不少。

较早表示不同意见的学者是邹宏仪，他在 1981 年提出，“‘官督商办’的产生有其历史必然性”，这种经营方式“把一部分官僚、买办、官商和绅商吸引或卷入办近代企业的潮流中来”，从而“是产生民族资本的一条渠道”⑤。杨晓敏也论证了“官督商办”形式的“合理性和历史必然性”，认为“‘官督商办’企业在它的早期，对促进中国资本主义的发展，抵制外国资本主义入侵是起到一定的积极作用的”⑥。而汪熙

---

① 胡滨，李时岳．论李鸿章的洋务思想．吉林大学社会科学学报，1980（3）：24－32．

② 《中国近代史稿》编写组．洋务活动：近代军事工业的建立．近代史研究，1981（2）：127－144．

③ 丁日初，沈祖炜．论晚清的国家资本主义．历史研究，1983（6）：157－174．

④ 汪熙．论晚清的官督商办．历史学，1979（创刊号）：95－124．

⑤ 邹宏仪．“官督商办”经营方式在民族资本发展中的作用．人文杂志，1981（1）：73－78．

⑥ 杨晓敏．论洋务运动期间的“官督商办”．社会科学，1982（9）：48－51．

本人在1983年再次论及“官督商办”问题时，也出现了一些微妙变化。他在大力批判了这种经营方式的各种弊端后，却又强调，官督商办企业“毕竟把资本主义的生产关系第一次大规模地移植到中国封建的躯体上，使股份公司这种先进的聚集资本的形式在中国逐步推广，成为疏导社会资金并把它汇集起来从事新式企业活动的阵地”，因此其“资本主义性质的一面还是应该肯定的”。该文最后对于盛宣怀的评价也比1979年的说法有了更多的同情态度①。而“功不抵过”的说法也再没有出现过。同年，汪敬虞在《近代史研究》上发表的一篇文章中，则更加明确地提出，“官督商办企业的演变是中国民族资本现代企业产生的途径之一，我认为这是中国资本主义产生的一个特点，是半殖民地半封建社会中的民族资本主义的一个特点”②。这两位资深学者的表态，足以证明此时学界对于“官督商办”体制的看法发生了根本性改变。

关于洋务企业的具体建设成效，是这一论域的第三类研究主题。至于学界在这方面给出的评价，大致可以分为两种。第一种评价的主要倾向是强调这类企业没有得到应有的发展。如严仲仪认为，在张之洞所办的企业中，虽然“初步出现了全新的机器工业生产，有其一定的进步意义”，但“并未因此触动封建主义的生产关系”③。陈梅龙通过分析上海机器织布局的建设过程，认为该局“实行的是经济垄断和官督商办的方针”，所以“对中国资本主义发展的压抑和阻滞是十分严重的，而且是主要的”④。胡滨等对轮船招商局的判断是，“它是一个资本主义性质的企业，但基本上没有按照资本主义的规律进行经营管理，从而失去了生命力，得不到应有的发展”⑤。林庆元对福州船政局发展情况的评价是，该局的经营形式“决定了船政局的发展，不取决于内部积累，而是依赖于封建财政的固定拨款”，所以实质上“不适于近代机器大生产”⑥。洪

① 汪熙．试论洋务派官督商办企业的性质与作用．历史研究，1983（6）：175-187．

② 汪敬虞．论中国资本主义两个部分的产生——兼论洋务企业和中国资本主义的关系问题．近代史研究，1983（3）：103-128．

③ 严仲仪．略论张之洞洋务活动的经济效果．经济研究，1981（5）：74-79．

④ 陈梅龙．从上海织布局看洋务派经济活动对中国早期民族资本的作用．浙江学刊，1982（3）：36-39．

⑤ 胡滨，李时岳．李鸿章和轮船招商局．历史研究，1982（4）：44-60．

⑥ 林庆元．福建船政局的创办及其发展和衰落．中国社会经济史研究，1983（3）：106-118．

葭管对洋务派的金融活动的评价是，这在“客观上可能带有一些资本主义倾向，但不可能通过办现代银行的实践而促使中国发展资本主义”①。

另一种评价则侧重指出洋务企业的正面成效和积极作用。如夏冬、李茂高等认为，电报局是洋务民用企业中“经营较有成效的企业”②。对于福州船政局的性质与作用，沈传经更加强调其“具有资本主义性质的近代军用造船工业”的一面，并指出其在“促进民用资本主义工业，建立海军和抵御外侮方面，都起了一定的作用”③。陈绛探讨了开平矿务局的经营效果，认为该局“与同时期其他许多煤矿相比较，在经营管理方面具有较高的资本主义化程度，这无疑是它取得成功的一个主要的内在因素”④。姜铎在论述江南制造局的作用时，认为该局“无论近代生产技术的规模，经营管理的现代化，雇佣劳动的制度，以及产品商品化的倾向等等，基本上已是一个从西方资本主义世界移植过来的资本主义近代企业，完全有别于中国封建社会过去长期存在的封建军事工场”⑤。最后，夏东元较为全面地讨论了盛宣怀经营洋务企业的活动及其成效，并给出了一个两分法的评价：一方面，认为其“积极倡行的商本商办，对资本主义发展起了促进的作用，对外国资本主义侵略起着抵制的作用”；另一方面，盛宣怀又推行“商办官办”，也就导致出现“企业由民族性很强的资本主义日益增多地渗透买办性封建性从而向官僚资本主义发展的过程”⑥。

在第三个论域，也就是对于民族资本主义的发生及其特质的探讨上，学界总体上的看法较之前一个时期出现了较大的变化。简单地说，就是这一时期更倾向于正视中国民族资本主义的发展，而不再过多强调其反面作用和软弱性。这一论域中的第一类主题，便是集中探讨了中国资本主义发生的条件问题。在比较宏观的层次上，丁长清主要关注了中

① 洪葭管．洋务派的金融活动．学术月刊，1983（8）：76-81.

② 夏冬．论洋务运动时期的电报局．史学月刊，1982（6）：33-39．李茂高，廖志豪．略论洋务运动时期的电报事业．学术月刊，1982（12）：56-61.

③ 沈传经．论福州船政局．近代史研究，1983（2）：242-257.

④ 陈绛．开平矿务局经济活动试析（1878—1900）．复旦学报（社会科学版），1983（3）：85-93.

⑤ 姜铎．论江南制造局．中国社会经济史研究，1983（4）：103-117.

⑥ 夏东元．论盛宣怀与洋务企业．学术月刊，1982（10）：29-39.

国资本主义工业的发生发展与资本主义萌芽有没有关系的问题，其结论是："外国资本主义的侵入对中国社会经济的发展有着巨大的影响。但它不是'创造'了中国资本主义，而是'促进'了中国资本主义的发展；它并不能完全斩断中国资本主义萌芽，而是阻碍了它的正常的独立的发展"①。在这里，对于外国资本主义所起作用的辩证性评价无疑是一种异乎寻常的风向。汪敬虞则更加强调外国资本主义对于中国的异质性及其根本性影响。他明确认为，"西方技术的引进，这是引进了封建的生产关系不能容纳的一种新的社会生产力"，所以，"中国资本主义现代企业的发生"和"外国资本主义对中国的入侵，外国生产技术对中国的引进，是分不开的"②。

另外一组论文从较为具体的层次上探究了晚清时期中国资本主义的具体发展情况。张国辉对辛亥革命前中国资本主义发展的总体情况进行了概括，指出从 19 世纪 70 年代到 20 世纪初，"从国民经济若干部门的变化来看，中国民族资本主义虽然由于内外反动势力的压迫，未能正常发展，但又总是在坎坷历程中，顺应历史发展方向缓慢地前进"③。樊百川集中考察了 20 世纪初期中国资本主义发展的特点，认为此时"第一次在全国大部分地区产生和形成了一个改造旧有手工业与设立新式手工工场的浪潮，使中国的手工业开始进入以大机器工业为中心的资本主义工场手工业阶段"④。至于从各个地区出发论述资本主义工业发展情况的研究，此时业已蔚然成风，不胜枚举。其中比较有新鲜内容的研究大多来自经济相对发达的江浙地区。如于醒民等注意到，19 世纪 60 年代的上海轮运业是"中国资本主义的一个畸形摇篮"，投资于轮运业的上海华商"正是它的畸形产儿，从本质上看属于中国的早期资本家"⑤。黄汉民对甲午战争前夕上海地区民族资本近代机器工业投资规模进行了

---

① 丁长清．中国资本主义工业发生问题初探．南开学报（哲学社会科学版），1980（3）：31－36.

② 汪敬虞．略论中国资本主义产生的历史条件．历史研究，1984（2）：95－109.

③ 张国辉．辛亥革命前中国资本主义的发展．近代史研究，1982（2）：192－218.

④ 樊百川．二十世纪初期中国资本主义发展的概况与特点．历史研究，1983（4）：11－24.

⑤ 于醒民，陈兼．十九世纪六十年代的上海轮运业与上海轮船商．中国社会经济史研究，1983（2）：83－99.

估算，认为“上海民族机器工业在它的发生时期得到了较快的发展”，其“拥有的技术装备已初具一定水平”①。

关于中国民族资产阶级的产生问题，是这一论域中的第二类研讨主题。林增平认为，“在中国近代企业兴起阶段，民族资产阶级还不能说已经形成为一个阶级”，而从1895年到第一次世界大战前，“是中国资本主义的初步发展阶段。由于这种发展，民族资产阶级开始形成为一个独立的社会阶级”②。汪敬虞指出，中国资产阶级的产生“是在资本主义生产关系正式建立之后”，而民族资本最初产生于“依附侵略势力的买办势力中”，这“又使新生的中国资本主义企业和外国资本势力不能不发生先天的依存关系”③。洪葭管则从借贷资本兴起的角度来探讨中国资产阶级的形成问题，提出“金融业资产阶级的出现和形成一股力量，标志着中国民族资产阶级的已经形成并且有了完整的形态”④。

围绕中国资产阶级的产生问题，专门就买办群体开展的探讨始终是一个重点内容。聂宝璋在1979年出版的论述买办阶层的专著，因系早年的旧稿，所以其中仍将之称为“外来资本主义势力和中国封建社会势力相结合的产物”⑤。而陈诗启、章文钦等人的研究表明，80年代对买办群体的负面看法也还有一定的市场⑥。不过，这一时期对买办群体的正面评价越来越多了。汪熙强调，19世纪70年代“买办转化到官督商办企业中的这一事实”，“标志着一代民族资本的兴起与发展”，而“买办一经转化为民族资本家以后，现实的经济利益决定他们自然要同外国资本发生矛盾，迫使他们在很大程度上放弃买办的立场”⑦。汪敬虞也

---

① 黄汉民. 甲午战争前夕上海民族工业资本近代机器工业投资规模的估计. 上海经济科学，1984（1）：42－46.

② 林增平. 中国民族资产阶级形成于何时？——近代中国资产阶级刍论（三）. 湖南师院学报（哲学社会科学版），1980（1）：38－43.

③ 汪敬虞. 试论中国资产阶级的产生. 中国社会科学，1981（5）：105－119.

④ 洪葭管. 从借贷资本的兴起看中国资产阶级的形成及其完整形态. 中国社会经济史研究，1984（3）：13－23.

⑤ 聂宝璋. 中国买办资产阶级的发生. 北京：中国社会科学出版社，1979：1.

⑥ 陈诗启. 论鸦片战争前的买办和近代买办资产阶级的产生. 社会科学战线，1982（2）：148－158. 章文钦. 从封建官商到买办商人（清代广东行商伍怡和家族剖析）（上、下）. 近代史研究，1984（3）：167－197；（4）：231－253.

⑦ 汪熙. 关于买办和买办制度. 近代史研究，1980（2）：171－216.

指出，“买办资本从流通领域向生产领域的转化，从附着于外国企业到自办企业的转化”，“代表着买办资本向民族资本的转化……这是历史的进步”①。王水通过对清代买办收入情况及其使用方向的分析，认为“买办资本转化为民族工业资本，它的性质就发生了根本的变化，现实的经济利益，注定它必然同帝国主义资本发生矛盾”②。丁日初等探讨了买办在洋务运动中的作用，更进一步指出，“买办出身的人投资经营官督商办企业，并没有导致‘买办官僚化’，而是一种历史进步行为”③。显然，对买办的这种评价，与此时对民族资产阶级的正面评价之间存在着明显的同步关系。

这一论域中最后一类研讨主题，是对发展中国资本主义思想的考察。在这方面，学界对洪仁玕、郑观应等人的经济思想的探讨具有一定的代表性。关于洪仁玕的发展资本主义的思想，在新中国成立后 17 年中就曾得到过注意。如李竞能认为，《资政新篇》的经济思想“在实质上是一种资本主义的经济思想，对当时的中国来说未免过于早熟的资本主义思想”④。然而，在当时环境下，这种看法仅是昙花一现。1978 年以后，学界对洪仁玕的资本主义思想不仅倍加关注，而且纷纷给予高度评价。如闻平称洪仁玕提出了“发展资本主义的政纲，反映了历史的趋势，无疑是一个进步的主张”⑤。黄绮文也宣称，《资政新篇》是“一个以资本主义生产方式代替小农经济的太平天国革新政纲”⑥。林庆元称，“《资政新篇》所规定的是一个以近代生产力为基础的资本主义蓝图”⑦。姜秉正更是基于洪仁玕在《资政新篇》中“提出了一整套具有资本主义

---

① 汪敬虞. 关于民族资本现代企业发生问题的讨论——续一封没有写完的信. 近代史研究，1982 (1)：175－187.

② 王水. 清代买办收入的估计及其使用方向//中国社会科学院经济研究所. 中国社会科学院经济研究所集刊：第 5 辑. 北京：中国社会科学出版社，1983：298－324.

③ 丁日初，杜恂诚. 买办与洋务企业. 历史研究，1984 (5)：19－34.

④ 李竞能. 论洪仁玕的资政新篇. 历史研究，1959 (12)：1－13.

⑤ 闻平. 读洪仁玕的《资政新篇》. 南京大学学报（哲学社会科学版），1978 (2)：68－72.

⑥ 黄绮文. 评洪仁玕的《资政新篇》——纪念《资政新篇》颁行一百二十周年. 安徽师大学报（哲学社会科学版），1979 (3)：63－70.

⑦ 林庆元. 洪仁玕和他的《资政新篇》. 历史教学，1979 (5)：21－24.

特色的施政方略”，从而将之称为“我国第一个近代化方案”①。作为近代思想家、买办和洋务企业家的郑观应，其经济思想在改革开放初期引起了不少注意。吴其敬便称郑观应是“早期资产阶级的思想家”，其在企业管理问题上的认识，“实质上是要摆脱封建束缚，为发展民族资本主义开辟道路，这在当时是进步的”②。史全生也提出，“郑观应的经济思想也是十九世纪七八十年代民族资本主义产生以后的必然产物”③。郑学益视郑观应为“我国初期资产阶级改良派”，并称其提出的“商战论”是“反对帝国主义经济侵略的学说”④。毫无疑问，这些评价都是新时代氛围下的产物。

半殖民地半封建经济形态下的国家与社会是改革开放以后才衍生出来的一个论域。在新中国成立后 17 年间，学界在探讨半殖民地半封建经济形态时，很少将清代国家和社会作为独立的考察对象，这当然是一个很大的缺憾。到了这一时期，学界开始注意到此时清朝政府作为历史行动者的存在——尽管仍是以负面评价为主。如彭泽益系统探讨了清廷在太平天国战争时期应对财政危机的举措，认为这种战时财政“给社会政治经济各方面带来了种种的严重后果”，“从上层建筑到经济基础，越发显现它给中国封建社会向半封建半殖民地转化这一过程以极深刻的影响”⑤。刘克祥通过对太平天国战后清廷财政政策的详细考察，认为这种政策及其实施结果“不但使财政危机、经济破坏和人民贫困加剧，而且使整个中国社会一步步走上了半殖民地化的道路”⑥。可以说，除了细节表述上略有出入之外，当时学界论述晚清财政问题的思路无逾于

---

① 姜秉正. 洪仁玕“新政”的资本主义特色——谈我国第一个近代化方案. 人文杂志，1981（1）：39-46.

② 吴其敬. 郑观应的企业管理思想. 理论与实践（纪念“五四”运动六十周年增刊），1979（2）：126-134.

③ 史全生. 论郑观应的经济思想. 南京大学学报（哲学社会科学版），1980（2）：39-46.

④ 郑学益. 郑观应的商战论. 经济科学，1984（2）：70-76.

⑤ 彭泽益. 19 世纪 50 至 70 年代清朝的财政危机和财政搜刮的加剧. 历史学，1979（2）. 转引自彭泽益. 十九世纪后半期的中国财政与经济. 北京：中国人民大学出版社，2010：104-133. 彭泽益关于晚清财政的系列研究论文，大都收入了该书。该书最初由人民出版社于 1983 年出版。

⑥ 刘克祥. 太平天国后清政府的财政“整顿”和搜刮政策//中国社会科学院经济研究所. 中国社会科学院经济研究所集刊：第 3 辑. 北京：中国社会科学出版社，1981：65-121.

此。而张振鹍探讨清末币制问题的主导思路也毫无二致，因为他认为，“币制混乱的根源，在于清朝的封建统治和帝国主义侵略所造成的中国的半殖民地化”①。当然，这一时期对清政府经济举措的正面评价也有所见。至于其判断依据，则是促进资本主义发展。如施仁章认为，清廷在20世纪初提出了奖励工商业的政策，“在客观上曾对……中国民族资本主义工业的迅速发展，起了一定的作用”②。沈祖炜探讨了清末商部和农工商部的设立及作用，对其给出的评价是，“它们所实行的政策是符合近代资本主义发展的要求的”③。这种情况，算得上是此时出现的一种新气象。

半殖民地半封建经济形态下的中国社会，在这一时期也得到了更为细致的研究。范文耀考察了19世纪末20世纪初江浙农村经济的变化，指出其间的主要趋势是，“通过商品经济的渠道，把农村副业纳入为资本主义新式工业服务的轨道，使之成为半殖民地经济的一部分”④。黄逸平分析了清末中国自然经济解体的程度，指出中国自然经济解体的不充分，决定了资本主义近代工业前提条件的形成很不充分，而这种不充分性“又是帝国主义侵略所造成的中国资本主义不发展和封建主义居优势地位底结果”⑤。李文治根据清代后期各种类型农业经营的发展情况，指出此时“中国经济作物的发展不仅取决于中国经济发展的需要，也由于外国资本主义侵略的需要”，所以“近代中国农产商品化及农业大经营的发展过程，同时也是中国农村经济半殖民地化的形成过程”⑥。戴鞍钢论述了五口通商后中国外贸中心从广州转到上海的问题，提出这是“和上海最先沦为中国第一批半殖民地性质的城市这一历史背景分不开的”⑦。李国环认为，五口通商后，江南地区“蚕丝商品生产在农家经

---

① 张振鹍. 清末十年间的币制问题. 近代史研究，1979 (1)：249-287.

② 施仁章. 清末奖励工商实业政策及其影响. 中国社会经济史研究，1982 (2)：78-84.

③ 沈祖炜. 清末商部、农工商部活动述评. 中国社会经济史研究，1983 (2)：100-110.

④ 范文耀. 清末江浙农村经济发生的新变化. 南开史学，1982 (1)：209-224.

⑤ 黄逸平. 十九世纪末二十世纪初中国自然经济解体的程度. 学术月刊，1982 (9)：16-22.

⑥ 李文治. 论清代后期各种类型农业经营的发展及其社会性质//中国社会科学院经济研究所. 中国社会科学院经济研究所集刊：第5辑. 北京：中国社会科学出版社，1983：225-266.

⑦ 戴鞍钢. 五口通商后中国对外贸易重心的转移. 史学月刊，1984 (1)：48-53.

济生活中愈来愈占重要地位”的现象，意味着“加速了江南地区农村自然经济的解体和商品经济的发展，使得江南地区社会经济的半殖民地半封建化程度逐渐加深”①。

到了1990年以后，对于普通读者来说，要想比较快地也比较全面地了解半殖民地半封建经济论的基本框架及内容，基本上不需要一一浏览前述大量成果，而只要抓住面世不久的两种集大成之作就够了。第一种著作是“中国近代经济史”系列于1989年推出的第一部，其时限是1840—1894年，由严中平主编。第二种著作是许涤新、吴承明主编的《中国资本主义发展史》于1990年出版的第二卷《旧民主主义革命时期的中国资本主义》，其时限大致为1840—1913年。这两种著作都集结了一批学养精深的作者，全书都有着严密而庞大的结构，也都有各自鲜明的特点。就具体内容而言，两书有许多重合之处，但在观点上，两书又充分反映了对于半殖民地半封建经济论的不同侧重。严中平主编的著作虽然是1989年出版的，但其实该书的编纂立足于五六十年代的研究基础之上②。因此，该书基本上代表着新中国成立后17年间关于半殖民地半封建经济的主流看法。相对而言，《中国资本主义发展史》（第二卷）更多地体现了改革开放初期的新气象，对于诸如外国在华投资、洋务企业建设、民族资本主义发展等问题，都给出了辩证性的评价③。不过，就在这两部著作出版之时，半殖民地半封建经济论在学界的实际影响已经处于下行线了。而导致其影响下滑的一个主要原因，就是现代化范式在国内学界的兴起。

① 李国环. 论五口通商以后江南地区蚕桑业的发展及其影响. 浙江学刊，1984（3）：66-70.

② 严中平在该书“编辑说明”中特地说明了这一点［中国近代经济史（1840—1894）. 北京：人民出版社，1989］。

③ 对此，可参见吴承明在“导论”中的论述［许涤新，吴承明. 中国资本主义发展史：第二卷. 北京：人民出版社，1990］。

第三章　现代化范式主导下的清代经济史研究

进入 20 世纪 80 年代，国内经济史学界中的敏锐之士逐渐意识到，过度偏重生产关系的线索而忽视生产力因素，无疑是一种没有充分贯彻辩证唯物主义和历史唯物主义的认识思路。恰在此时，随着改革开放的推进，注重生产力指标的现代化理论在新一轮“西学东渐”的大潮中传入中国，并迅速得到了广泛的传播，这无疑为经济史学界的反思提供了十分合适的理论武器。应该承认，最早应用现代化理论框架来考察清代经济史，是由美国中国史学界率先尝试的。就中文学界而言，台湾学界因其与美国学界的特殊关系，也在 20 世纪 50 年代起就出现了以现代化为路径的清代经济史研究。与之相比，中国大陆学界在清代经济史研究中应用现代化视角虽然较晚，但不仅在不长的时间内便形成了可观的学术积累，更是将现代化思路贯穿了整个清代时期。正是在现代化思路的引领下，清代经济史研究的问题意识被重新塑造，市场经济论、产业经济论和经济现代化论成为诸多具体研究自觉不自觉的指导框架。其中，市场经济论和产业经济论主要应用于对清代前期经济内容的研究，经济现代化论则主要应用于对晚清经济史的研究。正是在这个意义上，可以说现代化对于清代经济史研究具有了范式意义。最晚到 20 世纪末，现代化范式已成为清代经济史领域内最具影响的框架。直到如今，以现代化为导向的研究成果依然层出不穷，但就理论认识层面而言，无疑已经令人有些审美疲劳了。

第一节　市场经济论

虽然“现代化”这一概念始终没有经典定义，但是一般来说，将之与处于近代时段内的晚清经济史联系起来还比较容易理解。那么为何以及如何能够在清代前期经济史研究中出现对现代化范式的应用呢？对于这一问题，吴承明给出了迄今为止最为明确的解释。他指出，中国经济史研究中先前出现过的“现代化即工业化”、“现代化即西方化”以及“现代化即资本主义化”等假说，都存在明显的缺陷。他发现我国“市场和商业的重大变革也是始于16世纪”，故而“用市场和商业研究现代化因素，符合这个时期需求牵动生产的历史”。他认为，这可以形成一种“现代化即市场经济”的假说①。稍后更明确提出，“从传统经济向市场经济的转变过程实即经济现代化或近代化的过程”，而“中国市场的转化也是从16世纪……开始的”②。至于这种“市场经济论”视角在清代前期经济史研究中的主要体现，大体可以归结为三大论域，即市场发育与商品流通、商品化与商业的发展、商人的经济与社会作用。值得指出的是，虽然其中不少经验内容也曾在封建经济论和资本主义萌芽论中出现过，但这里的评价与那里已经完全不同了。

根据上述认识，可以说，“市场经济论”思路在清代经济史中的应用，早在20世纪50年代就在中文学界出现了③。在国内学界奉生产关系为圭臬的时代，以全汉升、王业键等为代表的台湾学人，已经开始以市场为基准，对清代前期经济中的物价、贸易等问题展开了探讨。1957年，全汉升发表了《美洲白银与十八世纪中国物价革命的关系》一文，十分典型地展现了其市场化思维。他根据对物价资料的统计，发现“十

---

① 吴承明. 现代化与中国十六、十七世纪的现代化因素. 中国经济史研究，1998 (4)：3-15.

② 吴承明. 中国的现代化：市场与社会. 北京：生活·读书·新知三联书店，2001：26-27.

③ 对于这一时期台湾学者发表的具有现代化思路的英文论文，因系主要面向西方读者，本书从略。

八世纪下半叶物价激剧上涨的趋势，并不以米价为限，就是其他物品的价格也都向上升涨”，所以他将这种“长期停留在较高水准之上的大变动”称为“十八世纪的中国物价革命”。他进而指出，此时出现物价革命的一个主要原因，应是中国的对外输出在“国际市场扩展得非常之快”，导致“外国白银大量流入”①。鉴于清代米价资料的丰富性，全汉升、王业键后来又研究了不同时期、不同区域的米价，对前述关于物价的看法进行了深化②。到六七十年代之交，全汉升又对中国的贸易状况进行了较多关注。他在探讨清中叶苏州城市经济繁荣的原因时，认为“那里米粮贸易的发展可说是其中一个重要的因素”，当时“在苏州市场上买卖的食米，并不以长江三角洲的产品为限，而且老远的来自长江中上游广大的稻米产区”③。另外，他又根据对明清时期中国丝货运销美洲情况的考察，强调“在近代西方工业化成功以前，中国工业的发展，就它的产品在国际市场上的竞争能力来说，显然曾经有过一页光辉灿烂的历史”④。虽然这些研究的质量至今仍值得肯定，但是台湾学界的研究规模毕竟有限，所以“市场经济论”在清代经济史研究中真正大行其道，是在 20 世纪 80 年代以后的大陆学界。

（一）市场发育与商品流通

“市场经济论”在清代经济史研究中渐成气候的首要表现，便是市场发育与商品流通问题成为学界的热点问题。其中，围绕着清代前期市场机制的作用所展开的探讨，在某种意义上，昭示了清代经济史研究中对市场的“路径依赖”开始成型。在这方面，吴量恺是较早的代表。他在 1986 年便提出要重视清代前期国内市场的发展问题，认为“清代前期不断发展的统一的历史趋势，是和我国从区域性的地方市场发展成为

---

① 全汉升. 美洲白银与十八世纪中国物价革命的关系. 历史语言研究所集刊：第 28 卷下，1957：517-550.

② 这方面的代表性论文有：全汉升，王业键. 清雍正年间的米价. 历史语言研究所集刊：第 30 本上，1959：157-186；全汉升，王业键. 清中叶以前江浙米价的变动趋势. 历史语言研究所集刊外编：第 4 种，1960：509-515；全汉升. 乾隆十三年的米贵问题//庆祝李济先生七十岁论文集. 台北：清华学报社，1965：333-352；全汉升. 清康熙年间江南及附近地区的米价. 香港中文大学中国文化研究所学报：第 10 卷上册，1979：63-104.

③ 全汉升. 清朝中叶苏州的米粮贸易. 历史语言研究所集刊：第 39 本下，1969：71-86.

④ 全汉升. 自明季到清中叶西属美洲的中国丝货贸易. 香港中文大学中国文化研究所学报，1971，4（2）：345-370.

全国性市场的趋势相适应，并以此为基础的”①。方行于次年强调，“清代前期，粮食作物、经济作物以及农民家庭手工业中的商品生产都在发展，农村市场更具有重要意义”，并且这时的“农村市场形成了以市镇为骨干、与墟集相串联的、多层次的市场网络”②。进入90年代，市场机制对于理解清代经济的重要性，得到了更多的重视和阐述。刘秀生就乐观地认为，到清代中期，“生产的分散、贩运的集中、零售的分流，促使商品市场结构发生重大变化，形成了商品收购市场、商品集散市场和商品零售市场的相互关联、功能各异的三级市场结构”③。姜守鹏等更加乐观地称，“明清时期的国内市场，已经形成了包括农村集市、城镇市场、区域性市场、全国性市场在内的市场网络，市场的三大支柱商品市场、劳动力市场和金融市场均已出现，市场体系的雏形也已初步形成”④。

另外一组文章则较多涉及了清代市场机制的发展水平问题。沈定平通过发掘明清之际中国商人在马来群岛发行货币铅钱的历史，认为这“不是一个孤立的行为，它是在统一的国内市场的支持下，为适应中国国内市场向外扩展的需要，并围绕着国内商品经济发展的要求而进行的”⑤。周祚绍论述了清代漕运对于国内市场发展的影响，认为漕运“活跃了市场经济”，“在一定程度上有利于国内市场的形成”⑥。许檀系统探讨了明清时期农村集市的发展状况，认为此时农村集市出现了“大规模发展”，“正是由于这一农村集市网的形成，才能沟通城乡市场，使商品流通几乎覆盖全国每一个角落”⑦。饶有趣味的是，纵然一些质疑清代市场发达状况的声音，其实也暗中承认了市场机制的中心地位。例如，陈春声等通过深入揭示清代经济运行中两个与市场机制密切相关的现象，即“农户经济活动的非市场导向性”和“整体市场活动的非经济

---

① 吴量恺. 清朝前期国内市场的发展. 社会科学辑刊，1986（2）：36－43.

② 方行. 清代前期农村市场的发展. 历史研究，1987（6）：78－93.

③ 刘秀生. 清代中期的三级市场结构. 中国社会经济史研究，1991（1）：91－99.

④ 姜守鹏，刘慧文. 明清时期的国内市场. 史学集刊，1995（2）：52－57.

⑤ 沈定平. 关于中国商人在马来群岛发行货币铅钱的考察——明清之际国际市场与国内市场相互联系和影响的一个实例. 中国经济史研究，1992（3）：44－56.

⑥ 周祚绍. 清代前期漕运及其对国内市场的影响. 山东大学学报（哲学社会科学版），1994（1）：55－62.

⑦ 许檀. 明清时期农村集市的发展. 中国经济史研究，1997（2）：21－41.

导向性”，深刻反思了此前关于中国传统社会市场机制与社会变迁关系的通行研究思路，进而更提出“只有把市场置于广阔的社会文化背景下进行研究，才能更接近真实地重建历史”①。

在市场发育成为问题意识的驱动下，对于清代区域市场发展情况的探讨很快构成了学界又一个较为突出的主题。这方面成果繁多，为简便起见，仅就研究较多的岭南、长江中下游和华北等区域略加介绍即可见一斑。叶显恩是较早开始关注岭南地区的市场发展的学者，他在论述广东水运体系的作用时就强调“水运使广东的商品进入国内各地市场，乃至国外市场。市场的力量又促进了广东商品经济的发展”②。罗一星进一步论证了清代岭南地区市场的重大发展。其一是该地区出现了两大中心市场——广州和佛山——并存的局面，它们“一头连接海外市场，一头连接省内、国内市场”；其二则是该区域出现了三种不同分布形态的市场中心地及其周围地区，“亦即所属的市场圈，构成了一个河海相连、地括两广的市场网络”③。此外，陈铿考察了明清时期福建农村市场的发育，认为当时已“形成地方小市场的网络，以定期墟市为主干的诸种农村市场商业活动成为联络、活跃福建各地社会经济生活的一根动脉”④。

关于长江中游区域的市场发展，汉口是较早被关注的地区之一。陶建平认为，“明清时期汉口商业经济已形成为自市场、集市贸易、转输至管理诸系统的完整的网络体系”⑤。石莹指出，汉口镇作为清前期国内四大市场之一，其基础在于它“是一个以中转贸易为主，具有多种功能的复合性商品市场”⑥。沿着这种研究思路，更多低级市场也得到了发掘。如陈关龙论述了明清时期沙市商品市场的发展情形，发现“一些小的集市贸易在沙市周围出现，从而形成了以沙市商品贸易为中心的荆

① 陈春声，刘志伟．清代经济运作的两个特点——有关市场机制的论纲．中国经济史研究，1990（3）：84－89.

② 叶显恩．清代广东水运与社会经济．中国社会经济史研究，1987（4）：1－10.

③ 罗一星．清代前期岭南二元中心市场说．广东社会科学，1987（4）：82－92；试论清代前期岭南市场中心地的分布特点．广州研究，1988（9）：48－53.

④ 陈铿．明清福建农村市场试探．中国社会经济史研究，1986（4）：52－60.

⑤ 陶建平．明清时期汉口商业网络的形成及其影响．华中师范大学学报（哲学社会科学版），1989（1）：54－59.

⑥ 石莹．清代前期汉口的商品市场．武汉大学学报（社会科学版），1989（2）：81－87.

沙市场网络体系”[①]。曾学优则表示，清代赣江中游地区“粮食商品率高于江西其他地区，经济作物和手工业生产亦有所发展，这促进了赣中地区农村市场的繁荣”[②]。对于长江下游区域的市场发展，较早的代表性成果多以江南地区为中心。陈忠平高度评价了明清时期江南地区市场的发展水平，认为此时“已经初步形成了具有多重层次系列，并有多样内在联系的市场等级体系”，它“既是统一的地区性市场体系，也是全国市场的重要组成部分”[③]。张海英也强调，“商品市场从原来分散的市场格局发展为网状市场体系，市场功能从民众日常生活的平衡点上升到地区经济发展的重要调节器，这是明清（特别是清代），江南地区商品市场功能的重大飞跃”[④]。唐文起考察了鸦片战争前江苏地区农村市场的发展情况，认为此时的农村市场已经出现了“是按照商品经济规律运行的，不受行政区划的限制和政府的干预”的趋势[⑤]。

华北及其他地区的市场发展同样引起了学界的注意。徐浩对清代华北农村市场的面貌进行了勾勒，认为“占据优势地位的定期集市、不平衡发展的大集以及季节性的庙会，共同组成清代华北农村的市场体系”[⑥]。龚关归纳了明清以降华北地区集市的发展特色，认为“华北定期集市在华北区域市场中有着举足轻重的地位，它不仅是初级市场的重要组成部分，而且是中级市场的重要依托，这是江南留存下来的集市贸易所不可比拟的”[⑦]。杜海斌分析了晚清时期关中地区市场的发展状况，认为当时“已经形成了比较完整的市场体系，从墟集、市镇、区域中心

---

① 陈关龙．明清时期沙市商品市场探索．华中师范大学学报（哲学社会科学版），1989（1）：67－72.

② 曾学优．清代赣江中游地区农村市场初探——一个典型农业地区的农村市场结构．中国社会经济史研究，1996（1）：38－50.

③ 陈忠平．明清时期江南地区市场考察．中国经济史研究，1990（2）：24－40.

④ 张海英．明清时期江南地区商品市场功能与社会效果分析．学术界，1990（3）：44－50.

⑤ 唐文起．鸦片战争前江苏地区农村市场简论．中国社会经济史研究，1992（1）：65－71.

⑥ 徐浩．清代华北的农村市场．学习与探索，1999（4）：131－136.

⑦ 龚关．明清至民国时期华北集市的比较分析——与江南、华南等地的比较．中国社会经济史研究，2000（3）：30－35.

市场到庙会节日市场，由小到大构成了一个比较完整的市场网络”①。这种从市场发育来表述地方经济发展的思路，同样也可以应用于边远地区。如王致中就指出，“自明末至清中叶前期，随着西北社会经济的发展，亦出现了若干地方性的城市中心市场及普遍的集镇贸易市场，承担着地方商品交换的任务，在西北社会经济生活中起着重要租用”②。刘云明也从清代云南地区辨识出了农村市场的类型及功能，指出“清代确为云南农村专业市场发展的重要时期”③。

围绕着市场发育问题而形成的第三类主题，是对要素市场的研究，具体说来主要就是对于生产资料、劳动力市场的研究。许檀等早在80年代就以山东地区为中心来探讨生产资料市场的作用④。许檀尤其揭示了清代山东牲畜市场存在着的两种形式，认为“这两种不同类型的牲畜市场相辅相成地构成山东地区牲畜市场的统一体，很好地保证了该地区牲畜的供给与调剂”⑤。邓亦兵考察了清代手工业和农业生产资料的运销情况，指出完成再生产过程所需要的生产资料都离不开市场，“这正是生产资料在全国范围内流通的普遍性和广泛性的原因所在”⑥。在劳动力市场方面，张海英所论内容虽仍是明清时期江南地区手工业和农业中的雇佣劳动，却一再强调这是对江南劳动力市场的一项研究⑦。姜守鹏同样在分析雇佣关系变化的基础上，指出明清时期北方地区劳动力市场不仅“已经形成并有所发展”，而且“已经形成了市场价格”⑧。当然，在学术范式的过渡时期，这也是可以理解的现象。

专业市场的发展情况构成了市场发育问题之下的第四类主题。刘秀

---

① 杜海斌. 略论晚清时期关中市场的发展状况. 西北大学学报（哲学社会科学版），1999（4）：114－118.

② 王致中. 清代甘宁青市场地理考. 西北史地，1986（2）：54－62.

③ 刘云明. 清代云南农村市场探析. 云南民族学院学报（哲学社会科学版），1995（2）：9－14.

④ 许檀，经君键. 明清时期山东生产资料市场初探. 中国经济史研究，1988（4）：44－58.

⑤ 许檀. 清代山东牲畜市场. 中国经济史研究，1988（2）：72－83.

⑥ 邓亦兵. 清代前期某些生产资料的运销. 首都师范大学学报（社会科学版），1997（1）：63－69；清代前期某些农业生产资料的运销. 中国农史，1998（4）：49－58.

⑦ 张海英. 明清江南地区劳动力市场探研. 历史教学问题，1991（1）：16－18.

⑧ 姜守鹏. 明清时期的北方劳动力市场. 东北师大学报（哲学社会科学版），1995（4）：85－90.

生较早探讨了清代棉布市场的变迁对江南棉布生产的影响，认为江南棉布在清中期即告衰落的原因是，“它既不能造成外部市场，也不能造成内部市场，它只能利用和适应既成的市场销售商品。这在棉纺织业日益普及的情况下，江南棉布市场只能缩小，不能扩大”①。张海英则在棉布市场之外，还分析了棉花市场对于江南棉纺织业衰落的重要影响，认为北方棉纺业的兴起“导致棉花市场商品流向的改变，棉花的长距离贩运贸易减少，大量的北花南运现象不复存在”②。郭松义考察了清代前期粮食市场的发展情况，指出较为固定的粮食集散线路和多级粮食市场网络已经形成，“就全国来看，粮食市场已遍布于城乡各地”③。孙竟昊探讨了明清时期江南地区商品市场的结构及特色，认为商品性生产的充分发展，使得该地区的商品经济“以市场为枢纽”，形成了“具有一定内在经济关联、粗具近代涵义的经济区”④。陈学文认为，明清时期出现的与江南经济文化发展相适应的文化图书市场，“有利于缔造繁荣发达的江南经济文化区域”⑤。

有关市场网络与城市发展的研究，是市场发育问题之下的第五类主题。张忠民探讨了清前期上海港的发展情形，指出上海港“不仅早在跨入近代之前已经形成，而且在嘉道年间已经发展成为国内南北洋沿海贸易的枢纽”⑥。吴松弟进一步指出，自“清康熙年间解除禁海令”后，“以江南为首要腹地并居我国海岸线中端的上海港借助于南、北两翼沿海贸易的发展”，“在鸦片战争前就已具备成为全国最大港口的腹地条件和经济基础”⑦。吴量恺考察了清代湖北沿江口岸地区城市转运贸易的

① 刘秀生. 清代棉布市场的变迁与江南棉布生产的衰落. 中国社会经济史研究，1990 (2)：54－61.

② 张海英. 明清江南地区棉布市场分析. 华东师范大学学报（哲学社会科学版），1991 (1)：58－63；明清江南地区棉花市场分析. 上海社会科学院学术季刊，1992 (2)：166－172.

③ 郭松义. 清代粮食市场和商品粮数量的估测. 中国史研究，1994 (4)：40－49.

④ 孙竟昊. 明清江南地区商品生产结构的市场窥测. 学术界，1995 (3)：43－48；明清江南商品市场结构与市场机制探析. 华东师范大学学报（哲学社会科学版），1996 (5)：91－96.

⑤ 陈学文. 论明清江南流动图书市场. 浙江学刊，1998 (6)：107－111.

⑥ 张忠民. 清前期上海港发展演变新探. 中国经济史研究，1987 (3)：85－94.

⑦ 吴松弟. 明清时期我国最大沿海贸易港的北移趋势与上海港的崛起. 复旦学报（社会科学版），2001 (6)：27－34.

情形，认为汉口、沙市等“已成为全国转运中心，各地商货的集散中心”，并由此“形成了一些地区性的贸易市场”①。陈春声指出，由于清代广东“依靠一个联结数省的多层次区域性米粮市场保证本省的米粮供应”，从而使得广州和佛山“共同构成了当时广东米粮贸易网络最高等级的市场中心”②。

市场机制驱动下的商品流通问题，同样是显著体现“市场经济论”的研究主题。在这方面，因粮食在传统中国的重要地位，使得粮食流通成为一个备受关注的领域。20世纪80年代初，陈支平在探讨康熙初年东南诸省的“熟荒”问题时就已触及粮食流通问题。他认为，康熙初年东南诸省先后出现了“米粮价格过于低贱的事实”，主要是由于“商业交通要道的被切断，使各地区的商品经济受到了极大的破坏，相互之间的货物得不到流通”③。蒋建平等则通过探讨明清时期湖南米谷贸易的情况，指出“湖南米谷为汉口米市的大规模交易活动，提供了强大的物质基础”，湖南更是“成为清代江南粮食市场的重要货源地”④。后来，蒋建平又对清代前期米谷贸易的宏观情况进行了概括，指出当时不仅出现了大规模的粮食流通，并且“形成了稳定而庞大的交易市场”⑤。吴建雍通过分析清代前期的商品粮政策，认为“商品粮的流通方向及流通量比较稳定，形成了固定的商路、集散地和市场。即集中流向商品经济比较发达的地区”⑥。张建民对明清时期长江沿岸粮食流通的整体趋势进行了考察，认为当时“以长江为中心交通路线，贯通了四川、湖广、江浙等重点省区，形成米粮流通网络”，而湖广“居流通过程之中间环

---

① 吴量恺．清代湖北沿江口岸城市的转运贸易．华中师范大学学报（哲学社会科学版），1989（1）：45-53.

② 陈春声．清代广州、佛山在广东米粮贸易网络中的地位．广东史志，1990（4）：55-58.

③ 陈支平．试论康熙初年东南诸省的“熟荒”．中国社会经济史研究，1982（2）：40-46.

④ 蒋建平，柳思维．清代湖南形成米谷贸易货源地问题的浅探．求索，1983（4）：66-71.

⑤ 蒋建平．清代前期米谷贸易的宏观考察．烟台大学学报（哲学社会科学版），1988（3）：41-47. 该文的基本观点，在其专著《清代前期的米谷贸易研究》（北京：北京大学出版社，1992）中得到了进一步发挥。

⑥ 吴建雍．清前期的商品粮政策．历史档案，1986（3）：87-92.

节”，所以“具有中转或集散市场的职能”①。

进入20世纪90年代，对于粮食流通问题的探讨更加深入，其中，又以邓亦兵的研究最为深入。她连续发表数篇论文，全面探讨了清代前期周边、内地、沿海地区的粮食运销情况，指出这些地区的“粮食运路连接起来，形成清代前期全国粮食运输网络。每条运路上分布着大大小小的粮食集散市场，这就是粮食运输网络上的网结，而粮食运输网络终端所到之地，都有大大小小的粮食市场。全国粮食运输网的形成，促使清代前期全国粮食运输的范围、规模，超过以往任何朝代，从而带动了其他商品流通”②。张国雄分析了湖广地区商品粮的流通情况，指出清代“两湖外运的粮食不仅已成为长江中下游粮食流通的重要组成部分，而且民间贩运大增，出现了专门的米商”③。钟永宁以18世纪湖南粮食输出为中心，探讨了清政府的粮食调控政策及其对于粮食流通的重要影响④。周宏伟通过分析清代两广地区粮食供求的时空差异，指出清代前期因“广东缺粮，广西余粮”，且联结两省的天然水道西江“又为米谷的运输提供了极大的便利”，从而“形成了清代广西米谷源源不断输往广东的局面”⑤。许檀考察了明清时期山东粮食流通的特点，指出因地理原因，“鲁西平原、山东半岛两大经济区的粮食流通各自与相邻省区互为依重，而未能形成一个全省统一的粮食流通中心”⑥。谢放在认同“粮食长距离贸易额的增长是清代商品经济发展的一个重要标志”的基

---

① 张建民.“湖广熟，天下足”述论：兼及明清时期长江沿岸的米粮流通.中国农史，1987（4）：54－61.

② 邓亦兵.清代前期周边地区的粮食运销：关于粮食运销研究之四.史学月刊，1995（1）：42－46.其另外几篇相关论文为：清代前期沿海粮食运销及运量变化趋势——关于清代粮食运销研究之三.中国社会经济史研究，1994（2）：47－58；清代前期内陆粮食运输量及变化趋势——关于清代粮食运输研究之二.中国经济史研究，1994（3）：82－94；清代前期的粮食运销和市场.历史研究，1995（4）：151－161.

③ 张国雄.明清时期两湖外运粮食之过程、结构、地位考察——“湖广熟，天下足”研究之二.中国农史，1993（3）：40－46.

④ 钟永宁.十八世纪的湘米输出与清政府的粮食调控政策.中国社会经济史研究，1993（4）：63－69.

⑤ 周宏伟.清代两广粮食供求的时空差异.中国历史地理论丛，1994（4）：113－125.

⑥ 许檀.明清时期山东的粮食流通.历史档案，1995（1）：81－88.

础上，对清前期四川粮食产量及外运量进行了重新估算①。张海英探讨了清代江南地区的粮食流通情况，认为“大规模的粮食运销在江南平原上形成了众多的米粮贸易中心，使得江南地区的粮食贸易形成了贯通一体的市场网络”②。

一般性的商品流通问题在 20 世纪 90 年代才开始得到较为深入的研究，而这方面研究又首先集中在区域性商品流通上。在罗一星看来，清代前期岭南市场的商品流通有了很大发展，“它生产的主要商品都不仅仅是满足本地区的需要，而是满足各地区的需要，成为一个地跨两广、面向全国、联系海外的区域市场”③。许檀考察了明清时期运河的商品流通情况，认为其“商品流通量远远超过其漕粮运输量，它对于促进全国物资交流和商品经济的发展起了极为重要的作用”④。她后来分析清代前期九江关的成长原因时，明确指出这是由于“整个长江沿线商品流通较之明代有长足的发展”，而九江对于东西、南北之间的商品流通均起着重要的中转作用⑤。马波认为，清代福建地区能够免于贫困，“关键在于该区经济作物的生产及产品流通甚为繁荣”；对于台湾而言，“经济作物产品流通的意义主要体现在对人口增长、土地垦殖、经济繁荣等方面的正反馈”⑥。邓亦兵重新审视了清代前期政府的商品流通政策与管理，认为其在客观上“是有利于商人经营的，有利于商品经济发展的”⑦。之后她还研究了清代前期商品流通的运道问题，指出此时商品经济“比以往任何一个朝代都发达，其中重要的原因之一，就是交通运输条件所起的促进作用”⑧。

与市场及流通问题密切相关的物价研究，从 20 世纪 80 年代起也在

---

① 谢放．清前期四川粮食产量及外运量的估计问题．四川大学学报（哲学社会科学版），1999（6）：83－89．

② 张海英．清代江南地区的粮食市场及其商品粮流向．历史教学问题，1999（6）：11－16．

③ 罗一星．清代前期岭南市场的商品流通．学术研究，1991（2）：75－80．

④ 许檀．明清时期运河的商品流通．历史档案，1992（1）：80－85．

⑤ 许檀．清代前期的九江关及其商品流通．历史档案，1999（1）：86－91．

⑥ 马波．清代闽台地区的农产品流通．中国历史地理论丛，1994（4）：93－113．

⑦ 邓亦兵．政府职能在商品流通中的作用（1644—1840）．北京社会科学，1999（3）：120－127．

⑧ 邓亦兵．清代前期商品流通的运道．历史档案，2000（1）：99－105．

国内学界渐成气候。粮食作为清代商品流通的最大宗，自然使得粮食价格占据了物价研究领域的中心舞台。在这一问题上，较早做出突出成就的学者是陈春声。他从80年代开始关注广东米价问题，最终形成《市场机制与社会变迁——18世纪广东米价分析》一书。该书从分析18世纪广东米价空间差异和时间上的变动入手，进而指出18世纪广东省内已“有着较为发达的复杂的多层次米粮贸易网络，这个网络有着较高的效能和较完善的内部组织”①。崔宪涛探讨了清代中期粮食价格的发展趋势，认为粮价地区差趋于接近和粮价持续性的增长反映了“国内粮食市场的萎缩和原市场结构的变动”②。吴慧等则通过对清代前期政府粮食调剂政策的分析，指出清政府“通过商人收购粮食，并改善收购方式”，是“清统治者主张运用价格机制的思想开明之处”③。龚胜生发现，清代两湖地区米价的变化经历了一个由高到低又由低到高的过程，认为这个过程“与其耕地负荷量的变化有着密切的相关性”，实质上“反映了人地关系的演变”④。总体看来，到90年代，正如吴承明总结的那样，利用粮价变动来研究清代的市场整合已经成为国内外学界的潮流。同时，他也指出，“价格本来不是市场发展的直接指标”，故而那种“往往径直循着数理逻辑前进”的做法，“未免实证不足，故应慎重”⑤。

最后值得一提的是，全汉升关于18世纪中国出现物价革命的思考，从20世纪90年代开始在国内学界得到了呼应。其中，郭成康以清政府的对策为中心，对18世纪中国物价问题的探讨，推进了由全汉升发端的思考。郭成康强调，“全面分析18世纪中国的物价问题就必须把它放在当时世界货币联系日密的背景下，作为一种全球性的现象加以研究”。进而指出，探讨18世纪中国通货膨胀的原因时还应看到，此时“中国

---

① 陈春声．市场机制与社会变迁——18世纪广东米价分析．广州：中山大学出版社，1992：265．他在此前后发表的一系列论文，大都包含在此书之中。如《论清代中叶广东米粮的季节差价》［中山大学学报（哲学社会科学版），1989（1）：67-87］，《18世纪广东米价上升趋势及其原因》［中山大学学报（哲学社会科学版），1990（4）：61-71］，《清代中叶岭南区域市场的整合——米价动态的数理分析》［中国经济史研究，1993（2）：99-106］等。

② 崔宪涛．清代中期粮食价格发展趋势之分析．史学月刊，1987（6）：39-44．

③ 吴慧，葛贤惠．清前期的粮食调剂．历史研究，1988（4）：122-136．

④ 龚胜生．从米价长期变化看清代两湖农业经济的发展．中国经济史研究，1996（2）：82-89．

⑤ 吴承明．利用粮价变动研究清代的市场整合．中国经济史研究，1996（2）：90-96．

流通领域货币供应量急剧增多，并不仅白银而已，导致这一个世纪物价持续上扬的货币因素除白银外，还有制钱，而政府有意识地加大制钱投放量恰恰与人口压力密切相关”①。经由这样的讨论，外部的白银内流和内部的制钱投放所共同构成的货币因素，得到了更为充分的揭示。

（二）商品化与商业的发展

清代前期商品化与商业的发展问题，是在“市场经济论”驱动下形成的第二个论域。其中第一类备受关注的主题便是商品经济的发展。虽然这一主题在“资本主义萌芽论”那里曾被反复论及，但是在“市场经济论”引导下，学界对于商品经济的关注已经不在于生产关系方面，而在于生产力方面了。对此，柯建中早在20世纪80年代初便已注意到，“繁荣的商品经济作为一股强大的吸引力，又必将促使农村家庭副业进一步与农业相分离”，这正是导致明清时期广大农村出现工商业市镇的一个原因②。刘志伟以清代广东地区为中心，指出此时商品经济的发展之所以带有质变意味，是因为“商品生产在市场的刺激下，突破了以自然条件为依据的土特产的局限，主要地以市场创造的条件为依据获得新的发展，从而瓦解了部分地区的农民自然经济，使其向商品经济转变”③。郑昌淦在1989年出版的专著《明清农村商品经济》，虽然较多延续了其在早年关于资本主义萌芽问题的思考，但是也开始注意到，“明清农村商品经济各方面的发展，都是适应着价值法则与市场供求关系的客观规律”④。后来，更有学者对清代商品经济的地位给予了高度评价。刘秀生便认为，清代“由于商品货币经济在农村的发展，地区之间的贫富差距或贫富程度不再以单一的粮食产量为衡量标准，商品经济的发展程度成为贫富程度的新的观测点”⑤。李映发通过考察清代州县官对商品经济的作用，强调“清代的商品经济发展程度远超往代”，“这其间除了生产力的提高，时代的变化之外，州县政权的提倡与扶持是一

① 郭成康．18世纪中国物价问题和政府对策．清史研究，1996（1）：8－19.

② 柯建中．略论明清时期小农自然经济向商品经济的转化．四川大学学报（哲学社会科学版），1983（4）：69－78.

③ 刘志伟．试论清代广东地区商品经济的发展．中国经济史研究，1988（2）：84－92.

④ 郑昌淦．明清农村商品经济．北京：中国人民大学出版社，1989：10.

⑤ 刘秀生．清代发展县域商品经济的思想．中国社会经济史研究，1998（3）：58－65.

个不可忽视的重要因素”①。

基于中国的地区多样性和资料的丰富性，商品经济的区域发展是一个很容易被开发的主题。这方面成果繁多，但思路大同小异，为简便起见，首先略举一些重点区域的例子。关于江南地区，范金民论述了明清时期杭嘉湖地区“商业性农业获得较为发展、家庭副业手工业地位日益重要”的状况，认为这反映出当地“自然经济开始向商品经济逐步转化”②。陈忠平将明清时期长江三角洲商品经济发展状况与珠江三角洲进行了比较，认为两者既有一些基本相同的特征，又分别形成了稳而不快的“内地”型发展道路和快而不稳的“沿海”型发展道路③。孙竞昊探讨了江南地区商品经济与消费结构的关系，认为江南“市镇居民消费水平的差异所造成的多重导向促使江南经济商品生产的种类多样化”④。关于东南沿海地区，沈定平关注了该地区在明清之际初步形成外向型经济的现象，指出这“不仅与中国东南地区商品经济发展水平分不开，而且同世界市场对于中国商品的需求有着密切关系”⑤。徐晓望探讨了东南一带粮食生产与商品经济之间的关系，认为“在乾隆中叶以前，东南区域的粮食生产和商品经济基本是协调发展的，二者相互促进”，然而，该地在清代中叶发生的社会动荡又表明，“缺粮至少已成为商品经济发展的制约因素”⑥。关于两湖地区，谭天星分析了清代前期湖广地区粮食商品化程度提高的原因及意义，认为这意味着“商品经济高度发展之后会导致经济关系的深刻变化”⑦。张家炎讨论了明清时期江汉平原农业开发、商品发展与市镇发展的相互影响，指出该地区“专业化市镇既是江汉平原农村经济商品化、专业化的产物，也是市镇内部生产、交换

① 李映发. 清代州县政权与商品经济的发展. 四川大学学报（哲学社会科学版），2000（3）：94－119.

② 范金民. 明清杭嘉湖农村经济结构的变化. 中国农史，1988（2）：15－23.

③ 陈忠平. 明清时期长江、珠江三角洲商品经济发展的比较. 学术研究，1989（5）：64－67.

④ 孙竞昊. 明清江南商品经济与消费结构关系探析. 齐鲁学刊，1995（4）：55－60.

⑤ 沈定平. 明清之际几种欧洲仿制品的输出——兼论东南沿海外向型经济的初步形成. 中国经济史研究，1988（3）：49－64.

⑥ 徐晓望. 试论清代东南区域的粮食生产与商品经济的关系问题——兼论清代东南区域经济发展的方向. 中国农史，1994（3）：31－38.

⑦ 谭天星. 简论清前期两湖地区的粮食商品化. 中国农史，1988（4）：60－68.

活动高度发展的结果"①。

可以说，这种通过商品经济发展与否来论证本地经济发展状况的思路，在清代经济史领域可谓俯拾皆是。如林纯业指出，"自清代以来，随着商品经济的发展"，天津城的商业"借助于河海运输业与贩运贸易的兴盛而繁荣发达起来"②。谭作刚则认为，陕南地区土特产贸易在清中叶以后的衰落，主要是因为当地"脆弱的商品经济，不能持久地保障土特产品外销渠道的畅通，严重妨碍了土特产商品化进程"③。徐晓望探讨了清代江西农村经济结构所发生的变化，发现诸多"基本消费品已在一定程度上卷入商品经济"，说明当地"已出现了自然经济瓦解的迹象"④。方慧等从边疆地区与内地贸易往来情况、各种贸易中心城镇的形成、农村集市的兴起、边贸的发展等方面出发，论述了清代前期西南边疆地区商品经济也"有了长足的进步"⑤。陈衍德提出，明清时期的澳门经济发展"走的是一条独特的道路"，它"并非殖民地经济"，而是"商品经济较为发达的、在一定程度上从属于外人控制下的海外贸易的沿海经济"⑥。

在商品化与商业的发展这一论域中，第二类较为集中的研究主题是商业与商业化问题。从20世纪80年代起，对各地商业发展情况的探讨就已蔚然成风。对于那些传统经济发达的区域，这种研究自然不会缺席。如蒋祖缘揭示了佛山镇商业在清代前期繁荣发展的情况，并探讨了造成这种发展的种种条件⑦。之后，谭棣华又根据《佛山街略》的记载，认为佛山工商业的发达"不仅促进了佛山本身商品生产的发展和商

---

① 张家炎. 明清江汉平原的农业开发对商人活动和市镇发展的影响. 中国农史，1995（4）：40－48.

② 林纯业. 清代前期天津商品经济的发展. 天津社会科学，1987（4）：83－86.

③ 谭作刚. 清代陕南土特产品的生产和销售. 中国农史，1989（2）：71－75.

④ 徐晓望. 清代江西农村商品经济的发展. 中国社会经济史研究，1990（4）：30－40.

⑤ 方慧，徐中起. 清代前期西南边疆地区商品经济的发展. 民族研究，1997（2）：97－102.

⑥ 陈衍德. 论明清时期澳门商贸经济的发展. 厦门大学学报（哲学社会科学版），1999（4）：42－47.

⑦ 蒋祖缘. 清代佛山商业繁荣的条件. 广东社会科学，1984（1）：99－106.

业经济的活跃，而且也相应地扩大了佛山镇以外的商品市场”①。陈学文分别考察了明清时期苏州、杭州的商业发展状况。他指出，繁荣的商业“是苏州城市经济得以持续向更高水平发展的有力杠杆，在一定程度上还可以说商业是苏州城市经济发展的标志”②。而杭州则是“商业种类繁多，已形成一个完整的商业体系”，从而与苏州一起，表明了“浙西北苏南地区，即太湖流域的商品经济较高度的发展”③。

关于国内其他许多地区商业发展情况的研究，这一时期亦如雨后春笋般纷纷涌现。例如，关于华北地区，郭蕴静探讨了天津作为商业城市在清代兴起的情形，认为“天津商业的兴起推动了多功能商业城市的形成”，而“商业兴起，城市性质的变化和南北贸易的发展，三者相辅相成，当是清代天津城市发展的特征之一”④。陈连营指出，清代河南农村商业交流有了很大的发展，主要表现在“农村集市的数量有较大的增长”，以及“会”成为农村经济生活中重要的交流活动场所⑤。徐浩则提供了另一角度的思考，他虽然承认“华北农村的工商业在清代有较大的扩展”，以及“清中叶以来华北某些地方确实出现了农业人口向商业的转移”，但这其实是一种“生计所迫型的非农民化现象”，反映了“农村中传统和正常的再生产过程的破败及其被迫调整”⑥。关于西南地区，林成西考察了乾嘉之际四川商业经济中心出现的变动，认为由于四川与长江中下游大规模商业贸易的兴起，最终使得“四川商业经济重心由川西转移到川东”，重庆从而取代了成都⑦。许檀进一步详细探讨了重庆地区的商业在乾隆至道光年间的发展，认为重庆“已发展成为一个颇具规模的商业城市”，并“以外来客商的经营活动为中心，形成了一整套商业、服务业体系，构成重庆城市经济的主体”⑧。此外，李华探讨了

① 谭棣华．从《佛山街略》看明清时期佛山工商业的发展．清史研究通讯，1987（1）：6－15．

② 陈学文．明清时期的苏州商业——兼论封建后期商业资本的作用．苏州大学学报（哲学社会科学版），1988（2）：111－117．

③ 陈学文．明清时期的杭州商业经济．浙江学刊，1988（6）：42－48．

④ 郭蕴静．清代天津商业城市的形成初探．天津社会科学，1987（4）：77－82．

⑤ 陈连营．清代河南农村商业交流状况．史学月刊，1993（6）：112－114．

⑥ 徐浩．论清代华北乡村工商业的扩张与局限．江海学刊，2000（1）：123－130．

⑦ 林成西．清代乾嘉之际四川商业重心的东移．清史研究，1994（3）：62－69．

⑧ 许檀．清代乾隆至道光年间的重庆商业．清史研究，1998（3）：30－40．

清代湖南地区的情况，指出“在商品经济的冲击下，湖南城乡商业的发展非常迅速”，有些地方甚至出现了“重商轻农”的思想①。

有关商业化的问题，刘敏较早地指出，“清代商业资本的自身增殖是一个必然的不可忽视的事实”，而“无论是商人窖藏货币，还是穷奢极欲的消耗，以至于购买土地”，都没有“妨碍一部分利润转化为商业资本”②。叶显恩等探讨了明清时期珠江三角洲农业商业化的发展，认为“商品性农业的发展，推进了社会分工的扩大，促进了商品经济的繁荣，加强了小生产者家庭对市场的依赖”③。陈锋也关注了明清时期商业性农业普遍兴起的现象，认为这“在很大程度上是由于这些地区传统心态的变化”，即“由安于本业到追求利润的动机或心理的转变”④。王日根也指出，“伴随着交通条件的改善和外界消费的需求，16～18世纪福建沿海经济开发的商业化色彩日益明显，过去仅为谋生而进行的经济开发逐渐转变为以牟利为目的的经济开发”⑤。陈支平等则通过对明清以来工商业经济中合股经营情况的分析，认为其中财产权与经营权并未实现西方近现代工商业企业经营那样的分离，是导致传统工商业迟滞不前的一个重要原因⑥。

和商品化与商业的发展密切相关的商品贸易问题，构成了该论域中最后一类研究主题。大体上，这类贸易问题又可分为外贸和内贸两部分。从前面的论述中可以看出，在20世纪80年代中期以前，外贸问题大都是在西方资本主义或帝国主义经济侵略的内容中加以论及的，内贸问题则甚少为学界所注意。而随着现代化思维的扩展，“市场经济论”导向对于商品经济、市场流通的强调，使得贸易问题顺理成章地成为学界大力发掘的专项领域了。

---

① 李华. 清代湖南城乡商业的发达及其原因. 中国社会经济史研究，1991（3）：47－59.

② 刘敏. 试论清代商业资本的发展趋势. 中国社会经济史研究，1984（4）：21－33；再论清代商业资本的增殖. 中国社会经济史研究，1985（3）：69－81.

③ 叶显恩，谭棣华. 明清珠江三角洲农业商业化与圩市的发展//明清广东省社会经济研究会. 明清广东社会经济研究. 广州：广东人民出版社，1987：57－97.

④ 陈锋. 明清时期的区域心理与商业性农业的发展. 湖北社会科学，1988（8）：68－71.

⑤ 王日根. 16—18世纪福建沿海经济开发中的商业化倾向. 厦门大学学报（哲学社会科学版），2000（1）：109－115.

⑥ 陈支平，卢增荣. 从契约文书看清代工商业合股委托经营方式的转变. 中国社会经济史研究，2000（2）：27－38.

就外贸问题而言，首先值得注意的是，这一时期关于清代外贸情况的认知出现了与西方侵略话语脱钩的现象。郭蕴静在1984年就提出，自康熙时期废除海禁后，“清政府采取了比较积极主动的对外贸易政策与措施。由于对外贸易不断发展，在一定程度上促进了国内市场的繁荣”①。之后，黄启臣明确表达了对清代前期闭关锁国观点的质疑，指出清朝“实行的乃是开海设关、严格管理贸易的政策”，在这一政策下，清代前期“整个海外贸易活动不断地发展”，因此，那种“认为清朝海外贸易萎缩停滞，比不上宋、明两朝发展的看法，显然是缺乏计量根据的”②。他还以广东为例，指出“清前期高度发展的广东对外贸易，对当时广东和全国，以及世界的再生产和科学技术、文化都产生了积极的影响”③。吴建雍虽然从另一角度提出，18世纪“清代对外贸易的发展，只能归因于中国东南沿海地区生产力的提高，而并非是清政府贸易政策的结果”，但是其以生产力为判断基准的思路在这里表露无遗④。

基于中国与东南亚、东亚地区的长期密切联系，探讨清代与该区域的外贸情况自然为学界所瞩目。钱江论述了明清时期中国与菲律宾之间的贸易发展，并估算出16—18世纪中菲之间贸易额约达白银2亿两以上⑤。喻常森进而指出，这一时期中菲贸易的繁荣“同双方政府的热心支持和积极鼓励是分不开的”，并且这种关系也“已经成为当时的国际贸易网络的一个不可缺少的组成部分”⑥。沈定平对16—18世纪中国与东南亚的贸易关系进行了较为全面的考察，认为在西欧诸国此时“还没有牢固控制殖民市场和开发当地资源的力量”，而“中国却以雄厚的经济实力和在东南亚地区的传统影响，不失时机地推进了商业贸易”，东南亚也“成为中国了解世界市场的窗口”⑦。李金明对于清代前期厦门与东南亚贸易情况的考察，吴建雍对于清前期中国与巴达维亚贸易的探

① 郭蕴静．浅论康熙时期的对外贸易．求是学刊，1984（4）：71-77.

② 黄启臣．清代前期海外贸易的发展．历史研究，1986（4）：151-171.

③ 黄启臣．清代前期广东的对外贸易．中国经济史研究，1988（4）：73-88.

④ 吴建雍．18世纪的中西贸易．清史研究，1995（1）：111-118.

⑤ 钱江．1570—1760年中国和吕宋贸易的发展及贸易额的估算．中国社会经济史研究，1986（3）：69-78.

⑥ 喻常森．明清时期中国与西属菲律宾的贸易．中国社会经济史研究，2000（1）：43-49.

⑦ 沈定平．论十六至十八世纪中国与东南亚的贸易关系．学术研究，1987（3）：54-59.

讨，都是进一步揭示中国与东南亚之间贸易发展情况的典型研究①。此外，对于中国与东亚地区的外贸，俞玉储通过考察清代中国与琉球对飘风难船的相互救护，阐释了其背后折射的两国贸易关系的发展②。韩昇探讨了清初福建与日本的贸易情况，认为其“在整个清日贸易中占主要地位，受清朝禁海政策的影响并不大，其贸易的规模更取决于日本的市场需求”③。

对于中国与欧洲各国之间的贸易关系，这一时期也出现了不少较为中性的研究。一些关于中俄贸易的成果，是这方面较早的例子。徐昌汉、黄定天的研究都表明，在《尼布楚条约》签订之前，中俄之间在17世纪便以布哈拉商人为中介发生了贸易往来，而这种交流“使得中俄政府之间得以开展频繁的外交往来，提供了中俄双方相互了解的机会”④。许淑明对北部边境贸易城市买卖城的兴衰进行了考察，认为“在十八世纪中叶至十九世纪上半叶，买卖城在活跃中国边境人民的经济生活和促进中俄两国人民的经济和文化交流方面起了一定作用”⑤。从20世纪90年代起，对于中欧贸易关系也出现了新的评价。庄国土探讨了18世纪中西茶叶贸易的发展状况，指出当时“茶叶是中国最重要的出口商品，大量茶叶输往西欧是中国早期对外贸易顺差的最重要组成部分，也是18世纪白银内流的最重要源泉”⑥。杨仁飞也承认，鸦片战争前，“广州中英茶叶贸易的发展对于中国南方商品经济的发展产生了积极的推动作用”⑦。蔡鸿生探讨了清代广州的毛皮贸易，认为这种贸易在18世纪80年代的兴起，主要“是西方海运国家对华贸易逆差的直接产物”⑧。季羡林根据《东印度公司对华贸易编年史》的记载，发现

---

① 李金明．清代前期厦门与东南亚的贸易．厦门大学学报（哲学社会科学版），1996（1）：48-53．吴建雍．清前期中国与巴达维亚的帆船贸易．清史研究，1996（3）：31-41．

② 俞玉储．再论清代中国和琉球的贸易——兼论中琉互救飘风难船的活动．历史档案，1995（1）：98-109．

③ 韩昇．清初福建与日本的贸易．中国社会经济史研究，1996（2）：59-64．

④ 徐昌汉．阿勃林和十七世纪的中俄西路贸易．学习与探索，1984（1）：134-138．黄定天．《尼布楚条约》之前俄国对华贸易初探．学习与探索，1984（1）：129-133．

⑤ 许淑明．雍乾时期北方边境贸易新城——买卖城．清史研究通讯，1984（1）：11-16．

⑥ 庄国土．18世纪中国与西欧的茶叶贸易．中国社会经济史研究，1992（3）：67-80．

⑦ 杨仁飞．清前期广州中英茶叶贸易．学术研究，1997（5）：55-60．

⑧ 蔡鸿生．清代广州的毛皮贸易．学术研究，1986（4）：85-91．

明末到清朝中期蔗糖在中国、英国和印度之间的贸易中占有不容忽视的地位①。庄国土对鸦片战争前中西贸易结构的变动进行了探讨，认为“由于白银短缺和中国政府厉行鸦片查禁，传统的中西贸易结构难以为继”，从而导致战争的爆发，也证明这是“英国追求经济利益而强加给中国的战争”②。由此可见，贸易问题本身的重要性较以往有了很大的提高。

外贸研究中还有一个值得注意的论题，那就是早先很少被关注的明清时期民间海外贸易的发展。林仁川较早探讨了这个问题，通过对明清时期私人海上贸易的商品结构与利润情况的考察，认为这一时期出口和进口商品量都很大，并且“使我国对外贸易由原来的入超变为出超，阻止了从宋元以来铜、银大量流出的趋势，开始出现外国银钱大量流入我国的新局面”③。陈希育研究了清代前期对于民间海外贸易的管理问题，认为这种管理“比前代更为开放、进步，关税制度更加完备，并朝着近代方向迈进了一步”④。聂德宁论述了福建民间海外贸易港口的变化情况，认为厦门等“新兴的对外贸易口岸，在明清鼎革之际的民间海外贸易中，继续担负起沟通内外商货、聚泊往来商船的重要作用”⑤。

关于清代国内贸易的发展情况，尽管在关于市场发育和商品流通的研究中已经得到了较多反映，但是这里仍有两类成果值得简单介绍一下。其一是关于清代商税制度的研究。何本方指出，清代“随着国家经济及财政情况的变化，对商税的财政作用更是青眼相看。在清代的前期及中期，商税岁入从最初的百万两发展到千万两级”⑥。而清代国内贸易量亦由此可见一斑。他之后又探讨了乾隆年间榷关免税的作用，认为

---

① 季羡林．蔗糖在明末清中期中外贸易中的地位——读《东印度公司对华贸易编年史》札记．北京大学学报（哲学社会科学版），1995（1）：20－25．

② 庄国土．茶叶、白银和鸦片：1750—1840年中西贸易结构．中国经济史研究，1995（3）：66－78．

③ 林仁川．试论明末清初私人海上贸易的商品结构与利润．中国社会经济史研究，1986（1）：73－85；明清私人海上贸易的特点．中国社会经济史研究，1987（3）：10－17．

④ 陈希育．清朝海关对于民间海外贸易的管理．海交史研究，1988（1）：131－140．

⑤ 聂德宁．明清之际福建的民间海外贸易港口．中国社会经济史研究，1992（4）：39－45．

⑥ 何本方．清代商税制度刍议．社会科学研究，1987（1）：55－64．

"这些免税措施都缓和了商业资本的减损"，"刺激了商品流通与商品交换"①。鲁子健研究了清代前期四川榷关的社会影响，认为其设置"与农业商品化程度的提高、专业化经济区域的形成直接有关"，而四川榷关制度趋于完善的时期，在"客观上减轻了对商业活动的压抑，促进了市场流通"②。许檀等通过仔细探讨清代商税的税负问题，确信"清代前期财政收入中商税额的增长……主要地是流通量扩大的结果"③。

其二是对以边疆民族地区为中心的贸易情况的考察。在这方面，新疆地区贸易的发展情况一度成为引人瞩目的问题。林永匡等探讨了清代新疆与内地的丝绸贸易，强调乾嘉年间江南地区苏州、杭州等地与新疆的丝绸贸易，清政府的支持"使得这种贸易的规模越来越大"，也"使新疆与内地在经济上逐渐形成一个共同实体"④。潘志平深入剖析了乾嘉时期新疆地区商业贸易的发展情况，指出当时存在着多种贸易形式，清政府基于社会稳定的需要，采取了实行商业官方垄断、限制民间贸易、控制新疆与境外贸易的复杂政策⑤。鲁子健考察了清代康藏地区的藏汉边茶贸易，认为这"推进了中央对康藏地区各土司的抚治，加强了西藏与祖国内地的联系，促进了藏区社会经济发展"⑥。张莉红也指出，明清时期的川藏贸易关系已"成为西藏与内地血肉关系的一部分"⑦。袁森坡对于清代前期东北地区、蒙古地区、新疆地区的贸易发展都进行了论述，认为这些地区与中原地区的贸易都有了巨大的发展，而"清朝广开市易的做法，无疑地丰富了人民的物质生活，有利于加强边疆各民族的向心力"⑧。杜常顺论述了明清时期黄河上游地区民族贸易市场的发展情况，认为该地出现了多种类型的贸易市场，"标志着这一多民族

① 何本方. 乾隆年间榷关的免税措施. 历史档案，1987 (4)：87-93.

② 鲁子健. 清代四川的榷关. 中国社会经济史研究，1987 (3)：25-29；试论关榷与清代前期四川的商业. 社会科学研究，1988 (1)：92-97.

③ 许檀，经君键. 清代前期商税问题新探. 中国经济史研究，1990 (2)：87-100.

④ 林永匡，王熹. 清代乾嘉年间苏州与新疆的丝绸贸易. 苏州大学学报（哲学社会科学版），1985 (4)：9-15；杭州织造与清代新疆的丝绸贸易. 杭州大学学报（哲学社会科学版），1986 (2)：108-116.

⑤ 潘志平. 乾嘉年间新疆的商业贸易研究. 西北民族研究，1996 (2)：196-210.

⑥ 鲁子健. 清代藏汉边茶贸易新探. 中国藏学，1990 (3)：50-61.

⑦ 张莉红. 论明清川藏贸易. 中国藏学，1993 (3)：83-93.

⑧ 袁森坡. 论清代前期的北疆贸易. 中国经济史研究，1990 (2)：41-70.

地区与内地经济交往更加多样化，程度也更加深化了”[①]。无疑，在这些研究的指引下，随着资料的开掘，继续出现对于其他边疆民族区域贸易情况的更加细化的研究，也就指日可待了。

(三) 商人的经济与社会作用

在“市场经济论”驱动下形成的第三个论域，是关于商人的经济与社会作用问题。从本书第二章的论述中可以看出，在以生产关系为主线的时代，学界对于传统时代的商人角色一般持负面评价，并且主要关注晋商、徽商或盐商等上层大商人群体，而很少顾及中小商人。到了大力开拓市场史和商品经济史的时代，各种类型、各种层次的商人都开始得到前所未有的关注，并且其积极作用也得到了广泛的认可。因此，尽管这些明清时代的商人肯定不是近代意义上的资本家或企业家群体，但是他们之所以被学界关注，无疑是因为现代化视角的催生。

在这一论域中，传统地方商人及其作用构成了第一大类研究主题。在这方面，率先做出突出贡献的学者是李华。从 20 世纪 80 年代初开始，他在十多年中致力于对商人群体的探讨，发表了一系列有关各省地方商人的研究，深入揭示了传统时代广大商人在社会经济生活中的重要作用。他于 1982 年发表的关于清朝前期广东商人的研究，是其系列研究的第一篇。文中概述了广东各个层次的商人的经商活动，指出“广东商人不但经营工商业于本省城市与广大农村，而且远及全国各省城镇和穷乡僻壤”，从而“加强了广东与全国各地的物质交流，促进了商品流通的发展”[②]。许多先前很少为学界所注意的商人群体，都是李华首先进行研究的。例如，他在考察清代山东商人时指出，其“虽不能和声势显赫、财大气粗的山西商人、安徽商人等商帮相比，但山东商人在清代促进封建社会商品经济发展上，起着不可忽视的作用”[③]。他本来怀疑清代湖南是否形成了地方帮商人，但经研究后认为，“湖南地方商人不但存在，而且经济实力十分强大；湖南商人不但在本省城乡商业中占据

---

① 杜常顺. 明清时期黄河上游地区的民族贸易市场. 民族研究，1998 (3)：66－72.

② 李华. 清朝前期广东的商业与商人. 学术研究，1982 (2)：39－44.

③ 李华. 清代山东商人述略——清代地方商人研究之四//《平准学刊》编辑委员会. 平准学刊：第 3 辑. 北京：中国商业出版社，1986：133－160.

优势，且在外省也有一定地位”①。此外，他还注意到不同地域的商人在同一个区域内活动及其对当地经济的促进。例如，他在探讨湖北商业发展情况时指出，“在湖北农村各地方商人当中，外地商人多于本地商人，外省商人势力大于本省商人。商人的活跃，商品交易更加频繁”②。对于广西的情况，他认为，清代“各省地方商人在广西十分活跃。据不完全统计，共有十二个商帮在此经商（本省商人不包括在内）。……商业的发达、地方商人的活跃，反过来又促进了广西社会经济的进一步发展”③。

在李华之后，更多地方商人的作用开始为学界所强调。罗一星通过对佛山商人的考察，认为其以“众多的人数，成功的经营，广阔的经营范围，为明清社会经济的发展作出了显著的贡献”④。蒋祖缘则指出，清代佛山“不仅吸引了珠江三角洲一些商品生产发达的县的商人在这里经营商业，而且吸引了本省各府各县和外省商人在这里从事商业经营”，从而有力地“扩大了商品经营的范围和商品的吞吐量”⑤。叶显恩较为全面地考察了明清时期珠江三角洲的商人群体，指出其中的海商、内地贩运商和小商贩的活跃，在本地区农业商业化过程中发挥了十分重要的作用⑥。方志远等指出，江西商人的资本实力虽然无法与徽商、晋商相比，但是“以其人数之众、操业之广、渗透力之强，活跃于明清商品经济领域，对当时社会经济的发展起了重要的推动作用”⑦。钞晓鸿则强调，以关中商人为主体的陕商“是一个实力不弱、值得称述的商人集团，在明清商界数百年间始终占有一席之地”⑧。诸如此类的立论，后

---

① 李华. 清代湖南商人的经商活动——清代地方商人研究之九. 中国经济史研究，1992（1）：104－116.

② 李华. 清代湖北农村经济作物的种植和地方商人的活跃——清代地方商人研究之五. 中国社会经济史研究，1987（2）：50－60.

③ 李华. 清代广西的地方商人. 历史档案，1992（1）：86－92.

④ 罗一星. 明清时期的佛山商人. 学术研究，1985（6）：81－90.

⑤ 蒋祖缘. 清代佛山的商业和商人//明清广东省社会经济研究会. 明清广东社会经济研究. 广州：广东人民出版社，1987：1－24.

⑥ 叶显恩. 明清珠江三角洲商人与商业活动. 中国史研究，1987（2）：41－57.

⑦ 方志远，黄瑞卿. 江右商的社会构成及经营方式——明清江西商人研究之一. 中国经济史研究，1992（1）：91－103.

⑧ 钞晓鸿. 明清时期的陕西商人资本. 中国经济史研究，1996（1）：107－121.

来随着地方史的开掘而更加繁杂，此处不赘。

正是基于对商人作用的高度重视，学界对于商人群体的研究也愈发细化。在这方面，最显著的表现便是一些以往很少为人所知的商人类型都得到了不少关注。关于这种说法的第一个证明，是对异地经商的商人群体的研究。如陈忠平探讨了明清时期闽粤商人在江南市镇的经营活动，认为这对“江南经济的发展与繁荣起了积极的促进作用”①。曹国庆指出，明清时期在景德镇的徽州瓷商，“对这座以手工业生产为主体的工商业城市的发展产生了重要作用”②。范金民的研究表明，明清时期苏州作为全国最著名的工商城市，“吸引了全国各地商人，外地商人的活动也更推进了苏州经济的发展”③。方志远等探讨了明清时期在西南地区活动的江西商人的情况，认为其是“西南地区最为活跃的地域性商人集团之一”，“对西南乃至全国社会经济的发展，也起到了一定的推动作用”④。王兴亚指出，明清时期“在河南经商的山西、陕西商人，不仅活跃在省府州县之城内，而且及于各地交通便利之重要集市，成为河南商人中一支最为重要的力量”⑤。

另外一个新引起关注的商人类型，是主要从事外贸活动的商人。如戴一峰探讨了清代福建同安籍商人在日本长崎的经营活动，认为利用“一张地缘关系为依托的贸易网络，清代的长崎同安商人和其他中国商人一道，在以长崎港为基地的中日贸易中发挥着重要作用”⑥。黄启臣等则论述了清代中日贸易中广东商人的作用，指出“在日本华人居住的港市中，广东商人均为最重要的一部分，而且在华侨社会中起着举足轻重的作用”⑦。陈伟明专门考察了明清时期从事海上贸易的闽粤海商群

---

① 陈忠平. 明清时期闽粤商人在江南市镇的活动. 学术研究，1987（2）：71－74.

② 曹国庆. 明清时期景德镇的徽州瓷商. 江淮论坛，1987（2）：58－63.

③ 范金民. 明清时期活跃于苏州的外地商人. 中国社会经济史研究，1989（4）：39－46.

④ 方志远，黄瑞卿. 明清时期西南地区的江右商——明清江西商人研究之三. 中国社会经济史研究，1993（4）：54－62.

⑤ 王兴亚. 明清时期的河南山陕商人. 郑州大学学报（哲学社会科学版），1996（2）：1－9.

⑥ 戴一峰. 清代长崎的同安商人及其贸易网络. 中国社会经济史研究，1996（4）：31－37.

⑦ 黄启臣，庞新平. 清代活跃在中日贸易及日本港市的广东商人. 中山大学学报（哲学社会科学版），2000（1）：29－34.

体，认为这些海商虽然“在不同国家会受到不同贸易政策的影响”，但是其“海外贸易经营活动，形式多样，灵活多变，公平竞争，因而能够打开国际贸易市场，促进了海外诸国的经济发展”①。

在商人的经济与社会作用这一论域之下，关于传统商帮的探讨构成了第二大类研究主题。其中，首先值得注意的是作为传统商帮代表的晋商和徽商，与 80 年代以前的负面形象相比，在这一时期它们得到的评价有了很大的不同。

关于晋商的作用，秦佩珩等较早地明确指出，晋商“本身虽不能创造新的生产方式”，但是“它活跃了地方市场和区域间的联系，亦即建立了商业联系和经济联系，把分散孤立的地方市场变为繁华集中的统一市场”②。张正明分析了清代晋商在商号、票号中实行的股俸制，认为其“对于促进商业和金融事业的发展发挥了一定的积极作用”，“不失为当时一项具有一定进步意义的商业资本经营制度”③。张民服高度评价了明清时期晋商的商业活动趋向，指出“在商品经济条件下，市场调节的功能越来越显著，促使晋商不断注意市场需求，补缺调余，徙贵易贱，加强了区域间的商品沟通和经济联系”④。邵继勇也强调，晋商在清代的壮大，“不仅在开发满、蒙地区，发展边地贸易方面成绩卓著，而且在中俄恰克图贸易和中日长崎贸易中发挥了独特的作用”⑤。

关于徽商的作用，王廷元早在 1984 年便提出，明清时期芜湖成为全国著名的商业都会，主要就是因为“徽籍客商在芜湖较为活跃，因之，他们对芜湖经济文化的发展起着十分重要的作用”⑥。汪士信计算了乾隆时期徽商在盐业经营中的利润所得，认为在其利润构成中，官府的苛勒占据的份额更大⑦。翟屯建认为，明清时期徽商“积极参与江南

---

① 陈伟明. 明清粤闽海商的海外贸易与经营. 中国社会经济史研究，2001 (1)：12－24.

② 秦佩珩，秦闻一. 清代晋商的发展、性质及其历史地位. 贵州财经学院学报，1988 (2)：77－81.

③ 张正明. 清代晋商的股俸制. 中国社会经济史研究，1989 (1)：39－43.

④ 张民服. 试论明清晋商的商业活动趋向. 中国史研究，1994 (2)：113－118.

⑤ 邵继勇. 明清时代边地贸易与对外贸易中的晋商. 南开学报（哲学社会科学版），1999 (3)：59－66.

⑥ 王廷元. 论明清时期的徽商与芜湖. 安徽史学，1984 (4)：36－43.

⑦ 汪士信. 乾隆时期徽商在两淮盐业经营中应得、实得利润与流向试析. 中国经济史研究，1989 (3)：95－111.

的经济活动，在商品流通领域大显身手，对江南经济发展作出了贡献”①。祝碧衡也称，“明清时期内地经济的开发很多都有徽商的参与，徽州商人在中国内地的发展史上起着重要的作用”②。周晓光根据对清代徽商开展茶叶贸易活动的探讨，指出这种贸易“具有经营方式一体化、经营活动季节性、兼营现象普遍和资本组合多样性等突出的特点”③。汪雷分析了明清时期徽商集团壮大的原因，强调“徽州经商者对儒商角色的选择，则为商帮集团提供了锐利的拓展武器并为自身扩张营造了极为有利的社会氛围”④。陈学文也讨论了徽商的成功之道，认为“适应瞬息万变的市场需求，随时调整经营方向（行业、地域、规模、盈缩等），注重市场信息，从实际出发，灵活经商，这是徽商市场意识的表现”⑤。

学界对于传统商帮的重视，在 1993 年出版的两部著作中得到了更为充分的表达。第一部著作是张海鹏等合著的《中国十大商帮》。该书通过研究选择了十个明清时期的典型商帮，力图“窥见明清商帮的概貌”。书中称，商帮“是以地域为中心，以血缘、乡谊为纽带”而自发形成的商人群体；而明清时期“商帮的出现，标志着我国封建商品经济发展到了最后阶段，它的活动在商界产生了很大的影响”⑥。另一部著作是唐力行所著《商人与中国近世社会》。唐力行在书中指出，“明清时代，商业发达地区的商人多以商帮的群体力量参与竞争。全国各地的大小商帮不计其数”。他还进一步阐发了明清商帮的重要意义，认为“商帮的形成意味着商人阶层已以群体的力量登上历史舞台。商帮活跃于流通领域长达四个多世纪，对 16 世纪后的近世社会产生了巨大的影响”⑦。而在这股热潮的推动下，关于明清时期地方商帮的研究也就不

---

① 翟屯建．徽商与明清时期江南经济的发展．东南文化，1993（3）：63－78.

② 祝碧衡．论明清徽商在浙江衢、严二府的活动．中国社会经济史研究，2000（3）：10－19.

③ 周晓光．清代徽商与茶叶贸易．安徽师范大学学报（人文社会科学版），2000（3）：336－345.

④ 汪雷．明清时期徽商集团拓展壮大原因探析．学术月刊，2001（6）：81－87.

⑤ 陈学文．明清徽州商人之成功——明清徽商经营之道与商业道德．浙江学刊，2001（6）：125－132.

⑥ 张海鹏，张海瀛．中国十大商帮．合肥：黄山书社，1993：前言.

⑦ 唐力行．商人与中国近世社会．杭州：浙江人民出版社，1993：44.

胜枚举了。

最后值得注意的一个大类研究主题，是对商人社会形态的微观考察。在这方面，商人组织、商人的社会构成及商人的商业行为较受关注。商人组织在20世纪80年代以前虽曾被偶尔提及，但多被视为封建性行会。吕作燮则于1984年根据对明清时期苏州工商业会馆的研究，提出会馆对“促进商品经济的发展，曾起过一定的积极作用。因此，用中世纪欧洲的行会来解释明清时期的会馆，显然把会馆在商业竞争中的作用低估了”①。汪士信虽然认为，明清商人会馆“就是一种商人行会，而且是中国式的商人行会”，但是也指出，“会馆的出现是商业发展的结果。同样，它的迅速发展，也是商业发展的结果”②。唐力行则明确指出，会馆“对商人逐步摆脱宗族亲缘圈的局限起着重要作用，认同范围的扩大，大团体意识的加强是具有进步意义的”③。陈忠平则正面评价了明清时期江南市镇中存在的多种商人组织，如他认为布号、布庄“既反映了江南地区城乡棉布生产、贸易的发达，也反映了江南城镇棉布商人资本的活跃”，同样，“牙人同业组织的大量建立，反映了他们在江南市镇中社会地位的上升与经济实力的增长”④。

关于商人的社会构成，蒋祖缘以清点佛山商人为考察对象，指出佛山当地商人不仅“来源于不同的阶级、阶层和职业”，而且“清代佛山的从商已成为一种风气”，而“佛山商人的来源愈益庞杂和商人阶层的不断扩大，使佛山的商业在鸦片战争前出现了前所未有的繁荣景象”⑤。邓亦兵提出了对商人范畴的反思，认为以往的研究所侧重的区域商人和商帮“都不能代表所有的清代商人”，而按照“凡是从事经营活动的人都属于商人的范畴”，则“大量的散商、小贩也都应该是我们研究的对象”⑥。封越健则从等级和职业两个方面出发，详细考察了清代前期整

---

① 吕作燮. 明清时期苏州的会馆和公所. 中国社会经济史研究，1984（2）：10－24.

② 汪士信. 明清商人会馆//《平准学刊》编辑委员会. 平准学刊：第3辑. 北京：中国商业出版社，1986：89－110.

③ 唐力行. 商人与中国近世社会. 杭州：浙江人民出版社，1993：95－96.

④ 陈忠平. 明清时期江南市镇的布号与布庄. 江淮论坛，1986（5）：90－96；明清时期江南市镇的牙人与牙行. 中国经济史研究，1987（2）：31－38.

⑤ 蒋祖缘. 清代佛山商人的构成及其对商业的影响. 广州研究，1987（8）：54－57.

⑥ 邓亦兵. 清代前期的民商. 中国经济史研究，1997（4）：130－144.

个商人群体的社会构成，指出“清代商人社会构成的广泛性，是清代商业发展的结果，同时也反映了清代社会结构的进一步开放”①。

关于商人的商业行为，陈东有根据对康熙朝粮价奏折的分析，探讨了长江中下游与江南运河、东南沿海地区粮食流通交易中的商人行为特征，认为“不同的时段内米价出现变动导致市场或忧或喜的效应，原因在于商人的流通行为”，从而“直接或间接地反映了商人在粮价变动中的重大作用”②。方行则发现，清代前期，“商人通过预付货款，或借垫资金，以收购农民的农产品和手工业品”，即所谓预买形式，“在一些重要农产品和手工业品的集中产区，这种收购方式得到了比较普遍的发展”，其兴起是“由于自然的、人为的和经济的种种不确定性，就使预买成为风险最大的投资，所以它在众多的商业中，利润最高”③。这种对于商人经营行为的经济学式分析，在进入 21 世纪后，尤其是在经济学取向的经济史研究中，得到了更多的发扬。但已很少有人记得，学界最初开始关注商人经营行为的范式背景了。

第二节　产业经济论

与前一节所论的“市场经济论”一样，本节所说的“产业经济论”同样是特指用于考察清代前期经济史的认识路径。就实体层面而言，这里所论及的“产业”乃是中国传统经济中的生产部门，绝不是现代工业化所催生的产业类型及其构成的产业经济门类。不过，从方法论的层面来说，学界在研究清代前期经济史时之所以会出现“产业经济论”路径，在很大程度上确实是受到现代化范式影响的结果。在注重生产关系的时代，学界对于生产部门的分析并无太大兴趣，往往将之笼统称为自然经济。而到了注重生产力的时代，情况开始发生变化。在现代化经济观念中，产业部门的发展状况被视为能够反映生产力发展水平的重要指

① 封越健. 清代前期商人的社会构成分析. 中国经济史研究，2000 (2)：40－56.

② 陈东有. 康熙朝米价中的商人行为. 中国社会经济史研究，1995 (3)：46－58.

③ 方行. 清代商人对农民产品的预买. 中国农史，1998 (1)：34－40.

标。因此，在现代化范式指引下的经济史研究中，产业经济史自然成为一个富有意义的研究领域。无疑，正是由于这种问题意识的投射，清代前期的生产部门才得到了日益细致的分析。大体上，在清代前期经济史中，围绕着这种“产业经济论”形成了三个主要论域，那就是农业生产力状况、产业化经济的发展及区域化经济的开发与成长。

同样应该指出的是，在中文世界里，这种“产业经济论”在清代前期经济史研究中的最早应用，还是出现在台湾学界。全汉升在 1958 年指出，“从组织方面来看，清代鸦片战争前江苏棉纺织业的生产，可说是一种家庭工业制度”；家庭纺织业者本来“都是自由独立的家庭工业者”，但是“随着市场的扩大，和生产技术上的需要，早在鸦片战争发生以前的长期间内，江苏的棉纺织业，在生产过程中的最后阶段，已经由家庭工业制度转变为作坊（或工场）的工业生产，其中的手工业者也不再自由独立，而变为自己没有生产工具的雇佣劳动者了”①。他后来在探讨清代云南铜矿业的时候，同样是从成本、利润、生产条件和技术等方面来解释其兴衰的②。显而易见，全汉升的这种强调产业性质的生产力视角，与当时大陆学界对这两种手工业给出的“资本主义萌芽论”式的解释截然不同。在 20 世纪六七十年代的台湾学界，这种思路业已较为普遍。如陈文石不仅将清人入关前的手工业发展作为一个问题来考察，而且强调“俘掳或投降的汉人（部分朝鲜人）所带来的生产知识和技术，实起着决定性的推动力量”③。罗炳绵则将典当业视为鸦片战争前中国金融业的重要内容，认为“在清代前期，当铺除了办理抵押借贷资金业务外，还兼有钱庄银行的作用”④。刘翠溶在“专业生产”的名义下，对明清时代南方地区的农作、经济作物的推广以及相关的手工业之发展进行了考察，并且认为在这种专业生产高度发展的基础上，“在清朝极盛时，城市经济最发达的地方，已发生高度消费的情况”⑤。刘

① 全汉升. 鸦片战争前江苏的棉纺织业. 清华学报，1958，1（3）：25－51.

② 全汉升. 清代云南铜矿工业. 香港中文大学中国文化研究所学报，1974，7（1）：155－182.

③ 陈文石. 清人入关前的手工业. 历史语言研究所集刊：第 34 本上. 1962：291－321.

④ 罗炳绵. 近代中国典当业的社会意义及其类别与税捐. 近代史研究所集刊：第 7 期. 1978：125－157.

⑤ 刘翠溶. 明清时代南方地区的专业生产. 大陆杂志，1978，56（3/4）：125－159.

石吉亦明确指出，“明清以来，江南许多的市镇（甚至村集）均经历了‘都市化’的过程，而这种趋势又明显地与商品经济的发展具有交互影响的关系”，并且“在近代以前，这些市镇中有的或已经发展至接近现代人文地理学者所定义的‘充分成长的城市’”。有鉴于此，他将这些市镇称为“专业市镇”①。刘翠溶和刘石吉的论文都发表于1978年，这距离大陆学界开始出现“产业经济论”的时间已经不远了。

（一）农业生产力状况

作为传统中国经济中最大的生产部门，农业自然成为“产业经济论”大力关注的领域。从本书第二章的论述中可以看出，在20世纪80年代以前，国内学界对于清代前期农业经济的探讨，一般侧重于土地关系、租佃关系等生产关系范畴的问题，而很少论及农业生产力的发展状况。随着“生产力转向”的发生，传统中国的农业开始被作为一个产业部门来看待，有关农业经济的发展、农业生产条件、农业生产水平、农业经营方式等属于生产力范畴的问题，才开始纷纷进入学界的视野。

有关清代前期的农业经济是否有所发展的问题，在以生产关系为主线的时代，很少被学界认真讨论。毕竟，按照当时通行的印象，处于封建经济晚期的清代农业不可能取得太大突破。况且，其在生产关系上的变动也最为微弱。到了20世纪80年代中期，这种印象开始受到从生产力角度出发的挑战。如黄启臣便明确提出，“清代前期农业生产是否有所发展，这是一个争论的问题”。在他看来，“清代前期的农业生产是向前发展的，超过了历史的最高水平”，特别是在“农业生产结构的变化发展上”表现得最为明显，那就是“粮食作物种植空前扩大；‘生态农业’雏形出现；集约化程度提高，和商业性农业高度发展”②。此后不久，薛国中更进一步提出，16—18世纪的中国农业“大大超过了同时期西方农业革命的内容，不仅农业生产技术有新的进步，产量增加，而且经营方式也发生深刻的变化”，故而“不妨称之为中国的‘农业革命’”③。老一辈学者方行也指出，“清代前期，北方地区的农业生产比

① 刘石吉. 明清时代江南地区的专业市镇. 食货月刊复刊，1978，8（6）：26-43；（7）：30-41；（8）：15-30.

② 黄启臣. 清代前期农业生产的发展. 中国社会经济史研究，1986（4）：77-87.

③ 薛国中. 16至18世纪的中国农业革命. 武汉大学学报（社会科学版），1990（2）：87-94.

明代有较大发展”，特别是“粮食生产的发展，主要得力于复种、间种、套种多熟制的推广和农民耕作集约化”①。在这里，“生产力转向”的影响显而易见。

这种以生产力为核心来评价清代前期农业经济发展态势的做法，很快在学界流行开来。这方面最显著的表现是，就连论述清代边疆地区农业发展的研究都突出强调了生产力因素。关于东北地区，李令福在探讨农耕区的发展时，认为东北流人成为东北拓荒者的主要原因，是“他们有丰富的农业种植经验和技术，大多从事开荒种地的生产活动”，以及“清代前期，黑龙江流域广大地区的种植业刚开始发展，受自然条件和人口因素的影响特大”②。麻秀荣等论述清代鄂温克族农业发展的原因时着重指出，“在汉族农民先进的耕作技术的直接影响下”，在“鄂温克族从事农业的主观意愿和生产积极性”的推动下，“农业最终成为其社会独立的经济部门”③。关于新疆地区，华立在探讨乾隆以后以农业为重点的开发成效时，认为其中一个重要方面是“重视基本生产活动的组织管理”，特别表现在着重强调“结合开屯兴垦的水土资源调查”、“组织兴办多种形式的水利工程”和“服务于农业的商业、牧业、矿业措施”等④。关于西南地区，秦和平在论述四川羌区农业发展时，认为“清代中叶以来，由于玉米、土豆等作物的引进推广，农业效益的提高”，才“导致我国西南部分山地民族的社会经济发生转变，农业取代畜牧而成为社会的主体经济”⑤。方慧在论述清代前期西南边疆农业的发展时，指出这主要表现在“耕地面积的扩大，水利的兴修，先进生产技术的推广，农作物产量的提高”等方面，表明该地区“农业生产无论是从技术、品种、产量等方面都有了显著的进步”⑥。段超也表示，自“改土归流以后，由于土家族地区劳动力大量增加、生产工具改进、生

① 方行. 清代前期北方的小农经济. 历史研究，1991（2）：133－156.

② 李令福. 清代前期东北农耕区的恢复和发展. 中国历史地理论丛，1991（2）：111－132.

③ 麻秀荣，那晓波. 清代鄂温克族农业发展原因述略. 社会科学辑刊，1998（1）：99－105.

④ 华立. 清政府与新疆农业开发. 清史研究，1991（2）：32－37.

⑤ 秦和平. 试析清代四川羌区农业的发展和劳动力问题. 中国农史，1991（3）：37－42.

⑥ 方慧. 清代前期西南边疆地区农业生产的发展. 中国边疆史地研究，1997（2）：28－34.

产技术普遍提高，以及清政府推行一系列发展生产的积极措施，土家族地区的农业得以全面开发”①。随着时间的推移，这种关于清代农业发展的表达，日渐压倒了那种移植封建生产关系的说法。

有关生产条件方面的问题，是探讨产业经济发展状况的重要内容。在这种思维导向下，学界对清代农业生产的各项条件进行了日益细致的考察。这方面成果较为集中的第一个主题，是清代农田水利建设问题。较早高度重视这一问题的学者是张建民，他在1987年就明确提出，明清时期江汉——洞庭湖区的堤垸作为一种特定的水利形式，“它的兴起发展，对本区的生态、水土、水利、粮食生产等都产生了巨大的影响”②。张国雄之后进一步提出，“垸田是长江中游两湖平原的水乡沼泽地区广泛分布的高产水利田”，而“其全面迅速发展及由此产生的问题表现得最为突出的时期，是在明清两朝”③。向来发达的江南地区的农田水利当然也较早就为学界所注意。汪家伦指出，明清时期，长江中下游地区广泛兴起了围垦活动，垸田、圩田等水利形式得到普遍应用，“为稻作农业的发展开辟了广阔的领地，促进了新的农业经济区的形成和长江中下游地区经济的进一步繁盛”④。熊元斌强调，江浙地区成为我国农业经济最为发达地区，是与“农田水利建设事业的发展分不开的”，而清代“逐渐形成了一系列行之有效的维护和管理制度”，“对于维护当时农田水利正常的机能起到了重要的作用”⑤。吴滔也指出，明清时期的江南“正是由于圩田水利的重要地位”，使得圩岸的管理“与塘长制、圩长制相配合，结成一种以圩田网络为基本纽带的农村社会组织——‘乡圩’”⑥。其他地区的农田水利状况，也相继纷纷得到了探讨。如蓝勇发现，“清代三峡地区的山地垦殖运动是在四川水田运动风潮下进行的，故三峡地区水利灌溉事业有了长足的发展”⑦。张芳论述

---

① 段超. 清代改土归流后土家族地区的农业经济开发. 中国农史，1998（3）：56-63.

② 张建民. 清代江汉-洞庭湖区堤垸农田的发展及其综合考察. 中国农史，1987（2）：72-88.

③ 张国雄. 江汉平原垸田的特征及其在明清时期的发展演变. 农业考古，1989（1）：227-233；（2）：238-248.

④ 汪家伦. 明清长江中下游圩田及其防汛工程技术. 中国农史，1991（2）：92-99.

⑤ 熊元斌. 清代江浙地区农田水利的经营与管理. 中国农史，1993（1）：84-92.

⑥ 吴滔. 明清江南地区的“乡圩”. 中国农史，1995（3）：54-61.

⑦ 蓝勇. 明清三峡地区农业垦殖与农田水利建设研究. 中国农史，1996（2）：59-68.

了明清时期海河流域农田水利工程的建设情况，认为“通过治水兴利，改善了农业生产的条件，扩大了高产作物水稻的种植面积，亦使其他粮食作物和经济作物得到了发展”①。

关于农业生产条件的第二个主题，是人地关系问题。张国雄等认为，明清时期长江流域人口地理的显著变化，与“中游经济区迅猛发展实事之间”具有相关性②。王笛详细考察了清代四川人口、耕地与粮食的变动情况，指出清代“移民大量入川，促进了川省经济的迅速恢复”，然而“人口的增长必然造成人均耕地面积的减少”，从而“形成了越来越严重的人口压力问题”③。陈国生也探讨了清代四川的人地关系，认为从清代中期开始，“由于人口基数太大，增长速度过快，人口规模不断膨胀，以致人与资源配置极不协调，从而引发出巨大的环境压力”④。张建民则通过对明清时期农业垦殖活动的考察，认为“人口急剧膨胀所形成的巨大压力转化成为农业垦殖扩张的强大促动力量，掀起了一次持续的农业垦殖浪潮”，但是也“体现出盲目性、强争性、粗放性和经济作物的大面积种植及局部专业化生产等特点”⑤。总而言之，关于清代人地关系紧张的看法，基本上在后来成了学界的共识。

关于农业生产条件的第三个主题，是生产技术问题。谭天星以清代前期两湖地区农业为中心，认为从耕作制度的改进、稻种的培育、增强地力的途径、畜力的培育和农书的涌现等方面来看，“这个时期的生产技术仍在不断提高”⑥。施由民在探讨明清时期江西粮食的高产时指出，一个主要原因是，此时“粮食作物的种植和耕作技术形成了一套成熟而又科学的方法。这些科学的方法，至今仍适应于江西的自然环境”⑦。

---

① 张芳. 明清时期海河流域的农田水利. 中国历史地理论丛，1995（4）：175－190.

② 张国雄，梅莉. 明清时期江汉-洞庭平原的人口变化与农业经济的发展. 中国历史地理论丛，1989（4）：97－113.

③ 王笛. 清代四川人口、耕地及粮食问题（上、下）. 四川大学学报（哲学社会科学版），1989（3）：90－106；（4）：73－88.

④ 陈国生. 清代四川的人地矛盾、生态恶化及其对策. 社会科学研究，1995（3）：102－107.

⑤ 张建民. 明清农业垦殖论略. 中国农史，1990（4）：9－27.

⑥ 谭天星. 清前期两湖地区农业生产技术水平初探//华南农业大学农业历史遗产研究室. 农史研究：第9辑. 北京：农业出版社，1990：36－44.

⑦ 施由民. 明清时期江西粮食作物的种植技术. 农业考古，1992（1）：164－166.

江太新认为，清代在耕地资源有限的情况下，为提高土地的生产力，在技术上多有进步，如轮作复种技术、多熟种植、以"粪多力勤"为特点的农业技术体系、劣质地改造技术等方面都有了很大发展，从而提高了土地利用率①。闵宗殿也指出，明清时期的农业集约化经营得到了较大发展，其表现一是改进种植方法，二是增加对土地的投入②。周邦君通过对包世臣的农政思想的分析，认为"农业技术思想在他整个经世致用思想中处于最基础的地位，而多种经营又是其农业技术思想最基本的观点"③。

生态因素大约从20世纪90年代起也成为探讨农业生产条件的主题之一。邢湘臣主要从生态变迁角度出发，揭示了明清时期江南地区和珠江三角洲发展"桑基渔塘"的必然趋势，并且认为"种桑、养蚕和养鱼是相互促进的良性生态系统，在实际生产中形成了一个比较完整的复合生态结构"④。蓝勇则关注了四川农业生态中乾嘉以后的恶化趋势，认为乾嘉时期"大量开垦坡耕地，超过了维持良好农业生态环境的垦殖承载限度"，也是造成"清代后期四川经济凋敝、社会残破的重要原因"⑤。张芳介绍了明清时期畿辅地区水稻种植的发展状况，指出"该地区的生态环境决定了水稻分布少而分散，发展有起有伏"⑥。闵宗殿提出，"明清时期，一种人工生态农业已先后在南方一些地区产生"，而这种"人工生态农业的形成和人们对自然资源的合理开发利用密切相关"，它"突破了传统农业经营的固有模式，增加了自然资源利用的广度和深度，为中国的农业创造了一种崭新的经营方式"⑦。江太新等则从另一个角度强调评价清代前期垦荒的历史作用，"不能仅仅从局部地区生态环境遭到破坏这一点来衡量"，并且清政府对"生态失衡是有一

---

① 江太新．论清代前期耕地的挖潜与改造．中国经济史研究，1998（4）：68－77．

② 闵宗殿．明清时期的农业集约化经营．古今农业，1999（4）：4－10．

③ 周邦君．包世臣多种经营农业技术思想．中国农史，2000（1）：80－90．

④ 邢湘臣．从"桑争稻田"看明清发展"桑基渔塘"的必然趋势．中国农史，1992（1）：72－74．

⑤ 蓝勇．乾嘉垦殖对四川农业生态和社会发展影响初探．中国农史，1993（1）：19－28．

⑥ 张芳．明清畿辅地区水稻种植的发展及其制约因素．中国经济史研究，1996（1）：83－89．

⑦ 闵宗殿．明清时期的人工生态农业——中国古代对自然资源合理利用的范例．古今农业，2000（1）：9－14．

定认识的，也采取一定办法保护生态”①。

关于农业生产条件的最后一个主题，是生产要素问题。郭松义通过对清代北方农业区中“伙种”关系的探讨，认为这与租佃、雇佣关系不同，是生产者之间寻求劳动力互助的一种表现，体现了当时“劳动力组合上的发展”②。王仲关于明清时期江南农业劳动中妇女地位的论述，也主要涉及农业劳动力问题，指出“江南妇女凭其勤苦劳动，挣得了与男子同等的角色权利，大大提高了她们在家庭中的地位，男子借以统治妇女的体力劳动权已经有所动摇”③。李三谋重新考察了明清时期南方地区的永佃制问题，认为此时的永佃制“完全演变为一种单纯的价值关系”，因此永佃权“本身就是一种财富，是一种实体”，从而“刺激了佃农巨大的生产劳动积极性”④。卞利根据对清前期徽州地区土地税契文书的分析，认为这种税契制度是清代“加强土地赋税、徭役征收和不动产产权登记管理的一个集中体现”，也为“土地的所有者即业主提供土地所有权即产权的法律保障”⑤。毫无疑问，无论是对于永佃制还是土地税契制度，这里使用的分析进路与当初那些从生产关系出发的看法已经判然不同。

生产水平是衡量产业发展状况的重要指标，因此学界对于清代农业生产水平的探讨，构成了判断农业生产力状况的一大论题。其中最具典型意义的研究，是关于清代粮食产量的探讨。对于清代粮食生产总体情况的考察，以吴慧所做工作为最多。他在一系列研究中，对清代粮食亩产的计量办法、亩产量、人均占有量和劳动生产率都进行了细致估算。他的估算表明，清代前期人均占有成品粮数量“差不多达到封建社会的[illegible]粮食（成品粮）的最高水平”，这“也正是乾隆‘盛世’的基

① 江太新，段雪玉. 论清代前期土地垦拓对社会经济发展的影响. 中国经济史研究，1996 (1)：47－62.

② 郭松义. 清代农村“伙种”关系试探. 中国社会经济史研究，1989 (2)：13－18.

③ 王仲. 明清江南农业劳动中妇女的角色地位. 中国农史，1995 (4)：49－57.

④ 李三谋. 论明清南方租佃制的特殊性. 中国农史，1995 (2)：39－48.

⑤ 卞利. 清前期土地税契制度及投税过割办法研究——徽州休宁县土地税票剖析. 安徽史学，1995 (2)：21－24.

础"①。史志宏也对清代前期的耕地面积和粮食产量进行了估计，认为对照近代粮食产量，"清前期到鸦片战争前这个时期，粮食总产还稍稍超过本世纪三十年代所谓旧中国'黄金时代'最高年份 1936 年的水平"②。台湾学者赵冈等人与大陆学者刘永成、吴慧等人于 1995 年合作完成的《清代粮食亩产量研究》一书，可以说是关于清代粮食生产水平的一部权威之作。该书从县级资料、屯田资料以及生产条件、纳税额、租册之实践序列等不同角度出发，对于清代粮食亩产量进行了尽可能多维度的计算。该书承认，"明清时期的粮食亩产量比宋元时期有所增加，而清初又比明代高出一些"，但是全国各地区的亩产量在"清中叶以后曾以不同速度下降"③。当然，这类总体性估算难免存在着一些问题，如黄冕堂指出，"研究清代农田的单产量，由于当时的土地等级、度量衡制度、粮色品种、农田计积名称和耕作制度等都因地区不同而极不统一"④。

有鉴于此，更多学者按照地区之别，继续对产量问题进行了研究。郭松义分别考察了清代前期南方稻作区和北方旱作区的粮食生产状况，认为"在南方稻作区，只要不是土地太差，在正常年景，人均 2 亩，亩出谷 3—4 石、4—5 石，加上副业，基本上可满足生活的需要"。而"与南方稻作区相比，北方旱作区的亩产显然低多了"，所以"从总体来看，北方农民的生活水平要低于南方，粮食自给率也比南方低"⑤。另外一些学者对更小区域的清代粮食产量进行了研究。如谭天星测算了两湖地区的产量，认为清代前期该地区的"粮食亩产超过了全国的平均水平，也接近太湖地区的水平"，并取代了江浙地区"粮食生产中心地位"⑥。李令福估算了清代山东省各地粮食亩产量后，认为山东"全省综合起来每市亩耕地年产粗细粮约在 140 斤上下"，而以往"多数学者

---

① 吴慧. 清前期粮食的亩产量、人均占有量和劳动生产率. 中国经济史研究，1993 (1)：43-48. 另外还可参见其所作《清代粮食亩产的计量问题》[农业考古，1988 (1)：57-64]、《从屯田资料来看清前期的粮食亩产》[中国农史，1993 (2)：20-27] 等文。

② 史志宏. 清代前期的耕地面积及粮食产量估计. 中国经济史研究，1989 (2)：47-62.

③ 赵冈，刘永成，吴慧，等. 清代粮食亩产量研究. 北京：农业出版社，1995：46，127.

④ 黄冕堂. 清代农田的单位面积产量考辨. 文史哲，1990 (3)：27-38.

⑤ 郭松义. 清前期南方稻作区的粮食生产. 中国经济史研究，1994 (1)：1-30；清代北方旱作区的粮食生产. 中国经济史研究，1995 (1)：22-44.

⑥ 谭天星. 清前期两湖地区粮食产量问题探讨. 中国农史，1987 (3)：29-37.

对清代粮食单产估计偏高”①。江太新等主要根据《屯溪档案》的记载，测算了清代徽州地区的亩产，指出当地产量较低，并且从清中期起呈下降趋势②。周宏伟考察了清代两广地区的粮食亩产水平，认为该地区的“粮食总产量较之前代无疑有了很大幅度的提高。但是，由于清代两广自然条件和社会经济环境还存在较大差异，各地的粮食亩产水平却是参差不齐”③。无疑，一来由于中国存在着极大的地区差异，二来随着大批资料的进一步发掘，关于清代粮食产量的问题迄今仍有很大的研究余地。

另外，也有人通过对农民收入和生活水平的分析，来探究清代农业生产所达到的水平。方行考察了清代江南、四川等地农民在种植粮食的基础上进行扩大再生产的情况，指出这种扩大再生产“改善了农家的物质生活，使他们获得了较高的温饱水平”④。他在另一篇文章中，又研究了清代江南地区农民的消费情况，认为明末清初江南地区农民的消费结构，反映出了“当时中国农民一种温饱型的消费水平，甚至还是一种较优的温饱型消费水平”，而从明末至清末，这类温饱型农民生活水平还有提高⑤。闫富东分析了清代江汉平原的农户收入情况，指出其收入主要包括土地收入和副业收入两部分，其收支则“大体相抵”⑥。

清代农业生产力状况的最后一个论题，是农业经营方式问题。这个论题范围内的第一组主要成果，集中探讨了粮食生产的专业化问题。在早期代表性成果中，李辅斌揭示了清代河北、山西粮食作物的地域分布情况，指出在自然条件的影响下，麦、稻等作物都形成了一些特定的种植区域⑦。王宇尘指出，“由于气候的差异、地貌的不同，以及经济条件、技术条件和风俗习惯的差别等等，造成了清代安徽粮食作物组合明

---

① 李令福．清代山东省粮食亩产研究．中国历史地理论丛，1993（2）：185－205．

② 江太新，苏金玉．论清代徽州地区的亩产．中国经济史研究，1993（3）：36－61．

③ 周宏伟．清代两广耕作制度与粮食亩产的地域差异．中国农史，1995（3）：62－70．

④ 方行．清代农民经济扩大再生产的形式．中国经济史研究，[illegible]

⑤ 方行．清代江南农民的消费．中国经济史研究，[illegible]

⑥ 闫富东．清代江汉平原普通农户收入状况分析．中国社会经济史研究，1999（1）：51－55．

⑦ 李辅斌．清代河北山西粮食作物的地域分布．中国历史地理论丛，1993（1）：123－153．

显的区域性差异”①。李令福计算了各类粮食作物在明清时期山东各地区占耕地的比率，发现“传统粮食作物在结构上发生了重大的调整变化”，从而“提高了粮食的单产和总产”②。马波从分析稻谷熟制入手，发现清代闽台地区水稻的生产和分布存在着明显的地理差异，特别是道光前后，福州平原稻田采用双季间作方法，使得“清前期福建南部沿海地区的稻谷单产居于全国领先地位”③。此外，杂粮种植也形成了一定的地域格局。如龚胜生发现，在清代两湖地区，“玉米主要产于西部山区，甘薯主要产于南部山区和东部山区；湖北玉米产区广于甘薯产区，湖南甘薯产区广于玉米产区，具有互补特征”④。耿占军探讨了清代玉米在陕西的传播与分布情形，揭示了从乾隆年间开始，玉米在陕南山区的“种植面积终于超过了粟谷等杂粮而跃居于旱粮作物的首位”⑤。

学界探讨清代农业经营方式的另一个重点，是农业经营的多样化。张谢早在1983年就在探讨清代前期河北农业生产时指出，当地“只靠在有限的耕地上种植单一的粮食作物，是无法满足生活和生产需要的，因而不得不……从事多向［项］副业经营，发展商品经济”⑥。闵宗殿指出，明清时期太湖地区由于面临着人多地少的严重矛盾，促使该地区“从调整农业结构上来挖潜力，从而形成了以发展商品经济为中心，提高经济效益为重点的新时期，其结果是促成了棉纺和丝织业的发展”，“从产粮区发展成了全国著名的纺织业中心”⑦。范金民也认为，清代前期“苏州地区的农业获得了进一步发展，并形成了富有典型意义的特色”，即“以农业为主的兼营其他副业手工业的综合型产业结构”⑧。张家炎对比了明清时期长江三角洲与两湖平原农村经济结构的演变及其不同，认为“长江三角洲地区农民种粮自食、经作换钱，自给性生产与商

---

① 王宇尘．清代安徽粮食作物的地理分布．中国历史地理论丛，1992（2）：107－132．

② 李令福．明清山东粮食作物结构的时空特征．中国历史地理论丛，1994（1）：159－209．

③ 马波．清代闽台地区稻的生产和分布．中国农史，1995（4）：58－68．

④ 龚胜生．清代两湖地区的玉米和甘薯．中国农史，1993（3）：47－57．

⑤ 耿占军．清代玉米在陕西的传播与分布．中国农史，1998（1）：112－113．

⑥ 张谢．清代前期河北的农业生产．河北学刊，1983（1）：165－170．

⑦ 闵宗殿．明清时期太湖农业发展的道路//华南农业大学农业历史遗产研究室．农史研究：第10辑．1990：19－29．

⑧ 范金民．清前期苏州农业经济的特色．中国农史，1993（1）：46－51．

品性生产分离，副业商业化是其发展的主要方向；而两湖平原粮食自给性生产与商品性生产二位一体，粮食商品化亦即主业商品化是其发展的主要方向，两者存在本质的区别”①。刘正刚指出，清代四川境内的闽粤移民除了在农业生产技术方面传送了有益的经验外，还大力推动了“新农业经营方式——商业性农业生产方式”的发展，从而“在某种程度上推进了四川农业生产的整体发展”②。

（二）产业化经济的发展

显而易见，这里所说的“产业”，实际上大都属于中国本土农村副业和手工业的范围。如若严格按照现代的标准，可以说这些副业和手工业还远远达不到能够成为“产业”的资格。但是，在现代化范式的影响下，很多学者为了揭示传统经济的生产力水平，从而自觉不自觉地使用现代产业观念来对照、发掘和看待这些副业和手工业部门。正是在这种潮流下，早先许多未曾被注意的经济内容，都开始被学界作为专门行业来加以探讨。而随着这类研究的增多，传统中国出现产业化经济发展的印象亦日趋加深。

在产业化经济的发展这一论域下，曾在“资本主义萌芽论”时代备受瞩目的手工业，重新成为学界关注的重点论题。其主要原因在于，许多地方的清代手工业发展情况，都可以被用来证明当地生产力的成长。当然，学者们在阐释手工业发展状况时，也注重生产力因素而非生产关系了。这样一来，手工业研究也就顺利实现了华丽转身。如曾玲在探讨明清时期福建地区手工业发展变化时，就强调当地诸多行业出现兴盛与衰落的主要原因在于“市场的制约作用”。而生产的分散性和市场的有限性，又造成了福建手工业发展的局限③。又如冼剑民在考察清代前期的广东手工业时，认为其发展的主要表现是“重要的手工业部门生产规模扩大，产量提高，行业分工细致，产品市场拓展，管理机制和产业布

---

① 张家炎．明清长江三角洲地区与两湖平原农村经济结构演变探异——从“苏湖熟，天下足”到“湖广熟，天下足”．中国农史，1996（3）：62－69．

② 刘正刚．清代四川闽粤移民的农业生产．中国经济史研究，1996（4）：73－81．

③ 曾玲．明清福建手工业生产的发展、变化及其原因．中国社会经济史研究，1990（1）：49－55；从生产与流通看明清福建手工业发展的局限．厦门大学学报（哲学社会科学版），1993（1）：93－100．

局都呈现出新的面貌”①。更有一些学者从生产力机制的角度出发，来探讨清代手工业的发展趋势。如徐建青认为，清代手工业中的“合伙制”，“不仅仅是一种筹资方式，也成为一种广泛采用的企业组织形式”②。她在另一篇文章中，又从“生产力方面对清前期手工业的发展水平”进行了整体评估。通过大力揭示“清代在手工业生产技术方面的改进程度”以及“生产分工的发展程度”，她认为“清前期的手工业生产总的趋势是发展的，这种发展既有数量上的增长，也有生产技术、生产结构上的变化”③。

更多学者的研究还是从各个具体行业出发，展现了清代前期产业经济的发展状况。纺织业作为久负盛名的行业，仍旧得到许多注意。彭泽益在1983年就注意到，鸦片战争前佛山的棉纺织业作为当地一个重要行业，“是为市场进行的商品生产，它主要是适应广州外贸发展的需要而逐步兴盛起来的”④。他在之后发表的另一篇文章中，又根据对劳动生产率和收益的分析，指出清代前期农副纺织手工业“不仅对城市手工纺织业生产发展起着限制和影响的作用，而且也不能不束缚这种和小农业相结合的家庭工业本身的生产力的提高”⑤。王廷元认为，由于明清时期江南地区棉纺织业的劳动收益过低，以至于江南纺织业的绝大部分一直停留在“以织助耕”的经营形态上，“而没有从农业中分离出来”⑥。史建云显然不同意这种判断，因为她同样根据生产力发展状况，指出“在国内外市场持续扩大的条件下，江南农村棉纺织业进一步发展，棉纺织手工业在小农家庭经济中的地位越来越重要，开始由家庭副业向主业转化”⑦。张忠民则通过计算明清时期上海地区植棉情况以及

---

① 冼剑民. 清代前期广东手工业的发展及其特点. 广东社会科学，1993 (4)：70-77.

② 徐建青. 清代手工业中的合伙制. 中国经济史研究，1995 (4)：127-141.

③ 徐建青. 清前期手工业的发展水平与特点. 中国经济史研究，1998 (1)：108-122.

④ 彭泽益. 鸦片战争前广州新兴的轻纺工业. 历史研究，1983 (3)：109-117.

⑤ 彭泽益. 清前期农副纺织手工业. 中国经济史研究，1987 (4)：43-56.

⑥ 王廷元. 论明清时期江南棉纺织业的劳动收益及其经营形态. 中国经济史研究，1993 (2)：91-98.

⑦ 史建云. 从棉纺织业看清前期江南小农经济的变化. 中国经济史研究，1987 (3)：67-83.

棉花和棉布的产量，揭示了当地棉纺织业的盛况①。范金民比较了明清两代官营织造业的经营情况，认为“地域上的高度集中和三织局的恢宏气派，恰恰说明清代的织局规模超过往昔”②。龙登高更是从现代企业组织的视角出发，指出“以散工制为典型的明清纺织业经营形式，不是个别行业与某一断代的现象，其历史合理性具有相当的普遍性意义”③。

学界这一时期探讨较多的第二类具体行业是传统矿业。高王凌对清代前期的矿政演变进行了考察，明确指出，“清代的许多农民都已依赖矿业生活。它表明了工矿业的兴起是经济发展到某种程度之后的一个自然趋势”，特别是在那些没有多少生产优势可言的地区，“耕作之余，只能向工矿业去谋求出路”④。在某种程度上，学界关于清代各地矿业发展情形的诸多探讨，正为高王凌的说法提供了实证说明。而流风所及，连探讨清代边疆地区的矿业都蔚然成风。如王致中认为明清时期甘肃矿业开发“已见诸于甘属大部分州县，并且门类广泛”，也对该地区社会经济生活产生了很大影响⑤。随后他又提出，乾隆以后，新疆的矿业“构成了各族人民社会经济生活中的一项十分重要的内容”⑥。江桥钩沉了清代内蒙古归化城地区的煤炭开采情况，指出从中可以“看到清代煤矿业生产的一个具体实例”⑦。罗时法称，清代雍正、乾隆年间，“贵州的采矿业有较大的发展”⑧。王纲称，乾隆年间，因清政府采取了一系列较为变通的管理措施，“有力地推动了四川铜、铅业的发展”⑨。马维良指出，“云南的矿冶业从康熙开禁到道光约 180 多年间，遍及全省各

① 张忠民. 鸦片战争前上海地区棉、布产量估计. 上海经济研究，1987 (4)：66-71. 后来，侯杨方经过重新测算，还得出了比张忠民更高的数量［明清上海地区棉花及棉布产量估计. 中国史研究，1997 (1)：158-163］。

② 范金民. 明清两代官营织造业生产规模的比较研究. 史林，1990 (4)：59-62.

③ 龙登高. 市场网络或企业组织：明清纺织业经营形式的制度选择. 中国经济史研究，2001 (4)：81-91.

④ 高王凌. 关于清代矿政的几个问题. 清史研究，1993 (1)：20-22.

⑤ 王致中. 明清时期甘肃矿业考. 社会科学，1985 (6)：112-120.

⑥ 王致中. 清代新疆矿业述略. 社会科学，1986 (6)：119-129.

⑦ 江桥. 清代归化城地区的煤炭开采及其特点. 内蒙古大学学报（哲学社会科学版），1989 (3)：85-91.

⑧ 罗时法. 清代前、中期贵州矿业略考. 贵州社会科学，1986 (4)：59-64.

⑨ 王纲. 论清代四川的铜铅生产管理. 四川师范大学学报（社会科学版），1990 (4)：90-95.

府州县”，而清代“矿冶业的发展和生产水平，是云南社会生产力迅速发展的重要标志”①。诸如此类的论述，不一而足。

学界较为关注的第三类具体行业，大致属于从手工业中进一步析分出来的门类，或者可以统称为传统制造业。其中较有影响的第一个行业是造船业。徐建青考察了清代前期民间造船业的发展情况，指出“江浙闽粤四个沿海省份是清代造船业最为发达的地区”，并且认为“众多的船只与大量的投资反映清代民间造船业生产能力增大，已成为一个重要行业”②。赵建群则以福建为中心，揭示了清代前期当地民营造船业“正是在经济因素的强有力推动下，不断突破封建政府所设定的框框，逐步发展起来”③。第二个行业是酿酒业。徐建青指出，酿酒业在清代已是“重要行业之一”，“踩曲造酒是一项获利丰厚的事业，吸引了较多财力人力”④。王兴亚称北方五省是清代国内酒的主要产区，“社会生产力的发展，技术的进步，使酿酒业得到了新的发展”⑤。张学君也称，四川酒业在清代前期迅猛发展，并形成了川酒生产和运销网络⑥。第三个行业是制铁业。李如强指出，“明清时期铁业政策的改变和官铁的衰落，给民营铁业带来了繁荣”⑦。鲍彦邦称，“明清时期广东生产的各种大小铁农具一应俱全，基本上满足了本省农业全面开发的需要”⑧。吴元丰探讨了乾隆时期设立乌鲁木齐铁厂的情形，认为该厂“促进了内地先进技术的传播和西北边疆地区矿产资源的进一步开发”⑨。最后值得一提的是造纸业。如徐建青认为，清代“造纸业更进一步得到发展。在一些造纸业发达的地方，造纸已开始从农业中分离”，且“民间造纸业广泛发展，已经取代了官营造纸业”⑩。

---

① 马维良．清代初中期云南回族的矿冶业．回族研究，1994（1）：31－39.

② 徐建青．清代前期的民间造船业．中国经济史研究，1992（4）：134－149.

③ 赵建群．清代前中期福建造船业概述．中国社会经济史研究，1993（4）：70－77.

④ 徐建青．清代前期的酿酒业．清史研究，1994（3）：45－54.

⑤ 王兴亚．清代北方五省酿酒业的发展．郑州大学学报（哲学社会科学版），2000（1）：14－20.

⑥ 张学君．清代四川酒业的几个问题．社会科学研究，2000（3）：123－127.

⑦ 李如强．论明清时期的铁业政策．文史哲，1998（4）：112－118.

⑧ 鲍彦邦．明清广东铁农具的生产．暨南学报（哲学社会科学），1997（4）：88－99.

⑨ 吴元丰．清代乌鲁木齐铁厂研究．西域研究，1998（3）：29－38.

⑩ 徐建青．清代的造纸业．中国史研究，1997（3）：135－144.

第四类受到关注的行业，大约可以统称为传统金融业。这方面首先得到较多注意的是典当业。宋秀元认为，清代“典当业是一个极其发达兴旺的行业”，而“清代当铺实际上起着金融机构的作用”①。叶志如通过考察乾隆时期内府典当业的情况，指出清代“皇室直接参与经济领域的活动并从中获取利益以佐国用，典当就是其重要的金融部门之一”②。与皇室参与典当业有关的一个重要问题，是“生息银两”制度。对于这一问题，以韦庆远的贡献为最大。他在一系列研究中探讨了康雍乾时期“生息银两”制度的创始、整顿及收撤的全过程，认为这一制度是“推行朝廷某些经济政策的重要杠杆之一”③。张建民则考察了为清代各级政府更加广泛运用的“基金生息”机制，指出“典当的大量存在为清代广泛运用‘基金生息’提供了有利条件”，故而不宜简单地将之“一概视为皇帝和地方官府的高利贷行为”④。张国辉详细探讨了清代前期金融机构的变化，认为随着“封建金融机构的业务开始突破单纯兑换的范围，逐步地过渡到信用贷借阶段”而产生了钱庄业务，又随着“出现了不同地区间债务清算和现金平衡等新问题，于是产生了汇兑事业专业化的客观需要”，则票号业“逐步地承担起在不同地区间调剂金融的任务”⑤。此外，黄鉴晖提出，雍正、乾隆年间产生的账局“是在城镇经营工商铺户存款和放款的信用机构”，而从其经营业务内容来看，甚至可以说是“中国银行的起源”⑥。

还有一些原本属于农副业的经济门类，因其在清代具备了一定规模，所以也被学界加以专门探讨，形成了一定的特色产业形象。这方面的第一个代表性行业是蚕桑业。丝织业的高度发展促进了作为原材料的

---

① 宋秀元. 从档案史料的记载看清代典当业. 故宫博物院院刊，1985（2）：24－32.

② 叶志如. 乾隆时内府典当业概述. 历史档案，1985（2）：92－98.

③ 韦庆远. 康熙时期对“生息银两”制度的初创和运用——对清代“生息银两”制度兴衰过程研究之一. 中国社会经济史研究，1986（3）：60－69；雍正时期对“生息银两”制度的整顿和政策演变——对清代“生息银两”制度兴衰过程研究之二. 中国社会经济史研究，1987（3）：30－44；乾隆时期“生息银两”制度的衰败和“收撤”——对清代“生息银两”制度兴衰过程研究之三. 中国社会经济史研究，1988（3）：8－17.

④ 张建民. 清代的“基金生息”述论. 武汉大学学报（社会科学版），1990（5）：76－82.

⑤ 张国辉. 清代前期的钱庄和票号. 中国经济史研究，1987（4）：73－88.

⑥ 黄鉴晖. 清代账局初探. 历史研究，1987（4）：111－125.

蚕桑的生产，蚕桑的地位遂日益凸显。谢彬如于1981年便称，乾隆年间柞蚕和桑蚕的引进，使贵州养蚕业得以兴起，贵州蚕茧和丝织品皆成为贵州的“重要贸易物资”①。江南地区的蚕桑业更是为学界所注意。章楷计算了明末清初嘉湖地区载桑养蚕的利润，认为其“利益比栽培稻麦等作物为优厚”②。陈学文强调，明清时期，“蚕桑是江南地区经济发展的重要基础。杭嘉湖城乡经济之所以高度发展很大程度上得力于蚕桑业的发展”③。胡忠仁更是明确地将明清时期湖州桑蚕业视为一个独立行业，称其“作为高收益的生产部门，成为当时热门行业，与粮食生产具有同等重要的地位”④。山东地区也出现了蚕桑业的身影。盛伟根据对蒲松龄《农桑经》的考证，认为到了明末清初，“种桑、养蚕成了淄博地区人们家庭主要副业”⑤。李令福指出，清代前中期，“山东柞蚕养殖技术进一步提高”，从而推动了柞蚕生产的发展，并“逐渐传播到全国多数适宜养柞的地区，为中国的蚕业发展作出了巨大贡献”⑥。此外，萧正洪指出，在秦巴山区，“清代曾几经提倡，柞蚕放养一度蔚然可观，成为陕西蚕业生产的重要组成部分”，其中就提到有山东经验的影响⑦。

第二个代表性行业是畜牧业。徐伯夫介绍了乾嘉道时期清政府在新疆兴办牧厂的情况，认为这是“发展新疆地区经济的一项重要措施，不但对发展畜牧业生产有重大意义，而且对新疆整个社会的发展都有一定作用”⑧。杜常顺指出，明清时期，“在黄河上游区域经济中，畜牧业仍然保持了与农业平分秋色的地位”，并且在该区域“内外经济联系中，

① 谢彬如. 清代贵州的蚕丝业. 贵州文史丛刊，1981 (4)：80-83.

② 章楷. 明末清初嘉湖地区蚕业经济收益计算//《平准学刊》编辑委员会. 平准学刊：第5辑上册. 北京：中国商业出版社，1989：35-41.

③ 陈学文. 明清时期杭嘉湖的蚕桑业. 中国经济史研究，1991 (4)：91-103.

④ 胡忠仁. 试论明清时期湖州蚕桑业的商品生产. 安徽农业大学学报（社会科学版），2001 (2)：18-20.

⑤ 盛伟. 蒲松龄的《农桑经》与明末清初淄博地区的养蚕业. 农业考古，1990 (2)：286-287.

⑥ 李令福. 明清时期山东柞蚕业发展的时空特征. 山东师大学报（社会科学版），1995 (2)：38-41.

⑦ 萧正洪. 清代秦巴山区的柞蚕放养. 中国农史，1992 (4)：86-89.

⑧ 徐伯夫. 18—19世纪新疆地区的官营畜牧业. 新疆社会科学，1987 (5)：101-113.

畜牧业发挥了主导作用”①。李三谋探讨了清代前期北部边疆地区官牧场的情况，认为这是清政府设立的“一种较成熟、较高级的畜牧业管理机构和组织”②。王社教认为，明清时期牧区畜牧业和农区畜养业既有较大发展，其“经营方式和部门结构也有比较明显的变化”，而这种变化又“遵循着市场需求量的变化这样一条规律”③。

第三个代表性行业是渔业。欧阳宗书认为，明清时期，在海禁政策和海洋渔场面积急剧缩小的情况下，海水养殖业和远洋渔业都成为获得过较大发展的“新的产业”④。闵宗殿更是进一步指出，“明清时期的海洋渔业，不论其经营范围的扩大，还是生产技术的提高，都为近代海洋渔业的出现创造了条件，打下了良好的基础。我国海洋渔业成为一个独立的生产部门，便是从这一时期开始的”⑤。尹玲玲则主要关注了内陆地区的渔业。她认为，“清代前期以前，湖北地区的渔业在全国一直处于首要地位或位于前列”；另从河泊所的设置分布及裁革情况、渔课的数量等各方面来看，明清时期安庆地区的渔业经济也较为发达⑥。

第四个代表性行业或可统称为山林经营业。陈柯云依据徽州文书的内容，认为明清时期“经营山林苗木成为有利可图的事业”，而徽州地区因其自然环境和水运交通的便利条件，遂使山林苗木的经营极为普遍⑦。杨冬荃也通过分析徽州文书，揭示了明清时期徽州地区山场经营出现了多种方式的情况⑧。吴兴然考察了贵州省锦屏地区杉木的生产、交易和税收等问题，指出明清时期当地苗民“为了生存和占据木材交易市场”，掌握了“林粮间作的育林技术并培育了大量的森林资源”，开辟

---

① 杜常顺. 明清时期黄河上游地区的畜牧业. 青海师范大学学报（哲学社会科学版），1994（3）：109－114.

② 李三谋. 清代北部边疆的官牧场. 中国边疆史地研究，1999（1）：69－77.

③ 王社教. 明清时期畜养业结构的变化. 中国历史地理论丛，2001（3）：81－87.

④ 欧阳宗书. 明清海洋渔业及其重要地位. 古今农业，1998（4）：28－37.

⑤ 闵宗殿. 明清时期的海洋渔业. 学术研究，2001（9）：102－107.

⑥ 尹玲玲. 明清时期湖北地区的渔业经济. 中国历史地理论丛，2000（2）：43－61；明清时期安庆地区的渔业经济. 安徽史学，2001（4）：13－17.

⑦ 陈柯云. 明清山林苗木经营初探//《平准学刊》编辑委员会. 平准学刊：第4辑上册. 北京：中国商业出版社，1989：139－166.

⑧ 杨冬荃. 从民间契约看明清徽州的山场经营. 历史档案，1991（3）：82－85.

出了一条以林为生的林区生活道路[①]。戴一峰认为，“明清时期福建的林业经济已多见发展，福建人民充分利用山林资源，生产各种林产品和林副产品，并以通商贾，发展起商品生产”[②]。另外值得一提的还有茶业的发展。杜家骥指出，“清前期是茶业大发展时期，官府对茶课的轻视及茶法的松弛……有利于商品茶销量的扩大及茶业的发展”[③]。孙洪升也称，明清时期“茶业的商品化色彩鲜明，茶园户为市场提供了大量商品茶”，不仅“满足了国内市场的需求”，而且“茶叶的国际市场拓展迅速”[④]。

最后还有一些更具新兴意义的行业门类。其一是房地产业。如刘淼根据对徽州文书的分析，认为明清时期当地的房地产交易形式，“反映了房地产权的逐步分化，商品化程度日益加深，货币经济的作用日臻增强，交易双方的关系也越来越明显地表现出具有浓厚的商品交换的性质”[⑤]。沈炳尧对比了明清时期遂安和徽州两地房地产买卖情况，指出两地此时都出现了“房地产商品范围明显扩大，商品化程度日益加深”的现象，且“普遍出现从自建和受买基地房屋后出卖的前后时间逐渐缩短的现象，使房地产商品日益频繁地出现使用价值和价值的转移”[⑥]。其二是旅游业。如许周鹣指出，清代苏州地区社会经济的长足发展，刺激了当地旅游业的兴起，从而“提供了众多的就业机会”[⑦]。其三是沿海运输业。邓亦兵考察了清代前期沿海运输业的发展，指出其“规模不断扩大”，并且“已经脱离商业，成为一个独立的行业”，还促成了东北、华北、江浙和闽广四个区域市场之间的商品流通[⑧]。顺便指出，进

---

① 吴兴然. 明清时期锦屏苗木生产经营初探. 社会科学，1990 (4)：58-61.

② 戴一峰. 试论明清时期福建林业经济. 中国农史，1991 (4)：23-28.

③ 杜家骥. 清前期茶法述论//中国社会科学院历史研究所清史研究室. 清史论丛 (1995). 沈阳：辽宁古籍出版社，1996：53-61.

④ 孙洪升. 明清时期的茶叶生产形态探析. 中国农史，2001 (4)：23-37.

⑤ 刘淼. 明清间徽州的房地产交易//《平准学刊》编辑委员会. 平准学刊：第5辑上册. 北京：中国商业出版社，1989：203-227.

⑥ 沈炳尧. 明清时期遂安县房地产买卖商品化特征——明清遂安县和徽州府各县房地产买卖比较研究. 浙江学刊，1996 (1)：64-71.

⑦ 许周鹣. 清代吴地旅游消费与旅游业的勃兴. 南京大学学报（哲学社会科学版），1995 (4)：163-167.

⑧ 邓亦兵. 清代前期沿海运输业的兴盛. 中国社会经济史研究，1996 (3)：40-52.

入21世纪，在传统经济的范围内发现更多新兴产业的做法更是方兴未艾。但就思路而言，并无突破意义，故此处不赘。

（三）区域化经济的开发与成长

主要围绕着“产业经济论”而生成的第三个论域，大概可以被称为区域化经济的开发与成长。区域间经济发展的不平衡在清代愈来愈突出的现象，20世纪80年代以前很少成为一个独立话题，而在80年代以后，开始得到学界越来越多的注意。对于这种研究潮流背后的学术进路，以陈桦所做的阐发最为明确。他指出，这种区域不平衡乃是“不同发展水平的经济区”所致。至于这种“经济区”概念，正是以现代那种区域性“经济有机体”为参照系的。而这种“经济有机体”的划分基础，又在很大程度上取决于产业部门的发展情况[①]。因此，清代区域化经济的开发与成长之所以能够成为一个研究论域，其动力主要来自现代化范式的强烈驱动。

这一论域下形成的第一大类研究主题，大致可以被称为基本经济区的性质与发展。在这方面，最具魄力的成果是陈桦的《清代区域社会经济研究》一书。他以生产力水平、产业部门种类、地区间经济联系等因素为主要标准，认为清代前期全国范围内已经形成了八大自然经济区，即东北经济区、华北经济区、华中经济区、华南经济区、蒙古经济区、西北经济区、西南经济区和青藏经济区[②]。而更多研究者从区域视角出发，展现了区域化经济在不同地区的发展状况。这方面的第一组成果主要是从行政区出发来论述的。如周兆锐从经济发展、人口增长与迁移、农业与手工业的分布，以及水道运输与城镇发展的关系入手，论证了清代前期湖北省经济布局的特点及其继承性[③]。许檀认为，明清时期山东经济的发展，主要表现是“农业生产结构的调整与经济布局的优化，以及非农产业——农副产品加工业、商业运输业在山东经济中占有越来越

① 陈桦. 论18世纪中国社会经济的区域特点. 清史研究，1995（1）：38－50.

② 陈桦. 清代区域社会经济研究. 北京：中国人民大学出版社，1996：34. 该书与叶显恩于1992年主编的一部会议论文集同名（清代区域社会经济研究. 北京：中华书局，1992）。但那部论文集里的论文大多还没有明确形成区域经济的观念，而是习惯上的地域之别。

③ 周兆锐. 清代前期湖北省经济布局研究. 湖北大学学报（哲学社会科学版），1989（2）：79－83.

重要的地位”①。马学强认为，明清时期的松江府因为“港口的兴起，船运业的发展，与粮、棉种植，纺纱织布，在一定条件下结为一体”，构筑起了自身的“经济基础”②。黄挺探讨了明清时期广东境内韩江流域的经济发展，提出“由于外部经济环境的推动和本身经济开发程度的提高，韩江流域形成了以潮、梅、汀三州为中心，辐射到漳、循、惠、赣、抚数州的经济区”③。

另外一些研究则侧重于从自然环境出发的区域经济。这方面以山区经济开发研究最具有代表性。如钮仲勋探讨了明清时期郧阳山区的开发情况，指出“清代山区的农业开发与明代相比，无论在深度或广度上都有一定程度的发展”④。曹树基考察了流民进入赣北山区的开发过程，认为“明清时期（主要是清代中前期）确立的人口及生产布局，依然是我们发展赣北山区农业和经济所必须依赖的基础和前提”⑤。朱自振将明清时期的东南山区视为“一个社会经济区域”，认为当地出现了“生产力的明显提高和发展较快”的局面⑥。另外一些学者则从产业发展不充分的角度出发，论述了山区经济开发的消极面相。如张建民针对清代湘鄂西山区的开发，认为当地“在不宜农粮的山区进行以糊口为目的的开发经营”，造成了“以消耗甚至破坏自然资源为实现经济增长的主要途径”⑦。他针对清代秦岭-大巴山区的开发情况，同样指出当地因形成了“以农耕为主体的经营粗放化”等特点，以致“山区经济发展后劲严重不足”⑧。郑佩权考察明清时期晋西山区的开发情况时，也指出“单一农业生产结构在社会经济恢复发展过程中的日趋强化，是晋西山区经

① 许檀．明清时期山东经济的发展．中国经济史研究，1995（3）：42－65.

② 马学强．论明清时期松江府的经济特色．史林，1997（4）：26－33.

③ 黄挺．明清时期的韩江流域经济区．中国社会经济史研究，1999（2）：26－34.

④ 钮仲勋．明清时期郧阳山区的农业开发．武汉师范学院学报（哲学社会科学版），1981（4）：79－85.

⑤ 曹树基．明清时期的流民和赣北山区的开发．中国农史，1986（2）：12－37.

⑥ 朱自振．明清东南山区农业的商品性发展与特点．中国农史，1993（4）：27－37.

⑦ 张建民．清代湘鄂西山区的经济开发及其影响．中国社会经济史研究，1987（4）：19－23.

⑧ 张建民．明清山区资源开发特点述论——以秦岭-大巴山区为例．武汉大学学报（哲学社会科学版），1999（6）：120－124.

济发展迟缓的一个重要原因”①。

还有一些学者探讨了边疆民族地区的区域经济开发。如张岗论述了清代直隶口外蒙古地区的开发，认为随着“农业比重增加，使原来单一的畜牧业，逐渐变成以畜牧业、农业、手工业和商业为基础的多种经营”，从而缩小了同内地的经济差距②。潘向明指出，正是清代前期对滇桂地区的大规模经济开发，才促成了“广西粮食种植业的发达”和云南“在矿业开发上的独树一帜”③。杨明洪揭示了清代凉山彝族地区的开发情况，指出“在清代中叶，由于清政府大力推行对凉山彝区的开发政策”，从而“推动了彝族社会生产力的发展，从此，凉山腹地农耕经济比重有了明显的提高”④。与前述张建民的思路类似，雍际春对明清以来陇中地区以农垦为主的开发途径也持负面看法，认为“持久的农业垦殖，导致森林破坏，草原消失，自然灾害频繁发生，水土流失不断加重”，最终陷入了“越垦越穷，越穷越垦”的恶性循环的衰败之途⑤。

在区域化经济的开发与成长这一论域下，第二大类研究主题是经济作物的区域化发展。从学界已有研究成果来看，经济作物的区域化态势在南北方都有显著体现。关于北方地区的情况，萧正洪考察了陕南地区种植业的变化，指出“在乾隆前期以后八十余年中，玉米、马铃薯先后获得广泛种植，显著地扩大了粮食种植面积，改变了陕南传统的以粟谷为主的旱地粮食作物种植结构”，并且“由于这一变化，清中期陕南在不同的海拔高度依次形成了三个大致清晰的作物分布区域”⑥。耿占军进一步考察了清代陕西省经济作物的分布格局，指出“清代陕西经济作物的地理分布存在着鲜明的地域性差异”，例如，“甘蔗、茶树只种植于陕南，而亚麻多分布于陕北”⑦。李令福探讨了清代东北地区经济作物与蚕丝生产的区域性特征，指出其背后受到了自然条件、人口移入与农

---

① 郑佩权. 明清时期晋西山区经济运行的轨迹. 中国经济史研究，1991（4）：104－113.

② 张岗. 清代北方流民对直隶口外的开发. 河北学刊，1986（3）：24－30.

③ 潘向明. 清代滇桂地区开发概论. 清史研究，1991（2）：44－49.

④ 杨明洪. 论清代对凉山彝区的经济开发. 民族研究，1995（2）：67－76.

⑤ 雍际春. 论明清时期陇中地区的经济开发. 中国历史地理论丛，1992（4）：29－55.

⑥ 萧正洪. 清代陕南种植业的盛衰及其原因（上、下）. 中国农史，1988（4）：69－84；1989（1）：74－82.

⑦ 耿占军. 清代陕西经济作物的地理分布. 中国历史地理论丛，1992（4）：57－71.

业开发程度、东北农业的开放性及经济作物自身特点等因素的制约①。陈冬生认为，明清时期山东境内的种植结构出现了显著的变化，而“这种变化调整适应了不同自然条件的种植发展需要，农作生产的布局更趋合理，资源配置日趋优化，从而形成与奠定了近现代山东农业种植的结构与生产的格局”②。

关于南方地区的情况，刘永成注意到，在清代前期的广东、福建地区，伴随着商业性农业的发展，“经济作物种植专业区的形成与逐步扩大，不仅改变着农业经济结构的布局，而且促使农村各类专业户获得史无前例的大发展”③。王宇尘考察了清代安徽境内经济作物的分布情况，指出许多作物都形成了一定的区域化发展特征，如棉花“大部分位于皖北平原和沿江一带”，大麻则“以颍州府和六安州较大”，等等④。龚胜生详细考察了清代两湖地区茶叶、烟草的种植和分布情况，认为它们各自形成了一些特定产区⑤。陈国生强调，“清代贵州农业中，经济作物是最发达的商品性农业部门，其中木棉、蚕桑、茶叶、烟叶等都已在局部地区形成了专门化商品生产，分异出专门化农业区，这在贵州农业历史上还是第一次”⑥。李卫东等考察了江西的情况，指出自乾隆时期以降，经济作物在“江西农业生产中占据日益重要的地位”，并且“随着种植面积的扩大，出现了一些经济作物的集中产区”以及“一批经济作物的专业种植者”⑦。杨国安通过对全国情况的归纳，明确提出“清代经济作物的种植较前代有了较大发展，并且呈现出区域化、商品化和专业化的趋势”，“种植布局的区域特征十分明显”，南方的长江三角洲地区、珠江三角洲地区和福建地区是国内三大经济作物区⑧。

① 李令福．清代东北地区经济作物与蚕丝生产的区域特征．中国历史地理论丛，1992（3）：175－196.

② 陈冬生．明清山东种植结构变化及对农业的影响．古今农业，2001（2）：44－59.

③ 刘永成．清前期广东福建农村专业户浅析//《平准学刊》编辑委员会．平准学刊：第5辑上册．北京：中国商业出版社，1989：129－160.

④ 王宇尘．清代安徽经济作物的地理分布．中国历史地理论丛，1992（4）：73－94.

⑤ 龚胜生．清代两湖地区茶、烟的种植与分布．古今农业，1993（3）：17－23.

⑥ 陈国生．清代贵州农作物的地域分布．中国历史地理论丛，1994（1）：227－246.

⑦ 李卫东，昌庆钟，饶武元．清代江西经济作物的发展及其局限．中国农史，2001（4）：50－54.

⑧ 杨国安．浅析清代经济作物种植的区域性特征．中国农史，2001（2）：42－46.

关于区域化经济的开发与成长，构成其第三大类研究主题的是市镇经济的兴起与发展。由于城市化是现代化经济体系的一个重要指标，城市史随之在西方史学界得到越来越多的重视。中文学界也顺着这一潮流，努力从经济发展角度来发现和论证前近代中国的城市化进程。前述台湾学者刘石吉的研究，就是这种思路的较早表达。大陆地区则自20世纪80年代开始，对明清时期的城市经济和市镇经济进行了多方面的探讨。而这种论述的核心，当然还是产业的发展情形。

关于城市经济，朱宗宙较早地专门考察了清代前期扬州的情况，指出其“城市经济势力极为雄厚”，形成了服务于皇家、官僚、商人、市民的发达的手工业生产，有着大力供应市场需要的农副业，以及十分繁荣的商业行业等①。刘志伟从城市的经济功能、城市的扩展以及手工业生产的特点等方面出发，论证了明清时期“广州城市经济空前繁荣，为近代经济社会的发展打下了基础”②。邓亦兵探讨了清代前期开封的城市经济发展状况，认为其“性质既不同于北宋那种典型的亚洲消费城市，也不同于江南新兴工商型城市，它借助于［原文如此，似应为‘介于’。——引者注］两者之间，是以封建消费型为主，辅以工商型为特征的城市经济性质”③。王家范认为，“明清苏州已经逐渐成为太湖流域或长江三角洲的一个区域性的中心城市”，因为“它一方面依托着太湖流域相对发达的乡镇农业经济和家庭手工业，一方面又为该区域商品化农产品以及家庭手工业、手工作坊产品提供市场和开拓市场”④。王致中论述了明清时期西北地区城市发展的状况，认为该地区“城市手工加工制造的能力远不能同内地苏杭诸城相比”，不过它们具备的经济功能“不仅在当时，即使对现代和未来的西北，都有深远的影响”⑤。胡光明探讨了清代前期天津城市化的进程，指出“河海漕运、芦盐业的发展，吸引了大批生产人口和社会财富向天津聚集，从而决定和影响了天津商

---

① 朱宗宙．清代前期扬州城市经济．扬州师院学报（社会科学版），1984（2）：112－117.

② 刘志伟．明清时期广州城市经济的特色．广州研究，1986（1）：62－65.

③ 邓亦兵．清前期开封城经济初探．史学月刊，1986（2）：47－52.

④ 王家范．明清苏州城市经济功能研讨．华东师范大学学报（哲学社会科学版），1986（5）：23－30.

⑤ 王致中．明清西北城市若干社会经济功能特征试探．兰州学刊，1987（1）：29－34.

业市场的面貌和各业构成”①。范金民认为，南京的城市经济主要由“手工业经济和贩运贸易经济所组成”，到清中期，南京“已由明代的政治军事中心转向经济中心，并由流通、消费的中心转向生产与消费并重的城市，发展规模也远非昔日可比”②。吴量恺则对明清时期中国城市经济的总体发展情形进行了探讨，指出此时“不仅城市数量上更加增多，而且层次复杂”，而“各级各类城市的存在和交错发展，各种经济中心的形成，促进了城市的繁荣”，从而“构成了我国城市经济发展的独特道路”③。

对于市镇经济的探讨，相对来说成果更多，毕竟清代市镇的数量更多。樊树志较早地指出，传统中国社会中城市化的一个重要体现，就是“大量市镇的兴起与发展，以它突出的经济中心、文化中心的地位，成为不同于乡村的县以下层次的城市”④。邓亦兵通过对清代前期市镇整体发展情况的考察，指出从市镇的结构和经济特征来看，“市镇脱离了集、场、墟的范畴，有一种趋于城市的倾向”，并且，“市镇商品经济与城市商品经济的发展只有快慢之别，并无性质不同。城市与市镇一样，都是全国商品流通网络上的结点。通过商品流通的网络城市和市镇与周围农村建立广泛的经济联系，使城市与市镇不仅具有消费意义，也具有生产意义”⑤。正是基于这样的认识，学界对于市镇经济研究投入了极大的热情。

明清时期，江南地区的市镇发展最称发达。还在刘石吉之前，日本、美国学界便早有注意。而国内学界对于江南市镇的系统探讨，从20世纪80年代起才逐渐丰富起来。樊树志是国内学界中较早地系统探讨江南市镇体系的学者，他强调，长江三角洲经济区“在全国举足轻重的地位，不仅在于它是国家的财赋重地，而且在于商品经济高水平发展形成的市镇网络所产生的巨大经济活力。甚至可以说，市镇网络是这一

---

① 胡光明．开埠前天津城市化过程及内贸型商业市场的形成．天津社会科学，1987（2）：85－91.

② 范金民．清前期南京经济略论．清史研究通讯，1989（4）：6－11.

③ 吴量恺．明清时期城市经济的繁荣和商业贸易的发展．华中师范大学学报（哲学社会科学版），1986（2）：49－55.

④ 樊树志．市镇与乡村的城市化．学术月刊，1987（1）：63－71.

⑤ 邓亦兵．清代前期的市镇．中国社会经济史研究，1997（3）：24－38.

经济区的骨架，没有市镇网络就不可能保持名列前茅的经济领先地位”①。王家范关注了明清时期江南市镇消费经济的发展，指出“江南经济发展带来了最低生活消费标准的提高，给该时期的消费经济注入了某种活力”，而一个明显体现就是“市场消费经济在空间上由中心城市向府县城、市镇伸展，显得比较活跃”②。马学强则从劳动力转移的角度来看待江南市镇的发展，指出丝织业等支柱产业的发展导致明清时期江南劳动力转移的一大趋势，“是从乡村流向城镇的地域转移，这不唯体现在明清江南城镇的数目增多，而更为重要的是城镇规模的扩大及城镇人口的膨胀”③。王卫平提出，明清时期，“在苏、杭等大城市的商业机能辐射、影响下，经济职能显著的市镇蓬勃兴起，蔚为大观。它们相互影响、相互促进，在江南地区形成了一个有机的城镇网络，有力地推动了江南地区的城市化进程”④。叶依能分析了明清时期江南地区市镇经济的性质，认为“市镇手工业的发展，不仅进一步促使手工业和农业的分离，也促进了市镇经济从农业和农村经济中独立出来，从而形成了以手工业和商业为主的商品性经济”，也就导致了“大批专业市镇和工商巨镇”的出现⑤。

另有一些研究以个案为中心，展示了江南地区市镇经济的微观形态。如陈学文揭示了明清时期兼跨湖州府和嘉兴府的乌青镇的经济结构，指出该镇“是以农副产品集散与商品转销为主要职能的市镇”，其“四周形成了一个群体性市镇网络，促进了横向经济联系”⑥。他在另一篇文章中考察了德清县所属的新市镇，指出该镇因明清以来“蚕桑丝织业的繁荣，始终维持着雄镇的地位”⑦。范金民探讨了明清时期苏州地

---

① 樊树志．明清长江三角洲的市镇网络．复旦学报（社会科学版），1987（2）：93－100．对于这一论点，他在《明清江南市镇探微》（上海：复旦大学出版社，1990）一书中进行了更为详尽的阐发。

② 王家范．明清江南消费风气与消费结构描述——明清江南消费经济探测之一．华东师范大学学报（哲学社会科学版），1988（2）：32－42；明清江南消费性质与消费效果解析——明清江南消费经济探测之二．上海社会科学院学术季刊，1988（2）：157－167．

③ 马学强．试论明清江南社会经济“内变迁”与劳动力转移．史林，1993（1）：29－35．

④ 王卫平．明清江南地区的城市化及其局限．学术月刊，1999（12）：69－76．

⑤ 叶依能．明清时期太湖地区的市镇经济．中国农史，2000（3）：57－64．

⑥ 陈学文．明清时期江南巨镇乌青镇的经济结构．中国经济史研究，1988（2）：29－38．

⑦ 陈学文．明清时期新市镇的社会经济结构．浙江学刊，1990（6）：114－119．

区市镇的发展情况，认为在江南地区，“可以说没有一个府的市镇像苏州府的市镇那样具有种类齐全、专业典型和大中小并存的特点”，从而“反映了苏州经济发展的多样化和综合发展水平”①。朱子彦考察了明清时期宝山地区市镇的经济结构，指出“各市镇大都以棉纺织业为该地区的特色工业”，从而也带动了棉花、布匹等商业的繁荣②。乐承耀等探讨了明清时期宁波府市镇的发展状况，认为当地也“出现了不少专业性的市镇。一些市镇以经营手工业为主，另一些市镇成为农副产品和手工业品交易市场和集散中心”③。

对于江南地区之外的市镇经济发展，学界同样给予了很多关注。就南方地区而言，谭棣华认为，佛山镇的出现与繁荣，“建筑在珠江三角洲农业与手工业产品大量增长的雄厚物质基础上，并与交通运输的发达、商业网络的扩大、对外贸易日趋繁荣等紧密联系在一起”④。黄建新等则指出，佛山作为明清时期新兴的工商业市镇典型，突破了长期以来“郡县城市”的发展模式，“表现出向更高的经济发展阶段过渡的趋势”⑤。宋平安探讨了明清时期汉口镇的兴起，认为这是“商品经济发展的产物”，但因汉口“没有形成足以使城市自立的手工工场、大型的专业化手工业市场”，从而“处于商业型城市的中间阶段”⑥。萧放介绍了江西清江县樟树镇的发展情况，指出该地的经营特色是“作为南国药材加工贸易的专业市镇，在清代走向了繁荣”⑦。

关于北方地区的集镇，邓亦兵探讨了清代南阳府所属赊旗店和北舞渡两镇的发展情况，认为其虽然“是在商品经济发展的基础上兴起的”，却“不能导致两镇周围农村经济结构的显著变化，其原因之一就是手工

---

① 范金民．明清时期苏州市镇的发展特点．南京大学学报（哲学·人文·社会科学），1990（4）：89－95.

② 朱子彦．明清时期宝山地区市镇结构探索．史林，1993（1）：36－42.

③ 乐承耀，徐兆文．明清时期宁波府市镇的发展．浙江学刊，1994（3）：34－39.

④ 谭棣华．明清时期佛山经济繁荣的原因．广东社会科学，1986（3）：80－87.

⑤ 黄建新，罗一星．论明清时期佛山城市经济的发展//明清广东省社会经济研究会．明清广东社会经济研究．广州：广东人民出版社，1987：26－56.

⑥ 宋平安．明清时期汉口城市经济体系的形成与发展．华中师范大学学报（哲学社会科学版），1989（1）：60－66.

⑦ 萧放．明清时代樟树药业发展初探．中国社会经济史研究，1990（1）：65－70.

业不发达，商业资本没有投入到手工业生产中去”①。蒋正华将明清时期河南集镇与江南市镇的发展进行了对比，指出河南“很少或者可以说几乎没有江南那样的专业市镇”，“河南集镇规模与经济作用远不如江南市镇”，而造成这种差异的原因，又主要是农业商品化的程度很低，副业和手工业发展相对缓慢②。王守中等考察了清代山东周村镇成长为著名工商业城市的历程，指出“在商业发展的刺激下，周村的手工业生产也逐渐发展起来”，而“商品生产与商品交换，是城市兴起与发展的主要动力”③。吴海涛等探讨了明清时期苏北地区集市镇的发展，认为“南北货物的流通，盐运业、海运业的繁盛和较为发达的农业经济”，使得该地区集市镇的“数量及规模不断发展，形成一个严密的市场网络体系”④。陈喜波等指出，随着清代以来内地往长城外的大规模移民、塞外土地的开发以及农业和商业的发展，“沿长城一线的许多城镇就开始兴起并得到蓬勃发展”，这是“长城外蒙古地区经济发展的产物”，也是“时代进步的标志”⑤。

第三节　经济现代化论

与清代前期经济史研究相比，现代化范式对晚清经济史研究的影响更为明显和强烈。众所周知，随着现代化理论的兴起，鸦片战争以来中国发生的社会变迁也被视为经历了一个现代化进程，并构成世界范围内现代化历程的组成部分。因此，晚清时期中国所出现的所有社会变动，都可以从现代化角度出发来加以认识，经济领域中的变动自然也不会例外。就晚清经济史领域而言，随着改革开放的潮流，“经济现代化论”

---

① 邓亦兵. 清代南阳府名镇的经济性质. 中州学刊，1986（4）：94－98.

② 蒋正华. 略论明清河南集镇与江南市镇之异同. 中州学刊，1994（3）：108－110.

③ 王守中，宋树权. 清代发展为工商业城市的周村. 山东师大学报（社会科学版），1994（3）：48－50.

④ 吴海涛，金光. 略论明清苏北集市镇的发展. 中国农史，2001（3）：23－27.

⑤ 陈喜波，颜廷真，韩光辉. 论清代长城沿线外侧城镇的兴起. 北京大学学报（哲学社会科学版），2001（3）：12－18.

对国内学界的吸引力越来越大。最晚到20世纪90年代，以现代化成败为指标来评价晚清时期的经济变动，已经成为非常普遍的思考路径。在“经济现代化论”的驱动下，晚清经济史研究的主体大致由三个论域构成，那就是西方冲击的现代化意味、近代工业化的发生与发展、社会经济的现代转型。与早先的研究态势相比，“经济现代化论”所造成的新动向主要体现在这样两个方面：其一是对于在“半殖民地半封建经济论”框架下被论及的许多内容，“经济现代化论”都在重新研究的基础上，给出了很不相同的评价；其二是在“半殖民地半封建经济论”框架下不受重视甚至没有被注意到的许多内容，却在“经济现代化论”的观照下成了富有意义的研究主题。

另外，与前两节的情况相同，“经济现代化论”在晚清经济史研究中的最早应用，还是出现在台湾学者那里。本书第一章第三节里曾述及全汉升在1949年论述汉阳铁厂的文章，其中已经明显表露出了运用近代工业化来解释的思路。进入20世纪50年代后，他进一步发挥了用这一思路来审视洋务建设的做法。如他在1951年便明确指出，正是由于受到“具有世界性的工业化运动的影响”，同光年间的中国才“发生采用‘西法’的‘自强运动’”①。他在另一篇文章中又强调，“在甲午以前侧重于国防的经济建设，虽然因为不注意消费品工业的生产而无补于人民生活的改善，但这到底是接受西洋工业文明的开端”②。根据这种近代工业化的认识思路，他又探讨了晚清货币制度、晚清铁路建设等诸多问题，堪称台湾学界倡导近代工业化研究的开拓者③。

这种以现代化为评判标准的思路，在台湾学界得到了进一步的发扬。王业键在讨论甲午战争以前中国铁路事业发展缓慢的原因时指出，“资金的缺乏”是重要因素，并且，这个问题还“不限于这一时期，且

---

① 全汉升. 清季的江南制造局. 历史语言研究所集刊：第23本上. 1951：145-159.

② 全汉升. 甲午战争以前的中国工业化运动. 历史语言研究所集刊：第25本. 1954：59-79.

③ 这类论文主要有：全汉升. 清季铁路的官督商办制度. 学术季刊，1954，3（2）：63-66；全汉升. 清季的货币问题及其对于工业化的影响. “中央研究院”院刊：第2辑：下册，1955：51-60；全汉升，何汉威. 清季的商办铁路. 香港中文大学中国文化研究所学报：第9卷：上册，1978：119-172。

不限于铁路一端，甚至可以说是近代中国工业化失败的一大因素”①。他在另文探讨近代中国银行业的发展时指出，该研究的主要目的在于“检讨鸦片战争后的一世纪期间中国银行制度的演进，以增进我们对于中国现代化的理解”，而从甲午战争后40年期间的结果来看，“中国新式银行的兴起与发展，非但对于工业资本形成贡献殊小，而且严重地阻碍了中国工业化的发展”②。庄吉发在考察上海机器织布局时，指出该局的重要意义在于“它是在纺织方面首开风气的轻工业建设”，而“从上海机器织布局的沿革，可看出清廷在发展工业的政策上已由注重国防的功用，转变为注重经济的价值”③。他在讨论《马关条约》与上海日本棉纺织业发展之间的关系时，也坦陈自己的研究主旨在于“从日本于上海兼并华商纱厂的过程中寻求其棉纺织工业所以突飞猛进的原因，藉以探讨近代中国发展新式工业的障碍究竟在哪里”④。廖隆盛通过揭示《马关条约》对中国棉纺织业的不利影响，认为从中可以看出，“中国近代工业发展的过程，实充分表现一种被动与自卫性的特色”⑤。郝延平研究了晚清时期沿海地区兴起的、外洋流入的三种新货币形式，指出由此形成的庞大货币供应量不仅“加速了近代中国经济的商业化”，而且“对中国的工业化也有影响”⑥。张玉法考察了20世纪初期的农业改良活动，通过对生产力各项指标的分析，认为此时农业现代化的进展有限⑦。林丽月剖析了晚清时期湖南的厘金问题，指出厘金的支出“仅限于消极的分担军费支出与维持地方治安，而于积极的推动地方经济建设，则无法发生作用”，而这种“庞大军费成为中央地方财政的瓶颈”

---

① 王业键．甲午战争以前的中国铁路事业．历史语言研究所集刊：第31本．1960：167-189.

② 王业键．近代中国银行业的发展（一八四〇——一九三七）．香港中文大学中国文化研究所学报：第10卷下册．1979：363-388.

③ 庄吉发．清季上海机器织布局的沿革．大陆杂志，1970，47（2）：127-131.

④ 庄吉发．中日马关条约与上海日本棉纺织业的发展．大陆杂志，1970，40（10）：322-327.

⑤ 廖隆盛．马关条约对中国棉纺织工业的扼窒（1895—1904）．台湾师大历史学报，1975（3）：279-294.

⑥ 郝延平．晚清沿海的新货币及其影响．近代史研究所集刊：第7期．1978：225-240.

⑦ 张玉法．二十世纪初期的中国农业改良（一九〇一——一九一六）——沿海沿江十三个省区的比较研究．史学评论，1979（1）：119-159.

问题，最终又“影响我国经济近代化甚巨”①。至于台湾学界从20世纪70年代开始的大型合作研究“中国现代化的区域研究”，更是极其鲜明地在现代化角度下论述了晚清时期的诸多经济变动，但就认识路径而言，已可从略。

(一) 西方冲击的现代化意味

就国内学界而言，“经济现代化论”在晚清经济史研究中渐露头角的第一个重要表现，就是不再仅仅使用“侵略—反侵略”的框架来评价西方对中国形成的经济冲击，而是承认这种冲击含有中国早期现代化的外部因素意味。吴承明就在1987年的一篇文章中提出，“19世纪以来中国工业的近代化……不应当是西方生产方式的原样移植，而应是新生产方式和中国内部能动因素的结合，以至通过后者而实现”②。尽管这里主要强调内部因素的作用，但西方生产方式无疑被视为了外部因素。其后，罗荣渠也明确指出，“不论是‘西方中心’观还是‘中国中心’观，都是片面的。中国走向现代世界是各种内外因素互动作用的‘合力’所推动的”③。陈争平则在一篇文章中提到，甲午战后“洋货对中国工业品市场的侵占，是一个大家公认的事实”，但是其“对于中国近代化的作用，学者们见解各异”④。换而言之，西方在中国的作用已不是完全负面的了。

大体上，从20世纪80年代中期开始，学界批判西方对华经济侵略的调门在不断降低，而那种将西方冲击视为中国早期现代化的某种外部因素的看法，则得到了越来越多的响应。有关外贸与经济发展之间关系的成果首先为此提供了较为显著的证明。丁日初等就强调了“对外贸易对中国近代化的积极作用”，明确提出中国虽然是“被迫敞开了大门，被动地卷入了世界市场”，但是“如果认为在这种格局下进行的对外贸

① 林丽月. 厘金与清末湖南省的财政（一八七五～一九一一）. 台湾师大历史学报，1979 (7)：283-325.

② 吴承明. 早期中国近代化过程中的外部和内部因素——兼论张謇的实业路线. 教学与研究，1987 (5)：48-52.

③ 罗荣渠. 中国早期现代化的延误——一项比较现代化研究. 近代史研究，1991 (1)：28-49.

④ 陈争平. 从市场条件角度看甲午战后中国民族工业发展受到的外来压力. 教学与研究，1994 (3)：64-69.

易完全不利于中国民族经济的发展，却不符合历史真相”①。而更多学者则以上海的兴起为中心阐述了外贸的积极作用。潘君祥等论述19世纪后半期上海商业的发展时，认为上海开埠后迅速“取代广州成为我国新的对外贸易的中心”，从而“不仅逐渐由一个内贸型的商业城镇变成一个外贸型的商业城市，而且逐渐变成资本主义国际市场的一个组成部分”②。徐雪筠也认为，上海自19世纪50年代后，其“对外贸易货值一直占全国的一半左右”，从而“对我国的经济生活特别是对上海经济的近代化产生了直接的影响”③。张仲礼等更加明确地指明外贸对于上海成长的重要性，指出“上海城市经济以外贸为先导，循着外贸带动内贸”的路径而发展起来，“商业贸易在上海经济中的主导地位贯穿始终。在开埠的初期是这样，在进入20世纪以后的上海经济勃兴也是这样”④。另有学者也对广州地区的外贸情况给出了不同于以往的看法。如杨瑞贞就发现，“清末广州地区经济的发展使广州形成独特的出超外贸，出超外贸又促进了清末广州地区经济的繁荣”⑤。郭小东重新审视了19世纪30年代广州口岸的中西贸易情况，认为英国输华棉制品数量的急剧上升，“正是英国先进的工业力量对中国传统经济展开日益激烈的冲击的最直观表现”⑥。

以往很少引起学界注意的开埠通商活动，在这一时期也出现了不少成果。张践探讨了清末自开商埠活动，认为其“带有很大的自主性，应被看作近代史上中国对西方作出的一个回应”，且“自开商埠在发展对外贸易的同时，保证了中国主权的完整”⑦。刘天路也指出，“从鸦片战争时期人们对于通商口岸谈虎色变的恐惧和仇视，到20世纪初年广开

---

① 丁日初，沈祖炜. 对外贸易同中国经济现代化的关系（1843年—1936年）. 近代史研究，1987（6）：24-49.

② 潘君祥，陈立仪. 十九世纪后半期上海商业的演变. 历史研究，1986（1）：154-166.

③ 徐雪筠. 对外贸易与上海经济的近代化. 学术月刊，1987（10）：14-21.

④ 张仲礼，潘君祥. 论上海经济近代化的轨迹和发展内因. 中国经济史研究，1992（3）：24-31.

⑤ 杨瑞贞. 清末广州外贸与地区经济. 历史研究，1993（6）：109-121.

⑥ 郭小东. 19世纪30年代广州口岸中西贸易探析. 中国经济史研究，1999（1）：78-86.

⑦ 张践. 晚清自开商埠述论. 近代史研究，1994（5）：73-88.

商埠，晚清开埠通商思想的发展反映了近代中国对外开放的脚步”①。另一些研究者则从具体地点着眼，探讨了开埠造成的经济影响。戴鞍钢考察了上海开埠与苏南经济格局的变化，认为“这种变化在客观上具有积极意义……使这一地区卷入了世界资本主义市场，从而推动了苏南地区社会经济的逐步近代化”②。商鸣臣认为，周村在 1904 年开埠后，一方面使其手工业在原有基础上得到较大的发展，另一方面为“山东手工业品出口贸易提供了一定的货源”，“也有利于山东经济的近代化”③。李岫则考察了清末济南、周村和潍县三地开埠的情况，指出这“在近代中国对外开放的历史进程中具有重要意义，也是山东主政者通盘筹划山东近代化事业，为推动山东经济发展做出的重要政策性调整”④。杨天宏论述了清末东北自开商埠的情况，指出这一举措明显促进了东北地区的内外贸的发展⑤。庞玉洁也指出，天津在开埠初期，其对外贸易的增长速度就超过了早先的通商口岸，从一个“封建的内贸型的货物集散和转运中心变成了一个仅次于上海的近代中国第二大国际贸易口岸”⑥。

对于与外贸密切相关的海关问题，学界也开始从经济现代化的角度来加以衡量了。夏良才通过对中国海关驻伦敦办事处的考察，指出赫德等人“在中国海关近代化事业中，还是留下了他们的痕迹”，他们“确实有希望中国改革、推行近代化的意图”，但是其目的终究“是为了不使这种‘近代化’构成对外国在华势力的威胁”⑦。陈诗启通过分析总税务司职位的争夺活动，指出虽然“殖民地、半殖民地的近代化设施，和资本主义国家的征服是联系在一起的”，但是“中国海关的近代化设

---

① 刘天路. 晚清开埠通商思想简论. 山东大学学报（哲学社会科学版），1995（1）：25-29.

② 戴鞍钢. 上海开埠与苏南地区经济格局的变化. 史林，1990（2）：40-46.

③ 商鸣臣. 周村开埠后的手工业及其对山东的影响. 山东大学学报（哲学社会科学版），1995（1）：30-36.

④ 李岫. 论清末济南、周村、潍县三地开埠. 文史哲，1995（2）：24-29.

⑤ 杨天宏. 清季东北“自开商埠”述论. 长白学刊，1998（1）：92-96.

⑥ 庞玉洁. 天津开埠初期的洋行和买办. 天津师大学报（社会科学版），1998（2）：46-51.

⑦ 夏良才. 海关与中国近代化的关系——论中国海关驻伦敦办事处. 历史研究，1991（2）：28-41.

施，对于中国社会也有同样的促进作用”[①]。连心豪等探讨了海关的近代化与洋务运动的关系，认为“海关近代化是洋务运动的重要内容”[②]。詹庆华梳理了晚清时期总税务司募用洋员特权问题的由来，指出“聘用洋员参与海关管理是清政府有关官员面对西方商品经济迅猛东侵这一前所未遇的新形势，而进行的改革封建海关腐败的管理体制，使其走向近代化的一种尝试，从历史发展的角度看，无疑有其一定的进步性”[③]。杨天宏揭示了清末自开商埠地方的海关设置及其运作制度，认为“中国海关组织及制度的‘近代化’”虽然付出了海关行政权丧失的沉重代价，但是“在近代化与国家主权的关系上”，历史当事人不能寻得两全境地，“这大概也是无可如何之事”[④]。

围绕对外开放与城市化问题的研究，构成了关于西方冲击的现代化意味的第二大类论题。乐正探讨了开埠通商与中国城市化的关系，认为中国“近代城市发展从一开始就与西力东侵、开埠通商这一特定的历史现象联系在一起”，开埠通商“促使中国人口向城市特别是通商口岸城市转移，从而启动了近代城市化的发展进程”[⑤]。皮明庥指出，“洋务派是域外城市文明的感知者，也是国内城市化的启动者”，正是“由于洋务运动及其他因素所形成的历史合力”，才“在晚清时大体上奠定了近代城市体系的格局”[⑥]。刘文俊关注了晚清时期自开商埠与城市化的关系，认为“自开商埠在中国城市近代化历程中走的是一条‘中间道路’，它利用了‘外力’，并借助‘外力’产生‘内力’”，因此“这种城市近代化实践是积极的和有益的”[⑦]。另一些研究者以租界为中心来观察中

---

① 陈诗启. 从总税务司职位的争夺看中国近代海关的作用. 历史研究，1991（2）：15-28.

② 连兴豪，詹庆华. 论赫德、海关近代化与洋务运动的关系. 中国经济史研究，1993（1）：73-79.

③ 詹庆华. 中国近代海关总税务司募用洋员特权问题新论. 近代史研究，1995（1）：89-106.

④ 杨天宏. 清季自开商埠海关的设置及其运作制度. 社会科学研究，1998（3）：93-99.

⑤ 乐正. 开埠通商与近代中国的城市化问题（1840—1911）. 中山大学学报（社会科学版），1991（1）：61-70.

⑥ 皮明庥. 洋务运动与中国城市化、城市近代化. 文史哲，1992（5）：5-15.

⑦ 刘文俊. 自开商埠与中国城市近代化. 广西师范大学学报（哲学社会科学版），1997（2）：78-84.

国近代城市化问题。如赵津指出，1840 年后，“中国沿海沿江城市崛起的近代房地产业……奠定了中国城市化最初的物质基础”，而“这一产业的诞生，和租界有着极密切的关系，甚至可以说，租界正是中国近代房地产市场的真正发源地”①。周绍荣认为，租界“完全仿照西方近代城市模式，大大改变了中国封建城市的结构和功能，强制性地把中国带进城市近代化的行列，对中国城市的近代化产生了深刻的影响”②。周积明也明确承认，“租界的市政文明，不仅是激活近代中国变革思潮和实践的媒体之一，而且成为中国近代市政建设的模板”③。

另外一组研究则着重揭示了一些城市在城市化过程中的成长。上海作为近代城市的代表，历来备受关注。黄逸平揭示了晚清时期上海的租界与城市经济近代化的关联，指出“租界的市政建设，特别是公用事业的创设，更是加快了上海城市经济近代化的步伐”，随着西方物质文明大举“进入上海城市的经济和生活领域”，表明上海“已由封建城市逐步转变为近代化的都市”④。马学强通过对上海开埠后地价问题的分析，认为“随着上海城市化、工业化进程的加快，这座城市吸纳人口的能力增强，地价则一路飙升”，由此“推动了近代上海房地产市场的繁荣，并进而影响到整个上海社会经济的构造”⑤。孙海泉则指出，上海开埠后，“新的经济因素开始向苏南市镇渗透并生根开花”，从而“使得苏南市镇的城镇化明显地带有了近代色彩”⑥。赵津论述了租界与天津城市近代化的密切关系，认为租界的形成“在客观上对天津由小生产的城市向社会化大生产经济城市过渡起到催化的作用”⑦。皮明庥等强调，“只是在第二次鸦片战争后，随着西力东渐，汉口被迫开埠和扩大开放，才展示出新的城市发展轨迹。在开埠设关之后，武汉才在事实上走出中世

① 赵津. 租界与中国近代房地产业的诞生. 历史研究，1993 (6)：97-109.

② 周绍荣. 租界对中国城市近代化的影响. 江汉论坛，1995 (11)：28-32.

③ 周积明. 租界与中国早期现代化. 江汉论坛，1997 (6)：44-49.

④ 黄逸平. 上海初期的租界和城市经济近代化. 学术月刊，1987 (5)：15-22.

⑤ 马学强. 通商开埠前后上海地价初探. 档案与史学，1999 (3)：35-40.

⑥ 孙海泉. 上海开埠后苏南市镇城镇化的考察指标与指标考察. 江海学刊，2000 (3)：141-147.

⑦ 赵津. 租界建设与天津城市近代化. 天津社会科学，1987 (5)：54-59.

纪，迈向近代，城市社会形态、城市文明形态发生转型”①。

关于运用西方经验、人才和资金问题的研究，是关于西方冲击的现代化意味的第三大类论题。关于运用西方经验的研究，航运业较受关注。陈潮在分析轮船招商局的产生背景时指出，“西方资本主义航运经营方式的输入，提供了中国民族航运业可以效法的模式，也培养了一批近代企业经营管理人才，这才使轮船招商局能够应运而生”②。陈绛认为，“西方近代先进航运技术，通过西方资本的轮船公司和中国第一个近代民用企业轮船招商局引进到中国，带来长江航运的深刻变化”，而“在铁路运输十分落后的中国，长江航运的近代化是中国社会近代化的一个具有影响的力量”③。聂宝璋也从近代化角度出发，辩证地考察了轮船的引进问题，指出“如果说外商之把先进的运输工具引进中国，从而促进中国轮运的发展是不自觉的活动，那么外商扩大在华轮运势力、排挤华商船运控制华商货运显然是自觉的行径”④。在其他有关引进西方经验的研究中，李刚探讨了洋务运动对西方科技的引进问题，认为“对待国外先进科学技术……洋务派采取了直接引进的方式，并在有限的范围内注意同中国的科技力量相结合。这在当时的历史条件下，是明智之策”⑤。汪敬虞将1897年成立的中国通商银行视为“中国近代史上的第一家资本主义金融企业”，而该行“以汇丰银行为蓝本”，正是“汲取资本主义的经营管理方法，而不是银行职能的买办化”⑥。齐国华探讨了盛宣怀的经营实业活动中的“西学”成分，指出盛宣怀“真心承认西方各国富强的根本原因是在于拥有先进的科学技术手段，因此他创办

① 皮明庥，李策．汉口开埠设关与武汉城市格局的形成．近代史研究，1991（4）：99－110.

② 陈潮．资本主义航业经营方式的输入与轮船招商局产生．档案与历史，1987（1）：91－93.

③ 陈绛．清季西方资本与长江航运的近代化．上海社会科学院学术季刊，1987（4）：140－150.

④ 聂宝璋．轮船的引进与中国近代化．近代史研究，1988（2）：141－161.

⑤ 李刚．洋务运动与西方科技的引进．西北大学学报（哲学社会科学版），1985（2）：105－112.

⑥ 汪敬虞．略论中国通商银行成立的历史条件及其在对外关系方面的特征．中国经济史研究，1988（3）：90－102.

实业也明确以引进西方先进科学技术为中心"①。郑剑顺认为，福州船政局对西方的技术引进，并不能像以往那样被斥为"买办性"的体现，"中国的自强之路、近代化历程，从实践上说，正是从这里迈开脚步的"②。

关于引进西方人才的问题，严昌洪高度评价了晚清时期聘用外籍雇员对中国早期工业化的作用，认为"中国近代企业中的外籍雇员，从总体上说，不仅是西方工业的文明传播者，而且也是中国早期工业化的开创者之一"③。方英考察了洋务军工企业中洋员的地位与作用，指出大多数洋员"对传播西方先进的军工生产技术与科学的生产管理方法，培养中国的军工技术员工，推动中国近代军事工业的发展，是有成绩、有贡献的"④。向中银则揭示了外籍雇员在晚清民用工业中的作用，认为"受聘来华洋员在协助举办民用工业、推动民用工业进步等方面起了积极作用，尽管受聘而来的洋员良莠不齐，但多数洋员能够履行职责、尽心传授技艺，从而推动了中国民用工业的近代化"⑤。

关于利用外资问题，曹均伟重审了李鸿章利用外资的思想，认为"借外债用于发展近代工业和铁路事业，在客观上助长了中国资本主义的因素，对于瓦解封建经济，刺激新的生产方式的产生和发展具有进步的作用"⑥。竺菊英在分析19世纪80年代洋务企业资金来源的变化时指出，洋务企业向外国在华银行借款，都是在"国内资金难筹的情况下进行的。这是一种正当的手段"⑦。方小芬等考察了清末新政时期利用外资的政策，指出自开商埠"为引进外国直接投资，招徕外人经商办厂开创了更为开放的投资环境"，并"大大推动了开埠城市的资本主义因

① 齐国华. 论"西学"在盛宣怀经办实业中的应用. 史林，1993 (1)：43-49.

② 郑剑顺. 清末福建船政局的技术引进. 中国社会经济史研究，1994 (4)：77-84.

③ 严昌洪. 聘用"洋匠"与中国早期工业化. 近代史研究，1988 (4)：46-64.

④ 方英. 淮系集团创办的近代军工企业中洋员的地位与作用. 安徽史学，1997 (1)：62-66.

⑤ 向中银. 略论外籍雇员在晚清民用工业中的作用. 江海学刊，1999 (3)：131-133.

⑥ 曹均伟. 对李鸿章"利用外资"的再认识. 社会科学，1987 (1)：49-52.

⑦ 竺菊英. 论19世纪80年代洋务企业资金来源的变化. 江海学刊，1991 (3)：130-133.

素的发展”[①]。李玉梳理了清政府对于利用洋股问题的认识和变化过程，指出甲午战后，清政府颁布了一系列承认洋股合法性的法规、政策，从而“足以说明利用洋股已成为清政府产业政策的内容之一”[②]。对于晚清时期的外债，学界也出现了一些新的看法。俞建国探讨了清末财政性外债的影响，指出甲午以后清政府的筹款方式和政策可以理解为“清政府实行的国家资本主义政策”，从而“预示了一种新的趋势，即对资本主义经济机制的肯定”[③]。马陵合讨论了晚清时期地方外债的演变状况，认为“地方外债在一定程度上弥补了传统财政体制的缺陷”，且“地方在经理外债的过程中，实际上部分行使了中央财政职能，开始形成自己的财政体系”[④]。隆武华对晚清时期的外债政策及其演变阶段进行了述评，认为在批判那些恶债和恶性政策的同时，也应具体问题具体分析，应该肯定“其借债抵御外侮的政策”，以及“借债筑路”等实业外债政策对于“加速中国资本主义原始积累和中国铁路建设步伐”的意义[⑤]。

(二) 近代工业化的发生与发展

按照现代化理论的认识，工业化是现代化的核心内容。因此，在“经济现代化论”的引领下，近代工业化的发生与发展问题成为备受学界重视的内容。在晚清经济史领域，洋务运动因与近代工业化之间具有密切关联，遂一度成为国内史学界研究的一个热点。如前所述，在以生产关系为主线的视域之内，学者们还需要为洋务运动是否具有进步意义而争辩。而在现代化范式的观照下，研究者们再也不用担心为洋务运动正名的问题，努力发掘洋务运动在促进近代工业化方面的得失经验，才是符合时代潮流的做法。这样一来，关于洋务运动与近代工业化的关系，就成为这一论域下的第一大类论题。

洋务运动所包含的近代工业化意味，成为这一时期学界普遍看重的

---

① 方小芬，曹均伟．论清末新政期间的对外开放和利用外资．上海社会科学院学术季刊，1995（2）：136－145.

② 李玉．晚清官方对洋股的认识与利用．学术月刊，2000（1）：45－52.

③ 俞建国．清末财政性外债对中国社会经济的影响．中国经济史研究，1993（2）：40－52.

④ 马陵合．论晚清地方外债的阶段性特点．安徽师范大学学报（人文社会科学版），1996（1）：28－35.

⑤ 隆武华．清政府外债政策述评．清史研究，1997（4）：78－87.

问题。陈彪明确指出，洋务运动“以创办近代机器大工业工厂为主要内容，而成为十九世纪世界近代工业化潮流的一个组成部分，把中国落后的生产力艰难地拖进了资本主义机器大工业生产的轨道”①。金茂林强调，“洋务运动所创办的新式工业是中国近代工业的起点，这是谁也不能否认的。也正是在洋务派所办工业的开创性刺激和推动下，中国近代新式工业有了前所未有的发展”②。黄逸峰等也认为，“中国社会要向资本主义近代化发展，首要条件是兴办资本主义近代工矿和交通企业，也就是说，要建立资本主义近代机器工业，作为发展社会生产力的经济基础。在这一点上，洋务运动是抓对了的”③。胡滨在阐述洋务运动与中国近代化的关系时，明白宣称“洋务派兴办的近代工业，构成了当时民族资本主义工业的主体。如果没有洋务派的积极倡导和经营，古老中国资本主义工业化的产生可能还要推迟许多年”，“洋务派创办近代工业，标志着中国开始走向近代化”④。朱坚真称，“中国民族资本的近代工业化运动，是自19世纪60年代出现的‘洋务运动’开始的，它随着资本主义经济关系的扩展和深化而不断发展”⑤。赵德馨也坚称，“从宏观经济的角度考察，洋务派在有关近代工业起步的几个主要问题上的决策，合乎世界的潮流与中国的政治经济形势”⑥。赵晓雷则从思想史的角度提出，“从中国工业化思想的发展过程来看，19世纪60年代的洋务思想最早提出了建立机器大工业的要求，可视为中国工业化思想的发端”⑦。

清代国家政权在近代工业化过程中的作用，成为学界关注的另一个问题。朱英较早地指出，“类似中国这样半殖民地落后国家的政权，在工业化进程中占有举足轻重的地位”，但在“洋务运动肇始中国工业化之际，不仅清政府的政治体制没有近代化的趋向，而且致力于政治近代

① 陈彪. 洋务运动与世界近代工业化潮流. 史学月刊，1986（4）：53-59.

② 金茂林. 洋务运动的客观作用与中国近代生产力的解放. 学习与探索，1987（4）：132-140.

③ 黄逸峰，姜铎. 浅论晚清洋务运动的历史经验与教训. 财经研究，1987（5）：48-50.

④ 胡滨. 洋务运动与中国近代化——兼论洋务运动与外国资本主义的关系. 文史哲，1987（5）：24-31；从洋务运动看中国近代化早期的特点. 人文杂志，1990（1）：73-78.

⑤ 朱坚真. 中国近代工业化新论. 经济科学，1989（4）：73-78.

⑥ 赵德馨. 洋务派关于中国近代工业起步的决策. 近代史研究，1991（1）：50-61.

⑦ 赵晓雷. 中国经济思想发展的历史转折——论工业化思想主流地位的确立. 中国经济史研究，1994（1）：119-126.

化的资产阶级改良派等社会力量还未出现”，因此“清政府是无法完成工业化使命的”[①]。朱荫贵深入对比了中国和日本两国政府在发展现代化过程中的作用，指出洋务运动和明治维新“都是以学习西方，引进和兴办一系列以西方近代企业为中心的活动。但由于两国政府在兴办近代企业上的认识不同，追求的目标和实行的决策不同，导致两国政府发挥的作用不同”[②]。在日本政府“利用国家的权力，从上而下地强力推行资本主义近代化运动”的时候，“中国的洋务运动却始终未能形成一个全国性的从中央到地方的自上而下的强力运动”[③]。周积明一方面指明了清政府“在中国早期工业化中的正面作用”，另一方面也承认因清政府存在着“不可避免的历史局限性”，从而“无法胜任领导工业化走向成功的重任”[④]。卢向国等指出，“晚清政府本来就是一个贫困化的政府，本来就无力履行现代化的功能”，而其为摆脱贫困化所做的努力又导致了现代化进一步受挫[⑤]。

关于现代企业制度的建设问题，成为近代工业化的发生与发展这一论域下的第二大类论题。在这个论题上，学界最为关注的仍是官督商办体制，并且认为其有助于促进近代工业化的声音越来越多。早在 1985 年，这类声音就已经颇为强烈了。如郑佩权提出，官督商办企业之所以成为“创办各种民用工矿企业的主要组织形式”，是因为这种体制是“中国资本主义近代工矿业产生时期的一种必行的企业组织形式”；虞和平以经元善为例，指出“当洋务企业创办之初，在一定程度上激发了旧式商人向近代资本主义企业投资的积极性，对促进旧式商业和金融资财向近代资本主义工业资本转化起了一定的作用”；胡滨也指出，官督商办制度“为近代中国新式企业的诞生开辟了一条重要的渠道”，而 19 世纪 80 年代初“中国社会出现了第一次投资新式企业的热潮，显示出官

① 朱英. 中国早期工业化进程中清政权的历史地位及其作用初探//中国近代经济史丛书编委会. 中国近代经济史研究资料：第 10 辑. 上海：上海社会科学院出版社，1990：40－53.

② 朱荫贵. 从中日两国近代航运业发展状况的不同看国家政权在近代化过程中的作用. 教学与研究，1994（2）：67－71.

③ 朱荫贵. 国家干预经济与中日近代化. 北京：东方出版社，1994：11.

④ 周积明. 清政府在中国早期工业化进程中的作用. 史学月刊，1996（2）：52－56.

⑤ 卢向国，孙樱. 试论晚清政府贫困化对中国早期现代化的影响. 社会科学战线，1998（1）：177－184.

督商办企业具有生命力”[①]。到了 20 世纪 90 年代以后，这种声音愈发高涨。如黄逸平强调，“官督商办形式的出现，为一些买办、商人、官僚等投资近代工业排除了封建政权和传统观念以及守旧势力的阻挠，促使了货币财富的投资由土地向近代工业的一个巨大转变，出现了社会资本向中国近代工业投资的热潮”[②]。刘伟则提出，“洋务官商体制是中国早期工业化的主体，是一种特殊的制度化的近代工业发展道路”[③]。周建波更进一步提出，官督商办企业是西方的股份公司制度和中国的文化传统相结合而产生的“中国特色的股份公司制度的最初形式”，这种企业组织形式“在一定程度上解决了封建农业国兴办新式工业企业之初资金启动难的问题，有利于中国早期现代化的开展”[④]。

另外值得一提的是，即便是一些对官督商办体制的质疑，也同样是从近代工业化角度出发，而不再是从生产关系角度出发了。如周军以张之洞经营的官督商办企业为例，认为其集中展现出了“现代化初期国家资本和私人资本在兴办现代企业的活动中虽互有需求，但终因悬隔过深、矛盾较大而难以有效合作，以致资本主义经济发展不速”[⑤]。张小兵更加明确地指出，“官督商办实质上是晚清政府控制和利用私人资本的官办形式”，所以，这种形式“不但继承了官办的所有弊端，而且产生了许多新的矛盾，既不符合企业自身发展的需求，也限制了私人资本主义独立自由的发展，同先进的大机器生产格格不入，成为中国早期工业化的制度瓶颈”[⑥]。

对于洋务企业的其他经营手段和方式，学界的讨论也有新动向。首

---

① 郑佩权. 略论官督商办企业产生的历史条件. 北京师范大学学报（社会科学版），1985（1）：74－80. 虞和平. 从经元善看洋务企业中的官商关系. 北方论丛，1985（1）：50－57. 胡滨. 从开平矿务局看官督商办企业的历史作用. 近代史研究，1985（5）：96－120.

② 黄逸平. 官督商办和中国资本主义. 华东师范大学学报（哲学社会科学版），1991（2）：44－50.

③ 刘伟. 论洋务运动时期的官商体制. 华中师范大学学报（哲学社会科学版），1994（2）：8－15.

④ 周建波. 晚清“官督商办”企业的改革思想及实践——西方股份公司制度在中国最初的命运. 中国经济史研究，2001（4）：92－97.

⑤ 周军. 中国现代化初期国家资本的特点和作用. 中国经济史研究，1992（2）：70－83.

⑥ 张小兵. 官督商办——中国早期工业化的制度瓶颈. 首都师范大学学报（社会科学版），2000（5）：57－62.

先值得注意的是，学界对于以往长期为人所诟病的“官利制”有了不同看法。邹进文等便提出，“中国早期工业化过程中所依托的社会历史土壤为官利制的存在提供了合适的温床”，“为了降低投资股票的风险”而“实行官利制具有一定的合理性”①。朱荫贵也认为，“官利制度的出现和存在，就是当时中国资本市场环境条件的派生物。它既可以说是无奈之举，也可以说是近代中国企业家为向社会筹集资金、适应社会环境而不得不进行的一种主动的‘变革’”②。其次，是对洋务企业专利制度的重新评价。林庆元于1983年便提出，上海机器织布局的“十年专利”的性质是“资产阶级之间在自由竞争中为了保护自身利益所采取的一种通常手段。而不是洋务派对民族资本主义的封建垄断”③。毛华敬便认为，李鸿章为上海机器织布局请准的十年专利并未扼杀民资工业的发展，“它不仅使中国民资资本机器棉纺织业得以产生并奠定了初步发展的基础，而且有力地阻止和抵制了外国资本对这一领域的渗透”④。最后，对于洋务军工企业的建设也出现了积极评价。如黄逸平就提出，这些近代军事工业“是中国社会经济发展的客观进程与当时洋务思潮的必然产物，它们具有国家资本主义性质。其重要历史作用在于开创了中国资本主义工业近代化的先河”⑤。施渡桥认为，洋务派“利用人类已经获得的科技成果，走军事工业迅速起步的捷径”，“在当时的历史条件下是无可非议的”，故而应对“作为中国社会近代化前奏的近代军事工业”做出“恰如其分的评价”⑥。

近代工业化的发生与发展范围内的第三大类论题，是关于近代工业的经营及其成效问题。这方面的第一组文章，集中关注了洋务军工企业的经营。如徐彻不仅称福州船政局“是我国第一座近代化的制造兵船的

① 邹进文，姚会元. 近代股份制的“中国特色”之一——试论清末股份企业的“官利制”. 中国经济史研究，1996（4）：29-35.

② 朱荫贵. 引进与变革：近代中国企业官利制度分析. 近代史研究，2001（4）：145-167.

③ 林庆元. 全面评价“十年专利”的历史作用. 光明日报，1983-07-06（3）.

④ 毛华敬. 应积极评价李鸿章的十年专利. 文史哲，1998（2）：65-67.

⑤ 黄逸平. 晚清近代军事工业的起因、性质及作用. 华东师范大学学报（哲学社会科学版），1990（1）：31-39.

⑥ 施渡桥. 论洋务派经营军工企业的主导思想与御侮主旨. 近代史研究，1996（2）：156-172.

军事工业”，而且认为“在客观上，船厂的成绩是显见的”①。林明棠论述了吉林机器局的建设情况，认为“就其使用新式机器，雇佣工人，大体上按照西方的机器工厂的组织形式进行生产，可以说它是一所带有资本主义性质的近代工业企业”，它也“为边防军的近代化提供了物质基础”②。乐秀祺探讨了金陵制造局的建设情况，认为该局“是中国最早采用近代化大机器生产的军工企业之一”，在客观上“充当了追赶世界近代化潮流的不自觉的历史工具”③。闵传超也从现代化视角出发，认为“安庆内军械所的创建踏出了中国近代化的第一步”④。

第二组文章主要探讨了洋务民用企业的经营状况。因这方面成果甚多，这里只选取几家较受关注的企业进行评述。第一家企业是轮船招商局。陈潮指出，正是“轮船招商局的有效经营”才得以归并美商旗昌轮船公司，“迫使美国轮船航运退出中国水域四十余年”⑤。陈绛着重揭示了唐廷枢的作用，认为招商局在其主持下，“努力采取资本主义经营方式，依靠政府的扶植和中国商人的支持，克服初创时期的困难，业务有较快的发展，企业规模不断扩充”⑥。郑学益也强调了招商局取得的成绩，认为其“作为中国近代新兴资本主义工业的开端，是新的生产力……代表了社会生产力的发展方向”⑦。王双论述了招商局早期施行的多元化经营战略，指出该局“向其他相关经济部门扩大投资，并创办了一批大型工交企业，相辅相成，提高了该局的经济实力，也发展了有利于国计民生的其他近代企业”⑧。另一家企业是汉冶萍公司。赵晓雷认为，汉阳铁厂在盛宣怀接手后能够逐步好转，主要是因为盛宣怀的经

---

① 徐彻. 中国近代第一座造船厂的创办. 辽宁大学学报（哲学社会科学版），1985（3）：78-82.

② 林明棠. 吉林机器局的创办、经营及其作用. 东北地方史研究，1986（3）：40-48.

③ 乐秀祺. 金陵制造局在中国近代化进程中的作用. 上海师范大学学报（哲学社会科学版），1989（4）：62-65.

④ 闵传超. 走向中国近代化的第一步——论安庆内军械所的历史地位. 安庆师院社会科学学报，1998（4）：79-81.

⑤ 陈潮. 轮船招商局盘购旗昌轮船公司述论. 史林，1988（1）：51-58.

⑥ 陈绛. 唐廷枢与轮船招商局. 近代史研究，1990（2）：31-64.

⑦ 郑学益. 晚清招商局对外开放的历史反思. 北京大学学报（哲学社会科学版），1992（6）：82-91.

⑧ 王双. 早期招商局的多元化经营战略. 学术月刊，1995（10）：45-49.

营在“客观上符合了资本主义经济规律”①。张国辉指出，“汉冶萍公司面临的环境是恶劣的，但并不排斥它自身发展过程中出现过比较顺利进展的时期，取得一些令人信服的成就”②。代鲁则强调指出，招商承办后的汉阳铁厂，在“商”性、“商”力乃至与“官”的关系方面，均发生了极大变化，“可以认为是其实质性的变化，远远超过日后的进行股份制改组”③。还有一家引人注意的企业是上海机器织布局。陈梅龙对该局的性质及变化进行了深入考察，认为经元善担任总办时拟订的条议，“是一个灌注着正在形成中的民族资产阶级要求发展具有资本主义近代化企业愿望的条议”④。胡滨则指出，该局“在马关条约签订前有效地阻遏了外商在华设立棉纺织厂的活动”⑤。最后值得一提的是电报局。徐元基认为，“电报局采取官督商办的形式有其历史的必然性”，且该局“较快地实现了通讯业的近代化”，与其他产业比较成绩十分突出⑥。

第三组文章主要致力于揭示洋务运动期间的矿业发展。余明侠对徐州煤矿进行了多方面的研究，他在 1983 年就提出，当地煤矿在洋务运动期间“方才逐步废弃落后的旧式土法，改用比较先进的新式方法进行生产，从而跻入了近代化的行列”⑦。刘佛丁对开平矿务局的经营给出了高度评价，认为这是“洋务派所办民用企业中较为成功的一个，也是十九世纪末期中国煤炭业中率先引进西方的先进设备和技术并取得效益的少数几个企业之一。它对中国近代工矿交通事业的发展起到了示范和推动的积极作用”⑧。陈理指出，洋务运动期间，云南官府借鉴开平矿务局的经验，创办了云南矿务招商局，“标志云南矿业由手工向机器过

① 赵晓雷. 盛宣怀与汉冶萍公司. 史学月刊，1986（5）：46－51.

② 张国辉. 论汉冶萍公司的创建、发展和历史结局. 中国经济史研究，1991（2）：1－28.

③ 代鲁. 再析汉阳铁厂的“招商承办”. 近代史研究，1995（4）：187－208.

④ 陈梅龙. 论晚清上海机器织布局的性质. 近代史研究，1986（3）：74－95.

⑤ 胡滨. 论上海机器织布局. 山东师大学报（社会科学版），1986（6）：1－9.

⑥ 徐元基. 论晚清通讯业的近代化. 上海社会科学院学术季刊，1987（4）：151－159.

⑦ 余明侠. 胡恩燮与徐州近代化煤矿. 南京大学学报（哲学社会科学），1983（2）：6－17.

⑧ 刘佛丁. 开平矿务局经营得失辨析. 南开学报（哲学社会科学版），1986（2）：30－37.

渡的开端"①。邢亦尘也明确宣称，"在洋务运动的推动下，内蒙古地区出现了新兴的采矿业"②。此外，李鸿章对于近代矿业发展的作用，也得到了不少学者的认可。如余明侠称"李鸿章以其有力的倡导，首先以西法开矿，为后来全国各地采矿工业的勃兴起了积极的先导作用"；刘光永称"李鸿章对中国近代矿业的兴办，确有创始、奠基之功"③。朱英则系统考察了甲午战前清政府的矿业政策，认为其"发展新式矿业的政策本身并无可指责，相反还应给予肯定，只是其一味注重官办和官督商办的具体办法和措施存在种种弊端"④。

第四组文章的研究主题是晚清铁路建设。崔志海认为，清廷设立路矿总局"所采取的中央集权政策虽然刚刚起步，但毕竟使中国近代路政开始具有统一之规……是中国近代路政走上正规化道路的第一步"⑤。李鸿章和张之洞都是对晚清铁路建设具有深远影响的人物，这一时期学界也对此二人的贡献多所承认。如余明侠称"李鸿章是中国近代第一位主张修建铁路的倡导者与实践者"，因此其"在中国近代铁路史的地位是应该予以肯定的"⑥。吴剑杰则称，"真正能从开发利源以振兴经济的高度认识铁路的近代化价值的，张之洞是第一人，铁路成为他一生最后20年的生命主题"⑦。芮坤改根据对晚清铁路资金问题的分析，认为"就实际的铁路建设而言，自办铁路运动是一场失败的运动"⑧。马陵合重新审视了铁路干线国有政策，指出这一政策并不能完全被视为"卖路借债政策"，而是"有其形成的逻辑发展和外在推动力"⑨。宓汝成也对清政府的铁路政策给出了修正性的评价，认为甲午战后，"建设铁路在

---

① 陈理．官督商办与云南近代新式矿业的产生．中央民族大学学报，1995（1）：67－73.

② 邢亦尘．清代后期内蒙古矿政．内蒙古社会科学，1995（4）：45－49.

③ 余明侠．李鸿章在中国近代矿业史上的地位．社会科学战线，1990（1）：179－186．刘光永．李鸿章与近代矿业．安徽史学，1993（3）：40－45.

④ 朱英．论甲午战前清政府的矿业政策．史学月刊，1995（3）：56－63.

⑤ 崔志海．论清末铁路政策的演变．近代史研究，1993（3）：62－86.

⑥ 余明侠．李鸿章在中国近代铁路史上的地位．徐州师范学院学报（哲学社会科学版），1994（3）：36－44.

⑦ 吴剑杰．张之洞与近代中国铁路．武汉大学学报（哲学社会科学版），1999（3）：63－68.

⑧ 芮坤改．论晚清的铁路建设与资金筹措．历史研究，1995（4）：162－175.

⑨ 马陵合．论清末铁路干线国有政策的两个促动因素．社会科学研究，1996（1）：86－91.

中国政治经济中才真正被列作一项大政来对待”，而“清政府的这个决心，来源于对铁路的功能有较全面、深刻的认识”①。

第五组文章的主题是论述各地开展近代工业化建设的情况。在这方面，张之洞在湖北的工业建设是最受学界关注的目标之一。周秀鸾就称，张之洞在武汉地区共筹办了 11 个近代企业，“引进了机器与先进技术，对于武汉地区的生产力来说……这是一种革命”②。赵德馨等也强调，张之洞任湖广总督时期，湖北地区实现了从传统经济向现代经济的转折，“在使用机器以代替手工劳动和推动商品经济方面比其他地区行动快，领域广，规模大”③。廖一中考察了晚清新政时期对于天津近代工业化的推进，指出袁世凯主持成立的直隶工艺总局“成为工业枢纽，很大程度上推动了全省工业的发展”④。吴福环以电报和机器局等事例说明，新疆地区的近代化“与洋务运动以及洋务的继续和发展——‘新政’有着不可分割的联系”⑤。郑亨清感慨晚清时期江西近代工业发展缓慢，认为“封建保守势力的强大和顽固，西学在江西传播的迟缓和艰难”是两大原因⑥。沈雨梧指出，甲午战争的失败使浙江掀起了一股“实业救国”的浪潮，“有力地推动了人们投资近代化工业的热情”⑦。马俊亚探讨了传统社会力量在江苏近代工业化进程中的重要作用，认为其与近代社会力量（买办、留学生等）、政治力量（洋务派）相互结合，共同促进了工业化进程，也是“以上海为中心的江苏南部地区近代工业发达的原因”⑧。这股探究各地近代工业化发展情形的热潮，后来得到

---

① 宓汝成. 中国产业近代化为什么徘徊不前——以中国铁路的建设和运营（1895—1927年）为中心作一试探. 中国经济史研究，1996（4）：92 - 99. 而在 1980 年出版的《帝国主义与中国铁路 1847—1949》（上海：上海人民出版社）一书中，宓汝成对清政府的铁路政策基本持否定态度。

② 周秀鸾. 张之洞办企业对武汉民族工业的影响. 江汉论坛，1985（5）：61 - 66.

③ 赵德馨，周秀鸾. 张之洞与湖北经济的崛起. 江汉论坛，1998（1）：30 - 35.

④ 廖一中. 晚清“新政”与天津工业近代化. 天津社会科学，1988（2）：65 - 70.

⑤ 吴福环. 从洋务运动到“新政”——新疆近代化的开端. 西域研究，1992（4）：36 - 44.

⑥ 郑亨清. 试论清末江西近代工业的兴起. 南昌大学学报（社会科学版），1994（1）：85 - 91.

⑦ 沈雨梧. 甲午战争与浙江近代工业. 清史研究，1994（4）：95 - 102.

⑧ 马俊亚. 传统社会力量与江苏近代工业化. 苏州大学学报（哲学社会科学版），1995（3）：120 - 126.

了更多推广，但这里已无须赘述了。

最后一组有必要评述的文章，其主题是近代工业化视野下的人物评价。对于那些洋务巨擘来说，由于前述许多研究都无法绕开他们的活动，所以相关评价也无须再加总结。这里所要述及的人物，大多是随着近代工业化成为热点才开始得到较多注意和较高评价的，由此可见近代工业化路径所形成的巨大影响。如潘君祥在评价丁日昌的经济活动时指出，丁日昌“因其对时势的清醒认识和捍卫我国经济利权、发展新式企业的务实精神”，故而完全可以被称为“一个经济上的改革者、创新者”①。张富强勾勒了唐廷枢的经营活动，称其后半生“是在推进我国近代化，奠定我国近代民族工业基础的辛勤努力中度过的”②。董守义从文献和实践两方面来论证奕䜣是“第一个近代化纲领的制定者和提出者”，提出应该承认他是“第一次近代化运动的倡导者”③。张学军剖析了薛福成的经济思想，指出其“设计的进口替代型工业化模式实际上为中国走向近代化指出了一条道路”，也是最具特色的部分④。沈其新考察了洋务运动时期派遣的留学生与中国近代实业建设的关系，认为他们“形成了近代早期唯一的科学技术人才的群体”，回国后与现代企业相结合，“都发挥了他们应有的作用”⑤。

（三）社会经济的现代转型

按照学界公认的看法，对于体量庞大的中国社会经济来说，无论是西方直接冲击造成的影响，还是中国近代工业化的发生与发展，其实只在经济总量中占到很少的一部分。因此，这两个论域所涉及的内容，其实只是“经济现代化论”的塔尖。至于范围更大的塔座部分，当属第三个论域即社会经济的现代转型。在这个非常繁杂的论域中，“经济现代化论”得到了更加广泛的应用。可以说，只要是能够与现代化进程联系起来——哪怕是起到阻碍作用——的经济内容，都会成为值得研究的选

---

① 潘君祥．论丁日昌经济活动的时代特征．史林，1987（1）：46－52．

② 张富强．唐廷枢与近代民族企业．社会科学战线，1988（3）：165－174．

③ 董守义．奕䜣是第一次近代化运动的倡导者．社会科学战线，1990（4）：199－205．

④ 张学军．薛福成进口替代工业化模式简论．河北师院学报（社会科学版），1996（2）：33－38．

⑤ 沈其新．洋务运动时期留学生与中国近代实业//中国近代经济史丛书编委会．中国近代经济史研究资料：第10辑．上海：上海社会科学院出版社，1990：26－39．

题。当然，也正是在这种意义上，才能将“经济现代化论”称为晚清经济史研究中的主导性认知路径。

这一论域下形成的第一大类论题，是国家经济体制的现代化问题。而构成这一论题的第一组文章，则是围绕着晚清经济政策的变化所展开的探讨。王笛明确指出，20世纪初，清政府“促成了大规模的振兴工商实业的活动，客观上推动了中国近代化的进程”，其主要表现是“清王朝的经济政策由重农抑商向农工商并重的转变”①。周武等也认为，“晚清经济政策的演变是中国近代社会变迁的一个重要侧面，它与中国社会经济近代化密切相关”②。徐卫国承认，清末经济政策与措施，对以“重农抑商”为主的传统政策有所超越，“从而有助于中国资本主义的发展”③。朱英剖析了清末新经济政策的诸多缺陷及其原因，但也指出，“清政府制定和颁行了一部分具有资本主义性质特征的新经济法规，在当时产生了明显的积极影响”④。

另一组文章则以探讨一些新机构、新法规的设置情况为主。关于新设机构问题，王笛论述了清末设立商部的举措，认为这是“中国第一次建立了促进、保护和奖励工商的国家机构”⑤。朱英探讨了晚清兴办商务局、农工商局的活动，指出这是清政府在甲午战后逐渐重视发展工商实业的一项重要内容⑥。刘增合对商务局的评价更为积极一些，认为“设置商务局是清廷政策转轨的一个重要举动……这应算是清政府向扶持私人资本主义迈出的重要一步”⑦。关于新法规问题，马敏将1904年颁布的《商律》视为“我国第一部正式的商法”，认为其“在一定程度上促进了民族资本主义工商业的发展”⑧。慈鸿飞强调，清末政府“从西方引进并进而据以制定中国的现代资本主义的经济法律法规，从而建

① 王笛. 晚清重商主义与经济变革. 上海社会科学院学术季刊，1989 (4)：63-70.

② 周武，张雪蓉. 晚清经济政策的演变及其社会效应. 江汉论坛，1991 (3)：62-66.

③ 徐卫国. 清末的经济政策与措施. 教学与研究，1995 (1)：58-62.

④ 朱英. 清政府推行新经济政策的缺陷及其产生原因. 中国经济史研究，1999 (1)：87-98.

⑤ 王笛. 清末设立商部述论. 清史研究通讯，1987 (1)：23-28.

⑥ 朱英. 论晚清的商务局、农工商局. 近代史研究，1994 (4)：73-91.

⑦ 刘增合. 论清末工商产业行政整合的初始努力——以商部之前的商务局为例. 中国社会经济史研究，1998 (3)：85-91.

⑧ 马敏. 我国第一部正式商法. 史学月刊，1984 (1)：110-112.

立起了中国资本主义市场经济的架构”①。李玉等考察了清末的公司法，指出以《公司律》为核心的一系列公司法规的制订和颁行，“开中国公司立法之先河，为近代中国经济法制的建设奠定了基础”②。

第三组文章的主题是关于财政机制的变化。周育民考察了晚清时期政府推行的带有公债性质的“息借商款”和“昭信股票”，认为它们“出现了把公债作为资本原始积累手段的端倪，在近代财政史上有其一定的进步意义”③。胡宪立等则认为，这些公债未能达到预期计划，主要是因为当时中国“缺乏发行公债的经济基础”，即不具备“一定程度的资本主义经济的发展”和必要的“金融机构与金融市场”④。张神根评述了清末划分国家财政和地方财政的改革活动，认为这是“清末向西方学习进行财政改革的一个尝试，是近代化进程中的一页”⑤。邓绍辉通过分析晚清赋税结构的演变，指出“晚清政府初步采用近代国家通用的金融手段和财政手段来平衡财政收支，虽产生了许多副作用，如通货膨胀、以债养债等，但积极作用亦不容忽视”⑥。戴一峰探讨了晚清时期中央政府、地方当局与近代海关之间的复杂财政关系，指出此时“随着中央财政管理失控、财政危机迭起，财权下移不断加剧，利用近代海关以加强财政管理，增加中央政府财源，确保中央的财政收入，便日渐成为清中央政府的一项理财措施”⑦。

有关新兴产业经济的兴起，构成了社会经济的现代转型这一论域下的第二大类论题。这种新兴产业经济，主要是指由政府外力量创办的经济部门，从而与洋务运动推进的近代工业化区别开来。这方面的第一组

---

① 慈鸿飞. 中国资本主义经济法在清末的产生、特点及历史作用. 南开经济研究，1994 (1)：72-74.

② 李玉，熊秋良. 论清末的公司法. 近代史研究，1995 (2)：95-107.

③ 周育民. 试论息借商款和昭信股票. 上海师范大学学报（哲学社会科学版），1990 (1)：70-75.

④ 胡宪立，郭熙生. 中国早期公债——晚清“息借商款”与“昭信股票”. 郑州大学学报（哲学社会科学版），1994 (6)：80-84.

⑤ 张神根. 清末国家财政、地方财政划分评析. 史学月刊，1996 (1)：52-55.

⑥ 邓绍辉. 晚清赋税结构的演变. 四川师范大学学报（社会科学版），1997 (4)：104-113.

⑦ 戴一峰. 晚清中央与地方财政关系：以近代海关为中心. 中国经济史研究，2000 (4)：57-71.

文章，主要关注了新机制的引进问题。这种新机制的首个代表是公司制。熊秋良等认为，虽然“清末的公司制度是一种很不成熟的企业制度”，但是作为“一种新的经济制度，迎合了中国社会发展的历史趋势，极大地推动了社会生产力的发展，加快了中国经济近代化的步伐”①。他们在另一篇文章中又指出，甲午战后“国人公司意识的高涨是当时实业救国热潮的重要组成部分，它不仅推动了‘设厂自救’运动的发展，而且对中国公司制度建设和发展产生了积极影响”②。新机制的第二个代表是股份制和股市。田永秀认为，“股份制的引进对中国近代企业的创办有极大的启发作用”，而股票交易的意义在于，其“必然对近代中国经济以及中国的近代化产生不可忽视的影响”③。彭厚文在论述 19 世纪 80 年代上海股票交易的兴衰状况时，也强调其负面意义是“上海股市的暴涨暴跌……严重影响了中国早期资本主义的发展”④。新机制的第三个代表是商业博览会。马敏在总览清末兴起的商品赛会活动后指出，这类赛会“既集中体现了中国近代文明所具有的水准，也暴露了它自身存在的严重弊端和不足。通过赛会形式而开展的大规模经济和文化交流，对中国近代化进程有着弥足珍视的影响”⑤。王翔对 1910 年举办的南洋劝业会给予了高度评价，视之为“中国近代化行程的一个里程碑”⑥。朱英则论述了 1909 年武汉劝业奖进会举办的情况，指出这是一次“大型的地方性商品赛会”，并且“在某种意义上可以说是南洋劝业会的预演”⑦。

关于新兴产业经济的兴起，第二组文章所关注的主题是新产业的兴起与发展。对此，一些学者是围绕着具体产业而展开论述的。如张连起在论述清末新政期间发展实业的举措时指出，其中包括很多具有新兴意

① 熊秋良，李玉. 清末公司制度检讨. 求索，1995 (4)：117 - 122.

② 李玉，熊秋良. 论甲午战后国人公司意识的觉醒. 社会科学辑刊，1997 (2)：103 - 108.

③ 田永秀. 1862—1883 年中国的股票市场. 中国经济史研究，1995 (2)：55 - 68.

④ 彭厚文. 19 世纪 80 年代上海股票交易的兴衰. 近代史研究，1999 (1)：170 - 195.

⑤ 马敏. 中国走向世界的新步幅——清末商品赛会活动述评. 近代史研究，1988 (1)：115 - 132.

⑥ 王翔. 中国近代化的一个里程碑——1910 年南洋劝业会述论. 江海学刊，1989 (3)：129 - 136.

⑦ 朱英. 清末武汉劝业奖进会述略. 历史研究，2000 (4)：186 - 189.

味的东西，如“传播西方先进的农业知识、技术等，以及发展工矿业、交电业，兴办银行等等”①。曲从规论述陈启源创办近代机器缫丝工厂的情况，认为此举“改革了我国几千年来落后的手工缫丝方式”②。对于清末珠江三角洲机器缫丝业的发展，彭雨新视之为“我国近代乡镇工业的先驱典型”③。朱光华探讨了清代机器面粉工业的发生，认为其对“我国轻工食品工业的近代化、机械化，起到了良好的推动作用”④。闵杰考察了清末浙路公司的经营状况，指出浙路公司“实现了由个别私人资本向股份集团资本的转化”，形成了一个大型资本主义股份公司，同时又“在公司内推行资本主义经营方式，从而取得较好的经营效果”⑤。崔运武认为，刘坤一对于大生纱厂的支持，一定程度上体现了清政府把“近代化国家在经济发展中政府所需发挥的职能，基本上放到了地方政府”⑥。

另外一些学者则揭示了一些区域内新兴产业经济的发展。姜铎论述了洋务运动对天津、广州、武汉和上海四个城市经济的重大影响，指出“这四个城市是当时全国近代企业发展的中心和主要部分，因为也成为当时全国早期现代化的主要标志”⑦。衣保中论证了甲午战后东北地区民族资本主义的迅速发展，认为官方兴办的实业与工矿业“基本上具有国家资本主义性质”，也是“当时东北民族资本的有机组成部分”⑧。黎仁凯指出，“清末民初华北的许多重要企业，无论其资金来源或创办人，大多都可溯源到开平矿务局”，因此该局“在华北近代化的进程中具有举足轻重的地位”⑨。姜虹等认为，烟台开埠后，“经过 60 年的建设，

---

① 张连起. 清末发展实业初探. 北方论丛，1985 (3)：94－98.

② 曲从规. 陈启源与中国近代机器缫丝业. 史学月刊，1985 (3)：49－53.

③ 彭雨新. 辛亥革命前后珠江三角洲乡镇缫丝工业的发展及其典型意义. 中国社会经济史研究，1989 (1)：62－69.

④ 朱光华. 清代的机器面粉工业. 中国社会经济史研究，1985 (2)：58－62.

⑤ 闵杰. 浙路公司的集资与经营. 近代史研究，1987 (3)：271－290.

⑥ 崔运武. 论刘坤一与大生纱厂的创立. 江海学刊，1995 (3)：127－132.

⑦ 姜铎. 洋务运动与津、穗、汉、沪四城的早期近代化. 近代史研究，1993 (4)：37－52.

⑧ 衣保中. 试论清末东北民族资本主义的发展. 吉林大学社会科学学报，1993 (3)：77－83.

⑨ 黎仁凯. 开平矿务局与华北社会经济的发展. 中国经济史研究，1993 (4)：67－73.

山东经济现代化已初具规模”，其主要表现是拥有了“近代化的交通运输设施”和“近代化的工矿企业”，以及新式金融机构和近代化城市①。另外，罗苏文在探讨清末民初上海郊区市镇经济的变化时发现，由于“马路、铁路和汽车、火车使都市周边陆路交通环境大为改观……使一部分市镇加入都市经济空间”，最终“导致周边农村资源配置的重新组合”②。

在社会经济的现代转型论域下的第三大类论题，是传统经济的现代转型。这一论题中的第一个部分，探讨的是农业的现代化改良问题。其中第一组文章从整体上讨论了晚清农业的变化及其性质。闵宗殿等认为，光绪年间，我国传统农业在技术体系等方面发生了一系列变化，“这些变化使我国的传统农业向近代农业迈开了第一步”③。吴承明考察了中国近代农业生产力的诸多要素，认为其“是有一定的发展的，生产方法也有所变化”④。章有义则依据海关报告提供的信息，认为中国近代农业生产力“虽有一些新因素的萌芽”，“然而所起的作用微不足道”⑤。刘克祥指出，甲午战后中国出现的一系列“兴农”主张和政策，其主导思路都是“必须效法西方，引进和推广日本、欧美先进的农业科学技术和经营方式”⑥。陈勇勤强调，晚清时期的农业变革“自然也就是农业近代化”，“晚清农业革命是西化的结果，即出现了使用机械的农场”⑦。吴春梅也认为，清末新政时期的农业改革虽然成绩有限，但“它昭示了中国农业的发展方向，开始了中国农业近代化的历程”⑧。与之类似的看法还有很多，这里从略。

另一组文章从具体区域出发论述了当地的农业改良情况。王笛探讨

---

① 姜虹，李岫. 1860—1919年山东经济近代化原因初探. 山东大学学报（哲学社会科学版），1995（3）：47-53.

② 罗苏文. 论1895—1927年上海都市郊区市镇的变化. 史林，1994（4）：43-50.

③ 闵宗殿，王达. 晚清时期我国农业的新变化. 中国社会经济史研究，1985（4）：64-72.

④ 吴承明. 中国近代农业生产力的考察. 中国经济史研究，1989（2）：63-77.

⑤ 章有义. 海关报告中的近代中国农业生产力状况. 中国农史，1991（2）：42-48.

⑥ 刘克祥. 清末民初农业发展转折时期的政策思路述略. 中国经济史研究，1993（1）：61-72.

⑦ 陈勇勤. 晚清时期农业近代化思路与实践. 江西社会科学，1998（1）：4-10.

⑧ 吴春梅. 清末新政时期的农业改革. 中国农史，1999（3）：42-46.

了清末四川的农业改良情况，认为随着农政总局和农务总会等专门倡导农业改良机构的建立，以及新的农业知识的传播和农业教育的兴起等活动，改良“取得了明显的成果”①。衣保中论述了清末辽宁地区农业的发展，指出“近代农学及农业技术的引进，以及农产品商品化的发展，构成了该地区农业经济近代化的基本内容，代表了该地区传统农业向近代农业转化的总流向”②。王振科等探究了清末东北新开发区成为商品粮基地的原因，认为以铁路为代表的交通条件的改善，以及新开发区兴办的“具有资本主义性质的农垦企业”，促进了农产品商品化的发展③。马波论述了刘铭传主政台湾时期的农业建设举措，认为这些举措“拉开了台湾农业近代化的帷幕”，“开创、缔造了台湾近代农业的基本格局”④。

关于传统经济的现代转型，另一个较为突出的研究主题是传统行业的变化与发展。这方面第一个典型事例是关于传统纺织业的研究。王翔认为，在 20 世纪初的江南地区，“传统丝织业开始起步走向近代化，构成了中国资本主义发展的一个重要方面”⑤。他在另一篇文章中比较了 19 世纪后期中日两国传统丝绸业的变化情况，指出“中国丝绸业丧失了实现近代化的良机，陷入了衰象毕呈、危机频仍的困境”，而日本丝绸业则在“各个环节全面实现了现代化”，成为日本实现工业化的“摇钱树”⑥。徐秀丽探讨了鸦片战争后湖州地区传统蚕丝业生产的发展变化，认为虽然其“生产力有所增进，蚕丝产量有较大的提高”，但是，“这种增进主要表现在量的方面，以改进生产工具为主要标志的生产力的质的方面则基本上面目依旧”⑦。李平生则对晚清蚕丝业改良活动持

---

① 王笛. 清末四川农业改良. 中国农史，1986（2）：38－49.

② 衣保中. 清末辽宁地区农业经济的近代化. 辽宁师范大学学报（社会科学版），1988（2）：83－88.

③ 王振科，衣保中. 试论清末东北商品粮基地的形成. 吉林大学社会科学学报，1990（6）：73－80.

④ 马波. 刘铭传与近代台湾农业——兼论台湾近代农业的源起. 中国农史，1993（2）：56－61.

⑤ 王翔. 中国传统丝织业走向近代化的历史过程. 中国经济史研究，1989（3）：81－94.

⑥ 王翔. 十九世纪中日丝绸业近代化比较研究. 中国社会科学，1995（6）：169－186.

⑦ 徐秀丽. 试论近代湖州地区蚕丝业生产的发展及其局限（1840—1937）. 近代史研究，1989（2）：244－261.

积极态度，认为此时“进行全方位的蚕丝业改良已是大势所趋”，而诸多新气象的呈现，表明“晚清蚕丝业已经发生了质的变化，开始由传统走上了近代化的道路”①。

较为明显地反映传统行业的变化与发展的例子，还出现在传统手工业和金融业之中。张学君考察了19世纪后期四川工场手工业的变化，认为在近代商品市场和劳动力市场的作用下，“这些手工业作坊向新式企业转化，从而成为近代中国民族工业的一个组成部分”②。史建云探讨了近代华北农村手工业中生产力的进步，认为这主要表现在，“清末民初，在商品生产不断扩大的形势下，华北农村手工业中一些部门所使用的工具开始发生变革，从国外渐次引进了一些新的效率较高的工具，代替已沿用了数百年的落后的旧式工具”③。彭南生从“中国早期经济现代化进程中的政府行为”这一认识出发，认为“从鸦片战争前对手工业的严格限制到战后对手工业的积极改良和提倡，反映了晚清政府在近代手工业经济中实现了角色的转换。这是一种积极的行为”④。关于传统金融业，张国辉对晚清时期旧式金融业的代表钱庄和票号的变化进行了深入的分析，指出它们“都以各自的不同职能，被卷入到较前远为广阔的社会经济活动中去，从而逐渐地在性质上发生变化”，特别是“以近代工业为核心的资本主义经济在中国有了较大的发展”，使得“钱庄、票号与资本主义工矿企业的关系也日益密切起来”，从而表现出了不同程度上的资本主义化⑤。黄逸平等也认为，19世纪下半叶“中国钱庄经营活动的变化，不仅改变了钱庄的性质”，而且“在中国近代化过程中发挥了金融枢纽的作用，是我国近代社会经济中不可缺少的一个重要环节”⑥。

在社会经济的现代转型论域下的第四大类论题，是商人与商人组织

---

① 李平生．论晚清蚕丝业改良．文史哲，1994（3）：90－97．

② 张学君．十九世纪后期的四川工场手工业．社会科学研究，1987（3）：79－85．

③ 史建云．商品生产、社会分工与生产力进步——近代华北农村手工业的变革．中国社会经济史研究，1998（4）：82－88．

④ 彭南生．晚清手工业经济中的政府行为．华中师范大学学报（人文社会科学版），1998（6）：48－56．

⑤ 张国辉．十九世纪后半期中国票号业的发展．历史研究，1985（2）：148－165；二十世纪初期的中国钱庄和票号．中国经济史研究，1986（1）：127－146．

⑥ 黄逸平，袁燮铭．晚清中国钱庄的资本主义化．学术月刊，1988（1）：25－36．

的近代演变问题。这个论题中的第一部分研究，大致是围绕着旧式商人和商人组织来展开的。关于传统商人，周静芬等论述了鸦片战争以后宁波帮旧式商人在经营活动和行业方向上的变化，认为这些商人因“适应对外贸易和本国近代经济发展的需要，迅速转型，有力地推动着宁波帮的近代化”①。马学强关注了另一个传统商帮苏州洞庭帮的近代变迁，指出在上海开埠后，该帮“无论是活动区域的重心转移，还是在经营内容、资金运行等方面，都开始发生了很大转变”，从而“与一些传统商帮于近代的沦落衰败形成了鲜明对照”②。陈然探讨了晚清时期四川盐业商人的变动情况，认为随着四川井盐业向近代工业的转化，“一批有作为的业盐者……逐渐嬗变为新兴的盐业资产阶级”③。另外一些学者重新审视了买办商人在近代的角色与作用。刘宏认为，买办商人“是东西方文化的共同产物”，从而“孕育出他们特有的杰出经营才能”，所以“对招商局的早期发展确实起过重要的积极作用”④。吴国民指出，19世纪近代买办对推动中国近代工业化发展起着举足轻重的作用，从而“初步具备了企业家的精神”⑤。陶有伦也认为，脱离洋行买办职业的唐廷枢等人，不仅推动了“我国近代民族工业的发展”，而且“成为中国近代民族资产阶级的一部分”⑥。关于旧式商人组织的演变，徐鼎新考察了清末民初的上海丝厂茧业总公所，认为这是一个“既不同于旧式行会性的会馆、公所，又不同于新兴的资产阶级商会，而兼有新旧两种经济因素的独特的同业团体”⑦。虞和平揭示了鸦片战争后通商口岸传统行会发生的近代化过程，认为它们“逐步向适应对外经济往来和本国资本

---

① 周静芬，张孟耸．鸦片战争后宁波帮近代化的标志之一——宁波帮旧式商人的转型．浙江师大学报（社会科学版），1996（1）：40-44.

② 马学强．一个传统商帮的近代变迁——苏州洞庭帮在上海．史林，1996（3）：174-183.

③ 陈然．清末民初自贡盐业资产阶级的发展壮大及其对社会的影响．中国社会经济史研究，1998（2）：46-56.

④ 刘宏．试论买办商人对招商局早期发展的作用．江苏社会科学，1993（1）：112-116.

⑤ 吴国民．对十九世纪中国买办阶级的再认识．人文杂志，1994（2）：109-111.

⑥ 陶有伦．试论早期买办阶级在中国近代史上的地位．安徽史学，1995（3）：41-42.

⑦ 徐鼎新．试论清末民初的上海（江浙皖）丝厂茧业总公所．中国经济史研究，1986（2）：61-75.

主义经济发展需要的方向转化”①。王翔则揭示了传统手工业行会在近代以后的衰落命运，认为“工场手工业和近代机器工业的兴起，是对行会制度的致命威胁，但是手工业行会却很少能组织起坚强的抵抗”②。

对于商人和商人组织的近代演变问题，另一部分的研究主题是新兴商人和商人团体。关于新兴商人及其作用，这方面成果甚多，不胜枚举。这里仅列举较为综括性的看法。如朱英指出，从洋务运动时期开始，民间资本家便在近代社会经济生活中做出了很大贡献，因此，“资产阶级在中国经济近代化过程中占有重要的地位，发挥了突出的积极作用”，然而由于他们“所具有的一系列难以克服的弱点，使其无法真正独力承担实现中国经济现代化的历史重任”③。马敏以新兴绅商的名义讨论了早期资产阶级的发展脉络及其社会作用，认为“晚清绅商的近代经济活动，即［原文有误，应为‘既’。——引者注］有顺应近代化潮流，推动晚清社会经济发展的一面，又有依附于传统，使近代社会经济转型变得复杂而迟缓的一面”④。

近代商会作为新兴商人团体最典型的代表，早已引起了学界的高度注意。但是在 20 世纪 80 年代以前，学界多是从革命史角度来探讨其性质与功能的⑤。而自 80 年代中期以后，现代化视角在商会研究中日渐崛起。因这方面成果极为丰富，这里同样只能列举一些代表性研究。徐鼎新考察了清末民初上海总商会的发展变化，认为随着“近代化在中国社会里逐步向前推进”，“上海总商会也经历了一次新旧机制转换的历史变革，由原来的绅商时代走向新的企业家时代”⑥。虞和平更加明确地意识到需要将“商会放在中国早期现代化过程中来加以研究”，并指出近代中国商会的一个主要功能就是“促进经济和政治的现代化——资本

---

① 虞和平. 鸦片战争后通商口岸行会的近代化. 历史研究，1991 (6)：122－136.

② 王翔. 近代中国手工业行会的演变. 历史研究，1998 (4)：56－71.

③ 朱英. 资产阶级与中国近代化的发展. 华中师范大学学报（哲学社会科学版），1994 (2)：15－23.

④ 马敏. 晚清绅商与近代经济发展. 中国经济史研究，1996 (3)：54－66.

⑤ 这方面情况，可参考：朱英. 清末商会研究述评. 史学月刊，1984 (2)：112－116；徐鼎新. 中国商会研究综述. 历史研究，1986 (6)：81－92。

⑥ 徐鼎新. 从绅商时代走向企业家时代——近代化进程中的上海总商会. 近代史研究，1991 (4)：39－68. 在他与钱小明合著的《上海总商会史（1902—1929）》（上海：上海社会科学院出版社，1991）一书中，对这一观点有着更为详尽的阐发。

主义工业化和民主化"①。马敏和朱英在分析晚清苏州商会这一个案时也强调，晚清商会的创设"是中国近代化的历史大趋势使然"，因而"传统与近代化的冲突与融合、排拒与消化在苏州商会均表现得十分突出"②。而在现代化思路下对近代商会进行的各种细化探讨，从90年代以后更是大行其道，此不赘述。另外，也有学者注意到了近代出现的新型经济社团并不止于商会。如虞和平认为，辛亥革命时期出现了一个建立各类经济团体的高潮，从而"体现了辛亥革命的社会动员作用"，而这种社会动员又在总体上"给中国经济近代化造就了一个比较广泛而稳固的社会基础"③。他在另一篇文章中又指出，清末民初"所以成为经济社团快速发展时期，是与这一时期经济伦理的资本主义化密切相关的"，而这种资本主义化的主要表现，就是由"重农抑商政策改变为以工商立国和振兴工商政策"④。

最后值得一提的一个研究主题，是致力于从本土经济思想中挖掘近代因素的努力。李汉武在1985年便探讨了"魏源经济思想中的近代因素"，认为其主要表现在富民说、重商论、重视对外贸易的货币财富论和倡行近代民用工业等几个方面⑤。华强分析了洪仁玕的新政后提出，"如果说，鸦片战争时期的思想家林则徐、魏源是中国近代化行程认识时期第一阶梯的代表，那么，太平天国时期的思想家洪仁玕则是中国近代化行程认识时期第二梯队的代表"⑥。夏东元将郑观应称为"中国近代先进思想家"，其理由在于"他的思想体现了中国社会发展所迫切需要的近代化"，其中，"商战"思想又是郑观应经济思想和经济活动最突出的表现⑦。陈勇勤剖析了陈炽关于改革茶务的思想，认为这是"晚清第一个关于茶业近代化的改革方案"⑧。祖金玉关注了早期驻外使节关

---

① 虞和平. 商会与中国早期现代化. 上海：上海人民出版社，1993：前言.

② 马敏，朱英. 传统与近代的二重变奏：晚清苏州商会个案研究. 成都：巴蜀书社，1993：44，56.

③ 虞和平. 辛亥革命与中国经济近代化的社会动员. 社会学研究，1992（5）：38－49.

④ 虞和平. 清末民初经济伦理的资本主义化与经济社团的发展. 近代史研究，1996（4）：1－21.

⑤ 李汉武. 论魏源经济思想中的近代因素. 云南社会科学，1985（3）：42－49.

⑥ 华强. 洪仁玕新政与中国近代化. 浙江学刊，1990（3）：131－134.

⑦ 夏东元. 郑观应与中国近代化及其超前意识. 社会科学，1992（11）：62－66.

⑧ 陈勇勤. 陈炽的茶业近代化改革方案. 江西社会科学，1996（8）：45－49.

于经济变革的论述，认为他们“对中西经济的巨大差距具有感性认识和更深切的了解，从而要求中国迅速振兴商务、发展经济的愿望更强烈，形成了普遍的重商思想”，因此大力提倡诸多近代化事业的推广，体现了经济思想的新动向[①]。实际上，在许多关于近代思想家的研究中，都会出现关于经济思想中新因素的表述，其定性标准也大都来自现代化视野下的观察。不过，由于那些内容较为细碎，这里就无须总结了。

① 祖金玉. 早期驻外使节对晚清经济变革的贡献述论. 史学集刊，1999（1）：35-40.

第四章　“中国中心观”取向与清代经济史研究

进入21世纪，现代化范式在清代经济史研究中的优势更加显著。对此，有一个事例可充分证明。从2003年到2010年，《中国经济史研究》细化了其年度研究综述的时段，清代经济史研究的总体状况在“明清经济史”和“近代经济史”两个时段中得到了较为全面的反映。从这8年间连续推出的16篇综述中可以看出：清代前期经济史的研究主题，主要仍是“市场经济论”思路下所关注的市场、商业、商人、贸易等问题，以及“产业经济论”思路下的区域经济、财政、农业、手工业、城市等问题；而晚清经济史研究的各类主题，大多也依然是在从传统到现代的框架下所进行的拓展。就此而言，新世纪以来的很多研究不过是内容上的细化，在认知模式上并无突破。而真正对现代化范式形成挑战的认识思路，应该说与美国学界传入的“中国中心观”取向有着密切的关系。众所周知，按照柯文的总结，“传统—现代”或者“现代化模式”隐含着根深蒂固的西方中心论思维，而从中国本身出发的“中国中心观”取向，正是要从根本上挑战这种西方中心论思维。随着这种“中国中心观”取向在国内学界的传播，一股力图从中国内部来追寻社会发展线索的努力，在清代经济史领域中悄然兴起。虽然就成果数量而言，这种内部视角远远无法同现代化范式相比，但是其影响力绝对不容小觑。而要深刻理解这种内部视角的内在逻辑及力度，系统解析美国式“中国中心观”取向的基本理路也就成为不能忽略的一步。

第一节　美国学界的“中国中心观”及其基本理路

自从改革开放以来，海外中国学的大量输入对国内学界产生了十分深远的影响。研究、学习、模仿和赶超海外中国学研究，日渐成为国内学界一个重要的生态演变趋势。在这些有着深远影响的海外中国学研究中，美国中国学无疑占据了一个相当突出的位置。作为海外中国学的一个重要分支，美国中国学对西方人文社会科学思潮一直有着相当敏感的反应。随着后现代思潮的兴起，美国中国学界的许多学者都认为，以往理解中国历史的诸多模式，无不带有西方中心论所造成的歪曲。因此，这些解释模式日渐被绝大多数学者所疏远，而在各类尝试性替代进路中，一组新的趋向逐渐脱颖而出，这就是柯文所赋予的那个流传甚广的称呼——“中国中心观”。可以说，最近 30 多年美国中国学界极富活力和价值的绝大多数成果，无不奉“中国中心观”为圭臬。因此，只有较为系统地检视此类研究实践的基本理路，才能有助于更准确地把握此种取向所达到的认知后果。

(一)“范式危机”的“中国中心观”魅影

虽然“中国中心观”经过柯文的理论加工后，仍不能被称为“一个系统完整的、逻辑严谨的方法论体系”[①]，也没有在研究者之间形成一个内聚性学派或学术共同体，但是，这并不意味着“中国中心观”只是一股松散无力的学术思潮。其实，正如柯文在其书出版 20 年后所说，他当时所做的“不过是明确地提出一套其它研究者已经开始使用的研究方法”[②]。也就是说，“中国中心观”首先是一种通过具体研究实践而表达的取向。就在柯文其书问世后不久，这类研究实践所汇聚的能量已造成了学术生态版图的较大动荡。20 世纪 90 年代，关于学术演化趋向的

---

① 侯且岸. 当代美国的“显学”——美国现代中国学研究. 北京：人民出版社，1995：125.

② 柯文. 在中国发现历史——中国中心观在美国的兴起. 增订本. 林同奇，译. 北京：中华书局，2002：260.

一种激烈表达，即“范式危机”（Paradigm Crisis）问题，便是此种动荡状况的一个突出标识。

1991 年，黄宗智（Philip Huang）运用库恩（Thomas Kuhn）在科学哲学认识论中创造的“范式”和“范式危机”概念，着重对于当时美国中国学界的学术动态进行了剖析。他指出，在关于中国历史变迁的解释中，近年来出现的“近代早期论”倾向动摇了过去占主导地位的“传统中国论”模式。这种“近代早期论”倾向是指，依据对中国内部在明清时期发生重大变化的论证，将中国在受到西方影响前数百年的时期称为“近代早期”，“如同在西欧发生的那样”。正是“近代早期论”学者的实证研究积累造成了关于中国历史认知中的一系列悖论现象，如“没有发展的商品化”“分散的自然经济与整合的市场”“没有公民权力发展的公众领域扩张”“没有自由主义的规范主义法制”等。但黄宗智认为，“近代早期中国”的新观念虽与“传统中国论”的旧观念形成了某种对立，却不足以成为新的支配性模式，因为它们在背后共享着相同的规范信念，尤其是斯密和马克思经典理论中所阐述的商品化导致近代化的发展模式。因此，在他看来，当下对立理论间的争论并不能解决现有理论体系的不足，故而整个中国社会经济史研究都处于一场“范式危机”之中①。

1995 年，德里克（Arif Dirlik）同样运用库恩的概念，表述了美国中国学研究的“范式”和“范式危机”问题。与黄宗智表述的内容不同，按照德里克的看法，当前学界动态的重心乃是曾经主导中国近代史解释的“革命范式”受到晚近崛起的“现代化范式”的剧烈冲击。德里克指出，所谓“现代化范式”论者的研究，“或者否定革命是近代中国历史的中心事件，或者在仍肯定其中心地位的前提下，将其理解为至少是一场失败和一种中国发展的障碍”。他认为，这种“现代化”其实意指“一组与资本主义相关的发展”，所以，所谓“现代化范式”的“意识形态化与其所抨击的革命史学相比毫不逊色”，其实都“对中国历史采取了非历史的态度”，从而不仅“不能含融贯通旧的中国近代史解释，

① 黄宗智．中国研究的规范认识危机//黄宗智．长江三角洲小农家庭与乡村发展．北京：中华书局，2000：412－458．该文原发表于 1991 年。其最初译为中文时，“Paradigm”被译为“规范认识”。为行文规范起见，这里将原先提到的“规范认识”皆改为“范式”。

甚至不愿正视它”。如果说“现代化范式”解释了某些事情，“那也是以取消和无视那些不适合其解释的现象为代价的”。由于这种有着明显缺陷的新范式“没有任何有分量的意识形态来挑战其霸权”，故而德里克将这种状态称为“范式危机”①。

对于“范式危机”论，国内学者给予的反响较美国热烈得多。除了泛泛的赞誉之辞，国内的认识和把握大致可以分为两种趋向。第一种趋向是对此种说法的立论进行质疑。针对黄宗智，有学者通过辨析其提出的基本论据，如“没有发展的增长”“商品化不必然导致近代化”等，认为其对存在悖论现象的证明尚非确定无疑②。至于德里克的看法，有学者认为，其关于史学范式转换的定性本身存在着诸多自相矛盾之处，“革命”与“现代化”根本不可能存在范式转换的否定性关系，“只不过各自突出诠释的是中国近代社会进程的不同侧面罢了”③。第二种趋向则借用“范式危机”的说法来处理中国本土语境中主要是近现代史研究领域的分化。如罗荣渠率先借鉴德里克的思路，认为“当前中国近现代史研究中的新进展就是在‘革命’的传统范式之外出现了‘现代化’这个新范式”④。在此之后，“现代化范式”对“革命史范式”的挑战，则被公认为最新学科动态的一条主旋律。20世纪末以来的不少热点问题，如有关“告别革命”和“走什么路”的争论，以及对“走向共和”的讨论、“冰点”事件、上海教科书事件等等，都被认为“体现了两者之间的冲突和张力”⑤。

应当说，对于“范式危机”论，上述两种趋向所表达的认知都存在一定的不足。第一种趋向意识到此说法本身还存在着问题，无疑是值得

---

① 德里克. 革命之后的史学——中国近代史研究中的当代危机. 中国社会科学季刊（香港），1995年春季卷：135-141.

② 李伯重. 理论、方法、发展趋势：中国经济史研究新探. 北京：清华大学出版社，2002：81-91. 侯且岸. 当代美国的“显学”——美国现代中国学研究. 北京：人民出版社，1995：145-146. 陈君静. 大洋彼岸的回声——美国中国史研究历史考察. 北京：中国社会科学出版社，2003：304-306.

③ 杨念群. 中层理论——东西方思想会通下的中国史研究. 南昌：江西教育出版社，2001：196-199.

④ 罗荣渠. 现代化新论——世界与中国的现代化进程. 增订版. 北京：商务印书馆，2004：487-488.

⑤ 夏明方. 中国近代历史研究方法的新陈代谢. 近代史研究，2010（2）：14-21.

肯定的，并且有助于警示食洋不化的盲目倾向。然而，这种趋向过于纠结这个方面，很容易把更多的注意力集中于“范式危机”论本身是否具有正当性的问题上，从而造成“将澡盆中的脏水和婴儿一起泼掉”的危险。至于第二种趋向，虽然有助于提升到方法论层面来把握学术演化态势，但显然是急于用他人之酒浇自家块垒的借题发挥，难以摆脱即插即用型的拿来主义色彩。由于对“范式”概念在史学领域的统摄性究竟若何缺乏必要的反思，所以延续这两种趋向的思考，至多不过是某种试图折中两种范式合理性限度的所谓“包纳说”或“并存说”而已①。个人认为，导致上述情况的主要原因，在于过多注意了黄宗智和德里克阐述的概念系统，而没有深入探究两者将范式理论应用于学术生产和再生产机制的动力机制。换而言之，就是忽略了这样的问题：此两者是在怎样的具体情境下生发其批判的？他们据以生成批判逻辑的经验基础又是什么呢？无疑，如果不涉及这些问题，那就很难克服“理论的旅行”所造成的水土不服。

一旦回到这些问题就不难发现，虽然黄宗智和德里克的逻辑指涉有所不同，但都是对学术生态版图发生巨大改变的反应。至于导致他们判断发生这种变化的依据，又是那些被分别视为“近代早期论”和“现代化范式”的研究实践所累积的认知效果。显然，要充分理解所谓“范式危机”论的意涵，决不能对这些研究实践的性质和理路置之不理。而哪怕大致浏览一下这些研究实践，也会很快发现其中绝大多数正是“中国中心观”取向指导下的产物。在这种意义上，要充分理解“范式危机”论所表达的学术生态忧思，显然不能对游荡于其背后的“中国中心观”魅影视而不见。

不过，“范式危机”论还不足以成为对“中国中心观”的有效批判。这首先是因为，两者的批判锋芒所指与“中国中心观”之间有很大偏离。就黄宗智而言，他虽然并不赞同“近代早期论”，但在事实上将此类研究作为了其进行理论演绎的经验基础。在德里克那里，对“现代化范式”的批评被直接推到了对现代化理论的反思上，其间完全忽视了此类研究在学术实践中得以生成的依赖路径，而“中国中心观”恰恰是最

---

① 有关两大范式的争讼与折中，可参见：徐秀丽．中国近代史研究中的“革命史范式”与“现代化范式”．中国社会科学院院报，2006－5－30（7）．

为重要的一条路径。其次，由于他们在陈述“范式危机”时，分别把“近代早期论”和“现代化范式”本身作为自足的解释体系，没有注意到此两者其实都是“中国中心观”的部分表征或者逻辑派生物，所以肯定不能达到全面展示“中国中心观”整体认知倾向的效果。

学界以往在讨论范式问题时忽视“中国中心观”魅影的疏漏，很可能是因为“中国中心观”不具有方法论体系的表象，从而难以将之作为理论对手。毕竟，那些对柯文理论措辞的分析业已证明，“中国中心观”的整体逻辑存在着明显的根本性矛盾。然而，单纯的逻辑辩难，显然无法解释“中国中心观”何以能够造成“范式危机”式的现实性忧思。事实上，虽然“中国中心观”不是一套完整和规范的解释框架，更不是一个学术“范式”，但是其在研究实践中已经累积了极大的路径依赖意义。因此，通过检视研究实践的基本理路出发来揭示此种路径依赖，对于更为全面、准确地把握“中国中心观”的认识论框架及其实质，必定是一个不可缺少的维度。

略具讽刺意味的是，本节对于柯文式“中国中心观”的反思进路，恰恰又从柯文对“中国中心观”的总结中得到了操作上的便利。根据柯文的总结，践行“中国中心观”的手法有四个方面的特征，即内部视角、区域化、社会分层以及跨学科借鉴①。虽然这四个方面往往在具体的经验研究中有着复杂的交织关系，但由于它们在实践中分别构成了相对独立的脉络，并产生了各具明显表征的认知效果，所以完全可以将它们所显示的路向作为本节进路的追踪线索。另外，限于学力和篇幅，本节只能涉及本人所掌握的、美国中国学研究中较具代表性的论著。其间挂一漏万之处在所难免，尚祈有识者来日指正。

（二）追寻内在连续性的迷途

按照柯文的归纳，“中国中心观”的第一种践行手法是内部视角，即“从中国而不是从西方着手来研究中国历史，并尽量采取内部的（即中国的）而不是外部的（即西方的）准绳来决定中国历史中哪些现象具有历史重要性”。对于这种手法的实践脉络，柯文概括为：“随着越来越多的学者寻求中国史自身的‘剧情主线’，他们奇妙地发现确实存在着

---

① 柯文．在中国发现历史——中国中心观在美国的兴起．增订本．林同奇，译．北京：中华书局，2002：201.

这条主线，而且在1800年或1840年，这条主线完全没有中断，也没有被西方所抢占或代替，它仍然是贯穿19世纪乃至20世纪的一条最重要的中心线索”①。简言之，这种手法在实践中的具体反映，就是以内部因素为基准来追寻中国历史的内在连续性。

这种追寻的努力首先挑战了通行的历史分期观。如孔飞力（Philip A. Kuhn）早在1970年就提出，如果“‘近代’是指历史动向主要由中国社会和中国传统以外的力量所控制的时代”，“是一个把中国历史不可改变地导离它的老路，并在社会和思想的构成中引起基本变革的更为深刻的进程”，那么在百年前“新的力量已起着削弱传统中国社会的作用”，并且“将不可避免地决定”清代中叶中国的前途，所以1840年不应当被看作近代时期的开始②。傅礼初（Joseph Fletcher）也认为，中国自身在18世纪发生的两个变化，即领土和人口的增大，从长远观点来看可能具有更重大的意义，“它们决定了中国向现代转变——这种转变至今仍在继续中——的基础”③。另一些学者把这种内在连续性的时段追溯得更远。按照魏斐德（Frederic Wakeman，Jr.）的总结，“社会史家们开始逐渐认识到，从16世纪中叶到20世纪30年代的整个时期构成了连贯的整体”，不再将1644年和1911年“视为关键性的界标”，因为许多在晚明出现的重要现象“推动了若干行政和政治上的变化，这些变化在清朝继续发展，在某些方面直到20世纪初期的社会史中才臻成熟”④。马若孟（Ramon H. Myers）强调，“明清两代经历了和宋代一样影响深远的变化”，所以建议把明清两代看成“中国历史上的一个单独的时代”。之后，他明确地将16—20世纪中期定为“近代中国”时

---

① 柯文. 在中国发现历史——中国中心观在美国的兴起. 增订本. 林同奇，译. 北京：中华书局，2002：171，201.

② 孔飞力. 中华帝国晚期的叛乱及其敌人. 谢亮生，等译. 北京：中国社会科学出版社，1990：2-3，6.

③ 费正清，刘广京. 剑桥中国晚清史（1800—1911年）：上卷. 中国社会科学院历史研究所编译室，译. 北京：中国社会科学出版社，1985：39.

④ Frederic Wakeman，Jr.，Carolyn Grant，eds. Conflict and Control in Late Imperial China. Berkeley：University of California Press，1975：Introduction：The Evolution of Local Control in Late Imperial China.

期，并称 1500 年以后中国史开始成为世界史①。史景迁（Jonathan Spence）和卫思韩（John Wills）也赞同中国的根本性变化开始于 16 世纪末 17 世纪初，认为从晚明到盛清这段时期有一种“内在的连贯性”②。总之，根据这种认识思路，“美国史家除最老式的和最激进的以外”，都放弃了把 1840 年作为总的分期标界的观点③。

然而，在探讨这种内在连续性的性质及其发生机制时，研究者们的看法却极不统一，甚而出现了或许可称为“乐观派”和“悲观派”的巨大分歧。

所谓“乐观派”，主要是指对中国传统范围内自行产生的一些重大变化做出较为正面和积极的评价，并倾向于将之与后来的近代化进程联系起来。前面黄宗智所说“近代早期论”研究，大多属于此派。这方面较为综括性的表述，如罗友枝（Evelyn Rawski）在 1979 年就提出，西方到来前的中国已经是“一个先进的社会，具有许多近代特点”④。后来在与韩书瑞（Susan Naquin）合著的《18 世纪的中国社会》中，更为明确地将 17 世纪晚期至 19 世纪初期视为中国所经历的近代早期阶段，18 世纪则是其中一个最富活力的时期，且“当代中国在很大程度上要归功于其近代早期的历史”⑤。

更多学者则从具体主题入手，围绕着国家和社会两个方面表达了同样的认知方向。

从国家方面出发，魏丕信（Pierre - Etienne Will）通过对 18 世纪

---

① Ramon H. Myers. Transformation and Continuity in Chinese Economic and Social History. Journal of Asia Studies (February 1974), 33 (2): 274; “On the Future of Ch'ing Studies”, Ch'ing-shih wen-t'i (June 1979), 4 (1): 107 - 109. Ramon H. Myers. Social and Economy in Modern China: Some Historical Interpretations. 近代史研究所集刊：第 11 期. 1982: 197 - 224.

② Jonathan D. Spence, John E. Wills, eds. From Ming to Ch'ing: Conquest, Region, and Continuity in Seventeenth-Century China. New Haven, Conn.: Yale University Press, 1979: preface.

③ 柯文. 在中国发现历史——中国中心观在美国的兴起. 增订本. 林同奇，译. 北京：中华书局，2002：209.

④ Evelyn S. Rawski. Education and Popular Literacy in Ch'ing China. Ann Arbor: University of Michigan Press, 1979: 140.

⑤ Susan Naquin, Evelyn S. Rawski. Chinese Society in the Eighteenth Century. New Haven and London: Yale University Press, 1987: preface, 236.

清朝荒政的研究，认为在保护国民免受或减少自然灾害侵袭的活动中，18 世纪中国政府创造的那些制度和程序“仍代表着一种有效的政府行为模式——一种值得认真研究的模式”①。在与王国斌（R. Bin Wong）合编的、关于清代仓储研究的《养民》一书中，这种看法得到了进一步发挥。他们认为，“即便根据同期欧洲的标准”，清代中国“所做的工作也已相当之多”，而“中国在某场竞技中优于欧洲许多国家的表现提醒我们，中国的某些成功而非失败对于我们明智地理解中国进入现代世界的进程同样十分重要”②。曾小萍（Madeleine Zelin）把清代 18 世纪的财政政策视为一种“理性化的财政改革”，认为这“对于一个强有力的现代中国的潜在发展具有重要影响”③。何伟亚（James L. Hevia）对清代 18 世纪外交政策的解释也反击了将清代国家视为落后的观念，认为以往对马嘎尔尼使团的解释忽视了“清与英两大帝国构建之间的共性”，这次出使其实“是两个扩张性殖民帝国的接触，它们中每一个的组织原则都与另一个不相兼容”④。

从社会方面出发，罗威廉（William T. Rowe）通过对汉口的研究，指出中国城市自 18 世纪末期以来经历了一系列在西方影响外的重要变化，特别是“出现了一种事实上的高度自治”，而其在 19 世纪和 20 世纪之交做出的反应“在很大程度上也应归因于中国城市社会的长期变化过程”。他后来进一步提出，以汉口为代表，在中西方城市具有很多相似之处的近代早期发展阶段，其中一个显著趋势便是“公共领域”（public sphere）的诞生与发展⑤。对于中国的“公共领域”，冉玫烁

① 魏丕信. 18 世纪中国的官僚制度与荒政. 徐建青，译. 南京：江苏人民出版社，2003：前言，222－223. 魏丕信虽是法国学者，但与美国学界渊源甚深。

② Pierre－Etienne Will，R. Bin Wong，eds. Nourish the People：the State Civilian Granary System in China，1650—1850. University of Michigan Press，1991：498，524.

③ Madeleine Zelin. The Magistrate's tael：Rationalizing Fiscal Reform in Eighteenth-Century Ch'ing China. Berkeley，Los Angeles，London：University of California Press，1984：preface.

④ 何伟亚. 怀柔远人：马嘎尔尼使华的中英礼仪冲突. 邓常春，译. 北京：社会科学文献出版社，2002：26－30.

⑤ William T. Rowe. HANKOW：Commerce and Society in a Chinese City，1796—1889. Stanford University Press，1984：339－346；HANKOW：Conflict and Community in a Chinese City，1796—1895. Stanford University Press，1989：Introduction，183－186.

(Mary Backus Rankin) 进行了更为有力的阐述。在她看来，官僚制国家与社会精英关系自 16 世纪以来的演变，对 20 世纪中国政治的剧烈变动有着基础性作用。尽管体现这种关系的“公共领域”与西方并不完全一致，但“实质性的社会自治”的确存在于帝制晚期①。艾尔曼（Benjamin A. Elman）根据对清代学术思想史的研究提出，江南学术共同体“对帝国正统学术的批判早在 18 世纪已达到高潮”，而“清代出现的考证学派与 20 世纪中国学术话语存在直接的连续性”②。罗威廉以陈宏谋为中心探讨了中国 18 世纪的官员—精英意识，指出“通常认为属于近代早期欧洲精英意识发展的那些宏大观念——国家主权主义、自由主义和个人主义都在其中——其实并不为欧洲所独享”③。李中清（James Z. Lee）和王丰（Wang Feng）通过对中国人口史的研究，认为“中国人口行为一直展示着一种理性的形式，它可以与人口转变后的情形相媲美”，所以中国人口尽管经历了三个世纪的增长，“但人口过剩的阴影似乎一直只是一个神话”④。王国斌重新评价了明清经济，认为“在主要方面，18 世纪的欧洲与同时期的中国之间的共同之处，超过 18 世纪的欧洲与 19、20 世纪的欧洲之间的共同之处”，“无论是近代早期的英国农业经济，还是明清时期的中国农业经济，都为那些与亚当·斯密和托马斯·马尔萨斯的学说有关联的积极的和消极的变化力量所支配”⑤。

与“乐观派”不同，所谓“悲观派”认为中国的内在连续性与近代化进程并不相容，甚而可能是根本性障碍。黄仁宇在 70 年代初就提出，明朝确立的财政制度在随后近 500 年中没有大的变化，导致政府财政从

---

① Mary Backus Rankin. Elite Activism and Political Transformation in China: Zhejiang Province, 1865—1911. Stanford University Press, 1986: Introduction. 以及其所著《中国公共领域观察》一文，见黄宗智主编的《中国研究的范式问题讨论》（北京：社会科学文献出版社，2003）。

② 艾尔曼. 从理学到朴学——中华帝国晚期思想与社会变化面面观. 赵刚，译. 南京：江苏人民出版社，1997：1，179.

③ William T. Rowe. Saving the World: Chen Hongmou and Elite Consciousness in Eighteenth-Century China. Stanford University Press, 2001: 456.

④ 李中清，王丰. 人类的四分之一：马尔萨斯的神话与中国的现实（1700—2000）. 陈卫，姚远，译. 史建云，校订. 北京：生活·读书·新知三联书店，2000：13，50.

⑤ 王国斌. 转变的中国——历史变迁与欧洲经验的局限. 李伯重，连玲玲，译. 南京：江苏人民出版社，1998：12，30.

此“再没有任何活力可言”，而“中国新近的一些经济问题”的历史根源也“可以追溯到16世纪”[①]。至于影响最大的悲观看法则来自黄宗智。通过对华北和江南农村经济的研究，他认为华北小农经济虽然经历了显著变化，但其“核心是一个内卷而又分化了的小农经济的形成”，“帝国主义并没有引起小农经济基本性质的变化，只是使它沿着已经存在的、自生的道路而加速内卷化和商品化”，这也“正是中国解放前农村数世纪以来大规模动荡的结构性基础”。而江南经济尽管经历了长达六个世纪的蓬勃的商品化和城市发展，然而无论是帝国主义的影响还是新中国成立后的集体化与农业的部分现代化都没能使其过密型经济本质发生改变[②]。对于被“乐观派”高度评价的18世纪，孔飞力则通过对“叫魂案”的分析，认为中国这时很可能就已经进入了“一个已被人口过度增长、人均资源比例恶化、社会道德堕落所困扰的社会”，而时至今日，“冤冤相报（这是‘受困扰社会’中最为普遍的社会进攻方式）仍然是中国社会生活中的一个显著特点”[③]。弗里曼（Edward Friedman）等人基于对中国乡村社会的研究，认为农村深层的长期连续性与社会主义国家政权牢固地结合了起来，“与沿袭的旧传统并无二致”，这种体制不仅不能解决一直困扰中国统治者的历史遗留问题，而且“堵死了任何容易通向现代化形式的更自由的途径”[④]。

另一些学者则认为，虽然中国的内在连续性先前曾有优势，但后来却恰恰要对中国未能充分实现近代化负更大责任。因此，他们终究也属于“悲观派”。如魏斐德提出，17世纪清代以独特的方式成功地重建统治秩序，并使中国比其他任何国家都更快地摆脱了同时期的全球性经济危机，可悲的是，恰恰又正是由于这种成功，“使之在19世纪强大的外

---

① 黄仁宇. 十六世纪明代中国之财政与税收. 阿风，等译. 北京：生活·读书·新知三联书店，2001：427-429.

② 黄宗智. 华北的小农经济与社会变迁. 北京：中华书局，2000：123-124，228，317；长江三角洲小农家庭与乡村发展. 北京：中华书局，2000.《华北的小农经济与社会变迁》中的“内卷化”与《长江三角洲小农家庭与乡村发展》中的“过密化”同为“involution”一词，著者本人后来在中文中皆用“过密化”。

③ 孔飞力. 叫魂：1768年中国妖术大恐慌. 陈兼，刘昶，译. 上海：上海三联书店，1999：300-303.

④ 弗里曼，毕克伟，塞尔登. 中国乡村，社会主义国家. 陶鹤山，译. 北京：社会科学文献出版社，2002：1-16，370-382.

来干涉再次出现之时，难以作出制度上的选择”①。彭慕兰则认为，1750年前后，中国的核心区“看来与西欧最先进的地区相同，精密复杂的农业、商业和非机械化的工业，以相似的、可以证明甚至是更充分实现了的方式结合在一起”，却正因为中国享尽了区域内部的专业化与分工、劳动生产率、市场体制、生态保护以及生活水平等各方面的优势，从而“多么迅速地关闭了可能会使任何地方的经济生活和人均资源利用出现更为彻底的变革的生态窗口”②。

尽管上述学者相互之间常常发生激烈争论，但他们的一个显著共性是把内部因素的地位和作用置于外部因素之上。这就不难推出这样的结论，无论近代以来中国的命运如何，中国自身显然要负更多的责任，西方的冲击最多是个不容忽视的辅助问题。因此，不管他们的论证如何繁复，都属于单向度思维范畴。而只要参照一下日本学界的情况，就可看出这里存在着的一条危险的迷途。早在20世纪前半期，内藤湖南、宫崎市定等人便根据中国内部的演变，将以中国为中心的东亚区域建构为一个具有自身现代性动力和轨迹的历史世界，奠定了后来所谓“东洋的近世”命题的基础③。诚如有人指出的那样，这种同样“在中国发现历史”的努力，很大程度上却是为配合日本自1895年以来向外扩张而创造的一种新的世界史框架和战略性视野④。值得警惕的是，这类论调依然存在于晚近时期的日本学界。例如，滨下武志声称，“19世纪中叶以来形成的亚洲市场，并非是近代西欧资本主义使亚洲对外开放的过程中形成的”，而是亚洲以中国为中心共同构成的朝贡贸易体系“和西方发生的新的关系，顶多只能算是亚洲历史发展的契机和手段而已”，所以要正确把握中日近代关系，就“必须从日本的近代化是怎样从以中国为中心的朝贡体系中产生这一问题开始”，而“日本的近代化也可以看成

---

① 魏斐德. 洪业——清朝开国史. 陈苏镇，等译. 南京：江苏人民出版社，1998：842-843.

② 彭慕兰. 大分流——欧洲、中国及现代世界经济的发展. 史建云，译. 南京：江苏人民出版社，2003：15，226.

③ 内藤湖南. 概括的唐宋时代观//刘俊文. 日本学者研究中国史论著选译：第一卷. 北京：中华书局，1992：10-18. 宫崎市定. 东洋的近世//刘俊文. 日本学者研究中国史论著选译：第一卷. 北京：中华书局，1992：153-241.

④ 汪晖. 现代中国思想的兴起：上卷第一部. 北京：生活·读书·新知三联书店，2004：5.

是日本试图取代中国而占据中华理念的主导地位的过程”①。简单地说，日本与中国的战争至多是兄弟阋墙而非敌我矛盾。另一位日本学者沟口雄三历来坚持“中国的近代是以其自身的前近代为母体”的，并提出用“内发式近代的视角”来把握“欧洲资本主义入侵之前已经在中国内部酿成的中国历史过程”。按照他的看法，尽管中国“承受了资本主义（帝国主义）、西欧文明的诸多介入而不得不接受不曾预料的变形，但是哪怕是以否定的形态，中国仍然继承了它应该继承的，中国作为中国而再生了”。而日本在近代得以侵略中国，不过是中国这条巨蟒恰巧处在荒野尚未完成脱皮之时，“日本抓住了这惟一可能乘虚而入的好时机钻了一个空子”，可最终并未对这条巨蟒造成致命的损伤②。如此说来，中国对于中日战争的反应和评价岂不是过于敏感了吗？那么，这种“内部视角”的研究实践还仅仅限于学理探讨的意义吗？

（三）作茧自缚的地方史路径

“中国中心观”的第二、第三个手法，分别被柯文概括为“把中国按‘横向’分别为区域、省、州、县与城市，以展开区域与地方历史的研究”，以及“把中国社会再按‘纵向’分别为若干不同阶层，推动较下层社会历史（包括民间与非民间历史）的撰写”。从研究实践来看，区域化和社会分层研究往往紧密联系在一起，构成了“地方史路径”的主干。

应当指出，柯文虽在《在中国发现历史》一书中使用过“地方史”的提法，但与这里所说的“地方史路径”不是相同的概念，因为他当时只是在单纯“横向”分割空间的意义上来使用此词的。另外，柯文那时候视为地方史研究的例子也与这种“地方史路径”的实践有一定的距离。例如，魏斐德从华南社会出发对两次鸦片战争的分析，孔飞力从华南和华中社会出发对太平天国运动的分析，以及周锡瑞（Joseph W. Esherick）从两湖社会出发对辛亥革命的分析，虽然都注意到将发生于社会上层的重大事件置于特定空间背景之下，也在某种程度上揭示了两

① 滨下武志．近代中国的国际契机：朝贡贸易体系与近代亚洲经济圈．朱荫贵，欧阳菲，译．虞和平，校．北京：中国社会科学出版社，1999：10，32，46，50－51.

② 沟口雄三．日本人视野中的中国学．李甦平，等译．北京：中国人民大学出版社，1996：7－9；俯瞰中国近代的新视角．清史研究，2001（1）：80－84.

者之间的互动态势，但总的说来，这些研究并没有实现自下而上的视角转换，也没有能够把下层地方社会的内在逻辑作为需要认知的对象①。这或许是导致柯文当时没有将这两类分割合并阐述的一个主要原因。

不过，随着这两种手法的进一步发展，地方史路径在 20 世纪 80 年代后终于整合成型。其得以整合的原因大致有二：其一，“内部取向”得到了广泛深入的贯彻，往昔那些重大事件的意义无不因其与外部因素牵涉甚深而遭到了很大程度的削弱，从而为学者们从事地方史研究时更多地注重地方社会本身铺平了道路；其二，其他学科特别是人类学的理论和方法在史学领域得到更为普遍的借鉴，以及汉学人类学的发展，为地方史研究者廓清自己的认知主体和分析单位都提供了更为精良的理论装备。例如，孔飞力之所以能够率先对地方社会进行较为细致的把握，与其借鉴社会人类学家弗里德曼（Maurice Freedman）关于中国宗族的研究，以及经济人类学家施坚雅（William Skinner）关于中国基层市场体系的研究，都有密切关系②。70 年代后，施坚雅继续运用结构功能分析和“中心地理论”建立了对中国区系空间的明确划分，并指出特定区系空间具有自身独特的时间结构③。他的研究为地方史研究——或接受或反思——确立自己的空间观提供了极大的帮助。在此之前，历史学者大多只是按照行政单位来认定“地方”，此后即便出于习惯和方便来使用“省”“县”等分析单位，也都注意到了其中特定的空间关系。这方面的显著表现是，虽然黄宗智和杜赞奇（Prasenjit Duara）把基本分析单位深入

① 魏斐德．大门口的陌生人：1839—1861 年间华南的社会动乱．王小荷，译．北京：中国社会科学出版社，1988．孔飞力．中华帝国晚期的叛乱及其敌人．谢亮生，等译．北京：中国社会科学出版社，1990．周锡瑞．改良与革命：辛亥革命在两湖．杨慎之，译．北京：中华书局，1982．三书英文初版分别刊行于 1966 年、1970 年和 1976 年。

② 弗里德曼．中国东南的宗族组织．刘晓春，译．上海：上海人民出版社，2000．该书原版于 1958 年。施坚雅．中国农村的市场和社会结构．史建云，徐秀丽，译．北京：中国社会科学出版社，1998．该书所收文章原发表于 1964 年和 1965 年。关于孔飞力借鉴施坚雅的情况，参见柯文的《在中国发现历史》第 197 页。

③ 施坚雅．中华帝国晚期的城市．叶光庭，等译．北京：中华书局，2000．主要见施坚雅本人在该书中的几篇论文。另可参见：施坚雅．中国封建社会晚期城市研究——施坚雅模式．王旭，等译．长春：吉林人民出版社，1991．

村庄一级，但仍旧是以施坚雅模式为主要参照来做出界定的[①]。

后来情况表明，地方史路径并不仅仅是对“横向”和“纵向”分割的简单合并，而且实现了有机的结合，从而逐渐形成了一套足以与传统宏大叙事相对立的基本解释构架，并且得到了越来越普遍的接受。简单地说，该路径的导向立足于微观层面的下层地方社会，试图对那些根据宏观层面的国家与社会得出的普遍性结论进行彻底的质疑和颠覆。顺便指出，国内一度流行的地方历史研究，与地方史路径虽有某种形似，但其实两者的本质根本不同。这是因为，前者不过是在传统宏大叙事的笼罩下来描述某个特定区域的所谓地方特性而已，而后者的根本关怀是挖掘地方社会中种种权力的独特关系、结构和格局，以便进一步认识和理解中国社会的特质。至于地方史路径这种关怀的具体落实，则主要集中在两个方面，即以探讨国家与社会的关系为核心的“地方精英”（local elite）研究和以“沉默的大多数”为认知主体的“新文化史”研究。

如果从字面上寻根究底，“地方精英”的提法倒也算不上新鲜，因为在很早以前关于中国士绅的研究中，就常常有研究者把传统意义上的地方绅士称为“地方精英”。不过，由于地方史路径要求更加深入和细致地探讨地方社会中的权力关系，认为一切能够在地方社区（local community）内起某种支配作用或在这种权力关系中占有一席之地的个人和家庭都属于“地方精英”，所以这里包含的范围也就比以往广泛得多。特别是在近代史领域，除了传统绅士以外，按照萧邦齐（R. Keith Schoppa）的看法，晚清时期的学绅、绅商、商人、绅董，民国时期的军阀、资本家、教育家、地主乃至土匪头子都可以包括在“职能性精英”（functional elite）之内[②]。虽说这个范围未免过于宽泛，但就晚清时期而言，要对能够跻身于地方权力结构之中的几类不同身份的人士给出一个总体性称呼确非易事，因此在一个有限的范围内使用“地方精英”的提法似乎也未尝不可。

在概念变化的同时，更重要的是，地方精英研究对长期以来主要根

① 黄宗智．华北的小农经济与社会变迁．北京：中华书局，2000：21－25．杜赞奇．文化、权力与国家——1900—1942年的华北农村．王福明，译．南京：江苏人民出版社，1996：13－17．

② Joseph W. Esherick，Mary Backus Rankin，eds. Chinese Local Elite and Patterns of Dominance. Berkeley，Los Angeles，Oxford：University of California Press，1990：11，140.

据士绅研究而形成的对中国社会结构的看法提出了挑战。士绅社会研究的主要代表如张仲礼、萧公权、瞿同祖、何炳棣等人，深受韦伯对中国绅士所下判断的影响，认为同质性的绅士是主要的地方精英，并且把重点放在探讨绅士与官僚制国家之间的关系上。按照他们的看法，绅士集团是官僚制国家与下层民众之间最重要的中介，而国家与绅士之间的权力平衡持久地维系着国家与社会的整合①。实际上，这与 20 世纪 40 年代国内一些学者的看法并无太大差别。当时吴晗和费孝通等人就曾指出，地方绅士所拥有的权力基本上是官僚制的自然延伸，其与国家权力之间并没有直接冲突②。进入 70 年代后，国家通过绅士来整合地方社会的这种认识遭到挑战。孔飞力指出，至迟从 18 世纪末开始，国家与地方社会的关系就发生了重大的变化，正是包括士绅在内的地方精英权力的扩张拉开了旧秩序全面衰落的序幕③。之后的一些研究也表明，地方士绅和国家之间很早以来就不是一种统合关系，相反，两者常常为争夺对地方社会的控制权而发生激烈冲突，清末和民国初年的地方自治运动与这种权力斗争有着密切的关系④。萧邦齐、兰金和罗威廉等人进一步探讨了地方精英权力的扩张及其意义，都认为近代以来地方精英在与国家的关系中处于越来越主动的位置，甚而已能够在“公共领域”中占据主导性地位⑤。另一些研究则表明，地方精英不仅为维持自己的地位

① 这些研究都是 20 世纪五六十年代的成果，主要有张仲礼的《中国绅士——关于其在 19 世纪中国社会中作用的研究》（李荣昌，译. 上海：上海社会科学院出版社，1991）和《中国绅士的收入》（费成康，等译. 上海：上海社会科学院出版社，2001），萧公权的 Rural China：Imperial Control in the Nineteenth Century（University of Washington Press，1960），瞿同祖的《清代地方政府》（范中信，等译. 北京：法律出版社，2003），何炳棣的 The Ladder of Success in Imperial China：Aspects of Social Mobility（New York：Columbia University Press，1962）等。

② 吴晗，费孝通，等. 皇权与绅权. 天津：天津人民出版社，1988.

③ 孔飞力. 中华帝国的晚期叛乱及其敌人. 谢亮生，等译. 北京：中国社会科学出版社，1990：7.

④ Frederic Wakeman，Jr.，Carolyn Grant，eds. Conflict and Control in Late Imperial China. 特别参见魏斐德所撰写的导言。

⑤ R. Keith Schoppa. Chinese Elites and Political Change：Zhejiang Province in the Early Twentieth Century. Harvard University Press，1982. Mary Backus Rankin. Elite Activism and Political Transformation in China：Zhejiang Province，1865—1911，1986. William T. Rowe. HANKOW：Conflict and Community in a Chinese City，1796—1895，1989.

而运用相当复杂的策略和资源，而且不同区域的地方精英的行动策略和方式也极不相同，从而为国家与社会的关系勾勒了一幅与以往差别很大的图景①。

不过，单就历史能动者的层面而言，地方精英研究终究还未达到下层社会的底线。众所周知，构成地方精英的群体终究是地方社会中人数较为有限的上层分子，在它之下还有生活在更底层的、占总人口绝大多数的普通民众。在通常的历史叙事中，普通民众总是被有意无意地当作一堆无甚区别的、不具备自身主体性的“沉默的大多数”。即便其中偶尔论及民间文化，基本上也是一种从自上而下的精英视角出发而做的观察。“新文化史”研究的崛起为美国中国学打破这种状况提供了巨大的帮助。这种“新文化史”之所以“新”，主要因为它基本上把社会现象视为某种文化建构，从而与从前那种文化史研究仅仅将“文化”作为社会精神现象的理解根本不同。尽管所谓“新文化史”研究目前还没有得到一个明确的界定，但是这样一些共识业已大体形成：首先，要尽力恢复那些长期被主流叙事排挤到边缘的或弱势的群体自身发出的声音；其次，要彻底颠覆以往那种“中心—边缘”的支配关系，采用自下而上的视角，用“小传统”来揭示历史的另一种进程。

由于意识到这些边缘或弱势群体绝非千人一面，所以美国中国学中的“新文化史”研究大多采用了地方史路径。也就是说，不同的边缘或弱势群体以及各个群体的不同部分，其行动和反应并不完全一致，而这一般都与特定的时空背景密切相关。例如，周锡瑞在解释义和团运动的起源时就认为，义和团具有广泛的世界性意义并不能掩盖其作为地区性运动的特质，而鲁西农民的民间文化才是连接地方社会结构与大规模社会运动的引线②。裴宜理（Elizabeth Perry）则通过对淮北红枪会的研究提出，某地特定的生态文化结构在很大程度上造就了该处特定的底层行动策略和方式③。在探讨上海工人政治运动的著作中，他同样把不同

---

① Joseph W. Esherick，Mary Backus Rankin，eds. Chinese Local Elite and Patterns of Dominance. 特别参见周锡瑞和冉玫烁所做的总结性评论。

② 周锡瑞. 义和团运动的起源. 张俊义，王栋，译. 南京：江苏人民出版社，1995：1，366－367.

③ Elizabeth Perry. Rebels and Revolutionaries in North China，1845—1945. Stanford University Press，1980.

主要是依靠当地“九大善堂”的力量建立的，与地方军事化并无关联[①]。夫马进则指出，上海地方自治的基础是以同仁辅元堂为中心的慈善组织体制，而这个体制早已形成了单独的发展脉络[②]。另外，一些看似耦合的经验基础，也不能肯定其具有代表性。例如，罗威廉和兰金使用基本一致的逻辑和表现，分别在汉口和浙江构建了大约同时的“公共领域”，但二人的研究并不能说明两地在此前后何以发生差异很大的历史变迁。因此，在某种意义上，试图寻找一个地方能够全面反映整个中国的情况根本就是一件不可能完成的任务。

地方史路径面临的另一个困难更加严重，因为这是其内部产生的难以克服的矛盾。当初析分“地方”的一个基本出发点是，中国决不能被当作一个性质均匀的实体来对待。可是按照这种“去均质化”的逻辑，施坚雅划分的区系空间无疑也是有问题的，因为这些空间很难避免又被作为均质性实体的嫌疑。况且，正如有的研究表明的那样，即便是跨村组织也不能反映特有的“村社伦理”和“村社话语”[③]。可是，如果继续层层分解下去，又会得到什么样的结果呢？不同的村社共同体之间享有一套规则相同的伦理和话语吗？那么城市共同体又是一种怎样的状况？或许只有在研究了所有的村庄和城市之后才能最终解决这些问题，而显然既没有足够的资料也不会有足够的人力去应付这个工作。与此同时，这种“去均质化”的逻辑又过于强调差异而造成了地方空间的孤立。也就是说，无论是地方精英还是更下层的民众，都只能在自己所认同的特定地方空间内部进行权力关系的实践，而绝不可能“生活在别处”，从而建构了江南是江南、华北是华北、城市是城市、乡村是乡村的隔绝状态。有人指出，这类研究的结果不过制造了一个又一个的“微型叙事”，最终不免陷入布罗代尔（Fernand Braudel）所说的“破碎的历史”当中而不能自拔[④]。

---

① 陈锦江．清末现代企业与官商关系．王笛，张箭，译．虞和平，校．北京：中国社会科学出版社，1997：232，237－238．

② 夫马进．中国善会善堂史研究．伍跃，杨文信，张学锋，译．北京：商务印书馆，2005：533－602．

③ 李怀印．中国乡村治理之传统形式：河北省获鹿县之实例//黄宗智．中国乡村研究：第一辑．北京：商务印书馆，2003：64－111．

④ 李猛．从“士绅”到“地方精英”．中国书评，1995（5）：93－107．

总之，地方史路径中得出的任何一个微观经验都很难应付其他微观经验的挑战，自然也很容易给宏观经验留出将之视为特例的借口。就此而言，不要说它无法取代宏观叙事，就是如何在整体认知与局部研究、大社会与小社区、大传统与小传统之间进行沟通都成为让研究者们极为棘手的问题。对此，尽管有些学者曾尝试着用“缩影”或者“象征”的办法来加以解决，但这种办法基本上属于方法论层面的推演，很难准确把握其在实践上进行沟通的渠道和程度①。何况，这些办法不可避免地面临着将一个以实体形式存在的国家进行虚化的困境。由此看来，这种地方史路径的基本动机很可能就存在着问题。这个问题就是，它怀有过于急切地与“大一统”模式之间形成对抗的企图，乃至采取了一种简单对立的方式。对此只需指出一点就够了，那就是，它极力强调“地方性知识”不能使用国家话语来解释，却全然忘记了所有这些“地方性知识”都统合在一个数千年边界没有发生太大改变的文明单位之中的事实。而且，这个单位纵然是“想象的共同体”亦绝非“虚构的共同体”。因此，这种为了对抗而对抗的方式当然无异于作茧自缚，而由之引发的“小大之辩”，既不可能得到真正解决，也不见得是一个真问题。

(四) 反东方学的东方学幽灵

表面上，“中国中心观”的最后一个实践手法，即“热情欢迎历史学以外诸学科（主要是社会科学，但也不限于此）中已形成的各种理论、方法与技巧，并力求把它们和历史分析结合起来”，似乎是最不应该出现问题的。要知道，美国中国学之所以能够较早打破传统汉学的藩篱，成为海外中国学的重镇，与其大力引入社会科学训练有密切关系②。并且，正是由于对西方人文社会科学思潮一直有着敏感的反应，美国中国学界也形成了具有较强的自我更新与自我批判能力的学术脉络。从 20 世纪五六十年代开始，包括美国在内的西方学术界对 19 世纪

---

① 王铭铭. 社会人类学与中国研究. 北京：生活·读书·新知三联书店，1997：36－43，56－61，149－182. 杨念群. 空间·记忆·社会转型——“新社会史”研究论文精选集. 上海：上海人民出版社，2001. 虽然关于小社区与大社会等问题主要为人类学学者所关心，但就这里探讨的问题而言，其实质是相通的。

② 侯且岸. 当代美国的“显学”——美国现代中国学研究. 北京：人民出版社，1995：7－8，12.

以来长期主导社会科学研究的重要理论旨趣和模式提出了深刻挑战①。与这股潮流相呼应，美国中国学界也对此前流行的各种中国史解释模式的认识论取向进行了批判性反思。正是通过这种反思，"冲击—回应"、"传统—现代"和"帝国主义"模式因浸透着"西方中心论"造成的歪曲才被揭示出来，成为"中国中心观"兴起的主要动力②。既然如此，"中国中心观"的跨学科借鉴手法又会出现什么问题呢?

在探讨这种手法在实践中的问题之前，应该说明的是，此种问题并非指那种对史学过度社会科学化趋势的反思③。毕竟，援引社会科学乃至自然科学的理论与方法进行历史研究，并不是"中国中心观"兴起以后的事情，"中国中心观"式研究亦不是表现这种趋势最明显及负面影响最严重的领域。因此，这种反思固然十分重要，但因其涉及的是更广泛的史学研究整体所面对的状况，而非"中国中心观"所独有，所以远远超出了这里所能讨论的范围。

当然，"中国中心观"的跨学科借鉴手法出现的问题与史学过度社会科学化趋势还是关系匪浅的，在某种意义上，可以说前者是以后者为大背景而生成的一种特殊产物。至于把这种问题称为特殊产物的主要原因，则在于"中国中心观"除了显示出社会科学在史学研究中被选择和使用的一般状况之外，还特别倾向于与某些社会理论和方法结缘，从而在实践中显示出一种可以被称为"反东方学的东方学措辞"倾向。

显然，要说明所谓"反东方学的东方学措辞"，必须对"东方学"这一关键词略作解释。这里所说的"东方学"（Orientalism），是萨义德（Edward W. Said）在阐发后殖民批判理论时所创造的④。东方学的原初

---

① 乔治·E. 马尔库斯，米开尔·M. J. 费彻尔. 作为文化批评的人类学——一个人文学科的实验时代. 王铭铭，蓝达居，译. 北京：生活·读书·新知三联书店，1998：7.

② 柯文. 在中国发现历史——中国中心观在美国的兴起. 增订本. 林同奇，译. 北京：中华书局，2002：53.

③ 对于史学过度社会科学化的反思，可参见：贺照田. 从殷海光晚年史学思想的转变看引社会科学治史思路的限度//杨念群，黄兴涛，毛丹. 新史学：多学科对话的图景. 北京：中国人民大学出版社，2003：3-22。另可参见：陈君静. 大洋彼岸的回声——美国中国史研究历史考察. 北京：中国社会科学出版社，2003：222-224。

④ 萨义德. 东方学. 王宇根，译. 北京：生活·读书·新知三联书店，1999. 关于将"Orientalism"一词译为"东方学"而非"东方主义"的原因，参见：王铭铭. 文化想象的力量——读E. W. 萨伊德著《东方学》. 中国书评，1995（6）：5-18。

意义，是指西方（最初主要指西欧，后来也包括美国）对世界地理中相对于自身而言的东方地区的各类研究，在西方是一个有着悠久传统的学术研究领域。但在萨义德看来，东方学更是一种福柯（Michel Foucault）意义上的话语（discourse）实践，因为在后启蒙（post-Enlightenment）时期，欧洲文化正是通过这一具有庞大体系的学科，"以政治的、社会学的、军事的、意识形态的、科学的以及想像的方式来处理——甚至创造——东方的"[①]。换言之，东方学不仅反映了西方与东方之间的权力关系，而且它本身就是这种关系的构成部分。在这种关系中，东方从来不曾拥有自身的独立位置，而只能作为西方眼中的"他者"（Other），存在于西方的想象和建构之中。对此，萨义德在其《东方学》一书的扉页中特地引用了马克思的一句话来提纲挈领："他们无法表述自己，他们必须被别人表述。"

尽管社会理论界对萨义德这种东方学理论的内容不无争议[②]，但是该理论自诞生之后迅速获得了巨大的影响力，成为后殖民主义理论中最具代表性的标志之一。20世纪80年代后，东方学也成为专门指称持有西方或欧洲中心观立场的流行语。就史学研究而言，萨义德的东方学批判不仅在某种意义上接续了此前业已开启的、对欧洲中心史观的批判，而且在很大程度上为后者提供了一件更加精良的理论武器[③]。因此，在具有反思精神的西方历史学者那里，警惕和避免这种东方学立场是他们审视非西方历史的基本前提之一。毋庸多言，"中国中心观"自然非常欣于与这种批判理论结盟。正如柯文所说的那样，"我们尽可不必同意萨义德对东方学的所有批评，不过仍然可以接受他的比较概括的见解，即认为一切思想探索，一切认知过程，都带有某种'帝国主义'性质，而且如果探讨者——或者更确切地说探讨者厕身其中的文化社会或政治世界——在历史上曾经影响或左右过探讨的对象，则表述错误的危险性

---

① 萨义德. 东方学. 王宇根，译. 北京：生活·读书·新知三联书店，1999：4-5.

② 对此，大致可参见罗钢和刘象愚主编的《后殖民主义文化理论》（北京：中国社会科学出版社，1999）以及赛义德的《赛义德自选集》（谢少波，韩刚，等译. 北京：中国社会科学出版社，1999）中的相关论述。这些翻译未经统一，萨义德也被译为"赛义德"，"Oritentalism"也多被译为"东方主义"。

③ 王晴佳，古伟瀛. 后现代与历史学：中西比较. 济南：山东大学出版社，2003：62-66.

最大，其‘帝国主义’性质也最为致命”①。照此说来，“中国中心观”应该属于一种“反东方学”态度，那么本文为何称其演生了“反东方学的东方学幽灵”呢?

其原因在于，“中国中心观”试图进行“反东方学”的愿望过于强烈，特别致力于对东方学式的命题做出针锋相对的判断，从而恰恰在不知不觉间陷入了东方学所设定的总体框架的牢笼。也就是说，“中国中心观”在看待中国历史的时候，无非是将自身从原先东方学式命题中的西方立场转移到中国一边，它既没有真正顾及中国自身的问题，也没有放弃作为代言人的那种特殊身份。在某种程度上，东方学与这种“反东方学”的关系，犹如现代与后现代的关系。后现代主义念念不忘的是打击现代性的核心观念，比如用非理性对抗理性，用反形而上学消解形而上学，等等。但这样一来，其赖以存在的基础无论如何也离不开现代性的价值观，这就决定了它只能是现代性的产物，也只能在与现代性的复杂纠结中来表述自身。可以说，在没有现代意识的地方根本不会出现后现代主义的问题，反之亦然。不过，后现代主义对现代性的批判终究还具有某些正面的启发意义，但这种“反东方学”式的实践则很难说能为中国史研究带来多少积极影响。

这里之所以说“中国中心观”未能脱离东方学式的总体框架，是因为其在方法论的选择和运用上，往往只是为了打破西方中心论而打破西方中心论。在柯文看来，弗里德曼和施坚雅等人类学家能够在形塑“中国中心观”的过程中起带头作用，主要就是由于他们“接受的训练不同，习惯于考察非西方社会，因此和大部分社会科学家相比，对种族中心主义偏见的流弊比较敏感”。他还认为，应用社会科学的方法分析中国史实必须解决的一个难题，就是找出正确的理论，而“所谓正确是指它既适用又能察觉出西方中心的偏见”②。可以说，这正是人类学的理论和方法在许多“中国中心观”研究中得到运用的根本原因。

同样不出意料的是，后现代主义所批判的现代性是欧洲文明的产

---

① 柯文. 在中国发现历史——中国中心观在美国的兴起. 增订本. 林同奇，译. 北京：中华书局，2002：167.

② 同①195－196，199.

物，故而为抵制西方中心论提供了良好的理论资源，自然也得到了许多“中国中心观”研究者的青睐。但在这些“正确的理论”指导下，真的就能发现中国自己的确切历史了吗？例如，无论是关于中国“近代早期”阶段的种种论述，还是彭慕兰所发现的中国和西欧在 19 世纪之前具有“无数令人惊异的相似之处”，都无法不让人感觉到这样的中国形象，终究映衬的是欧洲的镜中之像。杜赞奇试图拯救中国的“复线历史”，根本目的却是为击破源自欧洲的那种“线性历史观”服务的[①]。他没有意识到，相对于中国原有的历史观来说，这种“线性历史观”的引入，事实上已经起到了某种“复线”的效果。沿着这样的思路进行下去，恐怕最好的结果也不会超越弗兰克（Andre Gunder Frank）所构建的 15—18 世纪以中国为中心的“全球贸易的旋转木马”[②]。然而细看之下，这座木马怎么都像是沃勒斯坦（Immanuel Wallerstein）描绘的“欧洲世界经济体”在同一时期的翻转[③]。正如王家范先生所说，这样的做法很难脱离“思想制作的干系，即为宣传他们的反欧洲中心主义思想而刻意制造历史的嫌疑”[④]。

更严重的是，很可能由于自以为掌握了避免西方中心主义的“正确理论”而滋生出来的优越感，使得许多身处西方的“中国中心观”研究者常常或明或暗地认为，自己比中国的“局内人”更能准确理解中国的历史。柯文就明白宣称，中国史家中，“不论是马克思主义者或非马克思主义者，在重建他们自己过去的历史时，在很大程度上一直依靠从西方借用来的词汇、概念和分析框架，从而使西方史家无法在采用我们这些局外人的观点之外，另有可能采用局中人创造的有力观点”，而西方史家只要能够“从一种西方中心色彩较少的新角度来看待中国历史”，则完全能够大大减少歪曲的程度。相反，“只要中国人对西方入侵的一段经历记忆犹新，积怨未消，就很难接受一种冲淡帝国主义在他们过去

---

① 杜赞奇. 从民族国家拯救历史：民族主义话语与中国现代史研究. 王宪明，译. 北京：社会科学文献出版社，2003.

② 弗兰克. 白银资本：重视经济全球化中的东方. 刘北成，译. 北京：中央编译出版社，2000.

③ 沃勒斯坦. 现代世界体系：第一、二卷. 尤来寅，等译. 北京：高等教育出版社，1998.

④ 王家范.《大分岔》与中国历史重估. 文汇报，2003-02-09 (8).

一百五十年历史中之作用的估量”，因此很可能把美国学者朝“中国中心观”方向的努力视为“一种以更加微妙的新形式进行的外国思想侵略”①。他后来便以义和团为例，声称只要“中国人对西方或他们自己的历史抱有爱恨交加的强烈感情”，则中国史家始终很难摆脱自己与神话制造者之间的干系②。杜赞奇同样认为，20世纪初以来，中国人的历史写作始终在“启蒙运动的模式之下进行”，“把现代性作为惟一的标准”，所以“中国知识分子总体上未能像后现代、后殖民知识分子那样向启蒙工程提出挑战”③。何伟亚则称，清以后的中国知识分子“采用了殖民者的知识框架，用混合语言来阐释自己的观点，构筑自己的叙述”，因此“生于一国并说那国的语言并不意味着对当地之过去有着先天的接近能力”④。

对于上述这些论调，哪怕是刚刚读过《东方学》一书的人应该都不会感到陌生。正如德里克所说，尽管“中国中心观”的立场“明白地站在一个以与欧洲为中心的中国历史相对立的角度”，却是“与东方主义的认识论过程相一致的”，而这种对欧洲中心论的挑战已吸收了资本主义目的论，所以它“实际上是推进了东方主义而不是赶走它”⑤。不过，“中国中心观”为克服西方中心论而运用的跨学科理论借鉴手法，显然比旧式东方学逻辑具有更大的隐蔽性，并且鉴于其反东方学的表象，称之为“反东方学的东方学幽灵”似乎更为妥当。

从以上论述可以看出，“中国中心观”试图从中国内在的脉络出发，来反思西方中心论偏见的努力，的确有着极大的启发意义。但是在美国中国学界的实践操作中，“中国中心观”试图彻底颠覆或取代以往宏大叙事的抱负并未取得想象中的成功。这是因为，它只是为了反西方中心论而反西方中心论，并没有从根本上意识到自身继续以西方为思考基准

---

① 柯文．在中国发现历史——中国中心观在美国的兴起．增订本．林同奇，译．北京：中华书局，2002：序言53，209.

② 柯文．历史三调：作为事件、经历和神话的义和团．杜继东，译．南京：江苏人民出版社，2000：249-250.

③ 杜赞奇．从民族国家拯救历史：民族主义话语与中国现代史研究．王宪明，译．北京：社会科学文献出版社，2003：21，37.

④ 何伟亚．怀柔远人：马嘎尔尼使华的中英礼仪冲突．邓常春，译．北京：社会科学文献出版社，2002：251-253.

⑤ 德里克．后革命氛围．王宁，等译．北京：中国社会科学出版社，1999：280，297.

的立场，从而不过是在外部与内部、整体与局部、上层与下层、西方与东方等一系列二元对立中全面倒向后者一方。就此而言，它纵然能够揭示出一部分被长期掩盖的历史面相，但在实质上不过是从一个极端跃到另一个极端，既没有对原先的解释框架形成一种辩证的否定态度，也不可能真正具有认识论突破的意义。柯文曾经不无忧虑地指出，“越来越多的美国史家采用的中国中心取向也有可能蜕变为一种新的狭隘主义，这种狭隘主义由于低估西方在 19、20 世纪对中国的作用，只是把夸大西方作用的老狭隘主义颠倒过来，因而丝毫无助于我们更好地了解中国历史的真相”①。从当下的研究实践来看，这真可谓不幸而言中了。因此，黄宗智和德里克所说的“范式危机”，很大程度上反映了“中国中心观”累积的认识误区所造成的思维混乱。不过，如果不能充分理清这些认识误区及其依托的新的狭隘主义，不能克服这种新的狭隘主义及其产生的认识误区，那么，无论发生在“中国中心观”内部的种种争论多么激烈，都不可能认识到美国式“中国中心观”内在的走上歧途的危险。

第二节 中国学界对清代经济内在发展线索的追寻

如前所述，就美国学界的情况而言，“中国中心观”在本质上属于西方社会科学范畴内部的一种脉动，并不是基于史学研究的积累所生成的思路。但是，正如萨义德在阐述“理论的旅行”（Traveling theory）时所说的那样，“观念和理论从一种文化向另一种文化的移动的情形是很有趣的”，并“必然会牵涉到与始发点情况不同的再现和制度化的过程”②。“中国中心观”传入中国的过程，在很大程度上印证了这种说法。《在中国发现历史》一书被引进国内后，多次印刷和再版，至今仍

---

① 柯文. 在中国发现历史——中国中心观在美国的兴起. 增订本. 林同奇，译. 北京：中华书局，2002：210.

② 赛义德. 赛义德自选集. 谢少波，韩刚，等译. 北京：中国社会科学出版社，1999：138. 前已说明，这里的“赛义德”就是“萨义德”。

稳居史学界必读书目之列，“中国中心观”也随之成为对中国学界影响甚巨的理念。特别是对于纠结于“革命史范式”与“现代化范式”之争的国内历史研究者来说，“中国中心观”对于变革认知中国历史的视角、开拓研究领域等方面，无疑具有了走第三条道路的启示意义。在清代经济史研究领域，一些国内学者深入贯彻了从中国内部追寻发展线索的思路，提出了一系列对中国本土经济演变的新认识，有力地挑战了以西方经验为标准的认知模式。正是有赖于这些学者的努力，清代经济在一定程度上又突破了现代化范式框定的轮廓，展现出了更有新意的图景。尽管这些研究绝非尽善尽美，但是这种本土化视角对于进一步突破现代化迷思，无疑具有不容低估的启示意义。总体说来，能够将自觉贯彻这种本土化视角与实证研究较好结合起来的学者，李伯重、高王凌和许檀堪称典型，以下也就围绕这三人的研究展开评述。

（一）李伯重的“江南特色道路”

就中国经济史研究而言，李伯重属于改革开放后成长起来的、最早一批对海外中国史研究有着深入了解的国内学者，尤其与美国中国史学界以经济史为主攻方向的“加州学派”联系密切。对比李伯重在不同时期的成果可以发现，他在20世纪80年代的思路基本上还处在追随现代化范式的状态，这在《发展与制约：明清江南生产力研究》一书中得到了集中体现①。大约从90年代初开始，李伯重表露出了对现代化范式的强烈反思。他强调，自己“对于以往明清经济史研究中的一些重要成说的看法，都发生了重大的改变”，因为“这些成说，出发点都是西方中心论”②。那么，他为什么说自己以前没有摆脱西方中心论的影响，又是如何批判这种影响的呢?

李伯重首先指出，关于明清时期的经济史，“过去通常是透过欧洲的视角来观察，按照源于欧洲的模式来衡量的”。其表现则有两种思路：第一种是“将西欧经验视为中国历史发展必然遵循的模式”，从而“力

---

① 该书虽然于2002年才由台湾联经出版事业股份有限公司出版，但据李伯重本人介绍，该书实际完稿于20世纪90年代初，是在1985年完成的博士论文的基础上修改而成的。(李伯重.江南农业的发展：1620—1850.王湘云，译.上海：上海古籍出版社，2007：1-5.）另外，该书的不少内容都已发表于80年代的一些刊物上，足以展示李伯重当时的研究思路。

② 李伯重.江南农业的发展：1620—1850.王湘云，译.上海：上海古籍出版社，2007：中文版自序1-5.

图在帝制晚期的中国经济中，寻找导致近代西方资本主义发展的那些因素”；第二种是“以近代西方经济发展为标准去评价帝制晚期的中国经济”，而这种分析方法“同样是引导学者们在帝制晚期的中国经济中，搜寻出那些‘积极的’或是‘消极的’因素”。其结果是，无论使用哪种思路，“都会得出这样的结论：帝制晚期的中国在各个方面都是不足取的”。实际上，这“就是把西欧作为中心，以此出发去观察和判断世界上其他地区的历史”。正是有鉴于此，李伯重提出，他要重新开展的江南研究，并“不企图从中寻求对西方模式的肯定，也不以西方模式为尺度来衡量江南经济有多落后，有多少缺陷”①。

正是在这种反西方中心论意识的激励下，李伯重转而寻求从本土视角出发来理解中国前近代经济的发展及特性。他在深入进行理论反思的同时，也通过不断深化对清代江南经济的实证研究，形成了有破有立、独具特色的立场和思路。简单说来，李伯重最主要的立论可以归纳为对“江南特色道路”的探索。至于构成这条道路的论证基础，又主要包括三个方面，即“江南农业发展论”、“江南的早期工业化”和“江南的早期近代经济”。

1. 江南农业发展论

对于江南农业经济的发展水平，李伯重早先从现代化思路出发，曾明确给出一个悲观的看法。他认为，“到了19世纪中叶，江南农业进一步发展的潜力已十分有限”，因此，虽然“农业在明清江南经济中的地位极为重要，而且也构成了明清江南工业发展的基础”，但它后来不可能像“英国农业那样，对经济近代化的发生与发展起到巨大的推动作用”②。而在他于1998年推出的《江南农业的发展：1620—1850》③和2003年出版的《多视角看江南经济史（1250—1850）》两部著作中，他彻底抛弃了自己先前的现代化思路和悲观性看法。他在《江南农业的发展：1620—1850》的序言中还特别强调，此书内容不仅绝非克隆自己先

---

① 李伯重. 江南农业的发展：1620—1850. 王湘云，译. 上海：上海古籍出版社，2007：2-3.

② 李伯重. 发展与制约——明清江南生产力研究. 台北：联经出版事业股份有限公司，2002：407-409.

③ 《江南农业的发展：1620—1850》一书原为英文版，1998年在海外出版，2007年推出中文译本。

前的农业研究，“相反可以说是对《发展与制约》中所持的西方中心论进行批判的产物”①。

那么，李伯重是如何重新审视和评价江南农业发展的呢？

首先，他从物质基础及其变化出发，论证了清代前中期江南农业生产力的提高。这方面的突出实证，首先来自他对“人口压力说”的深刻质疑。他通过对江南已有的人口控制方法和动机的分析，认为“在近代生育观念和近代医药知识引进以前很久的清代前中期，江南的人民已经在运用种种方法控制人口增长，使得人口增长与经济增长之间保持了一种至少是同步前进的和谐关系，从而避免了经济增长的成果被过快增长的人口所吞噬”②。另一个重要实证，是其对清代中国农业技术停滞不前的看法的反驳。他通过对作物品种、整地技术、肥料使用以及种植模式等方面的考察，指出“这些技术改进大多不甚显著、不甚昂贵，但全都非常实用，应当被看作是重要的技术进步”，而如果将“清代前中期江南的技术趋势看作是不足道的，或者仅看到劳动集约倾向，那么就是一种误解”③。

基于类似上述的实证研究，李伯重指出，那种认为清代江南农业因耕地、技术、资本变化较小或者没有变化而导致停滞甚至衰退的流行看法，是一种“只根据大学教科书中的现代经济学基本原则”来做简单分析的结果。他认为，“清代前中期江南的农业，在很多重要的传统农业技术的改进与推广方面，取得了丰硕的成果。其对经济发展的积极影响，决不可低估”；因此，“清代前中期江南农业的基本生产要素的变化并未阻碍农业的发展。如果错误地相信耕地与技术未变而江南人口增加只能是负面的影响，并由此推论出清代前中期江南农业必定是停滞或衰退的结论，则既不合乎逻辑，又不符合事实”④。

其次，李伯重对江南农业生产力提高的发展途径进行了深入分析。他认为这种提高主要依靠三条途径。第一是更加合理地利用现有的农业

① 李伯重. 江南农业的发展：1620—1850. 王湘云，译. 上海：上海古籍出版社，2007：中文版自序 1-5.

② 李伯重. 多视角看江南经济史（1250—1850）. 北京：生活·读书·新知三联书店，2003：176.

③ 同①62-63.

④ 同①10-11.

资源。清代前中期的这种合理利用程度，“确实比明代后期又有所提高”，并且，“不仅对耕地，而且对人力的利用都更趋于合理”①。在此基础上，江南地区甚至出现了可视为“生态农业”的经营方式，“具有现代生态农业的主要优点，因而也具有较高的生产率”②。第二是提高农业生产的集约化程度。清代中期的农业生产，已经“由以前的劳动集约型，逐渐转向劳动-资本集约型”，而“舍稻种桑”现象的出现，也确实“体现了这些地方农业经营重心向生产集约化程度较高部门的转移”③。毋庸置疑的是，“无论是通过哪一种方法来提高生产的集约程度，前提都是农民将会由此而获得更高的劳动回报”④。第三是提高江南农业生产的“外向化”水平。清代中期的江南农业，已经和那种被描绘为“自给自足”的传统农业模式相去甚远。“在某种程度上可以说，江南农业突破了大多数传统农业所受到的资源限制，从而能够获得重大的发展”⑤。因此，这时的江南农业也“是在近代以前世界上商业化和外向化程度最高的农业之一”⑥。总之，“清代前中期江南农业生产要素的变化，不同于农业革命时代西欧农业生产要素变化的模式。这就决定了清代前中期江南农业生产力的发展也遵循着自己的途径”⑦。

最后，李伯重以土地生产率和劳动生产率问题为中心，评判了江南农业的发展水平。其关于土地生产率的研究表明，“在1960年以前的一千年当中，蚕桑、棉花和春花作物的亩产量在清代前中期已达到最高点”，同时“清代中期江南水稻亩产量达到了1950年以前的历史时期的最高点”。由于经济作物（特别是棉花）的栽培“主要在不适宜水稻种植的地区推广”，所以，“虽然水稻播种总面积减少了，然而在余下的稻

① 李伯重. 江南农业的发展：1620—1850. 王湘云，译. 上海：上海古籍出版社，2007：88.

② 同①212.

③ 同①98，107.

④ 李伯重. 多视角看江南经济史（1250—1850）. 北京：生活·读书·新知三联书店，2003：342.

⑤ 同④342-343.

⑥ 同①127.

⑦ 同④341.

田，亩产量却因此而提高了”①。就劳动生产率而言，他指出伊懋可的“高水平平衡机制”理论和黄宗智的“过密型增长”理论的核心，都是基于对江南农业劳动生产率下降的认定②。而李伯重通过对农夫、农妇和农户劳动生产率变化的探讨，认为“一年二作”、“人耕十亩”和“男耕女织”三者结合在一起的“三位一体”模式，“组成了近代以前江南农民家庭经济的最佳模式”；在这种条件下，“虽然农场规模有所下降，农业劳动生产率却仍在上升”，甚至“使农民的劳动生产率得以最大化”。由此可见，“这个模式是一种颇为先进的经济形式，在江南近代以前的历史中起到了重要作用”③。

基于以上论述，李伯重对江南农业的发展给出了与先前截然不同的评价。

他认为，以往学界对于清代江南农业发展停滞的印象，主要是因为把“斯密-马克思型成长”当作评价标准。而由于“这种发展模式事实上只是从英国的经验得出来的”，因此自然很难在江南找到“发展”。换而言之，“近代以前江南的农业和农村经济显然与西欧的农业和农村经济截然不同。江南的成长途径也与西欧相异。这就是说，普遍承认的由西欧经验总结出来的农业成长模式，完全可能不适合用于江南”④。而在这种视角转换之后，可以发现，“总的说来，清代前中期江南农业生产要素变化的基本方向，是倾向于这些要素的改善，而农业生产力的发展途径又很适合江南的特点”，因此，“1850 年以前江南农民劳动生产率，达到了非常高的水平”。更重要的是，“尽管 1850 年以后的一个世纪，江南经历了多次战乱和社会动荡，但是 1850 年以前农民劳动生产率提高所取得的成果并未被完全摧毁。正是因为有这样一个历史的基础，所以江南农业仍然能够对 19 世纪后期以来江南的近代工业化做出

① 李伯重．江南农业的发展：1620—1850．王湘云，译．上海：上海古籍出版社，2007：143，145-146.

② 李伯重．多视角看江南经济史（1250—1850）．北京：生活·读书·新知三联书店，2003：316.

③ 同①169，171.

④ 同①181，189.

很大贡献，而不是成为工业化的障碍”①。与《发展与制约——明清江南生产力研究》里对江南农业所做的评价相比，这里的说法可以说对“江南农业发展论”做出了最有力的弘扬。

2. 江南的早期工业化

李伯重阐发“江南特色道路”的第二个重要支点，是他提出的“江南早期工业化”。与江南农业经济一样，有关“江南早期工业化”的不少经验内容，其实在《发展与制约——明清江南生产力研究》一书中已经出现。但在那里，李伯重对于清代江南工业部门的评价，基本上是按照现代化范式的标准进行的。他首先指出，“明清江南几乎没有基础工业（即煤铁工业），更是与英国最大的不同。重工业（尤其是煤铁工业）在从农业社会向工业社会转化时期的生产力发展过程中具有极为重要的作用。因此明清江南重工业发展缓慢，必然对江南生产力的进步带来严重的消极影响”②。因此，“不论明清江南生产力怎样发展，也不可能出现工业革命”。他进而认为，既然“江南不可能建立起一个强大的重工业，因而也不可能走英国那种‘煤铁主义’的工业化道路”，“江南的工业化将以轻工业为主导，这是必然的”③。由此可见，李伯重在这里非常惋惜江南重工业的缺失，而以轻工业为主导的发展道路在其眼中也显得更是一种无奈的选择。

在2000年出版的《江南的早期工业化（1550—1850）》一书中，李伯重借鉴西方经济史学界关于近代工业化问题的进一步讨论，运用“早期工业化”概念来重新审视清代江南工业的发展。他解释说，“早期工业化与近代工业化是工业化的两个阶段”。两者之间的本质性区别是，早期工业化所体现的是所谓“斯密型成长”（the Smithian Growth），近代工业化所体现的是所谓“库兹涅兹成长”（the Kuznetzian Growth）。再者，“一个国家（或地区）没有出现近代工业化，并不意味着这个国家（或地区）也没有出现过早期工业化。而一个国家（或地区）是否有过早期工业化，则又对其近代工业化的发生（不论是否是在外因影响下

① 李伯重. 多视角看江南经济史（1250—1850）. 北京：生活·读书·新知三联书店，2003：343.

② 李伯重. 发展与制约——明清江南生产力研究. 台北：联经出版事业股份有限公司，2002：49.

③ 同②402，409.

发生的）具有非常重大的影响”①。他特别强调，“正因为中国的近代工业化是在西方影响之下发生的，我们更有必要重视中国的早期工业化的研究”，如若不然，“我们就不得不把中国的近代工业化完全归功于西方影响，从而回到‘西方中心论’的老套上去了”②。

那么，“江南的早期工业化”又究竟有着怎样的内涵和特性呢？

李伯重认为，从“早期工业化”概念出发，完全可以将“重工业”定义为“从事生产资料生产的工业部门”，而把“轻工业”定义为“从事消费资料生产的工业部门”。就明清时期的江南来说，“虽然没有煤铁工业（即矿冶业），但是也有工业制造业、建材工业和造船工业等从事生产资料生产的工业部门”，从而构成了重工业部门③。而在轻工业中，除纺织业外，还包括食品工业、服装制作业、日用百货制造业、造纸业及印刷业等几大类。以往的研究不太重视纺织业之外的其他部门，“但是这并不意味着这些部门在早期工业化中的地位不重要”。例如，“无论从产值之大，还是从业人员之多来说，明清江南食品工业的地位都应当是江南工业最重要的部门之一。然而食品工业的这种重要地位，在以往的明清江南经济史研究中，却一向未受到应有的重视”④。因此，要准确认识江南早期工业的结构及其特性，就需要全面考察其重工业和轻工业的发展及两者之间的关联。

据李伯重的考察，明清时期江南工业的发展面相，大体上可以归纳为三个方面：第一是轻工业各主要部门均出现了生产规模的明显扩大，这“使得轻工业在江南国民经济中所占的比重大幅提高。1850年以前，轻工业已成为江南最大的产业部门，其重要性即使不是大于农业，至少也与农业相当”。第二是“重工业所属各主要生产部门中，造船业发展最快，生产规模呈现出明显的扩大”，但是“从重工业自身的角度来看，明清江南重工业的大多数部门生产规模扩大相对而言颇为有限，其中煤铁工业的规模更是微不足道，成为重工业中最为薄弱的部门”。第三是“明清江南轻工业规模扩大的幅度，远远超过重工业规模扩大的幅度”，

---

① 李伯重．江南的早期工业化（1550—1850）．北京：社会科学文献出版社，2000：14.

② 同①16－17.

③ 同①27－28.

④ 同①29－30.

并且，“在明清几百年中，随着轻工业的迅速发展，重工业在工业中所占的比重不断下降。因此到了19世纪初期，轻、重工业在江南工业中所占的比重可以说有如天渊之别”①。

江南早期工业的这种结构又有着什么样的特性呢？李伯重认为，这要以同时期的英国为参照才能看得更加清楚。经过比较可以发现，就轻工业而言，江南轻工业的发展与近代早期英国轻工业的发展相比，“前者无论在绝对规模上还是在发展速度上，都走在前头”；而在重工业方面，无论是其规模还是重工业在工业中的比重方面，“江南与英国的差距都非常大”。因此，“如果近代以前英国的工业结构由于重工业比重较小尚且属于‘轻型结构’的话，那么江南的工业结构就应当被称为一种‘超轻结构’了”。李伯重强调，“忽视这个巨大差别，在潜意识中把明清江南工业等同于英国工业，从而用英国经验来套江南的实际，当然是非常错误的”②。

至于江南工业的这种“超轻结构”的实质，其实“就是一种高度节省能源与材料的工业结构”。由于江南与英国两地在轻、重工业的发展上各自具有特殊的有利条件，因此两者在工业发展方面“各走最适合于自身发展的道路了”。英国所走的是“煤铁主义”道路，“以矿物能源和材料的大量使用为基础，以重工业迅速发展为特色”；江南则走上了“以节省能源和材料为特色的轻工业迅速发展的道路”，也就决定了其工业结构是一种“超轻结构”③。在李伯重看来，这两条道路之间并无高下之分。这是因为，英国是从早期工业化发展到近代工业化的唯一事例，其“模式对研究其他国家或地区近代工业化的发生并不具有普遍意义”，因此，江南早期工业化是否能够自行发展为近代工业化，与江南是“高人一等”或是“低人一等”的问题完全无关④。换句话说，“明清江南的现实并不符合英国模式”⑤。

李伯重还指出，在资本主义萌芽框架中研究明清江南工业的发展，

① 李伯重. 江南的早期工业化（1550—1850). 北京：社会科学文献出版社，2000：457－458.

② 同①462，470.

③ 同①471，490.

④ 同①519－520，523.

⑤ 李伯重. 英国模式、江南道路与资本主义萌芽. 历史研究，2001（1)：116－126.

“实际上是从英国模式出发来研究明清江南工业的发展，以证明明清江南工业发展必然像英国那样走向资本主义近代工业化”。这种思路实质上“把江南工业发展的前景视为英国经验在江南土地上的重复，当然不可避免地会忽视明清江南工业发展的真正特点”。因此，“如果我们一定要坚持明清江南工业发展的前景必定是资本主义近代工业化的看法，我们就很难与西方中心主义史观划清界限”①。当然，这并不意味着江南的早期工业化与近代工业化是绝缘的。李伯重最后强调，其间存在着某种连续性，那就是，“江南在早期工业化方面曾有出色的表现，从而使江南一度成为世界上最发达的工业地区之一。这个早期工业化虽然没有导致自发的近代工业化，但是它毕竟为后来的近代工业化提供了一个相当良好的基础，使得19世纪后期以来江南在近代工业化方面比中国其他任何地区进展远为顺利”，而江南工业在19世纪中期以后的表现，“虽然与其在明清时期的经历已有天渊之别，但如果仔细去看，仍然能够看到二者之间有着一种承继的关系”②。

3. 江南的早期近代经济

关于明清江南经济的整体发展及其演变前景，李伯重在《发展与制约——明清江南生产力研究》中曾做出过这样的总结：“从明清江南生产力的发展情况来看，江南的传统经济在此时期已经发展到了很高的水平，出现了若干经济近代化的征兆”，但“可以肯定的是，由于各方面条件的制约，江南绝不可能发生英国式的经济近代化”。他还强调，只有当“生产力发生重大变革（表现为技术、能源、材料等方面的革命）时，生产关系的变革才可能导致重大后果，经济近代化也才可能发生和发展”③。由此可见，按照现代化范式的认识，江南经济并不具备多少突破意义。但在20多年以后，李伯重基于对江南经济部门的更为全面、深入的研究，提出应以“早期近代经济”来把握江南经济发展的观点，从而彻底修正了自己先前的看法。

李伯重对于这种“早期近代经济”的论证，是从比较经济史的角度

① 李伯重. 江南的早期工业化（1550—1850）. 北京：社会科学文献出版社，2000：527-529.

② 同①542.

③ 李伯重. 发展与制约——明清江南生产力研究. 台北：联经出版事业股份有限公司，2002：416-417.

出发，以 GDP 为指标，将 19 时期初期松江府华亭-娄县地区与同时期荷兰的经济水平进行比较，认为华娄经济“在西方近代经济的影响波及中国之前很久”，就已经是一种“近代经济”了，故而可以称之为一种中国式的“早期近代经济”①。这种经济的基本特征，“用近代以前的标准来看”，“已经颇为商业化和早期工业化了”。其商业化特征的主要表现是：“市场已成为华娄农村经济活动的中心，不仅人们的日常生活严重依赖市场，同时主要的生产要素（土地、劳动、资本）、货品和服务也都可以（或者必须）从市场获得。正因如此，市场价格的变化对华娄经济具有重大影响”②。其早期工业化特征的主要表现是：棉纺织业是 19 世纪初期华娄经济的一个支柱，已不是一般所说的“农家副业”，另有不少工业部门“在华娄经济中的地位大大超出过去大多数学者的想象”，总之，“在 19 世纪初期的华娄，工业在经济中所占地位已超过农业，因此可以说这种经济已经早期工业化了”。基于这种情况，李伯重认为，在此一时期的松江府地区，“既不存在城乡经济的对立，也不存在近代经济与传统经济的对立，这里的经济是一个 SNA 所要求的整合的经济”③。

根据对各项 GDP 指标的悉心测算，李伯重将 19 世纪初期的华娄经济进行了横向和纵向的对比研究。

其横向对比的对象是大约同时期的荷兰经济。19 世纪初期的荷兰虽已落后于英国，但仍是一个处在“商业资本主义时代”的先进国家。华娄地区经济与之进行比较的结果是，除了在经济结构上存在许多共同点外，也出现了一些十分重要的差异：第一，在此时期，“工业在华娄地区经济中的地位，远远高于在荷兰经济中的地位，而服务产业在荷兰经济中的地位远远高于在华娄地区经济中的地位”；第二，农业人口在就业人口中的比重，华娄地区远远低于荷兰，而在城市化水平方面，两个地区却比较接近；第三，工资在国民收入中的比例，华娄远高于荷兰，而资本收入在国民收入中的比例，则荷兰远高于华娄，同时利润在

① 李伯重．中国的早期近代经济——1820 年代华亭-娄县地区 GDP 研究．北京：中华书局，2010：2.

② 同①49－50.

③ 同①53－55.

国民收入中的比重，华娄也明显高于荷兰①。

李伯重认为，上述比较的结果表明，“荷兰经济更加商业化而华娄经济更加工业化”。而总体看来，“在19世纪初期，华娄经济可能比荷兰经济更健康”。其理由在于：“华娄与荷兰在工资及资本收入在GDP中的比重方面存在的重大差别，不仅表现了华娄的国民财富的分配比荷兰更为公平，而且也从一个方面表现出华娄经济比严重依赖投机性的海外投资和海外掠夺的荷兰经济更为健康”②。

在纵向比较方面，李伯重所选择的主要对象是20世纪中期的华娄经济。他指出，按照通常印象，鸦片战争以后，华娄所在的大上海地区是回应西方冲击最成功的地区，因此许多人相信经历了一个世纪的“欧风美雨”的沐浴，“20世纪中期的华娄地区的经济状况，肯定比19世纪初期要好得多”。但实际上，20世纪中期的华娄经济处于“相当不利的地位”。这是因为：第一，“由于社会动荡等外部因素，20世纪前半期华娄农村经济处于一种衰败状况”，复种指数、作物亩产量、家畜数量等都少于19世纪初期，肥源大为萎缩，购买肥料的困难也大大增加；第二，近代工业的强大冲击以及19世纪中期以后的社会动荡，使得“19世纪初期居华娄工业的几个领头部门，到了20世纪中期都已濒于灭亡。这对于华娄经济，具有极大的影响”；第三，“在19世纪中期以后，华娄的城乡贸易随着城市的萎缩而大大衰落。跨地区贸易也由于主要商品（棉布、大豆等）贸易量的锐减而大大缩小”，因此“到了20世纪中期，华娄服务产业的规模明显小于其在19世纪初期的规模”③。

从上述比较可以看出，19世纪中期以后的华娄经济出现了显著的衰退。作为经济衰退的一个重要结果，就是该地区的“城市化水平自太平天国战争后一直在走下坡路”。首先，这导致松江府城从“19世纪初期松江府的中心城市，变成20世纪中期上海的郊区小县城”。其次，该地区的市镇也出现了退化的趋向，特别是一些较大的市镇出现了规模的收缩和功能的弱化。由此又进一步引发了当地生活水平的下降和人口的

---

① 李伯重．中国的早期近代经济——1820年代华亭-娄县地区GDP研究．北京：中华书局，2010：272-274．

② 同①275-276．

③ 同①278-281．

减少等严重后果。总体而言，“1820 年代华娄的经济状况，劣于 1820 年以前而优于 20 世纪中期”①。

那么，这种横向与纵向的比较又有什么意义呢？李伯重指出，西方学界的研究表明，“早在 1815 年以前，荷兰经济就已是一个近代经济了”，但是，“与 19 世纪工业革命之后的近代经济不同，荷兰的近代早期的经济发展仍然是建立在传统技术基础之上的”，它“已经不再是以农业为主的传统经济，而是以工商业为主的近代经济了”②。而华娄与荷兰的横向比较证明，到 19 世纪初期，江南经济也已发展成为“一种近代的、城市的、商业的经济”。荷兰的那种“近代经济”的主要特征，在 16 世纪以来的江南也表现得很明显。李伯重由此强调，“由于近代早期江南与荷兰在经济发展方面有众多的相似”，所以就有“充分的理由把同时期的江南（至少是本书所研究的华娄地区或松江府地区）经济也同样称为世界上最早的近代经济之一”③。

李伯重进而指出，“从‘全球史’的角度来看，在近代早期世界上其他经济发展水平相近的地区，工业革命绝非普遍现象。大多数出现了近代早期经济成长的地区，其自身的发展方向，更加类似于荷兰和江南的经历所体现的方向”，所以使用以往那种建立在“斯密-马克思模式”基础上的发展理论，“对于像英国之外的地区的经济史研究来说，并无很大意义，因为这些地区并没有自发出现工业革命”④。当然，没有自发出现工业革命，并不意味着这种早期近代经济的成长对后来毫无意义。李伯重认为，“到了 20 世纪最后二十年，江南经济起飞，迅速地成为中国经济成长的火车头。江南的中心城市上海，也有望成为世界未来的经济中心之一；换言之，从某种意义上来说回复到江南在 19 世纪初期及以前在世界经济格局中的地位”。因此，“19 世纪初期江南经济已经是一个早期的近代经济的结论，是我们认识今天的‘江南经济奇迹’的重要参考”。而更重要的是，这个结论“对于改进我们关于西方到来之前中国‘传统’经济的看法”，对于批判“那种以西方中心论为基础

① 李伯重. 中国的早期近代经济——1820 年代华亭-娄县地区 GDP 研究. 北京：中华书局，2010：281－285.

② 同①285，288－289.

③ 同①289.

④ 同①291－292.

的‘近（现）代人对过去的傲慢与偏见’”，都具有十分重要的意义①。

（二）高王凌的“经济发展序列”

高王凌也是改革开放以后得海外学术研究风气之先的国内学者之一。早在20世纪80年代，他就开始对以西方经验为基准的现代化范式进行了反思。在1987年发表的一篇文章中，他对自己的这种反思进行了初步的梳理。他首先指出，“过去人们总用西欧历史的标准来看中国，认为中国这也不是，那也不对，好像一切都搞坏了，走了错路。理由即是因为中国没有自行发展出‘工业化’。其中人口众多，更是备受批评的关键一点”。他认为，重新检讨中国历史，需要“解决对中国历史的观察角度”，必须把“一种外在的标准，换成一种从本身出发的正面观察”，而一旦“我们去除成见，便不难看出中国传统经济有其高度的成就。它以有限的耕地养育了超出比例好几倍的人口，在长时期中持有几臻最高水平的先进的经济技术和经济制度”。因此，“清代经济所取得的所有成就，都可归功于人口的巨大增长和清人所做出的积极反应，或者说与之有着很大的关联”②。

基于上述思路，高王凌以18世纪清代的经济发展与政府对策为中心，展开了重新检讨传统中国的尝试。他认为，在中国传统经济的发展序列中，清史具有极为特殊的地位，它“既是‘传统’时代的一个代表，又与‘现代’有着超出人们想象的密切关联”。并且，中国传统经济经过数千年的持续发展，“到清代出现了明显的增长，展现出中国传统经济的最高水平”。但是，始终很少有人追问过这些值得关心的问题：“这一增长是怎样实现的？其主要成就是什么？清代政府为此曾提出过什么对策和做出过什么努力？”在他看来，要回答这些问题，则不管“在近几百年中，外来因素对中国历史发生了多大的影响”，都不能低估“那些一贯的自身因素的作用，强调从中国历史出发的‘正面观察’”③。那么，他又是如何展开这种正面观察的呢？

---

① 李伯重．中国的早期近代经济——1820年代华亭-娄县地区GDP研究．北京：中华书局，2010：293.

② 高王凌．一个理想的追求——十八世纪中国政府的经济政策．知识分子，1987年秋季号：11-15.

③ 高王凌．十八世纪中国的经济发展和政府政策．北京：中国社会科学出版社，1995：2.

这种观察的第一个入口，是讨论清代如何为解决人口问题而提出了一套农业经济发展政策。高王凌认为，18世纪初，中国遭遇到了一个历代都没有过的人口问题，而这一问题对于“世界上大多数国家来说，则属一种‘近现［代］现象’或是‘现代问题’”①。而在“历经康、雍、乾三朝大约一个世纪的时间里，如何解决人口问题，一直成为清廷考虑几乎所有社会和经济问题的出发点”，尤其是18世纪前半期，“清政府针对人口问题提出了一系列的对策，从而构成清代政府政策上一个极具连续性的、空前活跃的和充满生气的时期”。因此，他指出这种现象的重要性在于，“在十八世纪中国就遇上了世界大多数国家只是到近现代才出现的一些问题，并为之提出了一系列的政策措施，其中许多内容也因此而具有跨时代的意义”②。

至于清代为解决人口问题而提出的经济发展政策，其主导思想“就是要全面发展农业生产，暨对‘九谷’以外的各种作物种植，和农耕以外的林、牧、渔等各项生产，加以特别的重视和强调”，且“其中也不无于原有经营之外，寻求和形成新的优势生产以及发展农家工业的思想”③。高王凌认为，这些政策的实质正是“针对大幅度增加着的人口压力，而为之寻求经济出路的”，而绝不是“小打小闹”一类“副业-补充”方式所能达到的④。因此，“可以说清人所面对的，是贯穿古今的一个重大的历史性难题”，根本不是传统劝农策所能奏功的⑤。

这种观察的第二个入口，是讨论清代围绕着粮政问题而出现的政府干预政策及其效果。高王凌认为，这是一段为学界所忽略的历史，但它其实是“中国史中一次重要的‘脉动’，并与二十世纪的‘大政府’现象直接相关”⑥。到18世纪，“清代的劝农策已将政府对经济事务的关心推进到空前的地步，在粮食生产以及粮政问题上，显然存在着政府干

① 高王凌. 十八世纪中国的经济发展和政府政策. 北京：中国社会科学出版社，1995：4－5.

② 同①11－12.

③ 同①27－28.

④ 同①64.

⑤ 同①74.

⑥ 同①3.

预进一步扩大的强烈冲动和潜在可能”①。而最能体现这种干预精神的活动，便是“乾隆初年的粮政努力”，它“把康熙以来的理想追求推到了一个高峰，也把政府对社会经济的干预推到了一个空前的高度”。这种努力“虽未曾取消民间市场行为，却无异于把它限定于某种水平和置于某种控制之下，而希望主要依赖政府组织本身的能力，来一举解决赈灾、济贫、吃饭等全部粮食问题”②。

在高王凌看来，清代政府的这些做法，“初看起来，大有‘现代’之嫌”，但实际上，所谓“大政府”现象在中国绝非仅是现代问题，“而是五百年或是三千年至今一直存在的一个具有第一等重要性的大问题”③。尽管乾隆初年加强粮政的政策“最终未能达到它的理想目标”，并引发了乾隆十三年（1748）削减仓储政策的出台，但其真正含义在于“这种粮政方针乃至政府角色的深刻转变，而决不仅仅是缩减仓储及赈粜数量”。因此，“乾隆初年的这场粮政之争，正是对政府在社会经济事务中应扮角色的一个反省”④。他进而提出，“从事后观察的角度来说，问题还有：十八世纪的这些努力究竟为二十世纪留下了什么‘遗产’？二者之间具有何种关联？”，当是值得进一步追问的问题⑤。

这种观察的第三个入口，是讨论清代工业生产和有关政策。高王凌指出，“在十八世纪前叶清代政府的经济发展政策中，曾予传统工业以相当的重视”。在这一时期，“清朝政府始而支持农民发展农副产品加工和农家纺织业，继之解除矿禁和允许民营，这些都是很值得重视的”⑥。如果将这种“工业政策”与农业生产方面的情况结合起来考虑，“就可以看出，中国在清代也许已经超出基本实用品生产的阶段，而跨入更高的阶梯，这就是全面发展经济，并亟需从工业的发展中去谋求出路这样一种新的阶段”。有鉴于此，他进而提出，“中国的‘工业化’要求，恐怕不是1840年以后才从国外输入的，更不是二十世纪某一时期的新鲜主张；它是立足于中国自身发展基础之上的一个要求，在历史上至迟到

① 高王凌. 十八世纪中国的经济发展和政府政策. 北京：中国社会科学出版社，1995：95.
② 同①135.
③ 同①136.
④ 同①149，163，167.
⑤ 同①180.
⑥ 同①186，195.

十八世纪即已出现”①。

当然，清政府对传统工业并非都是鼓励政策。正如人们经常批评的那样，其与通常所说的“现代经济成长”也有许多的观念冲突。不过，高王凌指出：“面对清代政府不具备现代经济思想的责难，我们也许可以这样反问：在当时或是‘工业文明’以前的各文明之中，有哪一个政府懂得这些道理？或是由政府负起了这一重大发展的责任？”② 他由此认为，中国在农业方面“走上了一条不是追求人均产值，而是追求单位面积即亩均产值的道路”，而“在工业方面不去谋求节约劳力的技术发明，也就成为追求最大产值的‘正确’道路。对此，不能认为欧洲的方式即是经济的，中国的就是不经济的”③。

在上述研究的基础上，高王凌对“长期停滞”和“自然经济”的说法进行了反驳，认为这是对中国传统经济的误解，更是深受“西方中心论”思想和弃绝传统的态度所影响的结果。他指出，“到清代尤其是18世纪，中国经济发展的步调加快了”。在实现中国土地的“全域性开垦”的基础上，人们还“不断提高耕地的利用水平，并把产品推向市场，依靠经济交换，来追求较高的经济收益”，由此又形成了一种“跨区域比较优势互相交换的经济格局”，而这种格局又是“以前各朝代都未曾有过的”④。基于这样的认识，高王凌对于地区开发又进行了进一步的思考和理论总结，并最终提炼出了一个有关传统中国“经济发展序列”的完整论述。

高王凌指出，在地区发展研究中，人们长期对这样一些问题缺乏进一步的探究：为什么某一地区发展较快，而另一地区却再难以提高？推动或制约它们的因素又是什么？等等。而他发现，根据不同的发展水平或类型，清代中国传统经济的发展序列可以分为四个层次或阶段。其中，第一个“也是所谓最‘落后’的即是‘不发展’阶段（或地区）”，其余几个依次“可以估且称为‘发展中’、‘高发展’和‘发达’阶段

---

① 高王凌．十八世纪中国的经济发展和政府政策．北京：中国社会科学出版社，1995：204－205.

② 同①205，215－216.

③ 同①217.

④ 高王凌．政府作用和角色问题的历史考察．北京：海洋出版社，2002：21－22.

(或地区)”，而且“它们各自都具有鲜明的人口和经济的特征”①。

传统经济发展序列的第一个层次即所谓“不发展经济”，其主要特征是：土旷人稀、地不尽利、人不尽力、业不尽营、物不尽用、需求狭窄、供给有限。这类经济地区直到18世纪以前，“还占有中国农业地区中极大的面积。它们主要是中南、西南和东北地区”。正是基于“不求发展的境况，加上低水平供给的易于取得，以及人口增加较慢等因素，造成了这种地区长期‘不发展’的局面”。而“要想打破这种局面，唯一的办法可能就是增加有效需求，以带动其受到压抑的、不得发展的生产”，如若不然，这些地区就“难以起步走上经济发展的道路”②。

第二个层次为“发展中经济”。与不发展经济相比，这个层次的主要特征是，人口开始较快地增长，土地大规模的增垦，农作由粗放迈入粗耕细作，作物品种增加，经济领域展宽，商品性农作较前有所增进，工商业也有一定程度的发展。可以说，这种经济已“进入了发展的头一个重要阶段”③。按照高王凌的判断，“18世纪以后，中国大部分省区包括那些新开发的大多数地区，都已进入这一发展阶段”。这个阶段的经济发展水平，“构成中国传统社会长时期中所能见到的主要经济成就”。所以，这个阶段“也是一条发展的必经途径，因为所有的进一步发展，在中国，都是建立在这一基础之上的”④。

第三个层次为“高发展经济”。这个层次的主要特征是：人口仍有较迅速和大幅度的增长；耕地基本不再或很少增加，耕作技术也接近传统时代的最高水平；土地利用达到最高水平；工商业相当发展，生产投入增加；风俗奢丽，消费日高。“在清代处于这种状态的地区，有四川盆地、珠江三角洲、东南沿海的一些地方”，而湖北、山东、直隶和河南的“中心棉产区可能也已进入了高发展的阶段”⑤。与“发展中经济”相比，高发展阶段既是中国传统“农业增长的最高阶段”，也“显示出意义重大的突破和提高，其中一个重要的表现即是经济的商品性发展”，

---

① 高王凌. 经济发展与地区开发——中国传统经济的发展序列. 北京：海洋出版社，1999：1.

② 同①9，11－12.

③ 同①13.

④ 同①22，24.

⑤ 同①39－40.

从而使得"清代以后中国农业的发展，便不可能舍弃这一行之有效的途径"①。

第四个也是最高的一个层次为"发达经济"。高王凌认为，高发展经济主要表现为农业的发展，而发达经济则主要是针对传统工业的发展水平而言的。以棉纺织业的发展为代表，清代江南或长江三角洲成为传统中国"工业化"水平最高的地区，为任何一省区所不能及。该地区"主要是依靠传统工业，并由此达致了全国最高的人口密度。正是在这样的意义上，可以确知长江三角洲是当时中国的最发达地区"。更重要的是，"江南经济的上述发展，不但使本地区经济发生了重大的变化，更对中国经济结构的演变起到极为重要的作用"。特别是那种"跨省区的比较优势交换"，如果没有江南"传统工业区"和棉制成品贸易的出现，"中国经济的这一发展则无从设想"②。

高王凌认为，从人口角度来看前述经济发展序列，"从不发展到发展中、高发展以至发达阶段，其人口密度正是同样逐步增加的，而以江南为最"。应该说，"中国传统经济的发展是正常的而非异常的，典型的而非变态的"。而"如果说它有什么不同寻常的话，那正是它在一条正规的农业文明的发展道路上达到了高度的专化和高度的发展水平；其人口密度，甚至比正在工业化革命中的英国要高出许多"③。因此，从清代的例子可以看出，中国传统经济的发展并非"长期停滞"或"净走错路"，而"勿宁说，它是一个自有条理的、有次序、有步骤、由低到高的、合理的发展过程。这一发展直到清末或 20 世纪初叶，也并没有'走到尽头'"④。而在这些经验研究的基础上，高王凌还进一步反思了现代化范式的固定思维，阐发了"正面观察"中国史的意义。他指出，"当 18 世纪，中国即与世界上现代化的早发国家'一同'（或略早于他们）面对了一些'现代问题'，和做出了若干'现代努力'"。就此而言，"中国具有自己的并不输于他人的'理路'，只因一向受限于传统观点，

---

① 高王凌．经济发展与地区开发——中国传统经济的发展序列．北京：海洋出版社，1999：42，44.

② 同①46－47.

③ 同①50.

④ 高王凌．政府作用和角色问题的历史考察．北京：海洋出版社，2002：25.

或‘现代化’的固有模式，使人难以看清罢了”①。

(三) 许檀的“市场网络体系”

许檀也属于改革开放以后较早崭露头角的经济史学人。与李伯重和高王凌相比，许檀所关注的研究目标显得略小一些，主要致力于探讨以北方地区为主体的商品流通和市场体系问题。与李伯重有点类似，许檀在其早期的研究中，亦较多受到现代化范式的影响。所以，本书第三章里评述“市场经济论”时提到了许檀的一些研究成果也就不足为奇了。约从20世纪90年代中后期开始，许檀的思路较为鲜明地表现出了从中国内部追寻发展线索的努力。关于这一时期的认识，在其1998年出版的专著《明清时期山东商品经济的发展》中得到了集中体现。随着其进一步深化关于商品流通和区域经济发展的研究，许檀在进入21世纪后，提出了“市场网络体系”的表述，更加充分地展现了自己关于中国内在发展动力的思考，从而成为在追寻中国内在发展线索方面能够提炼出明确概念的极少数学者之一。

在《明清时期山东商品经济的发展》一书中，许檀以山东为中心，从生产和流通两个方面入手，详尽考察了该地区传统经济发展的轨迹、特点及趋势。尽管她在研究中并未明确提出对现代化范式及西方中心论的质疑，但是从其论述中可以看出，这里的思路绝不是对现代化模式的效仿，而是力图从中国本土的视角出发来理解经济发展问题。正是由于其对此种发展做出评价的基准并不是现代化式样的指标，这就使得该书对明清时期山东经济水平的看法亦迥异于以往。

关于生产方面的情况，许檀首先关注的问题是农业生产结构的调整与经济布局的优化。她认为，这种结构调整“主要包括粮食种植结构的调整、经济作物种植的发展，以及新的作物品种的引入推广”，而“这一变化大大提高了土地的利用率及其经济收益，同时也提高了种植业的商品化程度，将小农与市场越来越紧密地联系在一起”②。其间的具体关系是，基于粮食种植结构的变化，“使山东种植业实现了从一熟制向两年三熟制的转化，从而提高了耕地复种率，使同样面积的土地可养活

① 高王凌. 十八世纪，二十世纪的先声. 史林，2006 (5)：100－115.

② 许檀. 明清时期山东商品经济的发展. 北京：中国社会科学出版社，1998：18－19.

更多的人口”，这就“为经济作物种植面积的扩大提供了可能”①。而同样值得重视的是，山东发生的“农业生产结构的调整过程，同时也是一个经济布局的合理化过程”。在16—19世纪这四百年中，山东农业发展中“一个最明显的变化就是种植分布由均衡趋向集中”。这方面的表现是，到清代中叶，山东几个自然地理小区“已逐渐形成各具特色的农业生产结构”②。

许檀在生产方面关注的另一个重要问题，是非土地资源的开发与利用。她指出，由于“土地资源毕竟是有限的”，所以对包括劳动力资源、海洋资源、矿产资源和其他资源在内的非土地资源的开发利用，构成了明清时期山东经济发展的又一项重要内容③。其中最具普遍意义的现象是农副产品加工业的发展。在明清时期的山东，“家庭手工业已成为农户家庭经济以及地区经济的一个重要组成部分，一些家庭手工业、副业发达的州县相对较为殷富”。而这种发展“实际上是一个经济结构的变化过程。与传统的种植经济相比，它的最大优势就在于可以充分利用几乎是取之不尽的劳动力资源在土地之外创造价值”④。另一个不容忽视的现象则是沿海贸易的兴盛。在许檀看来，“沿海贸易的发展使山东半岛得以与东北和东南沿海地区在流通的基础上形成地区分工互补”，从而“促进了本地特色经济的发展。甚至可以说，海运的畅通乃是山东半岛经济正常运转的生命线”⑤。

有关流通方面的情况，许檀致力于揭示的是明清时期山东城乡市场网络的形成问题。在这个问题上，她认为，“商业城镇的发展和农村集市网的形成，是这一市场网络体系中相辅相成、不可或缺的两大部分；而商人的经营活动，对于沟通城乡市场，使之成为一个统一的整体，发挥了重要作用”⑥。这一时期，山东商业城镇“是随着商品流通的发展而发展起来的，因而大多分布在流通干线上”，而两条主要干线便是京

① 许檀. 明清时期山东商品经济的发展. 北京：中国社会科学出版社，1998：25－26.

② 同①49，51.

③ 同①57.

④ 同①85－86.

⑤ 同①101.

⑥ 同①110.

杭大运河和东部沿海①。概括说来，山东商业城镇布局的变化和“山东经济发展的轨迹与特点密切相关”，因为其“最主要的经济功能就是在流通中的转运枢纽作用”，这又导致其经济构成“以中转批发、银钱典当、牙行经纪”，以及为商品流通服务的各行业最为发达②。而随着商品经济的发展，山东商业城镇人口也出现了大幅度增长。据许檀测算，“乾隆至道光年间山东城镇人口估计约为 150 万—190 万”，其比率甚至要高于施坚雅对 1840 年代华北城市化人口比率的估计③。

明清时期山东农村集市的发展，同样是“山东经济发展的产物和重要组成部分”。据许檀估算，到了清代中叶，山东农村集市数量已达 2 300个左右，“集市税收比康熙时增加了两倍多，有些州县甚至增长十余倍”。而“最迟到乾隆-道光年间，山东已形成一个涵盖广阔、运作自如的农村集市网，这一基层集市网与处于流通干线的商业城镇相联系，沟通城乡市场，构成山东商品流通网的整体，通过这一流通网山东各州县可与全国大多数省区进行经济联系”④。许檀进而强调指出，“与山东一样，明清时期全国大多数省区农村集市都有大规模的发展，并陆续形成各自的网络体系”，也“正是由于这一农村集市网的形成”，才能“使商品流通几乎覆盖全国每一个角落，从而将处于不同发展阶段的各个经济区域联结为一个整体，形成分工与互补”。换句话说，以这种集市网为基础的商品流通，才使得“地区之间重新分工，调整经济布局，优化资源配置成为可能”⑤。

有关流通方面的最后一个问题，是山东市场上的商品结构及其流通特点。许檀指出，“18 世纪中叶以后，山东的流通分布开始从以运河流通为主逐渐向以沿海流通为主转化。这一变化既是山东自身经济发展的结果，也与全国性流通格局的变化密切相关”⑥。总的说来，“清代山东的手工业和农副产品加工业虽还称不上发达，但已有了相当程度的普及和发展，反映在商品结构上的变化就是输出商品中手工业产品增加，输

① 许檀. 明清时期山东商品经济的发展. 北京：中国社会科学出版社，1998：111.
② 同①168－169.
③ 同①178.
④ 同①226，228.
⑤ 同①229.
⑥ 同①290.

入商品中手工业产品逐渐减少”。特别是“由于棉纺织业的长足发展”，“到清代中叶山东的棉布输出已具有相当规模，有能力与江南棉布争夺华北、西北和东北市场了”。而商品构成变化的另一个特点，则是“粮食取代纺织品成为山东商品流通的主体”，这表明“经济作物的种植和工商业人口的增加，使粮食需求更多地依赖于市场”①。

在上述研究的基础上，许檀对明清时期山东经济的发展水平及其意义进行了总结。她认为，此时“山东正处于一个变革的时代，从生产到流通，从社会风气到人们的观念都在发生着虽然缓慢但是极为重要的变化”。在生产结构上的主要表现，是“从以种植业为主向种植与加工并重的方向发展”；在流通方面的主要表现，则是“商品流通在经济整体中起着越来越重要的作用，商业、运输业日渐成为山东经济中十分重要的产业部门”。因此，山东经济的发展“从整体上来说是一个商品经济发展与市场体系形成的过程，是一个经济结构的变化过程”②。在许檀看来，这一变化实际上“也是产业结构的演化过程，是向近现代产业结构的趋进”。在这种意义上，“明清时期山东经济的发展不仅具有自己的特色，同时也具有相当的代表性，它所显示的中国传统经济发展的内在动力与趋势，是不应忽视的”③。无疑，许檀的这个说法，也是对明清社会经济停滞论的有力反驳。

在完成了以山东为个案的探讨后，许檀继续沿着内在发展线索的思路，力图揭示全国范围内的区域经济与商品流通问题。她通过比较江南、珠江三角洲和华北等六个主要经济区的发展水平及其特色，指出“因地制宜的地区发展和大规模的商品流通，可以说是明清经济发展中两大最为显著的特征”。当然，从各区域之间流通的商品结构来看，各区域在发展水平上存在着明显的差距：江南地区以输入低值商品，输出手工业品为主，属高收益型经济格局；珠江三角洲在输入粮食、棉花的同时，还种植经济作物以供加工输出，以转口贸易为中心的经济格局正在逐渐形成；长江中上游地区和东北、台湾等新开发区，则主要输出粮食等低值商品，输入高值商品，在地区分工中还处于劣势；华北地区则

① 许檀. 明清时期山东商品经济的发展. 北京：中国社会科学出版社，1998：295-296.

② 同①297.

③ 同①302.

随着本地棉纺织业的发展，已有能力与江南棉布争夺市场，其劣势地位已得到根本改观。但在商品流通的作用下，“原本互不相关的一个个自然条件、发展程度各异的地区相互联系，成为一个整体，从而可以在更大范围和更高层面上形成地区分工，有利于发挥各自的优势”①。同样随着商品流通的发展，清代前期全国范围内的商品流通格局也出现了巨大的变化，“长江、沿海逐渐取代运河成为全国最主要的商品流通干线，沿江、沿海一批重要的流通枢纽城市迅速崛起”，这“既是全国性经济布局变化的一个重要表征和组成部分，也代表着经济发展的必然趋势”②。许檀因此认为，“明清时期城乡市场网络的形成，既是区域经济发展的结果，也是大规模的商品流通的产物”③。

正是在深入把握明清时期中国商品流通情况的基础上，许檀关于“市场网络体系”的论述才最终成型，并因之对现代化范式进行了反思。她提出，明清时期已经形成了一个完整的城乡市场网络体系，其中主要包括流通枢纽城市、中等商业城镇和农村集市三大层级。而“这一市场网络的形成过程，实际上也就是市场机制的逐渐形成过程”，“到清代中叶，在全国范围内已经形成一个涵盖广阔、运作自如的城、乡市场网络体系”。许檀强调，以往关于明清时期经济发展水平的探讨“在相当程度上忽视了流通在经济发展中所起的作用”，其实，“明清时期中国传统经济在生产力和生产关系没有重大突破的条件下，仍然保持着内在的动力与活力，主要就是市场机制在起作用”。至此，她对经济现代化论也提出了明确挑战。她指出，“中国近代市场体系的形成并非始于开埠之后，至少从明代中叶已经起步，到清代中叶已具有相当的规模”，而“19世纪中叶外国资本主义的入侵，并非创建了一个新的市场体系，不过是利用和部分地改造了中国原有的市场体系来为之服务”罢了。这是因为，“帝国主义列强选择的通商口岸都是原来重要的流通枢纽”，而“洋货倾销和原料掠夺也都是利用了中国原有的市场网络——从城市直至农村集市”。就此而言，“近代化是一个历史的过程，中国的近代化过

---

① 许檀. 明清时期区域经济的发展——江南、华北等若干区域的比较. 中国经济史研究，1999 (2)：21 - 39.

② 许檀. 清代前期流通格局的变化. 清史研究，1999 (3)：1 - 13.

③ 许檀. 区域经济与商品流通——明清时期中国经济发展轨迹探讨. 史学月刊，2004 (3)：9 - 11.

程无疑渗入了外来势力的影响，但不能因此而忽视中国传统经济自身的发展动力”①。

为了进一步揭示中国市场体系的延续性，许檀特地对通商口岸在传统时代的发展背景进行了探究。她明确指出，两次鸦片战争后所开设的那些口岸，“在开埠之前商业均已相当地发展，它们或者是国家级的税关所在地，或者是地区性的商业中心。但在近代史的论著中对它们在开埠之前的发展水平往往估计过低，从而夸大了帝国主义对中国经济发展的影响”②。例如，第二次鸦片战争后列强要求在北方开设的天津、营口和烟台三大口岸，其实“都是清代前期随着沿海贸易的发展而崛起的，到清代中叶已是北方沿海三省中税收额最高的港口。它们之所以被选为北方沿海的第一批通商口岸，完全是因为它们当时在沿海贸易中的重要地位”③。尤其是天津，到嘉道年间，已基本完成了从运河城市向海港城市的转化过程，并确立了“作为北方沿海最大的港口城市和商业中心的地位”，因此其发展并不能主要归之于开埠④。此外，上海的情况同样如此。从乾隆中叶开始，北洋贸易的一系列变化为上海的发展提供了契机。而“在乾隆后期至开埠之前的数十年间，上海迅速发展成为南北洋贸易、长江与沿海贸易的中转枢纽”，其“作为东部沿海最大的港口城市的地位在嘉庆道光年间已经确立”。因此，正确评价和定位“通商口岸城市在开埠之前的发展水平”，对于“认识中国传统经济内在的发展动力具有十分重要的意义”⑤。

---

① 许檀. 明清时期城乡市场网络体系的形成及意义. 中国社会科学，2000（3）：191－202.

② 许檀. 明清时期中国经济发展轨迹探讨. 天津师范大学学报（社会科学版），2002（2）：43－47.

③ 许檀. 从北洋三口发展的历史脉络看中国近代化历程. 天津师范大学学报（社会科学版），2005（1）：41－46.

④ 许檀，高福美. 乾隆至道光年间天津的关税与海税. 中国史研究，2011（2）：181－193.

⑤ 许檀. 乾隆-道光年间的北洋贸易与上海的崛起. 学术月刊，2011（11）：147－154.

余论　走向从实践出发的经济社会史

柯文在《在中国发现历史——中国中心观在美国的兴起》一书中，对第二次世界大战以后美国中国史研究的学术谱系的演变进行了梳理，认为在头绪纷繁的诸多研究主题背后，其实不过是由“冲击-回应”、“传统-现代”、“帝国主义模式”和“中国中心观”这四种认知取向构成了这一演变的主干。相比之下，清代经济史研究的发展状况颇为类似。从前面的论述可以看出，虽然清代经济史包含的经验内容十分丰富，成果数量也称得上汗牛充栋，但是从认识论和方法论层面来看，其演变脉络也并非特别复杂。绝大部分研究成果，其实都没有越出有限几种范式的笼罩范围。这一方面说明，清代经济史研究中每个范式的生成和范式转换的发生，都需要大批学者付出大量时间和精力来进行艰苦探索。另一方面，一个严酷的事实是，很多研究者终其一生的工作，很可能只是为某些权威看法提供说明和注释罢了。因此，要避免自身研究陷入低水平重复劳动，要形成具有突破意义的问题意识，就必须深入认识和把握该领域中既有的研究范式。

当然，要充分认识和把握清代经济史领域中的既有范式，还不能局限于仅仅了解各种范式的内在理路，不能拘泥于抽象层次的话语分析，更不能就经济史论经济史，而是需要从知识社会史的视角出发，来理解学理演变过程与社会实践进程之间的互动关系。从清代经济史研究百余年来的发展历程可以看出，其中每个范式的生成和范式转换的发生，都决不单纯是学术理念自行衍化的结果，而是与更大范围的社会变迁密切相关。可以说，在现代中国史学体系的形成过程中，清代经济史是受近代中国社会变迁影响最大的领域之一。由此才能理解，清代经济史研究的发展不仅经历了曲折而艰巨的历程，而且与社会现实的需要、社会观念的变动之间有着十分显著的关联。也正是在这种意义上，我们才敢断言，清代经济史研究最重要的品性并非“无用之用”，而是经世致用。

清代经济史研究的致用性质，从其萌发时期就有着显著表现。众所周知，梁启超于 1902 年提出的“史学革命”当然不是一种纯粹的学术理念，而是一场思想运动的标志。而他在 1904 年撰写的《中国国债史》，既是其践行“史学革命”的一个尝试，也是其政治革命行动的一个表达。尽管该书还不能被视为一部经济史专史，但应该承认，其对经济史研究在中国的兴起，无疑具有开风气的作用。可以说，正是在“史学革命”思潮的影响下，加之唯物史观和西方学术体系的传播，现代学术意义上的清代经济史研究才得以逐渐成形，并越来越鲜明地应和时代要求，体现时代特色。

如本书第一章所述，1949 年以前清代经济史研究的主体大致可以分为两大类型，即经济实务问题研究和经济基础问题研究。需要强调的是，这两大类型都不是在象牙塔内闭门造车，而是与社会现实有着十分密切的呼应。就经济实务问题研究而言，汤象龙、罗玉东、刘隽等人所大力探讨的清代海关与关税、厘金、盐政、对外战争赔款等问题，也正是对当时社会经济生活具有很大影响的问题。因此，他们的这类研究，在很大程度上就是对现实社会问题的历史追溯，当然也就有助于更深刻地理解社会现实问题的形成根源及其性质。就经济基础问题研究而言，其核心问题是探究清代社会性质，而此种探究又完全是在社会史论战背景下展开的。尤其是将晚清以降的中国社会视为资本主义性质还是半殖民地半封建性质的争论，更是与当时的社会革命思潮有着极为密切的关系。由此可见，这一时期关于清代社会性质的讨论当然不是发思古之幽情。

至于清代经济史研究在新中国成立后迅速形成以生产关系为主线的局面，同样与社会发展现实之间有着高度的契合。简单说来，就是要为巩固新政权、建设社会主义社会服务。在《中国革命和中国共产党》那里，就通过阐明中国从古至今所经历的社会形态演变过程，展现了中国共产党的社会革命观与社会发展观。根据这种表述，生产关系是辨别社会形态的演变的最重要标准，也就成为把握社会发展史最重要的线索。

众所周知，对近代中国处于“半殖民地半封建社会”性质的认定，与“反帝反封建”构成中国革命的主题是密切联系在一起的。这样一来，关于清代经济性质的“封建经济论”和“半殖民地半封建经济论”，有力地揭示了封建社会在中国的顽固性和帝国主义对华侵略的严重性。在新中国成立之初，在两大阵营冷战的格局下，清代经济史研究的这些发展，无疑适应了当时社会主义思想教育的要求。

另外，要理解“资本主义萌芽论”在明清经济史研究中的一度盛行，也不能脱离现实背景。李伯重曾经指出，资本主义萌芽研究“可以说是一种特定时期中国人民的民族心态的表现”，因为自 20 世纪初以来，“与西方争平等正是中国人民的强烈愿望。这种愿望表现在史学研究中，就是‘别人有，我们也有’的‘争一口气’心态”①。在客观上，这种思路也“打破了自黑格尔以来盛行于西方的‘中国停滞’论及其变种”，从而“把研究的重心放到中国自身，而不是将近代中国经济的变化归之于外部因素（特别是西方帝国主义的作用)”②。同时还应指出，这种思路的兴起很可能有着更广阔的国内国际背景。据钞晓鸿等人考证，在 1952 年版《毛泽东选集》所载《中国革命和中国共产党》一文中，才首次出现“资本主义萌芽”的提法③。结合 20 世纪 50 年代初中国独立建设社会主义的探索，不难推出，在“资本主义萌芽”和“半殖民地半封建社会”提法的背后，肯定包含着关于社会发展一般规律与中国国情特殊性相结合的理论思考。而从历史研究的角度来推进这种思考，其重要意义自然不容低估。至于具体研究实践中出现教条化、简单化和跟风等现象，则是另一个层次的问题了，无须赘述。

毫无疑问，现代化范式在清代经济史研究中主导地位的确立，显著体现了与改革开放后社会发展的共鸣态势。1978 年召开的十一届三中全会决定把党和国家的工作重心转移到社会主义现代化建设上来，解放和发展生产力从此成为时代的主流。次年，邓小平又表达了有关建设社会主义市场经济的设想。在这种思想解放的大背景下，深刻理解中国与现代化体系之间的兼容性，固然需要从现实角度进行说明，但也需要从

---

① 李伯重. “资本主义萌芽情结”. 读书，1996（8）：63-70.

② 李伯重. 江南的早期工业化（1550—1850). 北京：社会科学文献出版社，2000：526.

③ 钞晓鸿，郑振满. 二十世纪的清史研究. 历史研究，2003（3）：144-179.

历史角度加以反思。在这方面，清代经济史研究做出了富有建设意义的贡献。首先，关于清代前期经济的性质，以“市场经济论”和“产业经济论”的论述为代表，表明中国传统经济并非不具备接轨现代经济的要素。在“生产力转向”的导引下，学界对于诸如市场经济、商品流通、经济产业化、区域化经济等主题线索的追踪，一直上溯到明清时期，从而为重新认识、探索中国特色社会发展道路提供了有益的历史镜鉴。

其次，相对来说，对晚清经济史的重新审视有着更大、更直接的社会影响。改革开放后中国在进行社会主义现代化建设的过程中，在社会经济方面不断遇到各种各样的所谓“新”问题，实际上其根源大多与近代以来的社会变迁相关。这就意味着，社会现实迫切需要深入认识鸦片战争以来中国与世界现代化进程之间的关系。而正如很多学者所指出的那样，在现代化视角的观照下，晚清中国也不再仅仅呈现出民族沉沦的一面，而是具有融入世界现代化进程、逐步走向民族复兴的一面。因此，全面揭示中国作为后发现代化国家的经济发展史，准确总结中国自晚清以来向现代经济转型中的正反两方面的经验，当然是一项具有重大现实意义的任务。在这种意义上可以说，现代化范式迄今仍被经济史学界广泛应用与中国尚未完成经济现代化建设有很大关系。

到了20世纪末，尽管中国仍在推进现代化建设的道路上，但是社会发展对于认识现代化、发展现代化提出了新的要求。这是因为，现代性引起的许多弊端已在西方发达国家中得到显现，而在后现代思潮的观察下，包括现代化在内的诸多西方理论，又都被揭露出包含着根深蒂固的西方中心论症结。于是，如何在大力加强对外开放、学习西方的同时走中国特色社会主义道路，成为新时代的焦点问题。而要回应这一问题，就必须检讨西方中心论的影响，坚决反击历史虚无主义和民族虚无主义倾向。无疑，要正确评价清代经济史研究中那种追寻内在发展线索的努力，决不能脱离这样的背景。这种努力借鉴了“中国中心观”的某些合理性，既坚持中国本位的立场，又能够从全球比较的视野出发，深入揭示明清以来中国经济发展的内在动力机制。客观而言，这为解释改革开放以后中国创造了经济持续高速发展奇迹的历史内因，提供了一个值得重视的思路。而从更高的层次来说，在中国重新回到世界舞台中心的过程中，这种努力对于弘扬民族自信心也具有积极意义。当然，这种取向还处在探索阶段，难免存在一些理论上的不够融通之处，在实证内容的解释上也难免出现一些偏差，这都是导致它还不能全面挑战现代化范式和其他既有认知模式的根本原因。

本来，按照清代经济史研究一贯具有的经世致用性，是应该对新世纪特别是最近十余年以来中国社会经济的发展态势做出有力反应的。众所周知，自 2008 年全球性金融危机爆发以后，在世界各重要国家中，中国是综合表现最为良好的经济体。其中最引人瞩目的是 2010 年，中国 GDP 总量超越日本，居于世界第二位，并从此稳居这个排名；2013 年，中国超越美国成为全球货物贸易第一大国。而要深刻理解这种表现的特质及其意义，既不能仅仅着眼于改革开放以来的四十多年或是新中国成立以来的七十多年，更不可能单纯依靠现代经济学理论就能够做出充分解释。正如国内外公认的那样，中国的这种经济表现彻底改变了全球自工业革命以来的经济版图。因此，要深入考察这种全球性变化的起点，至少也得回溯到 18 世纪，则清代经济史无疑是这种考察绝对不能忽略的组成部分。

令人遗憾的是，虽然近年来清代经济史研究方面的论著数量仍然可观，但是并未出现具有突破意义的、足以回应现实社会经济变化的思路。总体而言，在当下清代经济史研究中，现代化范式还占据着优势地位。从《清史研究》近几年连续刊登的年度研究综述中便可看出，现代化视域催生出来的那些论题，如财政金融、市场与贸易、商人与商业、产业经济等，仍然得到众多学者的关注，从而继续构成经济史研究的主体。而随着李伯重等人因年龄原因逐渐退出研究一线，追寻中国内在发展线索的努力表现乏力，后起者尚未达到可与李伯重等人比肩的水平。更严重的是，在当下倡导学科交叉和开展跨学科研究的潮流之下，清代经济史研究的历史学学科背景还遭遇到了愈来愈严重的挤压。特别是经济学依靠其在当下学科体系中的优势，对经济史研究形成了“经济学帝国主义”式的强势，在相当程度上矮化了历史学对于经济史研究的独特性和重要性。在这一点上，关于中国历史 GDP 的研究可谓最典型的事例。

作为宏观经济学理论的产物，GDP 概念成形于 20 世纪 30 年代。最早将 GDP 概念应用于中国历史领域的学者是国外学界的贝洛赫

(Paul Bairoch)、麦迪森（Angus Maddison）等人。麦迪森等人的研究自21世纪以来，引起了国内学界越来越多的重视和对话，由此才真正形成了GDP研究的声势。除了历史学出身的一些经济史学者外，还有不少经济学专业的学者也投身其中，在不长的时间里便积累起了相当可观的成果。对于在中国经济史领域引入GDP概念的意义，有些学者持较为积极的看法。如倪玉平等便认为，“中国历史时期GDP研究是深化历史学与经济学相互融合的纽带，也是加深中国与世界相互理解的桥梁”。这主要是因为，GDP“作为一项重要的综合指标，它不仅包含经济总量，也包含经济结构。通过GDP指标，一个国家特定历史时期的经济发展水平，以及经济兴衰和结构变迁，基本上可以一览无余，在此基础上，更可以较为方便地进行纵向与横向比较研究”①。另有学者称GDP研究“很有可能成为未来重要的发展趋势”，其一是因为“我国当前正处于经济高速发展时期，GDP研究引起我国经济史学者高度兴趣”，其二是因为“定量分析与定性分析结合已成为经济史研究的规范认识，GDP研究成为经济史研究的必由之路”②。

那么，为什么要通过GDP研究来进行“纵向与横向比较研究”呢？GDP研究又为什么会“成为经济史研究的必由之路”呢？按照有些学者的看法，这种必要性应该来自以往经济史研究中定量分析的不足和标准的不统一等问题。如刘逖指出，其本人统计明清时期GDP数据的目的之一，就是“提供一个纵向与横向的经济发展水平比较标准，为国际上比较经济史研究提供关于中国的补充证据”，并“从定量角度客观认识全球主义或‘中国中心论’的影响”③。萧国亮则认为，GDP指标“是最完整的宏观统计”，“研究中国历史上的GDP对于进行历史的比较研究是必不可少的前提”，因为这个指标“不仅是一个统一的标准，而且具有普遍性”④。

---

① 倪玉平，徐毅，范鲁文·巴斯. 中国历史时期经济总量估值研究：以GDP的测算为中心. 中国社会科学，2015（5）：187-202.

② 郑起东，等. 当代中国近代经济史研究. 北京：中国社会科学出版社，2015：432.

③ 刘逖. 前近代中国总量经济研究（1600—1840）——兼论安格斯·麦迪森对明清GDP的估算. 上海：上海世纪出版集团，2009：6.

④ 萧国亮. 对中国历史上GDP研究的一点看法. 清华大学学报（哲学社会科学版），2009（3）：5-7.

然而，对于经济学专业出身的学者来说，上述这些解释是肯定不能让他们满意的。在他们看来，GDP概念应用于中国经济史研究的根本意义，乃是经济学学科的发展需要。如颜色明确指出，就中国经济史研究的学术市场而言，“如果希望我们的研究能够取得国际学术界的认可，我们必须进行定量化的研究，联系经济学理论，运用经济学分析方法，而非过去那种描述性的案例研究”，在这种意义上，“若我们能重建一套中国历史上的GDP序列”，“能够提供与西方经济史研究可以对比的长时段序列，我们便能初步获得国际上的认可”①。李稻葵等也强调，通过开展中国历史GDP核算，“可靠的GDP数据能够使我们更好地将经济增长理论和发展经济学结合，更为准确地把握中国古代经济增长的绩效及增长模式”，也“为未来的相关研究充分利用经济史这个经济学的实验室提供了基准参数”②。由此推论，没有经济学色彩的经济史研究都可以弃之如敝屣了。

事实上，中国历史GDP研究还存在着需要重视的缺陷。史志宏等就深刻意识到，围绕历史GDP进行的国际比较，虽然以“欧美学术界反思和批判‘欧洲中心论’，强调‘全球眼光’或‘整体主义’的思潮为背景”，但是这种比较“其实是不可能完全跳出传统欧洲中心论的窠臼的，即仍然是以近现代的欧洲经济作为衡量标杆，以欧洲的成功为成功，以欧洲的经验为经验”③。杜恂诚等则指出，“GDP的发展是和资本主义、现代市场、现代理性国家经济政策的需要一同发展起来的”，“因此，作为现代GDP为基础的国民经济核算体系，有其适用的基础以及范围”。综合来看，不宜“用GDP作为主要的普世标准来进行纵向的时代比较和横向的国与国之间的发展水平的比较，尤其不主张用偏离定义或模型有缺陷的估计或计量方法得出的GDP数字来进行比较”④。

更重要的是，即便从经济学理论自身出发，GDP也不是一个完善

---

① 颜色. 对于中国历史GDP核算和数量经济史问题研究的一点想法. 中国经济史研究，2011 (3)：26-27.

② 李稻葵，金星晔，管汉晖. 中国历史GDP核算及国际比较：文献综述. 经济学报，2017，4 (2)：14-36.

③ 史志宏，徐毅. 关于中国历史GDP研究的点滴思考. 中国经济史研究，2011 (3)：3-5.

④ 杜恂诚，李晋. 中国经济史“GDP”研究之误区. 学术月刊，2011 (10)：74-81.

的概念。李刚等便指出，“随着可持续发展思想的产生，GDP 作为发展的度量指标并没有能够很好地体现‘economy’词义，其片面性和缺陷为越来越多的人所认识”，如其仅反映经济中的“货币化”部分，没有计算自然资源和环境的价值与贬值，未反映收入分配结构，等等①。宋小川认为，GDP 核算体系对于无形投资和知识经济有极大的忽略，特别是由于“历史、文化和制度诸方面的原因，这些忽略和低估对处于转型过程中的发展中国家中国来说要远远大于发达国家和其他发展中国家”②。吴练达进一步提出，GDP 作为衡量宏观经济运行的指标存在两个方面的缺陷：“既难以精确地反映一个国家或地区的产出情况，又无法真实地反映一个国家或地区经济运行的质量。”而 GDP 的这种缺陷又“与经济理论的建构有内在关联，只不过是经济理论缺陷的外在反映”③。而在 GDP 尚未能够确切反映现代经济体系的情况下，就用之来核定历史上的经济发展水平，显然无法使人确信这会成为经济史研究的一个很有前途的发展方向。

无疑，以紧跟经济学理论、运用经济学分析方法为指归的经济史研究，最终只能成为经济学的一个附庸。对于作为经济学附庸的经济史来说，那种“经济史应当成为经济学之源”的说法，无异于痴人说梦。可以断言，在这种学科权力格局下，跨入经济史领域的历史学者注定属于最底层的学术劳工，其最大效用不过是费心费力地为经济学背景的经济史研究者提供比较可靠的原始资料和数据而已。那么，在这种“经济学帝国主义”之外，历史学背景的经济史研究者还能找到生存空间吗?

到了这个时候，全面回顾和总结中国经济史研究的意义愈发得到凸显。清代经济史作为中国经济史的重要组成部分，前者百余年来的发展演变大体也反映了后者的历程。就范式演变而言，虽然以生产关系为主线的范式、现代化范式和追寻内在发展线索的范式在出现时间上有一定的接续，但在研究实践上并未形成明确的代际更替关系。可以说，所有这些范式都各有所长和所短，其中任何一个范式都不拥有压倒其他范式

---

① 李刚，柳杰民，朱龙杰. GDP 缺陷与 CPI 核算. 统计研究，2001（12）：31－35.

② 宋小川. 中国的 GDP 及其若干统计问题. 经济研究，2007（8）：21－30.

③ 吴练达. GDP 缺陷、经济理论的缺陷与洛克政治哲学的关联. 天津商业大学学报，2011，31（4）：63－68.

的解释力。在生产关系的视角下，土地占有制、租佃关系、雇佣关系和人身依附关系等问题成为理解经济基础的核心，而在很大程度上轻视了生产力发展状况；在现代化的观照下，能够体现生产力发展指标的各项内容都得到了大力揭示，为经济史研究开拓了空前广大的领域，但是有关财富和资源分配关系、阶级关系的研究又被大大弱化；在内在发展线索的思路下，中国经济发展的内因得到了突出强调，然而，在如何把握外因的作用以及内外因之间的互动关系上，还存在着非常薄弱的环节。由此也就可以理解，这些范式之所以在目前还是一种并存关系，乃是因为它们都有着各自的适用范围。

无人能够否认，虽然这些范式大力借鉴了诸多政治经济学和现代西方经济学的理论和方法，然而它们都是从历史学的学科背景下衍生出来的。因此，深入研讨这些范式在内在理路上的得失，及其兴起与发展的社会情境，同时力图更为确切地把握清代经济史研究的演变脉络，探索未来可能的发展路径，也就是历史学背景的清代经济史研究者应该承担的责任。事实上，历史学界一直有这样的研究者在努力耕耘。这些学者一方面充分注意到了以往范式的合理性，另一方面又对这些范式自身的预设前提保持着高度警惕，努力探索一种“从实践出发的经济社会史”。这种取向力求从历史实践出发，确切揭示历史上的经济方面究竟发生了什么、又是怎么发生的等问题，以期在准确勾勒经济发展面相的基础上，提炼出更加符合历史进程、更能体现中国本土特色的经济史概念及其逻辑。

就清代经济史的范围而言，显著体现这种取向的第一个例子，是老一辈经济史学家汪敬虞所提出的“中国资本主义的发展和不发展”。20世纪末，已经进入耄耋之年的汪敬虞面对现代化范式兴起的大潮，一方面深入总结和反思了封建经济论、资本主义萌芽论和半殖民地半封建经济论，另一方面也把生产力状况放在具体社会实践中来考察，最终形成了以“中国资本主义的发展和不发展”为中心线索来重新认识中国近代经济史的思路。根据这一思路，对于晚清以降中国经济的演变，必须将内因与外因相结合，将生产关系和生产力相结合，才能得出较为全面的评判。因此，无论是“停滞论”还是“发展论”，都是片面的看法。

汪敬虞指出，作为内因论者，也不应拒绝外因的分析。就近代中国内部的社会条件而言，“中国原有的手工业以至整个经济，远远没有为资本主义机器大工业的产生，准备必要的条件。中国资本主义现代企业的出现，是在外国资本主义入侵的条件下产生的”，从而充分显示了“外因对内因的作用”①。因此，“承认帝国主义的入侵使封建主义的中国成为半殖民地半封建的中国而不是资本主义的中国”，既“没有违背历史，也没有违反辩证法，更非外铄论”，而是“在充分分析中国资本主义产生的内因基础上得出的正当结论”②。就中国资本主义发展的外部环境而言，西方资本主义既“是中国资本主义成长的促进者”，又是“中国资本主义发展的压迫者”。一方面，西方资本主义固然“截断了中国传统手工业向机器大工业转化的道路”；另一方面，正是“在先进的资本主义生产方式进入中国的新的条件下”，才出现了“手工业生产技术的改进和向机器工业的转化”③。就内部机制而言，要全面和充分解释“近代中国之所以沦为半殖民地半封建社会，中国资本主义之所以有所发展而不能充分发展”，无论如何也离不开“中国封建主义经济的延续”和“中国前近代的经济发展水平”，以及“主要包括近代中国历届政府的财经政策在内的整个上层建筑的状况和变化”④。

基于上述考察，汪敬虞认为，虽然在“半殖民地半封建的土地上，不具备进行产业革命的前提条件。在半封建半殖民地出土的资本主义，不可能开辟一个为自己充分发展作准备的产业革命的处所”，但是，“在封建中国的大门由于西方资本主义国家的叩击而被迫开放的条件下，随着资本主义新生产力的引进，直接激发了中国的产业革命精神”。尤其是在洋务派发动的现代企业创建活动中，已可“感到中国的产业革命之风迎面而至”⑤。而“产业革命之不能出现于近代中国，正说明在中国发展资本主义的理想是多么艰辛而难于实现，正是要人们记取几代人为

① 汪敬虞．中国资本主义的发展和不发展——中国近代经济史中心线索问题研究．北京：中国财政经济出版社，2002：62.

② 同①100－101，106.

③ 同①107，134.

④ 同①212.

⑤ 同①425－426.

资本主义前途进行艰苦奋斗而又不能如愿以偿、必须另觅途径的历史必然”①。可以说，汪敬虞关于近代中国经济史中心线索的提法，相当合乎逻辑地将革命史范式和现代化范式的合理性结合在了一起，从而产生了较大影响。

这种影响的一个体现，便是史志宏在对清代农业的各项主要指标进行量化处理的基础上，也运用“发展和不发展”的思路，对清代农业的发展状况进行了较为全面的评估。他认为，就发展的一面来看，“清代农业在农具改良和生产技术上较之前代并无明显进步，但在土地资源的开发利用和先进的耕作制度与农艺技术的普遍推广上取得了空前的成就”，特别是“粮食平均亩产的提高与耕地的扩张大大增加了粮食的总产量，养活了清代迅速增长的数量空前的庞大人口”②。而就其不发展的一面来说，虽然清代农业在一系列总量指标上“达到了中国传统农业发展的最高峰”，但是“从生产效率上考察，清代的农业却不是历史上最高的”。更严重的是，“劳动生产率下降、多项按人口平均的重要生产指标恶化反映了清代传统农业发展的局限”。因此，清代农业又是一个“在维持巨大人口基本生存需要之外，为整个经济、社会的发展提供必要的充分剩余的能力上，愈来愈力不从心的农业”③。

另一个从中国历史实践出发的突出事例，是夏明方针对明清以来中国农村经济演变的型式问题而提出的“过密化市场”概念。对于黄宗智的“过密化理论”和“加州学派”的“斯密型动力”之间相持不下的局面，夏明方认为，应从“商品化”方面来寻找突破口。至于某一地区商品化程度的高低，如果“还主要是在狭隘的产品市场的圈子里打转转的话，最终仍将一无所获”，而应从“一个完整的大市场的角度”出发。也就是说，既“不是仅仅局限于横向的区域比较，而是将其与区域内部的纵向分析结合起来”；同时“也不是局限于市场容量和集镇密度，而是从个体小农的生产生活与市场的依赖关系入手，特别是从市场交易的自由度亦即对市场交易行为的约束程度出发”；“更不是局限于产品市

① 汪敬虞．中国资本主义的发展和不发展——中国近代经济史中心线索问题研究．北京：中国财政经济出版社，2002：451.

② 史志宏．清代农业的发展和不发展（1661—1911）．北京：社会科学文献出版社，2017：128.

③ 同②140，146.

场，而是将产品市场和劳动力、土地以及货币等要素市场综合起来”。夏明方强调，这里对要素市场的重视并非重返“资本主义萌芽”式的路径，即“从农产品商品化到劳动力市场及雇佣关系形成这样一种纯粹的因果链条”，而是将理想化的市场体系重新放回到“具体的历史的自然、社会条件之中，以求更准确地把握这一市场体系的特质及其演进趋势”①。

夏明方指出，只要“我们将研究的视野从市场容量切换到交易主体对市场的依赖性，并且从产品市场转移到要素市场，展现在面前的就是另外一番商品化图景”。具体说来，这是“一种迥异于资本主义市场经济的商品经济形态”，这种商品化过程“更主要是由那些一直在生存线上挣扎的贫苦劳动者推动的”，甚至可称为“饥饿的商品经济”②。因此，在这种商品经济形态上构建的农村市场，“既不能归之于不发达市场——其表现是产品市场相对丰富而要素市场发育不充分，也不是一个成熟的市场——即产品市场和要素市场均发育良好且比例相对协调，而只能是一种‘过密化市场’，是一种发展后的衰落的市场、萎缩的市场”。故而在他看来，“在这种市场发育过程中所衍生出来的一系列制度方面的东西，即主要是生产关系、所有制结构（现在叫产权制度）等等，都只具有近代化的表面特征”而已③。从这种“过密化市场”可以看出，即便是像“商品化”“市场”这样一些经济学的常用概念，也必须从中国历史的具体情境出发才能准确把握其内涵。

第三个能够体现“从实践出发的经济社会史”意味的重要事例，是何平从“不完全财政”出发来理解清代政府行为的努力。何平指出，清代财政体制实行的是一种“经制”制度，即每年正常的财政支出都有相对固定的额度，但是，“这种经制所限定的财政支出范围和额度，并未完全为中央和地方各项事务的经常性用度提供充足的财力保证”，所以这些未列入财政支出的开支“只能谋求财政外的其他途径来解决”，从

---

① 夏明方. 近代华北农村市场发育性质新探——与江南的比较//黄宗智. 中国乡村研究：第三辑. 北京：社会科学文献出版社，2005：45-47.

② 同① 76-77.

③ 夏明方. 环境史视野下的近代中国农村市场——以华北为中心. 光明日报，2004-05-11 (B3).

而形成了一种“不完全财政”①。清代财政支出的这种特性，主要取决于“清政府所恪守的量入为出原则，它实际是由财政收入所决定的”②。就正常时期的收支状况而言，清代财政的盈亏是以“定额化地丁银为中心的岁入与常例支出数额相比而来的”，所以，“地丁银固定化了，常例支出也随之固定化”，而那些“非财政范围内的收入也不能作为财政支出完全化的经费来源”，因为“它们是非常情况的经费筹措，其用途早在经费筹措之前就已确定”。因此，“定额化的赋税征收体制便不能使不完全财政的面貌有根本的改善”③。

何平强调，他这里提出的“不完全财政”概念，决不“仅仅是一个收支不对称设计的替代性表达”，而是“将时势变迁（今日经济周期的相同解释功能）、不完全财政体制和专制制度（与今日预算的民主化和选举制的功能对应）结合在一起的系统化理论描述”④。按照这种描述，由于“不完全财政的特点是在财政支出上当支而不支，形成财政支出缺口”，那么“要按照清政府的命令完成各项缺乏经费安排的事务，便必须谋求其他的筹措经费途径”，由此又“衍生出一系列的弊端”。最终，“清代不完全财政体制在封建专制政治制度的制约和时势变迁的催化作用下，导致民众负担加重和国家税收失控，吏治从清明变为腐败，从而破坏整个社会机体，使清朝统治走向衰落”⑤。总之，“不完全财政”提醒我们，要准确地理解清代财政体制的特性，以及“财”与“政”的关系，显然不能简单依靠现代的国家财政理论与观念。

最后，本人有关“中国近代工业化的落实契机”的思考，也是走向从实践出发的经济社会史的努力。这种思考的第一个展现，是关于近代工业化在中国的发生与发展问题。对此问题，学界一直存在着“内因论”和“外因论”争执不下的局面。其实，这两种看法都在合理地解释了某些重要现象的同时，又因其自身认知方式的局限而忽视或无力解释另一些同样重要的现象。就“外因论”而言，它虽然正确地指出了出现在中国的新生产力的外发性质，及其依托西方冲击而来的宏观态势，却

① 何平．清代赋税政策研究：1644—1840年．北京：中国社会科学出版社，1998：109.
② 同①118.
③ 同①121，123－124.
④ 何平．传统中国的货币与财政．北京：人民出版社，2019：28.
⑤ 同④299，309.

忽视了从内部视角观察中国怎样接受这种新生产力及其地区发展不平衡的一面。就“内因论”而言，它又过度拘泥于内部视角，在一个新陈代谢的过程中仅仅强调了“渐变”和似乎“不变”的一面，甚至还把内部视角化约为地方视角，把发生在民族国家层面的问题化约为地方性问题。而只要我们抛开既定的认知方式的制约，就可以发现它们之间并非仅是一种对立关系。这是因为，这个起步进程本来就是一个由冲击与回应、传统与近代、内因与外因、宏观与微观等一系列二元关系发生复杂互动和交汇的过程。一方面，我们当然不能否认以新生产力为核心的近代工业化是随着西方对中国的冲击而来的，但这种冲击毕竟不能摆脱中国传统经济结构所给定的条件，因此才出现了试图以江南地区为主要突破口的倾向；另一方面，中国确实也不是在一片空白的基础上做出对西方冲击的回应或者仅仅是消极回应的，否则就无法解释传统经济最发达的江南地区表现出了相对于其他地区更为成功地引进和接受近代工业化的能力。总之，这两个方面的综合才是中国近代工业化的起步进程所遵循的实践逻辑，才是该进程中内因与外因之间的实践辩证关系①。

另一个关于近代工业化落实契机的思考的重要事例，是本人对轮船招商局创办问题的再研究。李鸿章创设轮船招商局之举，向来被视为洋务运动从“求强”转入兼顾“求富”阶段的显著标志，也被认为是中国近代工业化进程中的一个重大事件。但是，为什么是由李鸿章来创设该局，并在1872年得以开局呢？以往的研究拘泥于经济史视角，在揭示了创办时期国内外航运业发展状况、洋务运动的兴起等背景因素后，便转入了对开局经营情形的探讨上，而基本忽略了前述问题，也就严重忽视了其中所牵连的诸多重要的社会脉络，以及历史当事人的主观能动性。事实上，要圆满解释轮船招商局的创办，决不能拘泥于纯经济史视角。具体而言，李鸿章从一个与新式航运业关系淡薄的官员，转变为推动朝廷轮船招商决策的中流砥柱式人物；从同治十年（1871）之前踌躇不前的轮船招商事宜，进入同治十一年（1872）后突然驶入了快车道，都不是单纯经济因素驱动的结果。而如果不从招商局创办的具体历史进程出发，不考察洋务建设活动从“求强”转向“求富”的发生契机，也

---

① 朱浒．如何超越内发与外源之争？——中国近代工业化起步进程的实践逻辑探析//杨念群．澹澹清川：戴逸先生九秩华诞纪念文集．北京：中国人民大学出版社，2016：389-424.

就不可能从社会实践中理解历史必然性和偶然性的统一①。

以上列举的研究事例，只是本人在目力所及的范围内稍加评述，肯定不能全面反映目前学界在这方面的努力。然而，这些事例已可证明，从历史学背景出发的清代经济史研究，还存在着很大的发展空间。其一是以往的学术积累虽然极为丰厚，但是要进一步认识和把握清代经济的真实面相，强化定性分析和定量分析的融会贯通，还有许多有待补充和发掘的内容。其二是该领域内出现的不同范式，固然在一定时期、一定情境下推进了清代经济史研究的进展，但是也都为各自特定的预设所制约，而探索更富解释力的理论框架，根本不可能仅仅依靠运用现代经济学理论就能解决。况且，经济学自身如今也面临着学科下一步的发展向何处去的问题，其内部也出现了“中国经济学的人文转向”之类的呼声②。走向从实践出发的经济社会史，当然能够为这种转向提供坚实的历史认识基础。那么，从历史学背景出发的经济史研究，注定不会沦为经济学的附庸而残存。

---

① 朱浒．“求富”的契机：李鸿章与轮船招商局创办再研究．中国人民大学学报，2018（4）：156－163．

② 高德步．中国经济学的人文转向．光明日报，2018－01－23（11）．

参考文献

著作类：

北京图书馆出版社影印室辑．清末民国财政史料辑刊．北京：北京图书馆出版社，2007．

陈春声．市场机制与社会变迁——18世纪广东米价分析．广州：中山大学出版社，1992．

陈峰．民国史学的转折——中国社会史论战研究（1927—1937）．济南：山东大学出版社，2010．

陈锋．中国财政经济史论．武汉：武汉大学出版社，2013．

陈桦．清代区域社会经济研究．北京：中国人民大学出版社，1996．

陈君静．大洋彼岸的回声——美国中国史研究历史考察．北京：中国社会科学出版社，2003．

樊树志．明清江南市镇探微．上海：复旦大学出版社，1990．

傅衣凌．明清时代商人及商业资本．北京：人民出版社，1956．

傅衣凌．明清社会经济史论文集．北京：中华书局，2008．

傅筑夫，谷书堂．中国原始资本积累问题．天津：天津人民出版社，1957．

高王凌．十八世纪中国的经济发展和政府政策．北京：中国社会科学出版社，1995．

高王凌．经济发展与地区开发——中国传统经济的发展序列．北京：海洋出版社，1999．

高王凌．政府作用和角色问题的历史考察．北京：海洋出版

社，2002.

关梦觉. 中国原始资本积累问题初步探索. 上海：上海人民出版社，1958.

郭世佑，邱巍. 突破重围——中国早期现代化研究. 开封：河南大学出版社，2010.

何平. 清代赋税政策研究：1644—1840年. 北京：中国社会科学出版社，1998.

何平. 传统中国的货币与财政. 北京：人民出版社，2019.

何晓明. 世界眼光与本土特色——中国资本主义萌芽研究. 开封：河南大学出版社，2010.

侯且岸. 当代美国的“显学”——美国现代中国学研究. 北京：人民出版社，1995.

黄苇. 上海开埠初期对外贸易研究（1843—1863）. 上海：上海人民出版社，1961.

蒋建平. 清代前期的米谷贸易研究. 北京：北京大学出版社，1992.

景甦，罗仑. 清代山东经营地主底社会性质. 济南：山东人民出版社，1959.

李伯重. 江南的早期工业化（1550—1850）. 北京：社会科学文献出版社，2000.

李伯重. 理论、方法、发展趋势：中国经济史研究新探. 北京：清华大学出版社，2002.

李伯重. 发展与制约——明清江南生产力研究. 台北：联经出版事业股份有限公司，2002.

李伯重. 多视角看江南经济史（1250—1850）. 北京：生活·读书·新知三联书店，2003.

李伯重. 江南农业的发展：1620—1850. 王湘云，译. 上海：上海古籍出版社，2007.

李伯重. 中国的早期近代经济——1820年代华亭-娄县地区GDP研究. 北京：中华书局，2010.

李文治. 明清时代封建土地关系的松解. 北京：中国社会科学出版

社，1993.

梁嘉彬. 广东十三行考. 南京：国立编译馆，1937.

梁启超. 饮冰室合集. 上海：中华书局，1936.

刘俊文. 日本学者研究中国史论著选译：第一卷. 北京：中华书局，1992.

刘绍唐. 民国人物小传. 上海：上海三联书店，2015.

刘逖. 前近代中国总量经济研究（1600—1840）——兼论安格斯·麦迪森对明清 GDP 的估算. 上海：上海世纪出版集团，2009.

刘永成. 清代前期农业资本主义萌芽初探. 福州：福建人民出版社，1982.

罗钢，刘象愚. 后殖民主义文化理论. 北京：中国社会科学出版社，1999.

罗荣渠. 现代化新论——世界与中国的现代化进程. 增订版. 北京：商务印书馆，2004.

罗玉东. 中国厘金史. 上海：商务印书馆，1936.

马敏，朱英. 传统与近代的二重变奏：晚清苏州商会个案研究. 成都：巴蜀书社，1993.

毛泽东. 毛泽东选集. 北京：人民出版社，1959.

宓汝成. 帝国主义与中国铁路 1847—1949. 上海：上海人民出版社，1980.

聂宝璋. 中国买办资产阶级的发生. 北京：中国社会科学出版社，1979.

彭泽益. 十九世纪后半期的中国财政与经济. 北京：人民出版社，1983.

瞿同祖. 清代地方政府. 范中信，等译. 北京：法律出版社，2003.

尚钺. 中国资本主义关系发生及演变的初步研究. 北京：生活·读书·新知三联书店，1956.

绍溪. 十九世纪美国对华鸦片侵略. 北京：生活·读书·新知三联书店，1952.

史志宏. 清代农业的发展和不发展（1661—1911）. 北京：社会科

学文献出版社，2017.

孙毓棠. 抗戈集. 北京：中华书局，1981.

唐力行. 商人与中国近世社会. 杭州：浙江人民出版社，1993.

王铭铭. 社会人类学与中国研究. 北京：生活·读书·新知三联书店，1997.

王晴佳，古伟瀛. 后现代与历史学：中西比较. 济南：山东大学出版社，2003.

王振先. 中国厘金问题. 上海：商务印书馆，1917.

王钟翰. 王钟翰学术论著自选集. 北京：中央民族大学出版社，1999.

汪敬虞. 十九世纪西方资本主义对中国的经济侵略. 北京：人民出版社，1983.

汪敬虞. 中国资本主义的发展和不发展——中国近代经济史中心线索问题研究. 北京：中国财政经济出版社，2002.

汪晖. 现代中国思想的兴起. 北京：生活·读书·新知三联书店，2004.

吴晗，费孝通，等. 皇权与绅权. 天津：天津人民出版社，1988.

吴廷燮. 清财政考略. [出版地不详]：[出版者不详]，1914 年铅印本.

吴承明. 帝国主义在旧中国的投资. 北京：人民出版社，1955.

吴承明. 中国的现代化：市场与社会. 北京：生活·读书·新知三联书店，2001.

吴承明. 经济史：历史观与方法论. 上海：上海财经大学出版社，2006.

伍丹戈. 鸦片战争前中国社会经济的变化. 上海：上海人民出版社，1959.

徐鼎新，钱小明. 上海总商会史（1902—1929）. 上海：上海社会科学院出版社，1991.

徐新吾. 鸦片战争前中国棉纺织手工业的商品生产与资本主义萌芽问题. 南京：江苏人民出版社，1981.

许涤新，吴承明. 中国资本主义发展史：第一卷. 北京：人民出版

社，1985.

许涤新，吴承明. 中国资本主义发展史：第二卷. 北京：人民出版社，1990.

许纪霖，陈达凯. 中国现代化史：第一卷 1800～1949. 上海：上海三联书店，1995.

许檀. 明清时期山东商品经济的发展. 北京：中国社会科学出版社，1998.

严中平. 中国近代经济史（1840—1894）. 北京：人民出版社，1989.

杨端六. 清代货币金融史稿. 北京：生活·读书·新知三联书店，1962.

杨梅. 晚清中央与地方财政关系研究——以厘金为中心. 北京：知识产权出版社，2012.

杨念群. 中层理论——东西方思想会通下的中国史研究. 南昌：江西教育出版社，2001.

杨念群. 空间·记忆·社会转型——"新社会史"研究论文精选集. 上海：上海人民出版社，2001.

叶世昌. 鸦片战争前后我国的货币学说. 上海：上海人民出版社，1963.

叶显恩. 明清徽州农村社会与佃仆制. 合肥：安徽人民出版社，1983.

叶显恩. 清代区域社会经济研究. 北京：中华书局，1992.

虞和平. 商会与中国早期现代化. 上海：上海人民出版社，1993.

虞和平. 中国现代化历程. 南京：江苏人民出版社，2001.

曾鲲化. 中国铁路史. 新化：曾宅刊行，1924.

曾业英. 五十年来的中国近代史研究. 上海：上海书店出版社，2000.

章有义. 明清徽州土地关系研究. 北京：中国社会科学出版社，1984.

张国辉. 洋务运动与中国近代企业. 北京：中国社会科学出版社，1979.

张海鹏，张海瀛．中国十大商帮．合肥：黄山书社，1993.

张仲礼．中国绅士——关于其在19世纪中国社会中作用的研究．李荣昌，译．上海：上海社会科学院出版社，1991.

张仲礼．中国绅士的收入．费成康，等译．上海：上海社会科学院出版社，2001.

赵丰田．晚清五十年经济思想史．北京：哈佛燕京学社印行，1939.

赵晓华．中国资本主义萌芽的学术研究与论争．南昌：百花洲文艺出版社，2004.

赵冈，等．清代粮食亩产量研究．北京：农业出版社，1995.

郑昌淦．明清农村商品经济．北京：中国人民大学出版社，1989.

郑起东，等．当代中国近代经济史研究．北京：中国社会科学出版社，2015.

朱荫贵．国家干预经济与中日近代化．北京：东方出版社，1994.

艾尔曼．从理学到朴学——中华帝国晚期思想与社会变化面面观．赵刚，译．南京：江苏人民出版社，1997.

滨下武志．近代中国的国际契机：朝贡贸易体系与近代亚洲经济圈．朱荫贵，欧阳菲，译．虞和平，校．北京：中国社会科学出版社，1999.

陈锦江．清末现代企业与官商关系．王笛，张箭，译．虞和平，校．北京：中国社会科学出版社，1997.

德里克．后革命氛围．王宁，等译．北京：中国社会科学出版社，1999.

杜赞奇．文化、权力与国家——1900—1942年的华北农村．王福明，译．南京：江苏人民出版社，1996.

杜赞奇．从民族国家拯救历史：民族主义话语与中国现代史研究．王宪明，译．北京：社会科学文献出版社，2003.

费维恺．中国早期工业化：盛宣怀（1844—1916）和官督商办企业．虞和平，译．吴乾兑，校．北京：中国社会科学出版社，1990.

费正清，刘广京．剑桥中国晚清史（1800—1911）．中国社会科学院历史研究所编译室，译．北京：中国社会科学出版社，1985.

弗兰克. 白银资本：重视经济全球化中的东方. 刘北成，译. 北京：中央编译出版社，2000.

弗里德曼. 中国东南的宗族组织. 刘晓春，译. 上海：上海人民出版社，2000.

弗里曼，毕克伟，塞尔登. 中国乡村，社会主义国家. 陶鹤山，译. 北京：社会科学文献出版社，2002.

夫马进. 中国善会善堂史研究. 伍跃，杨文信，张学锋，译. 北京：商务印书馆，2005.

沟口雄三. 日本人视野中的中国学. 李甦平，等译. 北京：中国人民大学出版社，1996.

韩起澜. 苏北人在上海，1850—1980. 卢明华，译. 上海：上海古籍出版社，2004.

何伟亚. 怀柔远人：马嘎尔尼使华的中英礼仪冲突. 邓常春，译. 北京：社会科学文献出版社，2002.

黄仁宇. 十六世纪明代中国之财政与税收. 阿风，等译. 北京：生活·读书·新知三联书店，2001.

黄宗智. 华北的小农经济与社会变迁. 北京：中华书局，2000.

黄宗智. 长江三角洲小农家庭与乡村发展. 北京：中华书局，2000.

黄宗智. 中国研究的范式问题讨论. 北京：社会科学文献出版社，2003.

吉尔伯特·罗兹曼. 中国的现代化. 国家社会科学基金“比较现代化”课题组，译. 南京：江苏人民出版社，2005.

柯文. 在中国发现历史——中国中心观在美国的兴起. 林同奇，译. 北京：中华书局，1989.

柯文. 历史三调：作为事件、经历和神话的义和团. 杜继东，译. 南京：江苏人民出版社，2000.

柯文. 在中国发现历史——中国中心观在美国的兴起. 增订本. 林同奇，译. 北京：中华书局，2002.

肯德. 中国铁路发展史. 李抱宏，译. 北京：生活·读书·新知三联书店，1958.

孔飞力. 中华帝国晚期的叛乱及其敌人. 谢亮生，等译. 北京：中国社会科学出版社，1990.

孔飞力. 叫魂：1768年中国妖术大恐慌. 陈兼，刘昶，译. 上海：上海三联书店，1999.

李中清，王丰. 人类的四分之一：马尔萨斯的神话与中国的现实(1700—2000). 陈卫，姚远，译. 史建云，校订. 北京：生活·读书·新知三联书店，2000.

裴宜理. 上海罢工：中国工人政治研究. 刘平，译. 南京：江苏人民出版社，2001.

彭慕兰. 大分流——欧洲、中国及现代世界经济的发展. 史建云，译. 南京：江苏人民出版社，2003.

珀金斯. 中国农业的发展：1368—1968年. 宋海文，等译. 伍丹戈，校. 上海：上海译文出版社，1984.

乔治·E. 马尔库斯，米开尔·M. J. 费彻尔. 作为文化批评的人类学——一个人文学科的实验时代. 王铭铭，蓝达居，译. 北京：生活·读书·新知三联书店，1998.

萨义德. 东方学. 王宇根，译. 北京：生活·读书·新知三联书店，1999.

赛义德. 赛义德自选集. 谢少波，韩刚，等译. 北京：中国社会科学出版社，1999.

施坚雅. 中国封建社会晚期城市研究——施坚雅模式. 王旭，等译. 长春：吉林人民出版社，1991.

施坚雅. 中国农村的市场和社会结构. 史建云，徐秀丽，译. 北京：中国社会科学出版社，1998.

施坚雅. 中华帝国晚期的城市. 叶光庭，等译. 北京：中华书局，2000.

王国斌. 转变的中国——历史变迁与欧洲经验的局限. 李伯重，连玲玲，译. 南京：江苏人民出版社，1998.

魏斐德. 大门口的陌生人：1839—1861年间华南的社会动乱. 王小荷，译. 北京：中国社会科学出版社，1988.

魏斐德. 洪业——清朝开国史. 陈苏镇，等译. 南京：江苏人民出版社，1998.

沃勒斯坦．现代世界体系：第一、二卷．尤来寅，等译．北京：高等教育出版社，1998.

魏丕信．18 世纪中国的官僚制度与荒政．徐建青，译．南京：江苏人民出版社，2003.

周锡瑞．改良与革命：辛亥革命在两湖．杨慎之，译．北京：中华书局，1982.

周锡瑞．义和团运动的起源．张俊义，王栋，译．南京：江苏人民出版社，1995.

Elvin，Mark. The Pattern of the Chinese Past. Stanford，California：Stanford University Press，1973.

Esherick，Joseph W.，Rankin，Mary Backus eds. Chinese Local Elite and Patterns of Dominance. Berkeley，Los Angeles，Oxford：University of California Press，1990.

Kung-chuan，Hsiao. Rural China：Imperial Control in the Nineteenth Century. University of Washington Press，1960.

Mann，Susan. Precious Records：Women in China's Long Eighteenth Century. Stanford，California：Stanford University Press，1997.

Naquin，Susan，Rawski，Evelyn S. Chinese Society in the Eighteenth Century. New Haven and London：Yale University Press，1987.

Perry，Elizabeth. Rebels and Revolutionaries in North China，1845—1945. Stanford，California：Stanford University Press，1980.

Ping-ti，Ho. The Ladder of Success in Imperial China：Aspects of Social Mobility. New York：Columbia University Press，1962.

Rankin，Mary Backus. Elite Activism and Political Transformation in China：Zhejiang Province，1865—1911. Stanford，California：Stanford University Press，1986.

Rawski，Evelyn S. Education and Popular Literacy in Ch'ing China. Ann Arbor：University of Michigan Press，1979.

Rowe, William T. HANKOW: Commerce and Society in a Chinese City, 1796—1889. Stanford, California: Stanford University Press, 1984.

Rowe, William T. HANKOW: Conflict and Community in a Chinese City, 1796—1895. Stanford, California: Stanford University Press, 1989.

Rowe, William T. Saving the World: Chen Hongmou and Elite Consciousness in Eighteenth-Century China. Stanford, California: Stanford University Press, 2001.

Schoppa, R. Keith. Chinese Elites and Political Change: Zhejiang Province in the Early Twentieth Century. Harvard University Press, 1982.

Spence, Jonathan D., Wills, John E. eds. From Ming to Ch'ing: Conquest, Region, and Continuity in Seventeenth-Century China. New Haven, Conn.: Yale University Press, 1979.

Wakeman, Jr. Frederic, Carolyn Grant, eds. Conflict and Control in Late Imperial China. Berkeley: University of California Press, 1975.

Will, Pierre-Etienne, Bin, R. Wong eds. Nourish the People: The State Civilian Granary System in China, 1650—1850. University of Michigan Press, 1991.

Zelin, Madeleine. The Magistrate's Tael: Rationalizing Fiscal Reform in Eighteenth-Century Ch'ing China. Berkeley, Los Angeles, London: University of California Press, 1984.

论文类:

(1949年及以前)

冰生. 庚子赔款的由来及其变迁. 新中华, 1935, 3 (8) (9).

伯达. 由封建的中国到半殖民地半封建的中国: 近代中国经济杂说之一. 解放, 1941, 128.

蔡狮. 清代漕运之组织及其运输方法. 交通杂志, 1937, 5 (7).

陈翰笙. 最初中英茶市组织. 北京大学社会科学季刊，1924，3 (1).

陈其田. 甲午前中国外债考. 经济学报，1941 (2).

陈雪涛. 中国关税史纲. 学艺，1930，10 (7) (9).

程锡庚. 厘金制度的今昔. 时事月报，1930，3 (3).

崇雪庐. 清代制钱制度考略. 民治月刊，1938 (20) (21).

崔永树. 清末纸币之研究. 银行界，1942，1 (5) (6).

崔毓珍. 清末中国币制改革问题. 中央银行月报，1935，4 (8).

戴裔煊. 清代盐课归丁史源试探. 现代史学，1942，5 (1).

邓禄遒. 清代佃农概况. 中央日报：食货周刊：第 66 期，1948-01-21.

邓云特. 中国近代资本主义发展的过程及其特性. 中山文化教育馆季刊，1937，4 (1).

方利生. 中国初期的外债与中央财政. 励行月刊，1946，2 (2).

方显廷. 中国棉纺织业之历史及其区域之分布. 经济统计季刊，1932，1 (4).

傅镜冰. 明清两代外银输入中国考. 中行月刊，1933，7 (6).

傅衣凌. 明清时代福建的抢米风潮. 福建文化季刊，1941，1 (2).

傅衣凌. 清代前期厦门洋行考：近代厦门发达史之侧面的研究. 财政知识，1943，3 (4).

傅衣凌. 明清时代福建佃农风潮考证//傅衣凌. 福建佃农经济史丛考. 福州：福建协和大学中国文化研究会，1944.

傅衣凌. 清末厘金制起源新论. 社会科学，1946，2 (1/2).

傅衣凌. 清代中叶川陕湖三省边区手工业形态及其历史意义. 厦门星光日报：历史双周刊，1946.

傅衣凌. 明末清初闽赣毗邻地区的社区经济与佃农抗租风潮. 社会科学，1947，3 (3/4).

高叔康. 山西票号的起源及其成立年代. 食货，1937，6 (1).

葛寒峰. 清代田赋中之耗羡. 农学，1939，1 (5).

谷霁光. 唐末至清初间抑商问题之商榷. 文史杂志，1941，1 (11).

谷霁光. 明清时代之山西与山西票号. 厦大学报：第2集，1943.

观槿. 中外通商受英压榨史. 中日文化，1944，4 (1).

郭沫若. 资本论中的王茂荫. 光明，1936，2 (2).

韩兴泉. 资本主义侵入前中国工业的特质. 东亚经济月刊，1944，2 (3).

何建民. 十七八世纪中国和西班牙及荷兰的贸易. 中国经济，1933，1 (7).

何维凝. 太平天国时代中国盐政概观. 中央大学社会科学丛刊，1934，1 (2).

何维凝. 鸦片战争与中国盐政. 财政学报，1943，2 (1).

贺扬灵. 清初关外农垦的检讨. 新中华杂志，1934，2 (24).

侯厚培. 五口通商以前我国国际贸易之概况. 清华学报，1927，4 (1).

侯外庐. 论晚清百年来金融贵族的成毁. 读书月报，1941，2 (11).

侯兆麟. 近代中国社会结构与山西票号：山西票号的历史的正确认识. 中山文化教育馆季刊，1936，3 (4).

胡寄馨. 清代台湾稻米之生产及其输入内地. 社会科学，1947，3 (3).

胡寄馨. 明清时代福建粮食问题. 社会科学，1948，4 (2).

黄华. 清末上海之金融潮. 中央日报：中央公园副刊，1937-03-02 (4)；03-04 (4)；03-05 (4).

黄菩生. 十三行之研究. 南大经济，1933，2 (2).

黄菩生. 清代广东贸易及其在中国经济史上之意义：鸦片战争以前. 岭南学报，1934，3 (4).

纪果庵. 咸丰大钱新考：太平军役时期之通货问题. 真知学报，1942，1 (4).

纪果庵. 太平军役后清廷处理民食之方策. 真知学报，1942，1 (2).

杰. 清季漕弊与海运. 北平晨报：艺圃，1937-04-28.

鞠清远. 清开关前后的三部商人著作. 天津益世报：食货周刊：第

18，19，21 期，1937-04-06，04-13，04-21.

鞠清远. 清代银锭的种类. 天津益世报：食货周刊，1937-06-22 (28).

君实. 记山西票号. 东方杂志，1917，14 (6).

李崇淮. 十九世纪以前我国对南洋贸易史略（连载）. 青年之声，1941，2 (2/3)，3 (1).

李培恩. 近百年来中国之银行. 学林，1941 (9).

李文治. 清代屯田与漕运. 学原，1948，2 (2).

李紫翔. 中国银行业之史的发展. 中山文化教育馆季刊，1936，3 (3).

李紫翔. 棉铁工业先驱者——张之洞. 中国工业，1943 (16).

梁方仲. 田赋史上起运存留的划分与道路远近的关系. 人文科学学报，1942，1 (1).

梁嘉彬. 广东十三洋行考. 清华周刊，1932，37 (5).

梁瓯第. 清末外资本侵入后的农村经济. 现代史学，1933，1 (3/4).

刘国明. 清末田赋失平考. 政治建设，1942，6 (6)/7 (1).

刘隽. 书籍评论：盐法通志及清盐法志. 中国近代经济史研究集刊，1932，1 (1).

刘隽. 道光朝两淮废引改票始末. 中国近代经济史研究集刊，1933，1 (2).

刘隽. 咸丰以后两淮之票法. 中国近代经济史研究集刊，1933，2 (1).

刘隽. 清代云南的盐务. 中国近代经济史研究集刊，1933，2 (1).

刘隽. 清顺治元年至乾隆五十七年河东的盐务. 盐政杂志，1936 (64).

刘隽. 乾嘉间河东盐课摊归地丁的理论. 盐政杂志，1937 (66).

刘隽. 乾隆间河东盐课归丁的筹备及其实施. 天津益世报副刊：史学，1936-10-25，11-08，11-22.

刘选民. 中俄早期贸易考. 燕京学报，1939 (25).

刘兴唐. 清代福建农业之前资本主义的发展. 文化批判，1936，3 (4).

刘序球. 试论近百年来中国商业资本之发展. 工商知识，1948，4（6）.

刘振卿. 清代制钱. 北平晨报：艺圃，1931-01-06—01-13.

罗尔纲. 太平天国革命的经济背景. 大公报：史地周刊：第18期，1935-01-11.

罗尔纲. 太平天国革命前的人口压迫问题. 中国社会经济史集刊，1949，8（1）.

罗玉东. 厘金制度之起源及其理论. 中国近代经济史研究集刊，1932，1（1）.

罗玉东. 光绪朝补救财政之方策. 中国近代经济史研究集刊，1933，1（2）.

马奉琛. 满族未入关前的经济生活. 食货，1935，1（6）.

马奉琛. 清初满汉社会经济冲突之一斑. 食货，1936，4（6）（8）（9）.

马快然. 太平天国时代的土地制度. 三民半月刊，1930，5（1/2）.

马一行. 实业家张謇之经济思想. 新史地，1937（1）.

孟宪章. 清代公债史略. 中央银行月报，1947，新2（7）.

铭阁. 清初之国家收支概数. 改造，1940（8）.

区琮华. 中国海关总税务司之起源. 现代史学，1942，5（1）.

彭雨新. 清末中央与各省财政关系. 社会科学杂志，1947，9（1）.

彭泽益. 太平天国战后土地之丧乱及其整理. 现代史学，1941，4（3）.

彭泽益. 太平天国战争期间湖南之财政：骆秉章与咸丰朝湖南之财政. 财政学报，1943，1（2）.

彭泽益. 中英五口通商沿革考（1842—1844）. 中国社会经济史集刊，1949，8（1）.

彭泽益. 书评：晚清五十年经济思想史. 中国社会经济史集刊，1949，8（1）.

齐鸣. 次殖民地前期中国的农民运动与土地政策. 中国公论，1940，4（1）.

齐宣. 曾国藩对盐务的贡献. 东亚经济月刊，1943，1（5）（6）.

千家驹．东印度公司的解散与鸦片战争．清华周刊，1932，37（9/10）．

千家驹．鸦片战争后的国民生计问题．中山文化教育馆季刊，1936，3（1）．

千家驹．中国财政史上的一页重要教训——甲午战争与中国财政．中山文化教育馆季刊，1937，4（2）．

钱亦石．中国在帝国主义侵入前的经济形式．学艺，1934，13（3）．

秦佩珩．晚清五十年经济思想史述评．经济学报，1940（1）．

全汉升．清末汉阳铁厂．历史语言研究所集刊：第 21 本第 1 分．1949．

任宗济．道光朝禁烟之经济背景．大公报：经济周刊：第 127 期，1935－08－21．

单士魁．清代黄册与赋役问题//文献论丛（沈兼士先生纪念刊）．北平：国立北平故宫博物院印行，1948．

沈光沛．中国前代之对外贸易与贸易平衡．新商业季刊，1936（2）．

盛俊．清乾隆朝江苏省物价工资统计．学林：第 2 辑．1940．

施学仁．清代土地制度论评．县政研究月刊，1943，5（1）．

寿进文．中国银行业的起源．中山文化季刊，1944，1（4）．

受百．厘金制度述略．银行周报，1926，10（28）．

受百．庚子赔款偿付之经过．银行周报，1927，11（40－45）．

苏良桂．清代田赋考．国学丛刊（北京 1941），1942（8）（9）（10）．

孙兆乾．黄黎洲之地权论与租税论．建国月刊，1934，11（6）．

太平山人．道光朝银荒问题．中和月刊，1940，1（8）．

谭彼岸．清中叶之货币改革运动：十九世纪中国经济史之一章．说文月刊，1944（4）．

谭丕模．清初农民之均田运动与颜李学派之产生．北平晨报：历史周刊：第 2，4 期，1936－10－10，10－24．

汤象龙．道光时期的银贵问题．社会科学杂志，1930，1（3）．

汤象龙．道光朝捐监之统计．社会科学杂志，1931，2（4）．

汤象龙．咸丰朝的货币．中国近代经济史研究集刊，1933，2（1）．

汤象龙．民国以前关税担保之外债．中国近代经济史研究集刊，1935，3（1）．

汤象龙．光绪三十年粤海关的改革．中国近代经济史研究集刊，1935，3（1）．

汤象龙．民国以前的赔款是如何偿付的．中国近代经济史研究集刊，1935，3（2）．

汤象龙．对于研究中国经济史的一点认识．食货，1935，1（5）．

汤象龙．清初的经济政策．中央日报：史学：第1期，1936-03-05.

汤象龙．中国第一次外债．天津益世报副刊：史学：第四期，1935-06-11.

汤象龙．左宗棠与外债．天津益世报副刊：史学：廿四号，1936-03-17.

汤象龙．十八世纪中叶粤海关的腐败：乾隆二十四年法国商人要求改善通商关系的意见．人文科学学报，1942，1（1）．

唐立．清代的经济结构之一解剖．中国经济，1937，5（8）．

唐林．庚子赔款．银行月刊，1925，5（1）．

唐庆增．曾国藩之经济思想．经济学季刊，1935，5（4）．

陶元珍．雷以諴与厘金．经世日报：经世副刊：第6期，1946-08-03.

万国鼎．明清漕运概要．政治学刊，1940，4（3）．

万斯年．鸦片战争时代华北经济史资料的新发现．大公报：图书副刊：第91期，1935-08-08.

万斯年．清代前叶哈密的屯垦．真理杂志，1944，1（3）．

王兰荫．张之洞之富强政策．师大月刊（三十二周年纪念专刊），1934.

王雷鸣．清代关中农村经济之变动及其对于建设西北之影响．西北论衡，1942，10（1）．

王英．太平天国革命前夕土地问题的一瞥．食货，1935，2（3）．

王兴瑞．清代海南岛的汉黎交易．社会科学论丛，1937，3（2）．

王毓铨. 清末田赋与农民. 食货, 1936, 3 (5).

王造时. 中西接触以后的经济变化. 人文, 1932, 3 (7/9).

卫挺生. 清季中国流行之货币及其沿革. 清华学报, 1924, 1 (2).

魏建猷. 清雍正朝试行井田制的考察. 史学年报, 1933, 1 (5).

魏建猷. 清代外国银圆之流入及其影响. 东方杂志, 1945, 41 (18).

魏建猷. 甲午战前中国棉纺业的发展. 雄风, 1946, 1 (6).

魏泽瀛. 五十年前华北农业情状的一个观察. 天津益世报: 农村周刊: 第99期, 1936-02-01.

文枢. 清季之商业业规. 商业月报, 1932, 12 (5).

吴承禧. 百年来银价变动之回顾 (1833—1932). 社会科学杂志, 1932, 3 (3).

吴大业. 百年来金银价变动之原因及其影响. 经济统计季刊, 1932, 1 (1).

吴铎. 川盐官运之始末. 中国近代经济史研究集刊, 1935, 3 (2).

吴贯因. 元代通商制度与清代通商制度之比较. 正风半月刊, 1935, 1 (10).

吴晗. 王茂荫与咸丰时代的新币制. 中国社会经济史集刊, 1939, 6 (1).

吴晗. 书籍评论: 广东十三行考. 中国社会经济史集刊, 1939, 6 (1).

吴麟. 清代的米价. 中央日报: 食货周刊: 第66期, 1948-01-21.

吴雨苍. 清代两淮盐政. 国专月刊, 1936, 3 (5).

吴云端. 清代关税厘金杂税概述. 中央日报: 食货周刊: 第41期, 1947-06-04.

吴云端. 清代钱粮之征解. 中央日报: 食货周刊: 第66期, 1948-01-21.

吴云端. 太平军兴后清廷对于经济上的新措施. 中央日报: 食货周刊: 第37期, 1948-03-17 (7).

伍丹戈. 清末四川地方财政制度的基本性质. 财政评论, 1945,

13 (4).

夏鼐. 太平天国前后长江各省之田赋问题. 清华学报，1935，10 (2).

萧一山. 清代东北之屯垦与移民. 东北集刊，1942 (4)，1943 (5).

谢恩晖. 张香涛之经济建设. 经济学报，1941 (2).

谢再善. 清初西藏之财政. 康导月刊，1943，5 (6).

秀堂. 我国第一家银行——中国通商银行. 新世界，1947 (4).

徐方幹. 清代台湾之糖业. 台湾糖业季刊，1948，1 (2).

徐天胎. 清代台米输闽研究. 政风，1948，1 (12).

许涤新. 中国官僚资本发展史：官僚资本论第四章. 理论与现实，1947，3 (4).

言范五. 中国近代工业发展之史的考察. 东亚经济月刊，1943，1 (6).

严中平. 各国在华棉货市场之开辟及其争夺 (1833—1913). 中国社会经济史集刊，1939，6 (2).

严中平. 中国棉工业革命的发动. 经济建设季刊，1942，1 (2).

严中平. 明清两代地方官倡导纺织业示例. 东方杂志，1946，42 (8).

杨文江. 明清的一条鞭法与杂税. 中央日报：食货周刊：第 57 期，1948-03-31.

杨及玄. 鸦片战役以后中国社会经济转变的动向和特征. 东方杂志，1935，32 (4).

姚永朴. 清代盐法考略 (上、下). 安徽大学月刊，1934，1 (6)，2 (1).

叶作舟. 清代流行之外币述略. 商业杂志，1930，5 (8).

佚名. 山西票号之兴替史. 钱业月报，1926，6 (2).

俞寰澄. 六十年之银价. 申报月刊，1932，1 (1).

远为. 中国通商银行. 银行界，1942，1 (3).

章友江. 十九世纪英印对华的鸦片贸易. 广东省银行季刊，1942，2 (1/2).

张德昌．清代鸦片战争前之中西沿海通商．清华学报，1935，10（1）．

张德昌．近代中国的货币．人文科学学报，1942，1（1）．

张芳谔．庚子赔款与中国财政．财政学报，1943，2（1）．

张觉人．土地问题的理论与实践之研究（续六）．中国经济，1934，2（6）．

张天护．清代法国对华贸易问题之研究．外交月报，1936，8（6）．

张延举．戊戌政变时期顽固派之经济思想．中国经济，1936，4（6）．

张致恭．清代的佃农．北平华北日报：史学周刊：第46期，1935-08-01（7）．

郑伯彬．清末财政与财政制度的改革．中央银行月报，1946，新1（10）．

郑伯彬．清代官僚资本之蓄积．新中华（复刊），1947，5（11）．

郑伯彬．晚清士大夫论经济危机．新中华（复刊），1948，6（13）．

郑行巽．王船山之经济思想研究．民铎，1929，10（3/4）．

郑行巽．顾亭林之经济思想研究．国闻周报，1930，7（32/33）．

执无．三十年银价变迁与中国国际贸易．银行月刊，1927，7（4）．

周国钧．清代台湾的垦治．社会科学，1945，1（2/3）．

周国钧．鸦片战争前中国对外通商与夷务体制．工商经济月刊，1948，2（6）．

朱偰．清代信用货币之研究．财政评论，1940，3（1）．

朱庆永．同治二年苏松二府减赋之原因及其经过．政治经济学报，1935，3（2）．

朱祖明．清代西藏与尼泊尔通商概况．经济汇报，1945，11（4）．

庄德金．吾国之买办制度．商学研究，1948，新5期（总第10期）．

庄强华．江苏减赋全案述要．地政月刊，1933，1（3）．

庄强华．浙西减漕记略述要．地政月刊，1933，1（6）．

邹思齐．陶文毅公对于两淮盐务之改革．中国公论，1940，4（1）．

（1950—1989 年）

《中国近代史稿》编写组．洋务活动：近代军事工业的建立．近代史研究，1981（2）．

蔡鸿生．十九世纪后期东南亚的“猪仔”华工．中山大学学报（社会科学），1959（4）．

蔡鸿生．清代广州的毛皮贸易．学术研究，1986（4）．

蔡少卿．从《柳兆薰日记》看太平天国的土地政策和历史作用．南京大学学报（哲学社会科学版），1980（3）．

曹国庆．明清时期景德镇的徽州瓷商．江淮论坛，1987（2）．

曹均伟．对李鸿章“利用外资”的再认识．社会科学，1987（1）．

曹三明．明清封建法制对资本主义萌芽的摧残．中国社会科学，1982（2）．

晁中辰．清前期人口激增对资本主义萌芽的阻碍．山东师大学报（哲学社会科学版），1982（1）．

陈彪．洋务运动与世界近代工业化潮流．史学月刊，1986（4）．

陈潮．资本主义航业经营方式的输入与轮船招商局产生．档案与历史，1987（1）．

陈潮．轮船招商局盘购旗昌轮船公司述论．史林，1988（1）．

陈春声．论清代中叶广东米粮的季节差价．中山大学学报（哲学社会科学版），1989（1）．

陈登原．明清两代的私租和田价．人文杂志，1957（2）．

陈东林．试论雍正“提耗羡、设养廉”的财政改革．史学集刊，1984（4）．

陈锋．明清时期的区域心理与商业性农业的发展．湖北社会科学，1988（8）．

陈恭禄．从明末三饷说起兼及明清之际财政情况．南京大学学报（人文科学版），1962（2）．

陈关龙．明清时期沙市商品市场探索．华中师范大学学报（哲学社会科学版），1989（1）．

陈绛．开平矿务局经济活动试析（1878—1900）．复旦学报（社会科学版），1983（3）．

陈绛．清季西方资本与长江航运的近代化．上海社会科学院学术季刊，1987（4）.

陈铿．明清福建农村市场试探．中国社会经济史研究，1986（4）.

陈梅龙．从上海织布局看洋务派经济活动对中国早期民族资本的作用．浙江学刊，1982（3）.

陈梅龙．论晚清上海机器织布局的性质．近代史研究，1986（3）.

陈诗启．帝国主义和封建主义怎样阻碍了中国资本主义的发展．历史教学，1955（5）.

陈诗启．甲午战前中国农村手工棉纺织业的变化和资本主义生产的成长．历史研究，1959（2）.

陈诗启．中国近代海关史总述之一——中国半殖民地海关的创设及其巩固过程（1840—1875）．厦门大学学报（哲学社会科学版），1980（1）.

陈诗启．中国近代海关史总述之二——中国半殖民地海关的扩展时期（1875—1901）．厦门大学学报（哲学社会科学版），1980（2）.

陈诗启．论中国近代海关行政的几个特点．历史研究，1980（5）.

陈诗启．海关总税务司对鸦片税厘并征与粤海常关权力的争夺和葡萄牙的永据澳门．中国社会经济史研究，1982（1）.

陈诗启．论鸦片战争前的买办和近代买办资产阶级的产生．社会科学战线，1982（2）.

陈诗启．海关总税务司和海关税款保管权的丧失．厦门大学学报（哲学社会科学版），1982（4）.

陈守实．谈“永禁机匠叫歇碑记”．复旦学报（社会科学版），1959（7）.

陈文石．清人入关前的手工业．历史语言研究所集刊：第 34 本上，1962.

陈文源．十九世纪下半期的古巴华工．江海学刊，1963（2）.

陈希育．清朝海关对于民间海外贸易的管理．海交史研究，1988（1）.

陈学文．明清时代佛山经济的初步研究．理论与实践，1959（8）.

陈学文．明清时期的苏州商业——兼论封建后期商业资本的作用．

苏州大学学报（哲学社会科学版），1988（2）.

陈学文. 明清时期江南巨镇乌青镇的经济结构. 中国经济史研究，1988（2）.

陈学文. 明清时期的杭州商业经济. 浙江学刊，1988（6）.

陈野. 论徽州商业资本的形成及其特色——试以徽州一地为例来论证明清时代商业资本的作用问题. 安徽史学通讯，1958（5）.

陈逸仪. 中国近代农业雇佣劳动的社会性质问题——与朱建同志商榷. 学术月刊，1962（2）.

陈月清. 张之洞所办企业的性质和特点. 山东大学学报（社会科学版），1964（2）.

陈泽宪. 十九世纪盛行的契约华工制. 历史研究，1963（1）.

陈湛若. 略论“红楼梦”社会背景——评吴大琨先生的几个论点. 文史哲，1956（4）.

陈振汉. 明末清初（1620—1720年）中国的农业劳动生产率、地租和土地集中. 经济研究，1955（3）.

陈支平. 试论康熙初年东南诸省的“熟荒”. 中国社会经济史研究，1982（2）.

陈忠平. 明清时期江南市镇的布号与布庄. 江淮论坛，1986（5）.

陈忠平. 明清时期江南市镇的牙人与牙行. 中国经济史研究，1987（2）.

陈忠平. 明清时期闽粤商人在江南市镇的活动. 学术研究，1987（2）.

陈忠平. 明清时期长江、珠江三角洲商品经济发展的比较. 学术研究，1989（5）.

丛翰香. 关于中国民族资本的原始积累问题. 历史研究，1962（2）.

丛翰香. 中国封建社会内资本主义萌芽诸问题. 历史研究，1963（6）.

崔宪涛. 清代中期粮食价格发展趋势之分析. 史学月刊，1987（6）.

戴鞍钢. 五口通商后中国对外贸易重心的转移. 史学月刊，1984（1）.

邓拓. 论《红楼梦》的社会背景和历史意义. 人民日报，1955-01-09.

邓拓. 从万历到乾隆——关于中国资本主义萌芽时期的一个论证. 历史研究，1956 (10).

邓亦兵. 清前期开封城经济初探. 史学月刊，1986 (2).

邓亦兵. 清代南阳府名镇的经济性质. 中州学刊，1986 (4).

丁名楠. 略谈英国商人为什么要把鸦片输入中国. 历史教学，1955 (1).

丁日初，沈祖炜. 论晚清的国家资本主义. 历史研究，1983 (6).

丁日初，沈祖炜. 对外贸易同中国经济现代化的关系（1843年—1936年）. 近代史研究，1987 (6).

丁日初，杜恂诚. 买办与洋务企业. 历史研究，1984 (5).

丁长清. 中国资本主义工业发生问题初探. 南开学报（哲学社会科学版），1980 (3).

东霁明. 我对“天朝田亩制度”中农业社会主义思想的理解. 历史教学，1955 (12).

董蔡时. 从《双鲤编》看苏州地区的永佃制. 江海学刊，1963 (1).

董楚平.《天朝田亩制度》性质问题再评价. 文史哲，1982 (3).

杜德凤. 关于“天朝田亩制度”的几个问题. 历史研究，1960 (1/2).

杜黎. 关于鸦片战争前苏松地区棉布染踹业的生产关系. 学术月刊，1962 (12).

杜黎. 鸦片战争前苏松地区棉纺织业生产中商品经济的发展. 学术月刊，1963 (3).

杜黎. 鸦片战争前上海航运业的发展. 学术月刊，1964 (4).

段本洛. 十九世纪六七十年代至甲午战前中国农产商品化的特点. 江苏师院学报，1962 (5).

段本洛. 商品经济的发展孕育资本主义萌芽——明末清初苏松地区商品经济发展的一斑. 光明日报，1975-11-13.

段本洛．论洋务派创办的近代工矿交通企业．江苏师院学报，1979（1/2）．

段本洛．关于李秀成在苏州推行的租税政策的性质问题．历史教学，1979（7）．

段本洛．论清代苏州丝织业中商业资本的性质．中学历史，1980（4）．

段本洛．论苏南永佃制．江海学刊，1983（1）．

樊百川．中国手工业在外国资本主义侵入后的遭遇和命运．历史研究，1962（3）．

樊百川．二十世纪初期中国资本主义发展的概况与特点．历史研究，1983（4）．

樊树志．明清租佃契约关系的发展——关于土地所有权分割的考察．复旦学报（社会科学版），1983（1）．

樊树志．市镇与乡村的城市化．学术月刊，1987（1）．

樊树志．明清长江三角洲的市镇网络．复旦学报（社会科学版），1987（2）．

范金民．明清杭嘉湖农村经济结构的变化．中国农史，1988（2）．

范金民．明清时期活跃于苏州的外地商人．中国社会经济史研究，1989（4）．

范金民．清前期南京经济略论．清史研究通讯，1989（4）．

范文耀．清末江浙农村经济发生的新变化．南开史学，1982（1）．

方行．试论清代前期地主、商人和高利贷者的三位一体．经济研究，1980（8）．

方行．中国封建社会的经济结构与资本主义萌芽．历史研究，1981（4）．

方行．清代北京地区采煤业中的资本主义萌芽//中国社会科学院经济研究所．中国社会科学院经济研究所集刊：第2辑．北京：中国社会科学出版社，1981．

方行．清代前期商人支配生产的形式及其历史作用．经济研究，1982（9）．

方行．论清代前期地主制经济的发展．中国史研究，1983（2）．

方行．清代前期小农经济的再生产．历史研究，1984（5）．

方行．清代前期农村市场的发展．历史研究，1987（6）．

方宪堂．试论1840—1894年中日贸易及其特征．学术月刊，1982（12）．

冯尔康．试论清中叶皖南富裕棚民的经营方式．南开大学学报（哲学社会科学版），1978（2）．

冯尔康．清代的货币地租与农民的身份地位初探．南开史学，1980（1）．

冯尔康．清代的押租制与租佃关系的局部变化．南开学报（哲学社会科学版），1980（1）．

傅衣凌．明清时代永安农村的社会经济关系//傅衣凌．明清农村社会经济．北京：生活·读书·新知三联书店，1961．

傅衣凌．清代永安农村赔田约的研究//傅衣凌．明清农村社会经济．北京：生活·读书·新知三联书店，1961．

傅衣凌．明清时代江南市镇经济的分析．历史教学，1964（5）．

傅衣凌．明末南方的“奴变”、“佃变”．历史研究，1975（5）．

傅衣凌．清代农业资本主义萌芽问题的一个探索——江西新城《大荒公禁栽烟约》一篇史料的分析．历史研究，1977（5）．

傅衣凌．论明清社会与封建土地所有制形式．厦门大学学报（哲学社会科学版），1978（2/3）．

傅衣凌．论明清社会的发展与迟滞．社会科学战线，1978（4）．

傅衣凌．从农民斗争到资本主义萌芽看中国封建社会的弹性．学术研究，1983（2）．

傅衣凌．福建农村的耕畜租佃契约及其买卖文书．中国社会经济史研究，1983（4）．

高王凌．一个理想的追求——十八世纪中国政府的经济政策．知识分子，1987年秋季号．

龚书铎，等．帝国主义对中国的经济侵略（甲午战争前后至“五四”运动期间）．北京师范大学学报（社会科学），1959（5）．

顾海．评傅衣凌先生在“明清时代商人和商业资本”一书中对商品生产和雇佣劳动研究上的若干错误观点．中国经济问题，1960（4）．

顾林. 试谈甲午战后中国半殖民地半封建经济形态的完全形成. 历史教学，1956 (4).

关嘉录，魏鉴勋. 从《黑图档》看康熙朝盛京皇庄的赋役制度. 中国史研究，1984 (2).

郭松义. 清初封建国家垦荒政策分析. 清史论丛：第2辑，1980.

郭松义. 论“摊丁入地”. 清史论丛：第3辑，1982.

郭松义. 清代农村“伙种”关系试探. 中国社会经济史研究，1989 (2).

郭毅生. 太平天国前夕商品货币经济的发展. 历史教学，1955 (7).

郭毅生.《天朝田亩制度》的经济背景及其性质——关于农民平均主义的评价问题. 历史研究，1981 (3).

郭毅生. 太平天国“着佃交粮”制考略. 近代史研究，1982 (3).

郭蕴静. 清初“与民休息”和发展农业生产的措施. 文稿与资料，1980 (5).

郭蕴静. 浅论康熙时期的对外贸易. 求是学刊，1984 (4).

郭蕴静. 清代天津商业城市的形成初探. 天津社会科学，1987 (4).

韩国磐. 对傅衣凌先生明中叶以来资本主义萌芽研究中国国内市场问题的商榷. 厦门大学学报（社会科学），1960 (2).

韩恒煜. 试论清代前期佃农永佃权的由来及其性质. 清史论丛：第1辑，1979.

韩恒煜. 略论清代前期的佃仆制. 清史论丛：第2辑，1980.

郝延平. 晚清沿海的新货币及其影响. 近代史研究所集刊：第7期，1978.

何本方. 清代商税制度刍议. 社会科学研究，1987 (1).

何本方. 乾隆年间榷关的免税措施. 历史档案，1987 (4).

何龄修. 请看“圣人家”的道德——清代曲阜“衍圣公府”的高利贷剥削. 光明日报，1964-09-23.

何玉畴. 清朝末年山西人民收回福公司矿权的斗争. 历史教学与研究，1959 (6).

何玉畴. 1905—1909年安徽绅商资产阶级在收回铜官山矿权斗争中的两面性. 历史教学与研究，1960（5/6）.

洪焕椿. 明清封建专制政权对资本主义萌芽的阻碍. 历史研究，1981（5）.

洪葭管. 洋务派的金融活动. 学术月刊，1983（8）.

洪葭管. 从借贷资本的兴起看中国资产阶级的形成及其完整形态. 中国社会经济史研究，1984（3）.

胡滨. 十九世纪末帝国主义瓜分中国铁路利权的阴谋活动（一八九八——一八九九）. 历史研究，1956（5）.

胡滨，李时岳. 论李鸿章的洋务思想. 吉林大学社会科学学报，1980（3）.

胡滨，李时岳. 李鸿章和轮船招商局. 历史研究，1982（4）.

胡滨. 从开平矿务局看官督商办企业的历史作用. 近代史研究，1985（5）.

胡滨. 论上海机器织布局. 山东师大学报（社会科学版），1986（6）.

胡滨. 洋务运动与中国近代化——兼论洋务运动与外国资本主义的关系. 文史哲，1987（5）.

胡光明. 开埠前天津城市化过程及内贸型商业市场的形成. 天津社会科学，1987（2）.

胡嘉. 评傅衣凌著明清时代社会经济史研究论文集两种. 历史研究，1959（3）.

胡嘉. 论明清时期资本主义萌芽形态. 安徽大学学报，1962（1）.

胡如雷. 甲午以前的军需工业. 光明日报，1954-04-29.

胡昭曦. 从甲午战争到辛亥革命时期帝国主义对四川的经济侵略. 历史教学，1961（11/12）.

黄定天. 《尼布楚条约》之前俄国对华贸易初探. 学习与探索，1984（1）.

黄福才，吴锦生. 清初台湾商品经济与资本主义萌芽. 台湾研究集刊，1983（2）.

黄汉民. 甲午战争前夕上海民族工业资本近代机器工业投资规模的

估计. 上海经济科学，1984 (1).

黄建新，罗一星. 论明清时期佛山城市经济的发展//明清广东省社会经济研究会. 明清广东社会经济研究. 广州：广东人民出版社，1987.

黄鉴晖. 清代账局初探. 历史研究，1987 (4).

黄冕堂. 论清代前期的苏州、松江、嘉兴、湖州、江宁五府的农业经济发展与资本主义萌芽. 山东大学学报 (历史版)，1963 (1).

黄启臣. 试论明清时期商业资本流向土地的问题. 中山大学学报 (哲学社会科学版)，1983 (1).

黄启臣. 清代前期海外贸易的发展. 历史研究，1986 (4).

黄启臣. 清代前期农业生产的发展. 中国社会经济史研究，1986 (4).

黄启臣. 清代前期广东的对外贸易. 中国经济史研究，1988 (4).

黄绮文. 评洪仁玕的《资政新篇》——纪念《资政新篇》颁行一百二十周年. 安徽师大学报 (哲学社会科学版)，1979 (3).

黄铁琮. 1907—1908 年间江浙人民反对苏杭甬铁路借款的斗争. 史学集刊，1957 (1).

黄廷柱. 论“天朝田亩制度”. 中学历史教学，1958 (1).

黄逸峰. 清政府所办近代军事工业的性质问题. 学术月刊，1961 (9).

黄逸峰，姜铎. 中国洋务运动与日本明治维新在经济发展上的比较. 历史研究，1963 (1).

黄逸峰，姜铎. 重评洋务运动. 历史研究，1979 (2).

黄逸峰，姜铎. 浅论晚清洋务运动的历史经验与教训. 财经研究，1987 (5).

黄逸平. 论洋务派所办官督商办企业性质及其对私人资本的阻碍作用. 新建设，1964 (5/6).

黄逸平. 鸦片战争前夕中国社会经济所处的历史阶段. 学术月刊，1982 (2).

黄逸平. 十九世纪末二十世纪初中国自然经济解体的程度. 学术月刊，1982 (9).

黄逸平．上海初期的租界和城市经济近代化．学术月刊，1987（5）．

黄逸平，袁燮铭．晚清中国钱庄的资本主义化．学术月刊，1988（1）．

黄志中．福建地区商品经济的发展和资本主义萌芽．福建师大学报（哲学社会科学版），1981（2）．

简锐．清代四川盐业出现资本主义萌芽条件//山西省社会科学研究所．中国社会经济史论丛：第2辑．太原：山西人民出版社，1982．

翦伯赞．论十八世纪上半期中国社会经济的性质——兼论红楼梦中所反映的社会经济情况．北京大学学报，1955（2）．

江桥．清代归化城地区的煤炭开采及其特点．内蒙古大学学报（哲学社会科学版），1989（3）．

江太新．清代前期押租制的发展．历史研究，1980（3）．

江太新．清初垦荒政策及地权分配情况的考察．历史研究，1982（5）．

姜秉正．洪仁玕“新政”的资本主义特色——谈我国第一个近代化方案．人文杂志，1981（1）．

姜铎．试论洋务运动对早期民族资本促进作用．文汇报，1961-12-28．

姜铎．略论洋务派经济活动的若干特点．学术月刊，1962（8）．

姜铎．论江南制造局．中国社会经济史研究，1983（4）．

蒋建平，柳思维．清代湖南形成米谷贸易货源地问题的浅探．求索，1983（4）．

蒋建平．清代前期米谷贸易的宏观考察．烟台大学学报（哲学社会科学版），1988（3）．

蒋顺兴．也谈太平天国的“照旧交粮纳税”．扬州师院学报（社会科学版），1979（2）．

蒋兆成．不能离开阶级斗争观点盲目地颂扬清代的“摊丁入地”制度．厦门大学学报（社会科学），1964（4）．

蒋祖缘．清代佛山商业繁荣的条件．广东社会科学，1984（1）．

蒋祖缘．清代佛山商人的构成及其对商业的影响．广州研究，1987（8）．

蒋祖缘. 清代佛山的商业和商人//明清广东省社会经济研究会. 明清广东社会经济研究. 广州：广东人民出版社，1987.

金成基. 清入关前八旗土地制度试探. 清史论丛：第1辑，1979.

金冲及，胡绳武. 关于天朝田亩制度的实质问题. 学术月刊，1957 (9).

金茂林. 洋务运动的客观作用与中国近代生产力的解放. 学习与探索，1987 (4).

金世铸. 揭开华俄道胜银行的内幕. 历史研究，1977 (6).

金严. 末世图景——红楼梦中封建制度的生产关系. 南开大学学报（哲学社会科学版），1974 (4).

经江. 论清代官办近代军事工业的性质. 学术月刊，1961 (10).

景甦. 论清前期农业中的资本主义萌芽问题. 山东大学学报（哲学社会科学版），1983 (1).

鞠殿义. 清代流民在反封禁斗争中对吉林乌拉、伯都讷和长春等地的农业开发. 社会科学战线，1980 (2).

柯建中. 明清农业经济关系的变化与资本主义的萌芽. 社会科学研究，1981 (6).

柯建中. 略论明清时期小农自然经济向商品经济的转化. 四川大学学报（哲学社会科学版），1983 (4).

孔经纬. 中国封建社会中资本主义萌芽问题之研究. 新史学通讯，1955 (12).

孔经纬. 近代中国手工业的资本主义成分. 东北人民大学人文科学学报，1956 (4).

孔经纬. 洋务运动与中国资本主义. 文汇报，1962－07－08.

孔经纬. 清初至甲午战前东北官田旗地的经营和民佃以及民地的发展. 历史研究，1963 (4).

孔经纬. 清朝统治时期东北官地旗地的经营和向民地转化. 吉林大学学报（社会科学版），1978 (5/6).

来新夏. 鸦片战争前后银贵钱贱的情况和影响. 历史教学，1956 (9).

来新夏．“天朝田亩制度”是农民革命的纲领．光明日报，1959－12－10．

来新夏．清代前期的商业——读清人笔记札记之一．社会科学战线，1983（4）．

赖家度．明清两朝土地占有关系及其赋税制度的演变．历史教学，1955（9）．

乐秀祺．金陵制造局在中国近代化进程中的作用．上海师范大学学报（哲学社会科学版），1989（4）．

黎光．1840—1864年中国的买办商人．史学月刊，1957（1）．

黎民．乾隆刑科题本中有关农业资本主义萌芽的材料．文物，1975（9）．

黎澍．关于中国资本主义萌芽问题的考察．历史研究，1956（4）．

李炳东．清代前期广西的矿冶业．广西大学学报，1980（1）．

李伯祥，蔡永贵，鲍正廷．关于十九世纪三十年代鸦片进口和白银外流的数量．历史研究，1980（5）．

李刚．洋务运动与西方科技的引进．西北大学学报（哲学社会科学版），1985（2）．

李国环．论五口通商以后江南地区蚕桑业的发展及其影响．浙江学刊，1984（3）．

李汉武．论魏源经济思想中的近代因素．云南社会科学，1985（3）．

李瑚．关于清初商人和商业资本的几个问题——读《聊斋志异》札记．中华文史论丛，1983（1）．

李华．试论清代前期的市民斗争．文史哲，1957（10）．

李华．从徐扬“盛世滋生图”看清代前期苏州工商业的发展．文物，1960（1）．

李华．明清以来北京的工商业行会．历史研究，1978（4）．

李华．清代前期赋役制度的改革——从“盛世滋生人丁永不加赋”到“摊丁入亩”．清史论丛：第1辑，1979．

李华．清初的圈地运动及旗地生产关系的转化．文史，1980（8）．

李华．清朝前期广东的商业与商人．学术研究，1982（2）．

李华．清代山东商人述略——清代地方商人研究之四//《平准学刊》编辑委员会．平准学刊：第3辑．北京：中国商业出版社，1986．

李华．清代湖北农村经济作物的种植和地方商人的活跃——清代地方商人研究之五．中国社会经济史研究，1987（2）．

李景林，刘耀．对鸦片战争前苏、松地区棉纺织业中商业资本和资本主义萌芽问题的探讨．史学集刊，1956（2）．

李竞能．论洪仁玕的资政新篇．历史研究，1959（12）．

李龙潜．清代前期广东采矿、冶铸业中的资本主义萌芽．学术研究，1979（5）．

李龙潜．明清时期广东墟市的类型及其特点．学术研究，1982（6）．

李茂高，廖志豪．略论洋务运动时期的电报事业．学术月刊，1982（12）．

李时岳．1895—1898年中国民族工业的发展．史学月刊，1957（12）．

李时岳．论1905—1908年中国民族工业的发展．人文杂志，1959（1）．

李蔚．清乾嘉年间南巴老林地区的经济研究．兰州大学学报（人文科学），1957（1）．

李文治．太平天国革命对变革封建生产关系的作用．光明日报，1961-01-16．

李文治．论清代前期的土地占有关系．历史研究，1963（5）．

李文治．明清时代的封建土地所有制．经济研究，1963（8）（9）．

李文治．论中国地主经济制与农业资本主义萌芽．中国社会科学，1981（1）．

李文治．论清代后期江浙皖三省原太平天国占领区土地关系的变化．历史研究，1981（6）．

李文治．论清代后期各种类型农业经营的发展及其社会性质//中国社会科学院经济研究所．中国社会科学院经济研究所集刊：第5辑．北京：中国社会科学出版社，1983．

李洵．明清时期资本主义萌芽发展的阶段性及其特征．东北师大学报（哲学社会科学版），1981（6）.

李燕光. 1644 年以前满族的社会经济形态. 光明日报，1961-11-22.

李远元. 中国民族资本主义近代工业的产生. 财经科学，1957（3）.

李之勤. 关于中国清初资本主义生产萌芽的发展水平问题——和吴大琨同志商榷. 教学与研究，1956（2）.

李之勤. 论明末清初商业资本对资本主义萌芽的发生和发展的积极作用. 西北大学学报（人文科学），1957（1）.

梁方仲. 易知由单的研究. 岭南学报，1951，11（2）.

梁淼泰. 清代景德镇一处炉寸窑号的收支盈利. 中国社会经济史研究，1984（4）.

梁任葆. 金田起义前广西的土地问题. 历史教学，1956（7）.

梁义群. 关于太平天国辖区的土地关系问题. 历史教学，1980（2）.

廖隆盛. 马关条约对中国棉纺织工业的扼窒（1895—1904）. 台湾师大历史学报，1975（3）.

廖一中. 晚清“新政”与天津工业近代化. 天津社会科学，1988（2）.

林纯业. 清代前期天津商品经济的发展. 天津社会科学，1987（4）.

林丽月. 厘金与清末湖南省的财政（一八七五～一九一一）. “国立”台湾师范大学历史学报，1979（7）.

林明棠. 吉林机器局的创办、经营及其作用. 东北地方史研究，1986（3）.

林庆元. 洪仁玕和他的《资政新篇》. 历史教学，1979（5）.

林庆元. 福建船政局的创办及其发展和衰落. 中国社会经济史研究，1983（3）.

林庆元. 全面评价“十年专利”的历史作用. 光明日报，1983-07-06（3）.

林仁川. 试论明末清初私人海上贸易的商品结构与利润. 中国社会

经济史研究，1986（1）.

林仁川．明清私人海上贸易的特点．中国社会经济史研究，1987（3）.

林祥瑞，黄志中．试论清代福建农业资本主义的萌芽．福建师大学报（哲学社会科学版），1980（4）.

林祥瑞．试论永佃权的性质．福建师大学报（哲学社会科学版），1981（1）.

林星．甲午战后到辛亥革命期间帝国主义在东三省的铁路争夺．历史教学问题，1959（1）.

林永匡，王熹．清代乾嘉年间苏州与新疆的丝绸贸易．苏州大学学报（哲学社会科学版），1985（4）.

林永匡，王熹．杭州织造与清代新疆的丝绸贸易．杭州大学学报（哲学社会科学版），1986（2）.

林增平．太平天国革命推动中国资本主义发展的问题有待进一步探索．历史研究，1979（10）.

林增平．中国民族资产阶级形成于何时？——近代中国资产阶级刍论（三）．湖南师院学报（哲学社会科学版），1980（1）.

刘翠溶．明清时代南方地区的专业生产．大陆杂志，1978，56（3/4）.

刘大年．关于尚钺同志为“明清社会经济形态的研究”一书所写的序言．历史研究，1958（1）.

刘佛丁．开平矿务局经营得失辨析．南开学报（哲学社会科学版），1986（2）.

刘和惠．清代徽州田面权考察——兼论田面权的性质．安徽史学，1984（5）.

刘克祥．太平天国后清政府的财政“整顿”和搜刮政策//中国社会科学院经济研究所．中国社会科学院经济研究所集刊：第3辑．北京：中国社会科学出版社，1981.

刘淼．明清间徽州的房地产交易//《平准学刊》编辑委员会．平准学刊：第5辑上册．北京：中国商业出版社，1989.

刘敏．试论清代商业资本的发展趋势．中国社会经济史研究，1984（4）.

刘敏. 再论清代商业资本的增殖. 中国社会经济史研究，1985(3).

刘石吉. 明清时代江南地区的专业市镇. 食货月刊复刊，1978，8(6)(7)(8).

刘文智. 清代前期的扬州徽商. 江淮论坛，1982(5).

刘序功. 略谈清初徽州所谓的“奴变”. 史学工作通讯，1957(1).

刘耀. 十九世纪七八十年代南昌、杭州两个城市锡箔业中的资本主义关系. 史学集刊，1957(1).

刘耀. 从长江中下游地区农村经济变化看太平天国革命的历史作用. 历史研究，1979(6).

刘永成. 乾隆苏州长吴三县“议定纸坊条议章程碑”. 历史研究，1958(2).

刘永成. 对苏州“织造经制记”碑文的看法. 历史研究，1958(4).

刘永成. 解释几个有关行会的碑文. 历史研究，1958(9).

刘永成. 试论清代苏州手工业行会. 历史研究，1959(11).

刘永成. 论清代雇佣劳动——兼与欧阳凡修同志商榷. 历史研究，1962(4).

刘永成. 论《红楼梦》时代的租佃关系. 新建设，1963(11).

刘永成. 论中国资本主义萌芽的历史前提. 中国史研究，1979(2).

刘永成. 清代前期佃农抗租斗争的新发展. 清史论丛：第1辑，1979.

刘永成. 论清代前期农业雇佣劳动的性质//中国人民大学清史研究所. 清史研究集：第1辑. 北京：中国人民大学出版社，1980.

刘永成. 乾隆刑科题本与清代前期农村社会经济研究. 历史档案，1981(2).

刘永成. 清前期广东福建农村专业户浅析//《平准学刊》编辑委员会. 平准学刊：第5辑上册. 北京：中国商业出版社，1989.

刘志伟. 明清时期广州城市经济的特色. 广州研究，1986(1).

刘志伟. 试论清代广东地区商品经济的发展. 中国经济史研究, 1988 (2).

龙盛运. 太平天国后期土地制度的实施问题. 历史研究, 1958 (2).

鲁冀.《红楼梦》中反映的高利贷和典当剥削. 北京师范大学学报(社会科学版), 1978 (6).

鲁子健. 清代四川的榷关. 中国社会经济史研究, 1987 (3).

鲁子健. 试论关榷与清代前期四川的商业. 社会科学研究, 1988 (1).

陆景琪. 试论清代厘金制度. 文史哲, 1957 (2).

罗炳绵. 近代中国典当业的社会意义及其类别与税捐. 近代史研究所集刊: 第7期. 1978.

罗尔纲. 再论《天朝田亩制度》. 历史研究, 1984 (1).

罗红星. 明至清前期佛山冶铁业初探. 中国社会经济史研究, 1983 (4).

罗时法. 清代前、中期贵州矿业略考. 贵州社会科学, 1986 (4).

罗一星. 明清时期的佛山商人. 学术研究, 1985 (6).

罗一星. 清代前期岭南二元中心市场说. 广东社会科学, 1987 (4).

罗一星. 试论清代前期岭南市场中心地的分布特点. 广州研究, 1988 (9).

吕作燮. 明清时期苏州的会馆和公所. 中国社会经济史研究, 1984 (2).

马伯煌. 关于中国资本原始积累的几个问题. 历史研究, 1963 (1).

马敏. 我国第一部正式商法. 史学月刊, 1984 (1).

马敏. 中国走向世界的新步幅——清末商品赛会活动述评. 近代史研究, 1988 (1).

茅家琦. 太平天国革命后江南农村土地关系试探. 新建设, 1961 (12).

宓汝成. 太平天国的财政收入及其得失. 近代史研究, 1983 (2).

闵杰. 浙路公司的集资与经营. 近代史研究，1987 (3).

闵宗殿，王达. 晚清时期我国农业的新变化. 中国社会经济史研究，1985 (4).

牟安世. 关于洋务运动对中国早期民族资本的作用问题. 文汇报，1962-05-17.

南开大学政治经济学教研室. 中国封建社会内资本主义因素的萌芽. 新建设，1955 (10/11).

聂宝璋. 从美商旗昌轮船公司的创办与发展看买办的作用. 历史研究，1964 (2).

聂宝璋. 十九世纪中叶在华洋行势力的扩张与暴力掠夺. 近代史研究，1981 (2).

聂宝璋. 十九世纪六十年代外国在华洋行势力的扩张. 历史研究，1984 (6).

聂宝璋. 轮船的引进与中国近代化. 近代史研究，1988 (2).

钮仲勋. 明清时期郧阳山区的农业开发. 武汉师范学院学报（哲学社会科学版），1981 (4).

欧阳凡修. 明清两代农业雇工法律上人身隶属关系的解放. 经济研究，1961 (6).

欧阳凡修. 明清两代“雇工人”的法律地位问题. 新建设，1961 (4).

欧阳云钦. 清代前期四川井盐业的生产规模问题. 光明日报，1964-04-27.

潘君祥. 论丁日昌经济活动的时代特征. 史林，1987 (1).

潘君祥，陈立仪. 十九世纪后半期上海商业的演变. 历史研究，1986 (1).

潘群. 关于清代前期景德镇瓷业资本主义萌芽的考察. 中国史研究，1979 (2).

庞朴. 孔府地租剥削内幕. 文史哲，1974 (1).

彭雨新. 从清代前期苏松地区丝棉手工业的生产来看资本主义萌芽. 武汉大学人文科学学报，1959 (8).

彭雨新. 从清代前期苏州的踹布业看资本主义萌芽. 理论战线，

1959 (12).

彭雨新. 从丝棉手工业的变化看外国资本主义入侵对我国原有资本主义萌芽的影响. 光明日报，1961-08-02.

彭雨新. 清初的垦荒与财政（一、二）. 武汉大学学报（哲学社会科学版），1978 (6)，1979 (1).

彭雨新. 清代前期云南铜矿业及其生产性质的探讨. 武汉大学学报（社会科学版），1984 (5).

彭雨新. 辛亥革命前后珠江三角洲乡镇缫丝工业的发展及其典型意义. 中国社会经济史研究，1989 (1).

彭泽益. 鸦片战后十年间银贵钱贱波动下的中国经济与阶级关系. 历史研究，1961 (6).

彭泽益. 论鸦片战争赔款. 经济研究，1962 (12).

彭泽益. 鸦片战争前清代苏州丝织业生产关系的形成与性质. 经济研究，1963 (10).

彭泽益. 十九世纪五十至七十年代清朝的财政危机和财政搜刮的加剧. 历史学，1979 (2).

彭泽益. 清代前期手工业的发展. 中国史研究，1981 (1).

彭泽益. 清代前期茶业资本主义萌芽的特点. 中国社会经济史研究，1982 (3).

彭泽益. 鸦片战争前广州新兴的轻纺工业. 历史研究，1983 (3).

彭泽益. 清代宝泉宝源局与铸钱工业//中国社会科学院经济研究所. 中国社会科学院经济研究所集刊：第5辑. 北京：中国社会科学出版社，1983.

彭泽益. 清前期农副纺织手工业. 中国经济史研究，1987 (4).

祁龙威. 关于“天朝田亩制度”的性质和实施问题. 光明日报，1959-11-12.

钱宏. 鸦片战争以前中国若干手工业部门中的资本主义萌芽//中国科学院历史研究所第三所集刊：第2集. 北京：科学出版社，1955.

钱江. 1570—1760年中国和吕宋贸易的发展及贸易额的估算. 中国社会经济史研究，1986 (3).

乔志强. 清末山西人民的收回矿权活动. 山西师院学报，1957 (3).

秦佩珩，秦闻一. 清代晋商的发展、性质及其历史地位. 贵州财经学院学报，1988 (2).

秦瑛. 第一次世界大战前外洋纱布对华的倾销与角逐. 经济学术资料，1983 (11).

曲从规. 陈启源与中国近代机器缫丝业. 史学月刊，1985 (3).

全汉升. 清季的江南制造局. 历史语言研究所集刊：第 23 本上，1951.

全汉升. 清季铁路的官督商办制度. 学术季刊，1954，3 (2).

全汉升. 甲午战争以前的中国工业化运动. 历史语言研究所集刊：第 25 本，1954.

全汉升. 清季的货币问题及其对于工业化的影响. "中央研究院"院刊：第 2 辑下册，1955.

全汉升. 美洲白银与十八世纪中国物价革命的关系. 历史语言研究所集刊：第 28 卷下，1957.

全汉升. 鸦片战争前江苏的棉纺织业. 清华学报，1958，1 (3).

全汉升，王业键. 清雍正年间的米价. 历史语言研究所集刊：第 30 本上，1959.

全汉升，王业键. 清中叶以前江浙米价的变动趋势. 历史语言研究所集刊外编：第 4 种，1960.

全汉升. 乾隆十三年的米贵问题//庆祝李济先生七十岁论文集. 台北：清华学报社，1965.

全汉升. 清朝中叶苏州的米粮贸易. 历史语言研究所集刊：第 39 本下，1969.

全汉升. 自明季到清中叶西属美洲的中国丝货贸易. 香港中文大学中国文化研究所学报，1971，4 (2).

全汉升. 清代云南铜矿工业. 香港中文大学中国文化研究所学报，1974，7 (1).

全汉升，何汉威. 清季的商办铁路. 香港中文大学中国文化研究所学报：第 9 卷上册，1978.

全汉升. 清康熙年间江南及附近地区的米价. 香港中文大学中国文

化研究所学报：第10卷上册，1979.

冉光荣，张学君. 四川井盐业资本主义萌芽的探讨——关于清代富荣盐场经营契约的初步分析//《四川大学学报》编辑部，四川大学历史系. 四川地方史研究专集. 成都：四川人民出版社，1980.

厦门大学历史系. 关于明清社会经济问题的讨论. 光明日报，1960-05-26.

尚钺. 中国资本主义生产因素的萌芽及其增长. 历史研究，1955(3).

尚钺. 清代前期中国社会之停滞、变化和发展. 教学与研究，1955(6/7).

尚钺：《明清社会经济形态的研究》序言//中国人民大学中国历史教研室. 明清社会经济形态的研究. 上海：上海人民出版社，1957.

邵循正. 太平天国革命后江南的土地关系和阶级关系. 光明日报，1961-02-02.

邵循正. 洋务运动和资本主义发展的关系问题. 新建设，1963(3).

邵循正. 关于洋务派民用企业的性质和道路——论官督商办. 新建设，1964 (1).

沈传经. 论福州船政局. 近代史研究，1983 (2).

沈定平. 论十六至十八世纪中国与东南亚的贸易关系. 学术研究，1987 (3).

沈定平. 明清之际几种欧洲仿制品的输出——兼论东南沿海外向型经济的初步形成. 中国经济史研究，1988 (3).

沈祖炜. 清末商部、农工商部活动述评. 中国社会经济史研究，1983 (2).

施仁章. 清末奖励工商实业政策及其影响. 中国社会经济史研究，1982 (2).

石莹. 清代前期汉口的商品市场. 武汉大学学报（社会科学版），1989 (2).

史建云. 从棉纺织业看清前期江南小农经济的变化. 中国经济史研究，1987 (3).

史全生．论郑观应的经济思想．南京大学学报（哲学社会科学版），1980（2）．

史苏苑．从明代的“一条鞭法”到清代的“地丁”制度——关于明清两代田赋之史的研究．新史学通讯，1954（9）．

史一兵．太平天国“天朝田亩制度”的性质及其作用．江海学刊，1961（1）．

史志宏．从获鹿县审册看清代前期土地集中和摊丁入地改革．河北大学学报（哲学社会科学版），1984（1）．

史志宏．清代前期的耕地面积及粮食产量估计．中国经济史研究，1989（2）．

宋海文．鸦片战争以来外国资本主义侵蚀下的江南农村．复旦学报（人文科学版），1955（2）．

宋秀元．清代前期地租形态的发展变化．社会科学辑刊，1980（6）．

宋秀元．从《乾隆刑科题本》看清代押租制．故宫博物院院刊，1983（4）．

宋秀元．从档案史料的记载看清代典当业．故宫博物院院刊，1985（2）．

孙应祥．略谈太平天国的“照旧交粮纳税”．南京大学学报（哲学社会科学版），1978（1）．

孙毓棠．清初土地分配不均的一个实例．历史教学，1951（1）．

孙毓棠．中日甲午战争赔款的借款．历史教学，1951（3）．

孙毓棠．美帝对华投资的历史发展及其侵略性（1784—1914）．历史教学，1951（5）．

孙毓棠．中日甲午战争前外国资本在中国经营的近代工业．历史研究，1954（5）．

孙毓棠．中日甲午战争前资本主义各国在中国设立的银行．光明日报，1954-02-06．

孙毓棠．十九世纪后半叶中国近代工业的发生——“中国近代工业史资料第一辑（1840—1895年）”序言．经济研究，1957（1）．

谭棣华．明清时期佛山经济繁荣的原因．广东社会科学，1986（3）．

谭棣华. 从《佛山街略》看明清时期佛山工商业的发展. 清史研究通讯，1987 (1).

谭天星. 清前期两湖地区粮食产量问题探讨. 中国农史，1987 (3).

谭天星. 简论清前期两湖地区的粮食商品化. 中国农史，1988 (4).

谭作刚. 清代陕南土特产品的生产和销售. 中国农史，1989 (2).

汤象龙. 鸦片战争前夕中国的财政制度. 财经科学，1957 (1).

唐棣. 略论清代的地丁制度. 历史教学，1955 (1).

陶建平. 明清时期汉口商业网络的形成及其影响. 华中师范大学学报（哲学社会科学版)，1989 (1).

汪敬虞. 十九世纪外国在华银行势力的扩张及其对中国通商口岸金融市场的控制. 历史研究，1963 (5).

汪敬虞. 十九世纪外国侵华企业中的华商附股活动. 历史研究，1965 (4).

汪敬虞. 十九世纪外资对中国工矿企业的侵略活动. 经济研究，1965 (12).

汪敬虞. 试论中国资产阶级的产生. 中国社会科学，1981 (5).

汪敬虞. 关于民族资本现代企业发生问题的讨论——续一封没有写完的信. 近代史研究，1982 (1).

汪敬虞. 论中国资本主义两个部分的产生——兼论洋务企业和中国资本主义的关系问题. 近代史研究，1983 (3).

汪敬虞. 从丽如银行的历史看十九世纪外国银行侵略中国的特点和进程//中国社会科学院经济研究所. 中国社会科学院经济研究所集刊：第 4 辑. 北京：中国社会科学出版社，1983.

汪敬虞. 汇丰银行的成立及其在中国的初期活动//中国社会科学院经济研究所. 中国社会科学院经济研究所集刊：第 5 辑. 北京：中国社会科学出版社，1983.

汪敬虞. 略论中国资本主义产生的历史条件. 历史研究，1984 (2).

汪敬虞. 略论中国通商银行成立的历史条件及其在对外关系方面的特征. 中国经济史研究，1988 (3).

汪士信. 明清商人会馆//《平准学刊》编辑委员会. 平准学刊：第3辑. 北京：中国商业出版社，1986.

汪士信. 乾隆时期徽商在两淮盐业经营中应得、实得利润与流向试析. 中国经济史研究，1989 (3).

汪熙. 从轮船招商局看洋务派经济活动的历史作用. 历史研究，1963 (2).

汪熙. 从英美烟公司看帝国主义的经济侵略. 历史研究，1976 (4).

汪熙. 从汉冶萍公司看旧中国引进外资的经验教训. 复旦学报（社会科学版)，1979 (6).

汪熙. 论晚清的官督商办. 历史学，1979 (创刊号).

汪熙. 关于买办和买办制度. 近代史研究，1980 (2).

汪熙. 一个国际托拉斯在中国的历史纪录——英美烟公司在华垄断活动剖析. 复旦学报（社会科学版)，1983 (5).

汪熙. 试论洋务派官督商办企业的性质与作用. 历史研究，1983 (6).

王笛. 清末四川农业改良. 中国农史，1986 (2).

王笛. 清末设立商部述论. 清史研究通讯，1987 (1).

王笛. 清代四川人口、耕地及粮食问题（上、下). 四川大学学报（哲学社会科学版)，1989 (3) (4).

王笛. 晚清重商主义与经济变革. 上海社会科学院学术季刊，1989 (4).

王宏钧，刘如仲. 广东佛山资本主义萌芽的几点探讨. 中国历史博物馆馆刊，1980 (2).

王家范. 明清苏州城市经济功能研讨. 华东师范大学学报（哲学社会科学版)，1986 (5).

王家范. 明清江南消费风气与消费结构描述——明清江南消费经济探测之一. 华东师范大学学报（哲学社会科学版)，1988 (2).

王家范. 明清江南消费性质与消费效果解析——明清江南消费经济

探测之二. 上海社会科学院学术季刊，1988 (2).

王可风. 辛亥革命前封建主义和帝国主义统治下的我国矿山. 学术月刊，1957 (10) (11) (12).

王明伦. 鸦片战争前云南铜矿业中的资本主义萌芽. 历史研究，1956 (3).

王仁忱. 十九世纪六十年代到九十年代清政府的洋务运动. 历史教学，1958 (1).

王水. 清代买办收入的估计及其使用方向//中国社会科学院经济研究所. 中国社会科学院经济研究所集刊：第5辑. 北京：中国社会科学出版社，1983.

王思治，金成基. 清代前期两淮盐商的盛衰. 中国史研究，1981 (2).

王天奖. 太平天国革命后苏浙皖三省的土地关系. 新建设，1963 (8).

王天奖. 太平天国革命后浙江农业的恢复问题. 浙江学刊，1983 (4).

王天奖. 析太平天国的“着佃交粮”制//太平天国学刊：第1辑. 北京：中华书局，1983.

王天奖. 太平天国革命后江苏农业生产的恢复问题. 南京大学学报(哲学社会科学版)，1984 (3).

王廷元. 论明清时期的徽商与芜湖. 安徽史学，1984 (4).

王翔. 中国传统丝织业走向近代化的历史过程. 中国经济史研究，1989 (3).

王翔. 中国近代化的一个里程碑——1910年南洋劝业会述论. 江海学刊，1989 (3).

王业键. 甲午战争以前的中国铁路事业. 历史语言研究所集刊：第31本，1960.

王业键. 近代中国银行业的发展（一八四〇——一九三七）. 香港中文大学中国文化研究所学报：第10卷下册，1979.

王业键. 明清经济发展并论资本主义萌芽问题. 中国社会经济史研究，1983 (3).

王钰欣. 清代前期景德镇瓷业中官窑地位的考察. 中国史研究，1980 (3).

王致中. 明清时期甘肃矿业考. 社会科学，1985 (6).

王致中. 清代甘宁青市场地理考. 西北史地，1986 (2).

王致中. 清代新疆矿业述略. 社会科学，1986 (6).

王致中. 明清西北城市若干社会经济功能特征试探. 兰州学刊，1987 (1).

王钟翰. 清代旗地性质初探. 文史，1979 (6).

韦庆远，吴奇衍. 清代著名皇商范氏的兴衰. 历史研究，1981 (3).

韦庆远，鲁素. 清代前期的商办矿业和资本主义萌芽. 清史论丛：第4辑，1983.

韦庆远，鲁素. 清代前期矿业政策的演变. 中国社会经济史研究，1983 (3/4).

韦庆远. 康熙时期对“生息银两”制度的初创和运用——对清代“生息银两”制度兴衰过程研究之一. 中国社会经济史研究，1986 (3).

韦庆远. 雍正时期对“生息银两”制度的整顿和政策演变——对清代“生息银两”制度兴衰过程研究之二. 中国社会经济史研究，1987 (3).

韦庆远. 乾隆时期“生息银两”制度的衰败和“收撤”——对清代“生息银两”制度兴衰过程研究之三. 中国社会经济史研究，1988 (3).

魏金玉. 明清时代佃农的农奴地位. 历史研究，1963 (5).

魏金玉. 明清时代农业中等级性雇佣劳动向非等级性雇佣劳动的过渡//李文治，魏金玉，经君键. 明清时代的农业资本主义萌芽问题. 北京：中国社会科学出版社，1983.

魏千志. 清代开封景文州汴绫庄的发展. 中华文史论丛，1983 (3).

闻平. 读洪仁玕的《资政新篇》. 南京大学学报（哲学社会科学版），1978 (2).

吴承明. 关于中国资本主义萌芽的几个问题. 文史哲，1981 (5).

吴承明. 论清代前期我国国内市场. 历史研究，1983 (1).

吴承明. 我国手工棉纺织业为什么长期停留在家庭手工业阶段? 文史哲，1983 (1).

吴承明. 早期中国近代化过程中的外部和内部因素——兼论张謇的实业路线. 教学与研究，1987 (5).

吴承明. 中国近代农业生产力的考察. 中国经济史研究，1989 (2).

吴大琨. 略论“红楼梦”的时代背景. 文史哲，1955 (1).

吴大琨. 关于“中国历史纲要”明清史部分几个经济问题的意见. 文史哲，1955 (3).

吴大琨. 关于“略论红楼梦的社会背景”及其它——答陈湛若先生. 文史哲，1956 (4).

吴大琨. 关于中国清初资本主义生产萌芽发展水平问题——答李之勤同志，兼评尚钺同志的几个论点. 教学与研究，1956 (5).

吴海若. 中国资本主义生产的萌芽. 经济研究，1956 (4).

吴慧. 清代粮食亩产的计量问题. 农业考古，1988 (1).

吴慧，葛贤惠. 清前期的粮食调剂. 历史研究，1988 (4).

吴建雍. 清前期榷关及其管理制度. 中国史研究，1984 (1).

吴建雍. 清前期的商品粮政策. 历史档案，1986 (3).

吴良柞. 关于“天朝田亩制度”中农业社会主义思想的理解问题. 历史教学，1955 (12).

吴量恺. 清代乾隆时期农业经济关系的演变和发展. 清史论丛：第1辑，1979.

吴量恺. 清前期农业雇工的工价. 中国社会经济史研究，1983 (2).

吴量恺. 清代的农民永佃权及其影响. 江汉论坛，1984 (6).

吴量恺. 清朝前期国内市场的发展. 社会科学辑刊，1986 (2).

吴量恺. 明清时期城市经济的繁荣和商业贸易的发展. 华中师范大学学报 (哲学社会科学版)，1986 (2).

吴量恺. 清代湖北沿江口岸城市的转运贸易. 华中师范大学学报 (哲学社会科学版)，1989 (1).

吴其敬. 郑观应的企业管理思想. 理论与实践 (纪念“五四”运动

六十周年增刊)，1979 (2).

吴雁男. 试论太平天国的土地制度. 历史研究，1958 (2).

伍纯武. 中国资本的原始积累问题. 学术月刊，1961 (3).

伍丹戈. 鸦片战争前夕土地制度、剥削关系和剥削形态的变化. 复旦大学学报 (哲学社会科学)，1963 (1).

伍丹戈. 论旧中国买办资本的寄生性. 光明日报，1964-07-01.

伍丹戈. 论旧中国买办资本的落后性和反动性. 光明日报，1964-08-12.

伍丹戈. 中国资本主义萌芽研究的若干问题//南京大学历史系明清史研究室. 中国资本主义萌芽问题论文集. 南京：江苏人民出版社，1983.

夏东元. 论清政府所办近代军用工业的性质——兼斥右派分子孙毓棠. 华东师大学报 (人文科学)，1958 (1).

夏东元. 论清政府经营的近代民用性工业的性质及其必然前途. 华东师大学报 (人文科学)，1958 (3).

夏东元. 论中国民族资本主义的发生. 华东师大学报 (人文科学)，1958 (4).

夏东元. 洋务运动发展论. 社会科学战线，1980 (3).

夏东元. 论盛宣怀与洋务企业. 学术月刊，1982 (10).

夏冬. 论洋务运动时期的电报局. 史学月刊，1982 (6).

萧国亮. 论康熙的经济政策. 社会科学，1981 (6).

萧国亮. 清代两淮盐商的奢侈性消费及其经济影响. 历史研究，1982 (4).

萧国亮. 鸦片战争前长江三角洲地区商品经济的发展与经济联系的加强. 社会科学，1984 (1).

萧国亮. 明清时期上海地区的农村家庭棉纺织生产. 财经研究，1984 (3).

萧国亮. 试论清代前期商业利润不能普遍地转化为产业资本的原因. 中国史研究，1984 (4).

萧正洪. 清代陕南种植业的盛衰及其原因 (上、下). 中国农史，1988 (4)，1989 (1).

谢彬如．清代贵州的蚕丝业．贵州文史丛刊，1981（4）．

谢赓．论资本主义萌芽的概念与标志．新建设，1962（9）．

谢肇华．清代实物定额租制的发展变化．文史哲，1984（3）．

徐伯夫．18—19世纪新疆地区的官营畜牧业．新疆社会科学，1987（5）．

徐昌汉．阿勃林和十七世纪的中俄西路贸易．学习与探索，1984（1）．

徐彻．中国近代第一座造船厂的创办．辽宁大学学报（哲学社会科学版），1985（3）．

徐鼎新．1902年在上海举行的中英“商约”谈判．社会科学，1983（11）．

徐鼎新．试论清末民初的上海（江浙皖）丝厂茧业总公所．中国经济史研究，1986（2）．

徐鼎新．中国商会研究综述．历史研究，1986（6）．

徐恒晋．清初田庄性质初探．民族研究，1981（4）．

徐泰来．也评洋务运动．历史研究，1980（4）．

徐夕明．我不认为“天朝田亩制度”的性质是反动的．历史研究，1959（9）．

徐新吾．中国和日本棉纺织业资本主义萌芽的比较研究．历史研究，1981（6）．

徐新吾，韦特孚．中日两国缫丝手工业资本主义萌芽比较研究．历史研究，1983（6）．

徐秀丽．试论近代湖州地区蚕丝业生产的发展及其局限（1840—1937）．近代史研究，1989（2）．

徐雪筠．对外贸易与上海经济的近代化．学术月刊，1987（10）．

徐义生．从甲午战争到辛亥革命时期清政府的外债（上、下）．经济研究，1957（4），1957（6）．

徐元基．论晚清通讯业的近代化．上海社会科学院学术季刊，1987（4）．

许丽娟．明清时期中国与英法专制政权的差异及其对资本主义萌芽的不同作用．学术研究，1984（2）．

许淑明. 雍乾时期北方边境贸易新城——买卖城. 清史研究通讯, 1984 (1).

许檀. 清代山东牲畜市场. 中国经济史研究, 1988 (2).

许檀, 经君键. 明清时期山东生产资料市场初探. 中国经济史研究, 1988 (4).

严昌洪. 聘用“洋匠”与中国早期工业化. 近代史研究, 1988 (4).

严仲仪. 略论张之洞洋务活动的经济效果. 经济研究, 1981 (5).

颜章炮. 论康熙朝对台湾的农业政策和措施. 台湾研究集刊, 1983 (2).

杨炳延. 1897—1904 年英国福公司侵占河南矿山的阴谋活动. 史学月刊, 1964 (8).

杨炳延. 1909 年河南人民反对英国福公司就地售煤的斗争. 史学月刊, 1965 (3).

杨超. 明清纺织业中资本主义手工工场的两种发生过程. 光明日报, 1955-12-08.

杨德泉. 清代前期的两淮盐商. 扬州师院学报, 1963 (16).

杨德泉. 试论清初旗地的形成及其性质. 扬州师院学报, 1964 (19).

杨端六. 关于清朝银钱比价变动的问题（上、下篇）. 武汉大学人文科学学报, 1956 (1), 1957 (1).

杨国桢. 试论清代闽北民间的土地买卖——清代闽北土地买卖文书剖析. 中国史研究, 1981 (1).

杨国桢. 清初台湾农业区域的形成. 台湾研究集刊, 1983 (2).

杨开宇, 廖唯一. 关于贵州地区资本主义萌芽问题的探讨. 贵阳师院学报, 1979 (2).

杨生民. 从《补农书》看明末清初浙江嘉、湖地区的农业资本主义萌芽问题. 北京师院学报, 1979 (2).

杨向奎. 明清两代曲阜孔家——贵族地主研究小结. 光明日报, 1962-09-05.

杨晓敏. 论洋务运动期间的“官督商办”. 社会科学, 1982 (9).

杨学琛. 清代旗地的性质及其变化. 历史研究, 1963 (3).

杨仪. 清朝前期的土地制度. 史学月刊, 1958 (7).

杨余练. 康雍时期矿业政策的演变. 社会科学辑刊, 1983 (2).

姚贤镐. 两次鸦片战争后西方侵略势力对中国关税主权的破坏. 中国社会科学, 1981 (5).

叶显恩. 明清徽州佃仆制试探. 中山大学学报 (哲学社会科学版), 1979 (2).

叶显恩. 试论徽州商人资本的形成与发展. 中国史研究, 1980 (3).

叶显恩. 徽商的衰落及其历史作用. 江淮论坛, 1982 (3).

叶显恩. 徽商利润的封建化与资本主义萌芽. 中山大学学报 (哲学社会科学版), 1983 (1).

叶显恩. 明清珠江三角洲商人与商业活动. 中国史研究, 1987 (2).

叶显恩. 清代广东水运与社会经济. 中国社会经济史研究, 1987 (4).

叶显恩, 谭棣华. 明清珠江三角洲农业商业化与圩市的发展//明清广东省社会经济研究会. 明清广东社会经济研究. 广州: 广东人民出版社, 1987.

叶志如. 乾隆时内府典当业概述. 历史档案, 1985 (2).

衣保中. 清末辽宁地区农业经济的近代化. 辽宁师范大学学报 (社会科学版), 1988 (2).

佚名. 对清代农业资本主义萌芽问题的探索. 光明日报, 1977-11-10.

尹进. 关于中国农业中资本主义萌芽问题. 历史研究, 1980 (2).

尹进. 中国封建社会后期农业中已有资本主义萌芽吗? 武汉大学学报 (社会科学版), 1981 (5).

于素云. 论中国资本主义萌芽发展的阻滞. 辽宁大学学报 (哲学社会科学版), 1980 (3).

于醒民, 陈兼. 十九世纪六十年代的上海轮运业与上海轮船商. 中国社会经济史研究, 1983 (2).

于中. 英帝在安徽铜官山矿的侵略活动. 史学月刊，1960 (1).

余明侠. 胡恩燮与徐州近代化煤矿. 南京大学学报 (哲学社会科学)，1983 (2).

虞和平. 从经元善看洋务企业中的官商关系. 北方论丛，1985 (1).

张富强. 唐廷枢与近代民族企业. 社会科学战线，1988 (3).

张岗. 清代北方流民对直隶口外的开发. 河北学刊，1986 (3).

张国辉. 十九世纪后半期中国钱庄的买办化. 历史研究，1963 (6).

张国辉. 中国近代煤矿企业中的官商关系与资本主义的发生问题. 历史研究，1964 (3).

张国辉. 关于轮船招商局产生与初期发展的几个问题. 经济研究，1965 (10) (11).

张国辉. 辛亥革命前中国资本主义的发展. 近代史研究，1982 (2).

张国辉. 十九世纪后半期中国票号业的发展. 历史研究，1985 (2).

张国辉. 二十世纪初期的中国钱庄和票号. 中国经济史研究，1986 (1).

张国辉. 清代前期的钱庄和票号. 中国经济史研究，1987 (4).

张国雄. 江汉平原垸田的特征及其在明清时期的发展演变. 农业考古，1989 (1) (2).

张国雄，梅莉. 明清时期江汉-洞庭平原的人口变化与农业经济的发展. 中国历史地理论丛，1989 (4).

张建民. 清代江汉-洞庭湖区堤垸农田的发展及其综合考察. 中国农史，1987 (2).

张建民. “湖广熟，天下足”述论：兼及明清时期长江沿岸的米粮流通. 中国农史，1987 (4).

张建民. 清代湘鄂西山区的经济开发及其影响. 中国社会经济史研究，1987 (4).

张连起. 清末发展实业初探. 北方论丛，1985 (3).

张维华. 红楼梦写作的历史背景. 文史哲，1955 (1).

张谢. 清代前期河北的农业生产. 河北学刊，1983 (1).

张学君. 十九世纪后期的四川工场手工业. 社会科学研究，1987 (3).

张羽新. 清朝统一新疆后恢复和发展经济的主要措施. 新疆社会科学，1983 (1).

张玉法. 二十世纪初期的中国农业改良（一九〇一——一九一六）——沿海沿江十三个省区的比较研究. 史学评论，1979 (1).

张煜荣. 关于清代前期云南矿冶业的资本主义萌芽问题——兼与黎澍、尚钺两同志商榷. 学术研究，1963 (3).

张振鹍. 清末十年间的币制问题. 近代史研究，1979 (1).

张正明. 清代晋商的股俸制. 中国社会经济史研究，1989 (1).

张忠民. 清前期上海港发展演变新探. 中国经济史研究，1987 (3).

张忠民. 鸦片战争前上海地区棉、布产量估计. 上海经济研究，1987 (4).

张仲礼. 1834—1867 年我国对外贸易的变化与背景. 学术月刊，1960 (9).

张仲礼. 旧中国外资企业发展的特点——关于英美烟公司资本的积累和超额利润. 社会科学，1980 (6).

张仲礼，陈曾年. 新沙逊洋行的创立和发展概况——沙逊集团研究之一. 上海经济科学，1984 (1).

张仲礼，陈曾年. 鸦片起家的沙逊集团——沙逊集团研究之二. 上海经济科学，1984 (2).

章开沅. 关于太平天国土地政策的若干问题. 华中师范学院学报，1957 (3).

章开沅. 洋务派的经济活动有进步作用吗?. 光明日报，1963-12-04.

章文钦. 从封建官商到买办商人（清代广东行商伍怡和家族剖析）（上、下). 近代史研究，1984 (3) (4).

章有义. 太平天国革命前夕徽州地区土地关系的一个实录. 文物，1975 (6).

章有义. 从吴葆和堂庄仆条规看清代徽州庄仆制度. 文物，1977(11).

章有义. 清代鸦片战争前徽州地区土地制度//中国社会科学院经济研究所. 中国社会科学院经济研究所集刊：第4辑. 北京：中国社会科学出版社，1983.

章有义，刘克祥. 太平天国失败后地租剥削问题初探//中国社会科学院经济研究所. 中国社会科学院经济研究所集刊：第4辑. 北京：中国社会科学出版社，1983.

赵德馨，周季鸾. 十九世纪下半期中国近代军事工业的性质和特点. 经济问题，1958 (4).

赵德馨. 论太平天国的“着佃交粮”制. 中国社会科学，1981(2).

赵金钰. 苏杭甬铁路借款和江浙人民的拒款运动. 历史研究，1959(9).

赵津. 租界建设与天津城市近代化. 天津社会科学，1987 (5).

赵矢元，史专一. 略论太平天国理想的农民公社. 学术月刊，1959(11).

赵晓雷. 盛宣怀与汉冶萍公司. 史学月刊，1986 (5).

郑昌淦. 明末至清代前期的封建租佃关系//北京市历史学会. 北京市历史学会第一第二届年会论文选集（1961—1962). 北京：北京出版社，1964.

郑家度. 中法战争后法国金融资本对我国的侵略. 学术论坛，1983(3).

郑佩权. 略论官督商办企业产生的历史条件. 北京师范大学学报（社会科学版)，1985 (1).

郑天挺. 鸦片战争前清代社会的自然经济与资本主义萌芽. 中国社会经济史研究，1982 (1).

郑学益. 郑观应的商战论. 经济科学，1984 (2).

中国人民大学清史所. 《红楼梦》历史背景资料（之三）——清代前期的高利贷和典当业. 北京师范大学学报（社会科学版)，1978 (6).

周南. 鸦片战争前的中英贸易关系. 历史教学，1955 (2).

周南. 谈谈对“天朝田亩制度”中农业社会主义思想的理解. 历史教学，1955 (9).

周秀鸾. 张之洞办企业对武汉民族工业的影响. 江汉论坛，1985 (5).

周远廉，杨学琛. 关于清代皇庄的几个问题. 历史研究，1965 (3).

周远廉. 清代前期的土地买卖. 社会科学辑刊，1984 (6).

朱诚如. 康熙年间台湾的进一步开发. 辽宁师院学报（哲学社会科学版），1979 (4).

朱光华. 清代的机器面粉工业. 中国社会经济史研究，1985 (2).

朱坚真. 中国近代工业化新论. 经济科学，1989 (4).

朱建. 明清之际的赋役问题和阶级关系——与伍丹戈先生商榷. 文汇报，1961-11-26.

朱培民. “天朝田亩制度”在当时历史条件下不带有反动性. 光明日报，1960-03-03.

朱英. 清末商会研究述评. 史学月刊，1984 (2).

朱永嘉. 清初的各项经济措施和明末社会经济问题. 学术月刊，1962 (3).

朱宗宙. 明末清初太湖地区的农业雇佣劳动——读书笔记. 南京大学学报（人文科学版），1965 (2).

朱宗宙. 清代前期扬州城市经济. 扬州师院学报（社会科学版），1984 (2).

庄吉发. 清季上海机器织布局的沿革. 大陆杂志，1970，47 (2).

庄吉发. 中日马关条约与上海日本棉纺织业的发展. 大陆杂志，1970，40 (10).

邹宏仪. “官督商办”经营方式在民族资本发展中的作用. 人文杂志，1981 (1).

左东. 从英国鸦片贸易政策看老殖民主义的本质. 新建设，1965 (11/12).

左云鹏. 论清代旗地的形成、演变及其性质. 历史研究，1961 (5).

Ramon H. Myers. Transformation and Continuity in Chinese Economic and Social History. Journal of Asia Studies (February 1974), 33 (2).

Ramon H. Myers. On the Future of Ch'ing Studies. Ch'ing-shih wen-t'i (June 1979), 4 (1).

Ramon H. Myers. Social and Economy in Modern China: Some Historical Interpretations. 近代史研究所集刊: 第 11 期. 1982.

(1990 年及以后)

鲍彦邦. 明清广东铁农具的生产. 暨南学报 (哲学社会科学), 1997 (4).

卞利. 清前期土地税契制度及投税过割办法研究——徽州休宁县土地税票剖析. 安徽史学, 1995 (2).

曹树基. 明清时期的流民和赣北山区的开发. 中国农史, 1986 (2).

曾玲. 明清福建手工业生产的发展、变化及其原因. 中国社会经济史研究, 1990 (1).

曾玲. 从生产与流通看明清福建手工业发展的局限. 厦门大学学报 (哲学社会科学版), 1993 (1).

曾学优. 清代赣江中游地区农村市场初探——一个典型农业地区的农村市场结构. 中国社会经济史研究, 1996 (1).

钞晓鸿. 明清时期的陕西商人资本. 中国经济史研究, 1996 (1).

钞晓鸿, 郑振满. 二十世纪的清史研究. 历史研究, 2003 (3).

陈春声, 刘志伟. 清代经济运作的两个特点——有关市场机制的论纲. 中国经济史研究, 1990 (3).

陈春声. 18 世纪广东米价上升趋势及其原因. 中山大学学报 (哲学社会科学版), 1990 (4).

陈春声. 清代广州、佛山在广东米粮贸易网络中的地位. 广东史志, 1990 (4).

陈春声. 清代中叶岭南区域市场的整合: 米价动态的数理分析. 中国经济史研究, 1993 (2).

陈东有. 康熙朝米价中的商人行为. 中国社会经济史研究，1995 (3).

陈冬生. 明清山东种植结构变化及农业影响探析. 古今农业，2001 (2).

陈国生. 清代贵州农作物的地域分布. 中国历史地理论丛，1994 (1).

陈国生. 清代四川的人地矛盾、生态恶化及其对策. 社会科学研究，1995 (3).

陈桦. 论18世纪中国社会经济的区域特点. 清史研究，1995 (1).

陈绛. 唐廷枢与轮船招商局. 近代史研究，1990 (2).

陈柯云. 明清山林苗木经营初探//《平准学刊》编辑委员会. 平准学刊：第4辑上册. 北京：中国商业出版社，1989.

陈理. 官督商办与云南近代新式矿业的产生. 中央民族大学学报，1995 (1).

陈连营. 清代河南农村商业交流状况. 史学月刊，1993 (6).

陈然. 清末民初自贡盐业资产阶级的发展壮大及其对社会的影响. 中国社会经济史研究，1998 (2).

陈诗启. 从总税务司职位的争夺看中国近代海关的作用. 历史研究，1991 (2).

陈伟明. 明清粤闽海商的海外贸易与经营. 中国社会经济史研究，2001 (1).

陈喜波，颜廷真，韩光辉. 论清代长城沿线外侧城镇的兴起. 北京大学学报（哲学社会科学版），2001 (3).

陈学文. 明清时期新市镇的社会经济结构. 浙江学刊，1990 (6).

陈学文. 明清时期杭嘉湖的蚕桑业. 中国经济史研究，1991 (4).

陈学文. 论明清江南流动图书市场. 浙江学刊，1998 (6).

陈学文. 明清徽州商人之成功——明清徽商经营之道与商业道德. 浙江学刊，2001 (6).

陈衍德. 论明清时期澳门商贸经济的发展. 厦门大学学报（哲学社会科学版），1999 (4).

陈勇勤. 陈炽的茶业近代化改革方案. 江西社会科学，1996 (8).

陈勇勤. 晚清时期农业近代化思路与实践. 江西社会科学，1998 (1).

陈争平. 从市场条件角度看甲午战后中国民族工业发展受到的外来压力. 教学与研究，1994 (3).

陈支平，卢增荣. 从契约文书看清代工商业合股委托经营方式的转变. 中国社会经济史研究，2000 (2).

陈忠平. 明清时期江南地区市场考察. 中国经济史研究，1990 (2).

慈鸿飞. 中国资本主义经济法在清末的产生、特点及历史作用. 南开经济研究，1994 (1).

崔运武. 论刘坤一与大生纱厂的创立. 江海学刊，1995 (3).

崔志海. 论清末铁路政策的演变. 近代史研究，1993 (3).

代鲁. 再析汉阳铁厂的“招商承办”. 近代史研究，1995 (4).

戴鞍钢. 上海开埠与苏南地区经济格局的变化. 史林，1990 (2).

戴一峰. 试论明清时期福建林业经济. 中国农史，1991 (4).

戴一峰. 清代长崎的同安商人及其贸易网络. 中国社会经济史研究，1996 (4).

戴一峰. 晚清中央与地方财政关系：以近代海关为中心. 中国经济史研究，2000 (4).

戴逸. 十年来清代经济史研究的新收获. 中国经济史研究，1990 (1).

邓绍辉. 晚清赋税结构的演变. 四川师范大学学报（社会科学版），1997 (4).

邓亦兵. 清代前期沿海粮食运销及运量变化趋势：关于清代粮食运销研究之三. 中国社会经济史研究，1994 (2).

邓亦兵. 清代前期内陆粮食运输量及变化趋势：关于清代粮食运输研究之二. 中国经济史研究，1994 (3).

邓亦兵. 清代前期周边地区的粮食运销：关于粮食运销研究之四. 史学月刊，1995 (1).

邓亦兵. 清代前期的粮食运销和市场. 历史研究，1995 (4).

邓亦兵. 清代前期沿海运输业的兴盛. 中国社会经济史研究，1996 (3).

邓亦兵. 清代前期某些生产资料的运销. 首都师范大学学报（社会科学版），1997（1）.

邓亦兵. 清代前期的市镇. 中国社会经济史研究，1997（3）.

邓亦兵. 清代前期的民商. 中国经济史研究，1997（4）.

邓亦兵. 清代前期某些农业生产资料的运销. 中国农史，1998（4）.

邓亦兵. 政府职能在商品流通中的作用（1644—1840）. 北京社会科学，1999（3）.

邓亦兵. 清代前期商品流通的运道. 历史档案，2000（1）.

董守义. 奕䜣是第一次近代化运动的倡导者. 社会科学战线，1990（4）.

杜常顺. 明清时期黄河上游地区的畜牧业. 青海师范大学学报（哲学社会科学版），1994（3）.

杜常顺. 明清时期黄河上游地区的民族贸易市场. 民族研究，1998（3）.

杜海斌. 略论晚清时期关中市场的发展状况. 西北大学学报（哲学社会科学版），1999（4）.

杜家骥. 清前期茶法述论//中国社会科学院历史研究所清史研究室. 清史论丛（1995）. 沈阳：辽宁古籍出版社，1996.

杜恂诚，李晋. 中国经济史“GDP”研究之误区. 学术月刊，2011（10）.

段超. 清代改土归流后土家族地区的农业经济开发. 中国农史，1998（3）.

范金民. 明清两代官营织造业生产规模的比较研究. 史林，1990（4）.

范金民. 明清时期苏州市镇的发展特点. 南京大学学报（哲学·人文·社会科学），1990（4）.

范金民. 清前期苏州农业经济的特色. 中国农史，1993（1）.

方行. 清代前期北方的小农经济. 历史研究，1991（2）.

方行. 清代农民经济扩大再生产的形式. 中国经济史研究，1996（1）.

方行. 清代江南农民的消费. 中国经济史研究，1996（3）.

方行. 清代商人对农民产品的预买. 中国农史，1998（1）.

方慧，徐中起. 清代前期西南边疆地区商品经济的发展. 民族研究，1997（2）.

方慧. 清代前期西南边疆地区农业生产的发展. 中国边疆史地研究，1997（2）.

方小芬，曹均伟. 论清末新政期间的对外开放和利用外资. 上海社会科学院学术季刊，1995（2）.

方英. 淮系集团创办的近代军工企业中洋员的地位与作用. 安徽史学，1997（1）.

方志远，黄瑞卿. 江右商的社会构成及经营方式——明清江西商人研究之一. 中国经济史研究，1992（1）.

方志远，黄瑞卿. 明清时期西南地区的江右商——明清江西商人研究之三. 中国社会经济史研究，1993（4）.

封越健. 清代前期商人的社会构成分析. 中国经济史研究，2000（2）.

高德步. 中国经济学的人文转向. 光明日报，2018-01-23.

高王凌. 关于清代矿政的几个问题. 清史研究，1993（1）.

高王凌. 十八世纪，二十世纪的先声. 史林，2006（5）.

耿占军. 清代陕西经济作物的地理分布. 中国历史地理论丛，1992（4）.

耿占军. 清代玉米在陕西的传播与分布. 中国农史，1998（1）.

龚关. 明清至民国时期华北集市的比较分析——与江南、华南等地的比较. 中国社会经济史研究，2000（3）.

龚胜生. 清代两湖地区茶、烟的种植与分布. 古今农业，1993（3）.

龚胜生. 清代两湖地区的玉米和甘薯. 中国农史，1993（3）.

龚胜生. 从米价长期变化看清代两湖农业经济的发展. 中国经济史研究，1996（2）.

郭成康. 18 世纪中国物价问题和政府对策. 清史研究，1996（1）.

郭松义. 清前期南方稻作区的粮食生产. 中国经济史研究，1994（1）.

郭松义. 清代粮食市场和商品粮数量的估测. 中国史研究，1994 (4).

郭松义. 清代北方旱作区的粮食生产. 中国经济史研究，1995 (1).

郭小东. 19 世纪 30 年代广州口岸中西贸易探析. 中国经济史研究，1999 (1).

韩昇. 清初福建与日本的贸易. 中国社会经济史研究，1996 (2).

贺照田. 从殷海光晚年史学思想的转变看引社会科学治史思路的限度//杨念群，黄兴涛，毛丹. 新史学：多学科对话的图景. 北京：中国人民大学出版社，2003.

侯杨方. 明清上海地区棉花及棉布产量估计. 中国史研究，1997 (1).

胡滨. 从洋务运动看中国近代化早期的特点. 人文杂志，1990 (1).

胡宪立，郭熙生. 中国早期公债——晚清“息借商款”与“昭信股票”. 郑州大学学报（哲学社会科学版），1994 (6).

胡忠仁. 试论明清时期湖州蚕桑业的商品生产. 安徽农业大学学报（社会科学版），2001 (2).

华立. 清政府与新疆农业开发. 清史研究，1991 (2).

华强. 洪仁玕新政与中国近代化. 浙江学刊，1990 (3).

黄冕堂. 清代农田的单位面积产量考辨. 文史哲，1990 (3).

黄启臣，庞新平. 清代活跃在中日贸易及日本港市的广东商人. 中山大学学报（哲学社会科学版），2000 (1).

黄挺. 明清时期的韩江流域经济区. 中国社会经济史研究，1999 (2).

黄逸平. 晚清近代军事工业的起因、性质及作用. 华东师范大学学报（哲学社会科学版），1990 (1).

黄逸平. 官督商办和中国资本主义. 华东师范大学学报（哲学社会科学版），1991 (2).

季羡林. 蔗糖在明末清中期中外贸易中的地位——读《东印度公司对华贸易编年史》札记. 北京大学学报（哲学社会科学版），1995 (1).

江太新，苏金玉．论清代徽州地区的亩产．中国经济史研究，1993（3）．

江太新，段雪玉．论清代前期土地垦拓对社会经济发展的影响．中国经济史研究，1996（1）．

江太新．论清代前期耕地的挖潜与改造．中国经济史研究，1998（4）．

姜铎．洋务运动与津、穗、汉、沪四城的早期近代化．近代史研究，1993（4）．

姜虹，李岫．1860—1919年山东经济近代化原因初探．山东大学学报（哲学社会科学版），1995（3）．

姜守鹏，刘慧文．明清时期的国内市场．史学集刊，1995（2）．

姜守鹏．明清时期的北方劳动力市场．东北师大学报（哲学社会科学版），1995（4）．

蒋正华．略论明清河南集镇与江南市镇之异同．中州学刊，1994（3）．

蓝勇．乾嘉垦殖对四川农业生态和社会发展影响初探．中国农史，1993（1）．

蓝勇．明清三峡地区农业垦殖与农田水利建设研究．中国农史，1996（2）．

乐承耀，徐兆文．明清时期宁波府市镇的发展．浙江学刊，1994（3）．

乐正．开埠通商与近代中国的城市化问题（1840—1911）．中山大学学报（社会科学版），1991（1）．

黎仁凯．开平矿务局与华北社会经济的发展．中国经济史研究，1993（4）．

李伯重．“资本主义萌芽情结”．读书，1996（8）．

李伯重．英国模式、江南道路与资本主义萌芽．历史研究，2001（1）．

李伯重．回顾与展望：中国社会经济史学百年沧桑．文史哲，2008（1）．

李稻葵，金星晔，管汉晖．中国历史GDP核算及国际比较：文献综述. 经济学报，2017，4（2）.

李辅斌. 清代河北山西粮食作物的地域分布. 中国历史地理论丛，1993（1）.

李刚，柳杰民，朱龙杰. GDP 缺陷与 CPI 核算. 统计研究，2001（12）.

李根蟠. 二十世纪的中国古代经济史研究. 历史研究，1999（3）.

李华. 清代广西的地方商人. 历史档案，1992（1）.

李华. 清代湖南城乡商业的发达及其原因. 中国社会经济史研究，1991（3）.

李华. 清代湖南商人的经商活动——清代地方商人研究之九. 中国经济史研究，1992（1）.

李怀印. 中国乡村治理之传统形式：河北省获鹿县之实例//黄宗智. 中国乡村研究：第一辑. 北京：商务印书馆，2003.

李金明. 清代前期厦门与东南亚的贸易. 厦门大学学报（哲学社会科学版），1996（1）.

李令福. 清代前期东北农耕区的恢复和发展. 中国历史地理论丛，1991（2）.

李令福. 清代东北地区经济作物与蚕丝生产的区域特征. 中国历史地理论丛，1992（3）.

李令福. 清代山东省粮食亩产研究. 中国历史地理论丛，1993（2）.

李令福. 明清山东粮食作物结构的时空特征. 中国历史地理论丛，1994（1）.

李令福. 明清时期山东柞蚕业发展的时空特征. 山东师大学报（社会科学版），1995（2）.

李猛. 从“士绅”到“地方精英”. 中国书评，1995（5）.

李平生. 论晚清蚕丝业改良. 文史哲，1994（3）.

李如强. 论明清时期的铁业政策. 文史哲，1998（4）.

李三谋. 论明清南方租佃制的特殊性. 中国农史，1995（2）.

李三谋. 清代北部边疆的官牧场. 中国边疆史地研究，1999（1）.

李卫东，昌庆钟，饶武元. 清代江西经济作物的发展及其局限. 中国农史，2001（4）.

李岫. 论清末济南、周村、潍县三地开埠. 文史哲，1995（2）.

李映发. 清代州县政权与商品经济的发展. 四川大学学报（哲学社会科学版），2000（3）.

李玉，熊秋良. 论清末的公司法. 近代史研究，1995（2）.

李玉，熊秋良. 论甲午战后国人公司意识的觉醒. 社会科学辑刊，1997（2）.

李玉. 晚清官方对洋股的认识与利用. 学术月刊，2000（1）.

李增刚. 以邻为伴，互栖共生：经济学与历史的融合——评《剑桥美国经济史》.（2018-06-11）. http：//opinion.caixin.com/2018-06-11/101268113.html.

连兴豪，詹庆华. 论赫德、海关近代化与洋务运动的关系. 中国经济史研究，1993（1）.

林成西. 清代乾嘉之际四川商业重心的东移. 清史研究，1994（3）.

刘光永. 李鸿章与近代矿业. 安徽史学，1993（3）.

刘宏. 试论买办商人对招商局早期发展的作用. 江苏社会科学，1993（1）.

刘克祥. 清末民初农业发展转折时期的政策思路述略. 中国经济史研究，1993（1）.

刘天路. 晚清开埠通商思想简论. 山东大学学报（哲学社会科学版），1995（1）.

刘伟. 论洋务运动时期的官商体制. 华中师范大学学报（哲学社会科学版），1994（2）.

刘文俊. 自开商埠与中国城市近代化. 广西师范大学学报（哲学社会科学版），1997（2）.

刘秀生. 清代棉布市场的变迁与江南棉布生产的衰落. 中国社会经济史研究，1990（2）.

刘秀生. 清代中期的三级市场结构. 中国社会经济史研究，1991（1）.

刘秀生. 清代发展县域商品经济的思想. 中国社会经济史研究，

1998 (3).

刘云明. 清代云南农村市场探析. 云南民族学院学报（哲学社会科学版），1995 (2).

刘增合. 论清末工商产业行政整合的初始努力——以商部之前的商务局为例. 中国社会经济史研究，1998 (3).

刘正刚. 清代四川闽粤移民的农业生产. 中国经济史研究，1996 (4).

龙登高. 市场网络或企业组织：明清纺织业经营形式的制度选择. 中国经济史研究，2001 (4).

隆武华. 清政府外债政策述评. 清史研究，1997 (4).

卢向国，孙樱. 试论晚清政府贫困化对中国早期现代化的影响. 社会科学战线，1998 (1).

鲁子健. 清代藏汉边茶贸易新探. 中国藏学，1990 (3).

罗荣渠. 中国早期现代化的延误——一项比较现代化研究. 近代史研究，1991 (1).

罗苏文. 论1895—1927年上海都市郊区市镇的变化. 史林，1994 (4).

罗一星. 清代前期岭南市场的商品流通. 学术研究，1991 (2).

麻秀荣，那晓波. 清代鄂温克族农业发展原因述略. 社会科学辑刊，1998 (1).

马波. 刘铭传与近代台湾农业——兼论台湾近代农业的源起. 中国农史，1993 (2).

马波. 清代闽台地区的农产品流通. 中国历史地理论丛，1994 (4).

马波. 清代闽台地区稻的生产和分布. 中国农史，1995 (4).

马俊亚. 传统社会力量与江苏近代工业化. 苏州大学学报（哲学社会科学版），1995 (3).

马陵合. 论清末铁路干线国有政策的两个促动因素. 社会科学研究，1996 (1).

马陵合. 论晚清地方外债的阶段性特点. 安徽师范大学学报（人文社会科学版），1996 (1).

马敏. 晚清绅商与近代经济发展. 中国经济史研究，1996（3）.

马维良. 清代初中期云南回族的矿冶业. 回族研究，1994（1）.

马学强. 试论明清江南社会经济“内变迁”与劳动力转移. 史林，1993（1）.

马学强. 一个传统商帮的近代变迁——苏州洞庭帮在上海. 史林，1996（3）.

马学强. 论明清时期松江府的经济特色. 史林，1997（4）.

马学强. 通商开埠前后上海地价初探. 档案与史学，1999（3）.

毛华敬. 应积极评价李鸿章的十年专利. 文史哲，1998（2）.

宓汝成. 中国产业近代化为什么徘徊不前——以中国铁路的建设和运营（1895—1927年）为中心作一试探. 中国经济史研究，1996（4）.

闵传超. 走向中国近代化的第一步——论安庆内军械所的历史地位. 安庆师院社会科学学报，1998（4）.

闵宗殿. 明清时期太湖农业发展的道路//华南农业大学农业历史遗产研究室. 农史研究：第10辑，1990.

闵宗殿. 明清时期的农业集约化经营. 古今农业，1999（4）.

闵宗殿. 明清时期的人工生态农业——中国古代对自然资源合理利用的范例. 古今农业，2000（1）.

闵宗殿. 明清时期的海洋渔业. 学术研究，2001（9）.

明根. 中国近代经济史研究综述. 中国经济史研究，1997（1996—1997联合增刊）.

倪玉平，徐毅，范鲁文·巴斯. 中国历史时期经济总量估值研究——以GDP的测算为中心. 中国社会科学，2015（5）.

聂德宁. 明清之际福建的民间海外贸易港口. 中国社会经济史研究，1992（4）.

欧阳宗书. 明清海洋渔业及其重要地位. 古今农业，1998（4）.

潘向明. 清代滇桂地区开发概论. 清史研究，1991（2）.

潘志平. 乾嘉年间新疆的商业贸易研究. 西北民族研究，1996（2）.

庞玉洁. 天津开埠初期的洋行和买办. 天津师大学报（社会科学版），1998（2）.

彭厚文. 19世纪80年代上海股票交易的兴衰. 近代史研究，1999（1）.

彭南生. 晚清手工业经济中的政府行为. 华中师范大学学报（人文社会科学版），1998（6）.

皮明庥，李策. 汉口开埠设关与武汉城市格局的形成. 近代史研究，1991（4）.

皮明庥. 洋务运动与中国城市化、城市近代化. 文史哲，1992（5）.

齐国华. 论“西学”在盛宣怀经办实业中的应用. 史林，1993（1）.

秦和平. 试析清代四川羌区农业的发展和劳动力问题. 中国农史，1991（3）.

芮坤改. 论晚清的铁路建设与资金筹措. 历史研究，1995（4）.

商鸣臣. 周村开埠后的手工业及其对山东的影响. 山东大学学报（哲学社会科学版），1995（1）.

沈炳尧. 明清时期遂安县房地产买卖商品化特征——明清遂安县和徽州府各县房地产买卖比较研究. 浙江学刊，1996（1）.

沈定平. 关于中国商人在马来群岛发行货币铅钱的考察：明清之际国际市场与国内市场相互联系和影响的一个实例. 中国经济史研究，1992（3）.

沈其新. 洋务运动时期留学生与中国近代实业//中国近代经济史丛书编委会. 中国近代经济史研究资料：第10辑. 上海：上海社会科学院出版社，1990.

沈雨梧. 甲午战争与浙江近代工业. 清史研究，1994（4）.

盛伟. 蒲松龄的《农桑经》与明末清初淄博地区的养蚕业. 农业考古，1990（2）.

施渡桥. 论洋务派经营军工企业的主导思想与御侮主旨. 近代史研究，1996（2）.

施由民. 明清时期江西粮食作物的种植技术. 农业考古，1992（1）.

史建云. 商品生产、社会分工与生产力进步——近代华北农村手工业的变革. 中国社会经济史研究，1998（4）.

史志宏，徐毅. 关于中国历史 GDP 研究的点滴思考. 中国经济史研究，2011（3）.

宋平安. 明清时期汉口城市经济体系的形成与发展. 华中师范大学学报（哲学社会科学版），1989（1）.

宋小川. 中国的 GDP 及其若干统计问题. 经济研究，2007（8）.

孙海泉. 上海开埠后苏南市镇城镇化的考察指标与指标考察. 江海学刊，2000（3）.

孙洪升. 明清时期的茶叶生产形态探析. 中国农史，2001（4）.

孙竟昊. 明清江南地区商品生产结构的市场窥测. 学术界，1995（3）.

孙竟昊. 明清江南商品经济与消费结构关系探析. 齐鲁学刊，1995（4）.

孙竟昊. 明清江南商品市场结构与市场机制探析. 华东师范大学学报（哲学社会科学版），1996（5）.

邵继勇. 明清时代边地贸易与对外贸易中的晋商. 南开学报（哲学社会科学版），1999（3）.

谭天星. 清前期两湖地区农业生产技术水平初探//华南农业大学农业历史遗产研究室. 农史研究：第 9 辑. 北京：农业出版社，1990.

唐文起. 鸦片战争前江苏地区农村市场简论. 中国社会经济史研究，1992（1）.

陶有伦. 试论早期买办阶级在中国近代史上的地位. 安徽史学，1995（3）.

田永秀. 1862—1883 年中国的股票市场. 中国经济史研究，1995（2）.

汪家伦. 明清长江中下游圩田及其防汛工程技术. 中国农史，1991（2）.

汪雷. 明清时期徽商集团拓展壮大原因探析. 学术月刊，2001（6）.

王纲. 论清代四川的铜铅生产管理. 四川师范大学学报（社会科学版），1990（4）.

王家范.《大分岔》与中国历史重估. 文汇报，2003-02-09.

王铭铭. 文化想象的力量——读E.W. 萨伊德著《东方学》. 中国书评，1995 (6).

王日根. 16—18世纪福建沿海经济开发中的商业化倾向. 厦门大学学报（哲学社会科学版)，2000 (1).

王社教. 明清时期畜养业结构的变化. 中国历史地理论丛，2001 (3).

王守中，宋树权. 清代发展为工商业城市的周村. 山东师大学报（社会科学版)，1994 (3).

王双. 早期招商局的多元化经营战略. 学术月刊，1995 (10).

王廷元. 论明清时期江南棉纺织业的劳动收益及其经营形态. 中国经济史研究，1993 (2).

王卫平. 明清江南地区的城市化及其局限. 学术月刊，1999 (12).

王翔. 十九世纪中日丝绸业近代化比较研究. 中国社会科学，1995 (6).

王翔. 近代中国手工业行会的演变. 历史研究，1998 (4).

王兴亚. 明清时期的河南山陕商人. 郑州大学学报（哲学社会科学版)，1996 (2).

王兴亚. 清代北方五省酿酒业的发展. 郑州大学学报（哲学社会科学版)，2000 (1).

王宇尘. 清代安徽经济作物的地理分布. 中国历史地理论丛，1992 (4).

王宇尘. 清代安徽粮食作物的地理分布. 中国历史地理论丛，1992 (2).

王振科，衣保中. 试论清末东北商品粮基地的形成. 吉林大学社会科学学报，1990 (6).

王仲. 明清江南农业劳动中妇女的角色地位. 中国农史，1995 (4).

吴承明. 经济学理论与经济史研究. 经济研究，1995 (4).

吴承明. 利用粮价变动研究清代的市场整合. 中国经济史研究，1996 (2).

吴承明. 现代化与中国十六、十七世纪的现代化因素. 中国经济史研究，1998（4）.

吴春梅. 清末新政时期的农业改革. 中国农史，1999（3）.

吴福环. 从洋务运动到“新政”——新疆近代化的开端. 西域研究，1992（4）.

吴国民. 对十九世纪中国买办阶级的再认识. 人文杂志，1994（2）.

吴海波. 百年中国盐业史研究发展历程. 南都学坛（人文社会科学学报），2011（5）.

吴海涛，金光. 略论明清苏北集市镇的发展. 中国农史，2001（3）.

吴慧. 清前期粮食的亩产量、人均占有量和劳动生产率. 中国经济史研究，1993（1）.

吴慧. 从屯田资料来看清前期的粮食亩产. 中国农史，1993（2）.

吴建雍. 18世纪的中西贸易. 清史研究，1995（1）.

吴建雍. 清前期中国与巴达维亚的帆船贸易. 清史研究，1996（3）.

吴剑杰. 张之洞与近代中国铁路. 武汉大学学报（哲学社会科学版），1999（3）.

吴练达. GDP缺陷、经济理论的缺陷与洛克政治哲学的关联. 天津商业大学学报，2011，31（4）.

吴松弟. 明清时期我国最大沿海贸易港的北移趋势与上海港的崛起. 复旦学报（社会科学版），2001（6）.

吴滔. 明清江南地区的“乡圩”. 中国农史，1995（3）.

吴兴然. 明清时期锦屏苗木生产经营初探. 社会科学，1990（4）.

吴元丰. 清代乌鲁木齐铁厂研究. 西域研究，1998（3）.

夏东元. 郑观应与中国近代化及其超前意识. 社会科学，1992（11）.

夏良才. 海关与中国近代化的关系——论中国海关驻伦敦办事处. 历史研究，1991（2）.

夏明方. 环境史视野下的近代中国农村市场——以华北为中心. 光

明日报，2004－05－11.

夏明方. 近代华北农村市场发育性质新探——与江南的比较//黄宗智. 中国乡村研究：第三辑. 北京：社会科学文献出版社，2005.

夏明方. 中国近代历史研究方法的新陈代谢. 近代史研究，2010（2）.

冼剑民. 清代前期广东手工业的发展及其特点. 广东社会科学，1993（4）.

向中银. 略论外籍雇员在晚清民用工业中的作用. 江海学刊，1999（3）.

萧放. 明清时代樟树药业发展初探. 中国社会经济史研究，1990（1）.

萧国亮. 对中国历史上GDP研究的一点看法. 清华大学学报（哲学社会科学版），2009（3）.

萧正洪. 清代秦巴山区的柞蚕放养. 中国农史，1992（4）.

谢放. 清前期四川粮食产量及外运量的估计问题. 四川大学学报（哲学社会科学版），1999（6）.

邢湘臣. 从“桑争稻田”看明清发展“桑基渔塘”的必然趋势. 中国农史，1992（1）.

邢亦尘. 清代后期内蒙古矿政. 内蒙古社会科学，1995（4）.

熊秋良，李玉. 清末公司制度检讨. 求索，1995（4）.

熊元斌. 清代江浙地区农田水利的经营与管理. 中国农史，1993（1）.

徐鼎新. 从绅商时代走向企业家时代——近代化进程中的上海总商会. 近代史研究，1991（4）.

徐浩. 清代华北的农村市场. 学习与探索，1999（4）.

徐浩. 论清代华北乡村工商业的扩张与局限. 江海学刊，2000（1）.

徐建青. 清代前期的民间造船业. 中国经济史研究，1992（4）.

徐建青. 清代前期的酿酒业. 清史研究，1994（3）.

徐建青. 清代手工业中的合伙制. 中国经济史研究，1995（4）.

徐建青. 清代的造纸业. 中国史研究，1997（3）.

徐建青．清前期手工业的发展水平与特点．中国经济史研究，1998 (1).

徐卫国．清末的经济政策与措施．教学与研究，1995 (1).

徐晓望．清代江西农村商品经济的发展．中国社会经济史研究，1990 (4).

徐晓望．试论清代东南区域的粮食生产与商品经济的关系问题——兼论清代东南区域经济发展的方向．中国农史，1994 (3).

徐秀丽．中国近代史研究中的“革命史范式”与“现代化范式”．中国社会科学院院报，2006-05-30.

许檀，经君键．清代前期商税问题新探．中国经济史研究，1990 (2).

许檀．明清时期运河的商品流通．历史档案，1992 (1).

许檀．明清时期山东的粮食流通．历史档案，1995 (1).

许檀．明清时期山东经济的发展．中国经济史研究，1995 (3).

许檀．明清时期农村集市的发展．中国经济史研究，1997 (2).

许檀．清代乾隆至道光年间的重庆商业．清史研究，1998 (3).

许檀．清代前期的九江关及其商品流通．历史档案，1999 (1).

许檀．明清时期区域经济的发展——江南、华北等若干区域的比较，中国经济史研究，1999 (2).

许檀．清代前期流通格局的变化．清史研究，1999 (3).

许檀．明清时期城乡市场网络体系的形成及意义．中国社会科学，2000 (3).

许檀．明清时期中国经济发展轨迹探讨．天津师范大学学报（社会科学版），2002 (2).

许檀．区域经济与商品流通——明清时期中国经济发展轨迹探讨．史学月刊，2004 (3).

许檀．从北洋三口发展的历史脉络看中国近代化历程．天津师范大学学报（社会科学版），2005 (1).

许檀，高福美．乾隆至道光年间天津的关税与海税．中国史研究，2011 (2).

许檀．乾隆-道光年间的北洋贸易与上海的崛起．学术月刊，2011 (11).

许周鹣．清代吴地旅游消费与旅游业的勃兴．南京大学学报（哲学社会科学版），1995（4）．

薛国中．16至18世纪的中国农业革命．武汉大学学报（社会科学版），1990（2）．

闫富东．清代江汉平原普通农户收入状况分析．中国社会经济史研究，1999（1）．

颜色．对于中国历史GDP核算和数量经济史问题研究的一点想法．中国经济史研究，2011（3）．

杨冬荃．从民间契约看明清徽州的山场经营．历史档案，1991（3）．

杨国安．浅析清代经济作物种植的区域性特征．中国农史，2001（2）．

杨明洪．论清代对凉山彝区的经济开发．民族研究，1995（2）．

杨仁飞．清前期广州中英茶叶贸易．学术研究，1997（5）．

杨瑞贞．清末广州外贸与地区经济．历史研究，1993（6）．

杨天宏．清季东北“自开商埠”述论．长白学刊，1998（1）．

杨天宏．清季自开商埠海关的设置及其运作制度．社会科学研究，1998（3）．

杨祖义．20世纪上半期中国经济史学发展的回顾与启示//中南财经政法大学经济学院．中南经济论坛2004年卷（总第1卷）．北京：中国财政经济出版社，2004．

叶茂．中国古代经济史研究综述．中国经济史研究，1997（1996—1997联合增刊）．

叶茂，等．1989年中国经济史研究综述．中国经济史研究，1990（2）．

叶依能．明清时期太湖地区的市镇经济．中国农史，2000（3）．

衣保中．试论清末东北民族资本主义的发展．吉林大学社会科学学报，1993（3）．

尹玲玲．明清时期湖北地区的渔业经济．中国历史地理论丛，2000（2）．

尹玲玲．明清时期安庆地区的渔业经济．安徽史学，2001（4）．

雍际春．论明清时期陇中地区的经济开发．中国历史地理论丛，

1992 (4).

余明侠. 李鸿章在中国近代矿业史上的地位. 社会科学战线, 1990 (1).

余明侠. 李鸿章在中国近代铁路史上的地位. 徐州师范学院学报(哲学社会科学版), 1994 (3).

俞建国. 清末财政性外债对中国社会经济的影响. 中国经济史研究, 1993 (2).

俞玉储. 再论清代中国和流球的贸易——兼论中琉互救飘风难船的活动. 历史档案, 1995 (1).

虞和平. 鸦片战争后通商口岸行会的近代化. 历史研究, 1991 (6).

虞和平. 辛亥革命与中国经济近代化的社会动员. 社会学研究, 1992 (5).

虞和平. 清末民初经济伦理的资本主义化与经济社团的发展. 近代史研究, 1996 (4).

喻常森. 明清时期中国与西属菲律宾的贸易. 中国社会经济史研究, 2000 (1).

袁森坡. 论清代前期的北疆贸易. 中国经济史研究, 1990 (2).

翟屯建. 徽商与明清时期江南经济的发展. 东南文化, 1993 (3).

詹庆华. 中国近代海关总税务司募用洋员特权问题新论. 近代史研究, 1995 (1).

张芳. 明清时期海河流域的农田水利. 中国历史地理论丛, 1995 (4).

张芳. 明清畿辅地区水稻种植的发展及其制约因素. 中国经济史研究, 1996 (1).

张国辉. 论汉冶萍公司的创建、发展和历史结局. 中国经济史研究, 1991 (2).

张国雄. 明清时期两湖外运粮食之过程、结构、地位考察——"湖广熟, 天下足"研究之二. 中国农史, 1993 (3).

张海英. 明清时期江南地区商品市场功能与社会效果分析. 学术界, 1990 (3).

张海英．明清江南地区劳动力市场探研．历史教学问题，1991（1）．

张海英．明清江南地区棉布市场分析．华东师范大学学报（哲学社会科学版），1991（1）．

张海英．明清江南地区棉花市场分析．上海社会科学院学术季刊，1992（2）．

张海英．清代江南地区的粮食市场及其商品粮流向．历史教学问题，1999（6）．

张家炎．明清江汉平原的农业开发对商人活动和市镇发展的影响．中国农史，1995（4）．

张家炎．明清长江三角洲地区与两湖平原农村经济结构演变探异——从“苏湖熟，天下足”到“湖广熟，天下足”．中国农史，1996（3）．

张建民．明清农业垦殖论略．中国农史，1990（4）．

张建民．清代的“基金生息”述论．武汉大学学报（社会科学版），1990（5）．

张建民．明清山区资源开发特点述论——以秦岭-大巴山区为例．武汉大学学报（哲学社会科学版），1999（6）．

张践．晚清自开商埠述论．近代史研究，1994（5）．

张莉红．论明清川藏贸易．中国藏学，1993（3）．

张民服．试论明清晋商的商业活动趋向．中国史研究，1994（2）．

张神根．清末国家财政、地方财政划分评析．史学月刊，1996（1）．

张小兵．官督商办——中国早期工业化的制度瓶颈．首都师范大学学报（社会科学版），2000（5）．

张学军．薛福成进口替代工业化模式简论．河北师院学报（社会科学版），1996（2）．

张学君．清代四川酒业的几个问题．社会科学研究，2000（3）．

张仲礼，潘君祥．论上海经济近代化的轨迹和发展内因．中国经济史研究，1992（3）．

章楷．明末清初嘉湖地区蚕业经济收益计算//《平准学刊》编辑委员会. 平准学刊：第5辑上册. 北京：中国商业出版社，1989.

章有义. 海关报告中的近代中国农业生产力状况. 中国农史，1991 (2).

赵德馨. 发扬面向现实、反思历史的优良传统. 中国经济史研究，1990 (1).

赵德馨. 洋务派关于中国近代工业起步的决策. 近代史研究，1991 (1).

赵德馨，周秀鸾. 张之洞与湖北经济的崛起. 江汉论坛，1998 (1).

赵建群. 清代前中期福建造船业概述. 中国社会经济史研究，1993 (4).

赵津. 租界与中国近代房地产业的诞生. 历史研究，1993 (6).

赵晓雷. 中国经济思想发展的历史转折——论工业化思想主流地位的确立. 中国经济史研究，1994 (1).

郑剑顺. 清末福建船政局的技术引进. 中国社会经济史研究，1994 (4).

郑佩权. 明清时期晋西山区经济运行的轨迹. 中国经济史研究，1991 (4).

郑享清. 试论清末江西近代工业的兴起. 南昌大学学报（社会科学版），1994 (1).

郑学益. 晚清招商局对外开放的历史反思. 北京大学学报（哲学社会科学版），1992 (6).

钟永宁. 十八世纪的湘米输出与清政府的粮食调控政策. 中国社会经济史研究，1993 (4).

周邦君. 包世臣多种经营农业技术思想. 中国农史，2000 (1).

周宏伟. 清代两广粮食供求的时空差异. 中国历史地理论丛，1994 (4).

周宏伟. 清代两广耕作制度与粮食亩产的地域差异. 中国农史，1995 (3).

周积明. 清政府在中国早期工业化进程中的作用. 史学月刊，1996 (2).

周积明．租界与中国早期现代化．江汉论坛，1997（6）．

周建波．晚清“官督商办”企业的改革思想及实践——西方股份公司制度在中国最初的命运．中国经济史研究，2001（4）．

周静芬，张孟耸．鸦片战争后宁波帮近代化的标志之一——宁波帮旧式商人的转型．浙江师大学报（社会科学版），1996（1）．

周军．中国现代化初期国家资本的特点和作用．中国经济史研究，1992（2）．

周绍荣．租界对中国城市近代化的影响．江汉论坛，1995（11）．

周武，张雪蓉．晚清经济政策的演变及其社会效应．江汉论坛，1991（3）．

周晓光．清代徽商与茶叶贸易．安徽师范大学学报（人文社会科学版），2000（3）．

周育民．试论息借商款和昭信股票．上海师范大学学报（哲学社会科学版），1990（1）．

周兆锐．清代前期湖北省经济布局研究．湖北大学学报（哲学社会科学版），1989（2）．

周祚绍．清代前期漕运及其对国内市场的影响．山东大学学报（哲学社会科学版），1994（1）．

朱浒．如何超越内发与外源之争？——中国近代工业化起步进程的实践逻辑探析//杨念群．澹澹清川：戴逸先生九秩华诞纪念文集．北京：中国人民大学出版社，2016．

朱浒．“求富”的契机：李鸿章与轮船招商局创办再研究．中国人民大学学报，2018（4）．

朱荫贵．从中日两国近代航运业发展状况的不同看国家政权在近代化过程中的作用．教学与研究，1994（2）．

朱荫贵．引进与变革：近代中国企业官利制度分析．近代史研究，2001（4）．

朱英．中国早期工业化进程中清政权的历史地位及其作用初探//中国近代经济史丛书编委会．中国近代经济史研究资料：第10辑．上海：上海社会科学院出版社，1990．

朱英．资产阶级与中国近代化的发展．华中师范大学学报（哲学社会科学版)，1994 (2).

朱英. 论晚清的商务局、农工商局. 近代史研究，1994 (4).

朱英. 论甲午战前清政府的矿业政策. 史学月刊，1995 (3).

朱英. 清政府推行新经济政策的缺陷及其产生原因. 中国经济史研究，1999 (1).

朱英. 清末武汉劝业奖进会述略. 历史研究，2000 (4).

朱子彦. 明清时期宝山地区市镇结构探索. 史林，1993 (1).

朱自振. 明清东南山区农业的商品性发展与特点. 中国农史，1993 (4).

竺菊英. 论 19 世纪 80 年代洋务企业资金来源的变化. 江海学刊，1991 (3).

祝碧衡. 论明清徽商在浙江衢、严二府的活动. 中国社会经济史研究，2000 (3).

庄国土. 18 世纪中国与西欧的茶叶贸易. 中国社会经济史研究，1992 (3).

庄国土. 茶叶、白银和鸦片：1750—1840 年中西贸易结构. 中国经济史研究，1995 (3).

邹进文，姚会元. 近代股份制的“中国特色”之一——试论清末股份企业的“官利制”. 中国经济史研究，1996 (4).

祖金玉. 早期驻外使节对晚清经济变革的贡献述论. 史学集刊，1999 (1).

德里克. 革命之后的史学——中国近代史研究中的当代危机. 中国社会科学季刊 (香港)，1995 年春季卷.

沟口雄三. 俯瞰中国近代的新视角. 清史研究，2001 (1).

黄宗智. 中国研究的规范认识危机//黄宗智. 长江三角洲小农家庭与乡村发展. 北京：中华书局，2000.

图书在版编目（CIP）数据

百年清史研究史．经济史卷/朱浒著．--北京：中国人民大学出版社，2020.9
ISBN 978-7-300-11631-0

Ⅰ．①百… Ⅱ．①朱… Ⅲ．①中国历史—研究—清代 ②经济史—研究—中国—清代 Ⅳ．①K249.07 ②F129.49

中国版本图书馆 CIP 数据核字（2020）第 155582 号

国家出版基金项目

黄兴涛　夏明方　杨念群　主编
百年清史研究史·经济史卷
朱浒　著
Bai Nian Qingshi Yanjiu Shi · Jingji Shi Juan

出版发行	中国人民大学出版社		
社　　址	北京中关村大街 31 号	**邮政编码**	100080
电　　话	010－62511242（总编室）		010－62511770（质管部）
	010－82501766（邮购部）		010－62514148（门市部）
	010－62515195（发行公司）		010－62515275（盗版举报）
网　　址	http://www.crup.com.cn		
经　　销	新华书店		
印　　刷	北京联兴盛业印刷股份有限公司		
规　　格	160 mm×230 mm　16 开本	**版　　次**	2020 年 9 月第 1 版
印　　张	23.75　插页 3	**印　　次**	2020 年 9 月第 1 次印刷
字　　数	360 000	**定　　价**	149.00 元